für alle Suchenden

Spiritualität für Kopfmenschen
Eine Sinnsuche für Skeptiker

Dr. phil. Frank Niessen

Band 2

Wie man durch Logik zum
Sinn des Lebens vorstoßen kann

ISBN 978-3-384-26076-5
1. Auflage, 6. Oktober 2024
Printed in Germany

Druck und Distribution:
tredition GmbH, Halenreie 40-44
22359 Hamburg, Deutschland

Illustrationsbild Cover:
thinking-5616867_1280.png
Gordon Johnson (Pixabay)
eigene Nachbearbeitung

Impressum:
MATRIXWISSEN
Frank Niessen, Borngasse 14
4700 Eupen, Belgien

Inhaltsverzeichnis

Rückblick auf Band 1 „Wie man die Realität einer geistigen Welt beweisen kann":

Vorwort

Warum existiert das Universum und was ist der Sinn des Lebens? Sofern Sie ein religiöser Mensch sind, wird es Ihnen leichtfallen, hierauf Antworten zu finden. Sollten Sie aber ein Kopfmensch sein, der mit Glauben wenig anfangen kann, haben Sie möglicherweise ein Problem. Denn wissenschaftlich betrachtet gibt es auf die existenziellen Fragen des Lebens keine Antworten, weshalb es den Anschein hat, als sei das gesamte Dasein ein sinnloser Zufall. So tut sich ein unliebsames Dilemma auf: Entweder Sie sind gläubig und können dank der Religion Halt und Orientierung finden. Oder Sie sind rational und wandeln ohne spirituelles Fundament durch Ihr Leben. Was nach dem Tod kommt, können Sie nicht wissen. Und wozu Sie da sind, wissen Sie erst recht nicht.

In diesem Buch möchte ich zeigen, dass dieses Dilemma nur ein scheinbares ist. Es resultiert aus der Fehlannahme der heutigen Naturwissenschaft, dass es nur Materie und materielle Prozesse gibt und dass Bewusstsein im Gehirn entsteht, nicht aber vom physischen Gehirn unabhängig existieren und kommunizieren kann. Diese Fehlannahme führt zu einer verhängnisvollen Tabuisierung und Verdrängung paranormaler Phänomene samt Missbilligung subjektiver Erkenntnismethoden. In Band 1 (Wie man die Realität einer geistigen Welt beweisen kann) konnten Sie sich davon überzeugen, dass und wie man sich der Existenz einer metaphysischen Hintergrundrealität zweifelsfrei vergewissern kann. In diesem zweiten Band geht es nun darum, das Auftreten paranormaler Phänomene schlüssig zu erklären, damit wir die „geistige Welt" hinter unserem physischen Universum besser umreißen können. So lassen sich Rückschlüsse auf die großen Fragen des Lebens ziehen, ohne naiv an etwas *glauben* zu müssen.

Als Kopfmenschen werden wir – wie schon in Band 1 – akribisch und logisch vorgehen. Wir werden verschiedene Weltdeutungen von Philosophen, von alternativen Wissenschaftlern, aus alten Mythologien und aus religiösen Erzählungen prüfen, um anhand von Argumenten und Plausibilitätsüberlegungen abzuwägen, was sie zum Verständnis paranormaler Phänomene beitragen können und inwiefern sich daraus belastbare Aussagen über das Wesen und den Sinn unseres Daseins formulieren lassen.

Da Sie nicht bloß passiver Beobachter, sondern aktiver Bestandteil der größeren Realität sind, die wir in diesem zweiten Band zu verstehen versuchen, wird das alles hier keine Theorie bleiben. Vielmehr drängen sich aus unserer Analyse praktische Konsequenzen auf, die Ihr grundlegendes Selbstverständnis als Mensch genauso berühren werden wie Ihr alltägliches Denken und Handeln. Freuen Sie sich also auf eine Lektüre, in der Sie nicht nur viele interessante Theorien darüber kennenlernen, was hinter unserem physischen Universum stecken mag. Darüber hinaus wird Sie dieser zweite Band dazu ermutigen, auf Basis logischer Überlegungen einen tieferen Sinn in Ihrem Leben zu finden und infolgedessen eine bewusste, positive, und erfüllende Lebensführung zu entwickeln.

Mein besonderer Dank gilt Dr. Torsten Sohns für seine gründliche Durchsicht des Manuskripts und seine vielen hilfreichen Verbesserungsvorschläge. Des Weiteren danke ich Frank Högemann und Olaf Arlt für ihre Unterstützung beim Kapitel zu Thomas Campbells Simulationstheorie.

Aus Gründen der besseren Lesbarkeit verzichte ich auch in diesem zweiten Band weitgehend auf eine geschlechterinklusive Schreibweise. Damit möchte ich selbstverständlich keinerlei Wertung ausdrücken, sondern einfach nur ein möglichst unkompliziertes Schriftbild ermöglichen. Ich hoffe auf Ihr Verständnis und bitte insbesondere meine weiblichen Leserinnen um Nachsicht.

Herzlichst,

Dr. phil. Frank Niessen

Einleitung

Seit nunmehr 15 Jahren unterrichte ich Philosophie an einer belgischen Schule. Dabei muss ich immer wieder feststellen, wie die Jugendlichen Sinnfragen aus dem Weg gehen. Sie sind der Meinung, dass die Religion durch die Naturwissenschaft widerlegt wurde und sich deshalb ohnehin kein höherer Sinn finden lasse. Manche Schüler sagen ganz offen, dass es sie deprimieren würde, über den Sinn des Lebens nachzudenken. Denn es gebe ja nun mal keinen. Und weil es so unangenehm ist, das Leben als sinnlos zu betrachten, reden sie lieber nicht darüber. Das Universum sei halt einfach da und wenn wir sterben, sei halt alles vorbei.

Das scheint der hohe Preis eines aufgeklärten, wissenschaftlichen Weltbildes zu sein: Es reduziert uns Menschen zu einem sinnlosen, sterblichen Materiehäuflein in einem ebenso sinnlosen wie zufällig entstandenen Universum. Mit Logik und Vernunft lässt sich offenbar kein Sinn im Leben finden. Im Gegenteil legt die Wissenschaft nahe, dass es weder einen Gott noch einen höheren Sinn noch ein Leben nach dem Tod gibt. Und so vermittelt unser wissenschaftliches Weltbild kein Grundvertrauen ins Dasein, sondern ein Grundgefühl der Bodenlosigkeit.

Dieses fatale Sinnvakuum möchte ich mit der Buchreihe „Spiritualität für Kopfmenschen" durchbrechen. In Band 1 (Wie man die Realität einer „geistigen Welt" beweisen kann) hatte ich dargelegt, warum es eine metaphysische Hintergrundrealität geben muss und dass man sich derselben mittels subjektiver Überprüfung paranormaler Phänomene auch vergewissern kann. In diesem zweiten Band möchte ich nun nachlegen und zeigen, wie man sehr wohl mittels Logik und Vernunft Rückschlüsse auf den Sinn des Lebens ziehen kann. Es ist eben nicht so, dass nur diejenigen Menschen einen spirituellen Halt finden können, die an einen Gott glauben. Wenn man paranormale Phänomene als Indizienbeweise für eine nichtphysische Hintergrundrealität akzeptiert hat, eröffnen sich selbst für wissenschaftlich

denkende Kopfmenschen Möglichkeiten, dem Sinn des Lebens nach-
zuspüren.

Der Ausgangspunkt dieser Sinnsuche liegt in der Theoriebildung:
Wie könnten paranormale Phänomene zu erklären sein? Warum treten sie auf und wie funktionieren die seltsamen Effekte, die sich dabei beobachten lassen? Was verraten sie uns über die Eigenschaften
der „geistigen Welt" und was bedeutet das alles in Hinblick auf unser menschliches Dasein? In Kapitel 4 „Theoretische Deutungen: Das
Universum als Teil einer bewusstseinsbasierten Wirklichkeit" wid-
men wir uns diesen Fragen ausführlich und aus verschiedenen Perspektiven.

Wie wir im ersten Kapitel von Band 1 (Woher wissen wir, was wahr
ist?) dargelegt hatten, sind Theorien immer nur Annäherungen. Sie
stellen den Versuch dar, mit unseren begrenzten menschlichen Mitteln ein Abbild der Realität zu entwerfen. Bei nichtphysischen Realitäten dürfte dieses Vorhaben bedeutend schwieriger werden, als das
bei der Beschreibung des physischen Universums ohnehin schon der
Fall ist. Insofern dürfen Sie hier keine ultimativen Antworten erwarten. Wir begeben uns auf Spurensuche und wollen unter Anwendung logischer Argumentation so weit wie möglich zum Kern der
Wahrheit vorstoßen. Auch wenn wir dabei keine absolute Gewissheit
erlangen werden, lassen sich doch Wege ausmachen, die deutlich
plausibler erscheinen als andere.

Ausgehend von den plausibelsten Interpretationen erwartet Sie in
Kapitel 5 „Praktische Konsequenzen: Sinnfindung, Bewusstseinsentwicklung und positive Lebensgestaltung" eine potenziell lebensver-
ändernde Lektüre. Hier werden wir versuchen, aus einem ganzheitli-
chen Weltbild logisch schlüssige und praktisch nutzbare Ableitungen
für Ihre persönliche Lebensführung zu ziehen. Das ist ein schöner
Nebeneffekt aus unserer umfassenden Suche nach Erkenntnis: Anders als der eingeschränkte naturwissenschaftliche Weltzugang
bleibt sie nicht bloß bei der Beschreibung von äußerlichen Gesetzmäßigkeiten stehen, sondern bindet Sie als Persönlichkeit mit Ihrem inneren Denken und Fühlen ein. Als bewusster Mensch sind Sie

schließlich ein untrennbarer Teil der Wirklichkeit, die wir in diesem Buch untersuchen.

Kapitel 4

Theoretische Spekulationen: Das Universum als Teil einer bewusstseinsbasierten Wirklichkeit

Warum existiert das Universum und was ist der Sinn des Lebens? Laut Naturwissenschaft muss das Universum zufällig aus dem Nichts entstanden sein. Das Konzept einer intelligenten und zweckgerichteten Schöpfung lehnt sie als religiös verklärtes Wunschdenken ab. Wir Menschen sind bloß das Produkt eines Jahrmillionen währenden Evolutionsprozesses. Unser Ich-Bewusstsein ist reine Gehirnillusion, die wieder verschwindet, sobald das Gehirn funktionsunfähig wird. Dementsprechend kann es auch kein Leben nach dem Tod geben.

Für keine einzige dieser weitreichenden Behauptungen kann die Naturwissenschaft Beweise liefern. Das kann sie deshalb nicht, weil es hier um Dinge geht, die man nicht sehen, anfassen oder messen kann. Schöpfung, Sinn, Bewusstsein und ein Leben nach dem Tod sind nichtmaterielle, also *metaphysische* Kategorien. Und was metaphysisch ist, das lässt sich mit naturwissenschaftlichen Methoden weder beweisen noch widerlegen (siehe Kapitel 1: Woher wissen wir, was wahr ist?). Naturwissenschaftler können also *unmöglich* wissen, ob das Universum sinnlos ist oder nicht und ob Bewusstsein von Materie losgelöst existieren kann oder nicht! Trotzdem wähnen sich die meisten Naturwissenschaftler mit ihren Annahmen eines sinnlosen und zufälligen Daseins in intellektueller Sicherheit. In der trügerischen Überzeugung, auf Seiten der Vernunft zu stehen, wehren sie sich mit Vehemenz gegen die Vorstellung einer über das Materielle hinausreichenden Wirklichkeit.

Um diese kategorische Ablehnung aufrechterhalten zu können, müssen Naturwissenschaftler sämtliche Indizien und Argumente abwehren, die auf die Existenz einer nichtphysischen Hintergrundrealität hinweisen. Die Paradoxien der Quantenphysik, der Hirnforschung und der Evolutionstheorie, denen wir im zweiten Kapitel in Band 1 begegnet sind, werden sie nicht als Indizien für geistige Realitätsebenen, sondern allenfalls als noch offene Rätsel der Physik oder der Biologie deuten. Auch paranormale Phänomene können Naturwissenschaftler in ihrem materialistischen Weltbild nicht zulassen. Jeder, der von übernatürlichen Erlebnissen berichtet oder an ihnen forscht, muss demnach ein Betrüger oder ein Opfer seiner halluzinierenden Sinne sein.

Diese systematische Vorverurteilung erscheint in Anbetracht der starken Fallbeispiele und glaubwürdigen Zeugenberichte aus dem dritten Kapitel in Band 1 mindestens ignorant – wenn nicht gar arrogant. In jedem Fall zeugt sie von einer dogmatisch eingeengten Herangehensweise: Wer ohne konkrete Einzelfallüberprüfung vorab und pauschal selbst gut dokumentierte und von seriösen Personen berichtete paranormale Ereignisse und Forschungsstudien als Blödsinn abweist, verhält sich wie ein fundamentalistischer Gläubiger, der sich kritischen Fragen und überzeugenden Gegenargumenten dadurch entzieht, dass er diejenigen, die sie vortragen, einfach der Lüge oder des Irrtums bezichtigt – ohne sich jedoch ernsthaft mit den Argumenten auseinanderzusetzen.

Dabei wäre es im Grunde genommen doch so einfach, sich von der Realität paranormaler Phänomene zu überzeugen. In Kapitel 3.3 von Band 1 (Wie Sie selbst die Echtheit paranormaler Phänomene verifizieren können), hatte ich hierzu beispielhaft sechs Selbstexperimente vorgeschlagen. Wem auch nur eines dieser Experimente gelingen sollte, der hätte die unbewiesenen Behauptungen der Naturwissenschaft bereits widerlegt. Und es würden sich neue Fragen aufdrängen: Wie sind solche paranormalen Vorgänge zu erklären? Warum treten sie auf? Und welche Rückschlüsse erlauben sie über den Ursprung und den Sinn unseres Daseins?

Wo die Naturwissenschaft nicht mehr weiter weiß, bedarf es eines größeren Weltbildes. Dieses neue Weltbild müsste in der Lage sein, die vielen unerklärlichen Paradoxien und Phänomene, die in den Kapiteln des ersten Bandes ausführlich geschildert wurden, plausibel zu deuten, ohne aber diejenigen naturwissenschaftlichen Erkenntnisse und Modelle über Bord zu werfen, die nach wie vor gültig sind. Es geht in diesem vierten Kapitel also keinesfalls darum, das naturwissenschaftliche Weltbild zu ersetzen. Es geht nur darum, es zu erweitern.

Diesem Vorhaben wollen wir uns aus verschiedenen Richtungen annähern. Wir starten mit einer kurzen philosophischen Orientierung (Kapitel 4.1), schauen uns dann etwas ausführlicher verschiedene Weltdeutungen unkonventioneller Wissenschaftler wie Rupert Sheldrake, Burkhard Heim oder Thomas Campbell an (Kapitel 4.2) und suchen ergänzend nach tieferliegenden Weisheiten in mythologischen und religiösen Erzählungen (Kapitel 4.3). In stets sachlicher Weise und mittels logischer Argumentation werden wir im Rahmen dieser vergleichenden Analyse versuchen, dem Sinn des Lebens auf die Schliche zu kommen.

4.1 Eine philosophische Annäherung

In der Philosophie gibt es zwei widerstreitende Auffassungen darüber, woraus das Universum und wir Menschen bestehen. Sogenannte *Materialisten* behaupten wie die Naturwissenschaftler, der Ursprung allen Seins liege in der Materie. Demnach ist Materie die grundlegende Substanz, aus der alles andere hervorgeht. Auch Gefühle und Gedanken sind nach dieser Auffassung nichts weiter als materielle Phänomene. Sie sind das Resultat biochemischer und bioelektrischer Vorgänge in unserem materiellen Körper, allen voran in unserem Gehirn. Ein vom Gehirn unabhängiges Bewusstsein oder eine Seele, die nach unserem Tod in den „Himmel" steigt, kann es in dieser philosophischen Weltsicht nicht geben.

Die Idee eines Weiterlebens im Jenseits zeugt laut Materialismus von unserem menschlichen Wunschdenken. Karl Marx, einer der berühmtesten Materialisten der Philosophiegeschichte, prägte vor diesem Hintergrund das weltbekannte Zitat von der Religion als „Opium des Volks":[1] Naive Menschen bekämpften den Schmerz über ihr diesseitiges Elend und ihre Angst vor dem Tod, indem sie Trost in erfundenen Erlösungsgeschichten suchten. Sinnvoller wäre es stattdessen, würde die Menschheit ihr diesseitiges Schicksal aktiv in die Hand nehmen, um gesellschaftliche Missstände durch eine Veränderung historisch gewachsener Machtstrukturen zu beseitigen.

Als Jugendlicher hielt ich diese materialistische Position für die einzig wahre Ansicht, die man über die Welt haben kann. Mit Verweis auf die Naturwissenschaft fühlte ich mich in meiner Position bestätigt und konnte mich aus dieser scheinbaren Gewissheit heraus vortrefflich mit meinen Religionslehrern streiten. Kopfschüttelnd belächelte ich sie innerlich als leichtgläubige Spinner, egal wie sie argumentierten und ihre Ansichten zu rechtfertigen versuchten. Welch Ironie: Heute stehe ich als Philosophielehrer auf der anderen Seite und muss mich den Jugendlichen gegenüber erklären.

Warum die Naturwissenschaft nicht unbedingt der Weisheit letzter Schluss ist, begründe ich stets mit Verweis auf die philosophischen Gegner des Materialismus. Diese gehen von der Annahme aus, dass nicht *Materie*, sondern *Geist* die fundamentale Substanz allen Seins darstellt. Materieteilchen sind in dieser Sichtweise gar keine selbständigen und erst recht keine ursprünglichen Bausteine des Universums. Stattdessen werden sie als Resultat geistiger Prozesse gedeutet. Konzepte, die von dieser Grundannahme ausgehen, firmieren unter dem Etikett „*Idealismus*". Verwechseln Sie diesen philosophischen Fachbegriff bitte nicht mit dem Alltagsverständnis von ethischem Idealismus als Charaktereigenschaft, die sich durch das Streben nach edlen Zielen (Idealen) auszeichnet. Das ist hier nicht gemeint. In der Philosophie ist ein „Idealist" bloß jemand, der den Urgrund allen Seins im Geist beziehungsweise im Bewusstsein verortet.

Eine Seele und ein Leben nach dem Tod rücken aus dieser Perspektive durchaus in den Bereich des Möglichen. Auch paranormale Phänomene lassen sich im Rahmen eines idealistischen Weltmodells

---

[1] Marx, Karl: Einleitung zu „Zur Kritik der Hegelschen Rechtsphilosophie"; in: Deutsch-Französische Jahrbücher, Paris 1844, S. 71

prinzipiell erklären. Es leistet darum genau das, was wir von einem größeren Weltbild erwarten: Es kann nicht nur die normale Physik erklären, sondern auch all diejenigen Rätsel und Phänomene begreifbar machen, die wir in Kapitel 2 (Wissenschaftliche Hinweise für eine metaphysische Hintergrundrealität) und in Kapitel 3 (Ungewöhnliche Phänomene als Indizienbeweise für eine metaphysische Hintergrundrealität) kennengelernt hatten. Schauen wir uns den philosophischen Idealismus darum im Folgenden etwas genauer an.

4.1.1 Geist über Materie: Die Philosophie des Idealismus

Gemäß dem philosophischen „Idealismus" bilden der Geist beziehungsweise das Bewusstsein die Grundsubstanz des gesamten Daseins. Materie wird als daraus abgeleitet verstanden. Die Abbildung 4.1.1a zeigt diesen einfachen Grundzusammenhang: Alles, was existiert, entspringt einer geistigen Quelle und würde ohne dieselbe nicht existieren. Unser Universum ist demnach *nicht an sich* da, sondern nur als ein *Erzeugnis* dieser geistigen Wirklichkeit. Denkbar wäre freilich, dass jener geistigen Wirklichkeit nicht nur *unser* physisches Universum entspringt, sondern viele *weitere* Universen – möglicherweise mit ganz anderen Gesetzen und Geschöpfen.

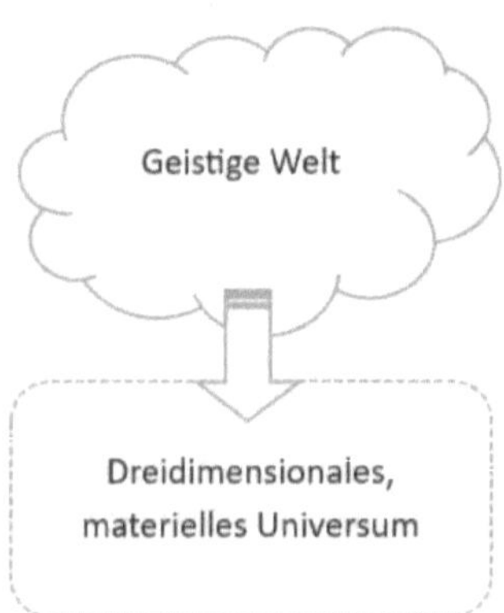

Abbildung 4.1.1a: Das philosophische Konzept des Idealismus. Quelle: Eigene Grafik

Materie ist dann keine Substanz, die einfach so aus dem Nichts entstanden ist und schon da war, bevor komplexere Organismen im Laufe Jahrmillionen andauernder Evolution ein Bewusstsein ausbildeten. In der idealistischen Philosophie verhält es sich genau umgekehrt: Geist beziehungsweise Bewusstsein waren schon immer da, während Materie aus eben jenem Geist beziehungsweise Bewusstsein erst hervorgegangen ist – sei es als Schöpfung, als Simulation, als Projektion oder wie auch immer.

Die Naturwissenschaft wird in dieser philosophischen Konzeption nicht übergangen, sondern lediglich in die Grenzen ihrer Zuständigkeit verwiesen: Ihr Geltungsbereich erstreckt sich auf das dreidimensionale und materielle Universum, das in Abbildung 4.1.1a schematisch durch die gestrichelte Linie unten umrahmt ist. In diesem materiellen Bereich dürfen sich die Physiker, Chemiker und Biologen sozusagen „austoben": Sie dürfen messen und beschreiben, was immer sie dort vorfinden, und sie dürfen die Gesetzmäßigkeiten, die in diesem dreidimensionalen Raum walten, zu identifizieren versuchen. Je besser ihnen das gelingt, umso bessere Vorhersagen können sie formulieren und umso bessere technische Anwendungen können sie entwickeln. Das alles tun sie seit einigen Jahrzehnten und Jahrhunderten mit herausragendem Erfolg und es ist überhaupt nicht meine Absicht, diese respektablen Leistungen auch nur im Geringsten zu schmälern. Im Gegenteil: Ich bin ein großer Anhänger und Bewunderer der Wissenschaft! Dennoch muss man aus Sicht des Idealismus eines nüchtern feststellen: Physiker, Chemiker und Biologen kratzen mit ihrer hervorragenden Forschungsarbeit immer nur an der Oberfläche des Daseins. Denn das, was sich hinter dem Physischen verbirgt und das Physische erst erschafft, entzieht sich jeglicher Messbarkeit und objektiven Beweisführung (siehe Kapitel 1: Woher wissen wir, was wahr ist?). Den Ursprung und den Zweck unseres Universums werden Naturwissenschaftler darum *niemals* erkennen können. Beides liegt laut Idealismus im *metaphysischen* Bereich, der in Abbildung 4.1.1a durch die obere Wolke dargestellt ist.

Geist und Bewusstsein lassen sich dem Idealismus zufolge auch dann nicht naturwissenschaftlich erfassen, wenn man mit noch so fortschrittlichen Methoden das menschliche Gehirn scannt. Man mag dabei allerlei Prozesse und Muster beobachten können, niemals aber das Bewusstsein an sich finden. Denn dieses befindet sich nach Überzeugung der Idealisten im *metaphysischen* Bereich und nicht im physischen Universum. Wenn Neurowissenschaftler im Gehirn nach dem

Bewusstsein suchen, dann ist das in etwa so, als würden Techniker ein Radiogerät auseinanderbauen, um die Musik und die Stimmen ausfindig zu machen, die durch das Gerät erklingen. Dabei würden die Techniker verschiedenste elektronische Bausteine und sogar eine Lautsprechermembran entdecken. Doch die eigentliche Quelle der Musik, die würden sie nicht finden. Sie steckt nämlich gar nicht im Radiogerät selbst, sondern liegt außerhalb des Radios. Analog dazu befindet sich der Geist nach Ansicht des philosophischen Idealismus außerhalb des materiellen Körpers, wenngleich er natürlich mit ihm in Verbindung steht – ähnlich wie eine Sendequelle mit einem Radiogerät in Verbindung steht.

Paranormale Phänomene aus Sicht des Idealismus

Im philosophischen Konzept des Idealismus behält die Naturwissenschaft ihre volle Gültigkeit. Wie gezeigt erstreckt sich diese allerdings allein auf das *physische* Universum. Die unbewiesenen *metaphysischen* Behauptungen der Naturwissenschaft in Bezug auf die Entstehung und den Sinn des Universums bestreitet der Idealismus. Mit dem Konzept einer Schöpfung, Simulation oder Projektion aus einer geistigen Hintergrundrealität heraus bietet er eine alternative Erklärung an. Diese stellt zugleich einen Deutungsrahmen bereit, innerhalb dessen paranormale Phänomene schlüssig erklärt werden können.

Wenn wir mit dem Idealismus davon ausgehen, dass Bewusstsein unabhängig von Materie aus sich selbst heraus existiert, sind beispielsweise Nahtoderfahrungen (siehe Kapitel 3.1.1), das „Sehen ohne Augen" (siehe Kapitel 3.2.2) oder Jenseitskontakte (siehe Kapitel 3.1.6) alles andere als gruselige Kuriositäten. Denn wenn Bewusstsein als fundamentale Substanz nicht auf Materie angewiesen ist, dann wird dieses Bewusstsein das Absterben eines materiellen Köpers überdauern. Es mag dann zwar nicht mehr dazu in der Lage sein, diesen funktionsunfähigen Körper zu steuern und verliert durch dessen Tod die Verbindung zu ihm. Dennoch existiert das Bewusstsein fort, so wie es auch schon existierte, bevor der materielle Körper, mit dem es sich einst verband, überhaupt entstanden war. Insofern ist es nur logisch und folgerichtig, dass Menschen, deren Gehirnaktivität infolge eines Unfalls oder einer Krankheit zum Erliegen kommt, trotzdem bewusste Erlebnisse haben – und zwar solche, die nicht mehr an ihren Körper gebunden sind. Genau das passiert offensichtlich bei Nahtoderfahrungen. Und es passiert in anderer Weise auch beim „Sehen ohne Augen": Obschon kein Licht in die Augen fällt und das Gehirn keine entsprechenden physischen Signale mehr erhält, erleben die betreffenden Menschen unter ihren blickdichten Masken visuelle Wahrnehmungen – ähnlich wie Nahtodpatienten, die das Geschehen im Operationssaal betrachten können, obschon ihre Augen geschlossen sind. Dasjenige, was in beiden Fällen „sieht", sind offenbar nicht die Augen und nicht das Gehirn, sondern der Geist beziehungsweise das Bewusstsein.

Wenn Bewusstsein ohne Materie existieren und wahrnehmen kann, sollte es uns auch nicht weiter verwundern, dass sich Verstorbene nach ihrem Tod durch Medien mitteilen können. Dazu müssen wir lediglich die Annahme hinzufügen, dass Bewusstsein auch unabhängig von Materie *kommunizieren* kann. Im Falle eines Jenseitskontaktes kommuniziert das Bewusstsein des Verstorbenen als eine „freie", das heißt eine körperlich ungebundene Entität, mit einem Bewusstsein, das als geistige Struktur nach wie vor an einen materiellen Körper gekoppelt ist – nämlich an den Körper des Mediums. Nach demselben Prinzip würde die Informationsübertragung funktionieren, die nicht von verstorbenen *Menschen*, sondern von *anderen* geistigen (Kollektiv-)*Wesenheiten* ausgeht (siehe Kapitel 3.2.6: Channeling): Einer der beiden Kommunikationspartner befindet sich jeweils körperlos im metaphysischen Raum, der andere ist mit seinem Bewusstsein an einen Körper gebunden.

Anders sieht es bei telepathischer Kommunikation zwischen zwei *lebenden* Menschen aus: Hier sind beide Bewusstseinsentitäten an ihre menschlichen Körper angedockt. In Kapitel 3.1.4 (Studien zur Telepathie) haben wir etliche parapsychologische Experimente kennengelernt, bei denen zwischen Testpersonen, die sich in weit auseinanderliegenden, elektromagnetisch abgeschirmten Räumen aufhielten, Informationen ausgetauscht wurden, ohne dafür auf irgendeine Form eines materiellen Trägers zurückgreifen zu müssen. Die materialistische Naturwissenschaft zweifelt in Anbetracht solcher Forschungsstudien entweder die methodische Eignung des jeweiligen Settings oder aber die Interpretation der jeweiligen Resultate an. Denn die Ergebnisse als zutreffend zu akzeptieren, würde ihr gesamtes Selbst- und Weltverständnis sprengen. Ignoranz oder Ablehnung sind in solchen Situationen normale psychologische Abwehrreaktionen (siehe Kapitel 1.3.3: Starre Paradigmen und kognitive Dissonanz). Der Idealismus hingegen erlaubt die Anerkennung solcher parapsychologischen Forschungsresultate völlig problemlos: Die aus materialistischer Sicht unmögliche Informationsübertragung kann einfach dadurch erklärt werden, dass die Kommunikation nicht durch den physischen Raum, sondern auf der Ebene der „geistigen Welt" erfolgt, sich also bildlich gesprochen durch die obere Wolke auf der Abbildung 4.1.1a vollzieht (siehe Seite 16).

Idealismus als Sammelbegriff

Wenn hier bislang von „dem" Idealismus im Singular die Rede war, ging es nur darum, die Kernbehauptung dieser philosophischen Denkrichtung zu skizzieren und ihre Erklärungskraft in Bezug auf paranormale Phänomene anzudeuten. Genaugenommen gibt es in der über zweitausendjährigen Philosophiegeschichte aber nicht nur „den" Idealismus, sondern viele verschiedene Ausprägungen. Insofern handelt es sich beim Idealismus um eine Art Oberbegriff oder Sammelbegriff, unter dem sämtliche Theorien zusammengefasst werden, die vom Primat des Geistes über die Materie ausgehen.

Zwei für unsere Zwecke besonders relevante Spielarten wollen wir in den folgenden Abschnitten etwas genauer betrachten. Beide enthalten interessante Spekulationen darüber, wie die „geistige Welt" hinter unserem physischen Universum beschaffen sein könnte. Wir müssen uns fragen, inwiefern diese Spekulationen sinnvoll begründet sind und sich mit den im ersten Band gewonnen Erkenntnissen über paranormale Phänomene und ungelöste Rätsel der Wissenschaft in

Übereinstimmung bringen lassen. Beginnen wollen wir beim berühmtesten aller idealistischen Konzepte, nämlich bei Platon und seinem „Reich der Ideen" (Kapitel 4.1.2). Anschließend wenden wir uns Schopenhauers Interpretation der Welt als „Wille und Vorstellung" zu (Kapitel 4.1.3).[2]

4.1.2 Platon und das Reich der Ideen

Der antike Philosoph Platon (428/427 v.Chr. bis 348/347 v.Chr.) wird gemeinhin als „Urvater" des Idealismus bezeichnet. Einige Platon-Experten hegen allerdings Zweifel an dieser Klassifizierung und mutmaßen, Platon sei womöglich eher ein Dualist gewesen. Ein Dualist ist jemand, der nicht Geist *statt* Materie als fundamentale Substanz annimmt, sondern beiden unabhängig voneinander eine Urexistenz zuspricht. Auch das lässt sich für Platon aber nicht mit Sicherheit behaupten, weil er die Frage nach der *Entstehung* der Materie letztlich nicht eindeutig und abschließend beantwortet hat.[3]

Für die folgenden Überlegungen ist das aber gar nicht so entscheidend. Selbst wenn Materie als Urmaterie immer schon da gewesen und der Geist sie nicht erst erschaffen haben sollte, erschließt sich aus Platons Werk sehr klar, welche der beiden Substanzen die dominante ist – nämlich der Geist. Laut Platon formt der Geist die Materie zu dem, was sie ist. Das gesamte sichtbare Universum ist sein Werk. Mehr noch: Geist strukturiert Materie nicht bloß, er *belebt* (*beseelt*) sie auch. Ganz im Gegensatz zur materialistischen Auffassung der modernen Biologie gäbe es also ohne Geist gar kein Leben!

Platon charakterisiert und benennt diesen schöpferischen und Leben spendenden Ur-Geist als „das Gute". Dieses vollkommene „Gute"

---

[2] Der Idealismus des irischen Philosophen George Berkeley (1685-1753) wäre sicherlich auch interessant gewesen. Da sein Ansatz aber demjenigen der zeitgenössischen Simulationstheorie des Physikers Thomas Campbell sehr ähnlich ist und wir diese später noch eingehend behandeln werden (siehe Kapitel 4.2.3), verzichte ich an dieser Stelle auf eine ausführliche Analyse Berkeleys.

[3] Vgl. Fröhlich, Bettina: Platon zur Einführung, Ditzingen 2023, S. 238ff.

könne intellektuell aber unmöglich erfasst und beschrieben werden. Um sich dem Guten zu nähern, bedürfe es vielmehr einer ethisch-moralischen oder gar spirituellen Anstrengung, in deren Verlauf die egoistische Selbstbezogenheit überwunden werden müsse. Die Möglichkeit dazu sei uns Menschen deshalb gegeben, weil wir als Geschöpfe des Guten das Gute selbst in uns tragen.

Das Gute ist für Platon zugleich Wirkursache und Zweckursache unseres Daseins. Es ist also nicht nur *Schöpfer* unseres Universums, sondern stellt auch den *Zielpunkt* allen Strebens dar: Der Sinn unseres Daseins liegt demnach darin, das Gute in uns und der gesamten Schöpfung zu erkennen und zu entfalten. Dazu genügt wie gesagt kein intellektuelles Wissen. Was es braucht, ist eine Fortentwicklung der Seele.

An dieser Stelle werden bereits zwei wesentliche Grundgedanken Platons sehr deutlich: Erstens gibt es einen einheitlichen Ur-Geist, der das materielle Universum erschafft beziehungsweise formt und beseelt. Zweitens ist diese Schöpfung nicht neutral und erst recht nicht sinnlos, denn als „das Gute" gibt der Ur-Geist Ziel und Richtung vor.

Wieso existiert Leid in einer Welt, die dem „Guten" entspringt?

Als kritischer Leser werden Sie sich sicherlich gefragt haben, wieso Platon diesen Ur-Geist denn ausgerechnet als „das Gute" postuliert. Dass es irgendeine geistige Hintergrundrealität als Ursache für unsere physische Welt geben muss, lässt sich in Anbetracht der Rätsel der Quantenphysik, der Neurologie und der Biologie (siehe Kapitel 2) durchaus vermuten. Nach Kenntnis der vielen mutmaßlich echten paranormalen Phänomene (siehe Kapitel 3) erscheint diese Annahme sogar sehr wahrscheinlich. Aber warum sollte das Geistige hinter dem physischen Universum ausgerechnet „gut" sein? Wie passt das zu dem vielen Leid in der Welt? Warum sollte ein guter und vollkommener Geist eine unvollkommene Welt voller Bösartigkeit, Dummheit und Ignoranz hervorbringen? Platon-Expertin Bettina Fröhlich deutet dieses Paradoxon in ihrem Einführungswerk zu Platon wie folgt:

„Das Problem lässt sich durch die Klärung des Begriffs einer vollkommenen Schöpfung lösen. Gemeint ist damit nicht das vollendete Sein, sondern die Ausstattung des Kosmos mit allen Kräften und Anlagen, die zur Verwirklichung des Seins notwendig sind. [...] Das kosmische Ganze und die einzelnen Lebewesen werden [...] nicht nach Art eines Mechanismus gedacht, der vom Urheber konstruiert, in Gang gesetzt und am Laufen gehalten wird [...]. [Platon] beschreibt vielmehr einen durch Selbstbewegung bestimmten Organismus sowie lebendige Wesen, die durch Eigenständigkeit bestimmt sind und aus eigener Wahl zum Mitschöpfer werden [...]. Die Freiheit birgt freilich immer die Möglichkeit der Entscheidung gegen die Vernunft in sich.[4]

Hier zeigt sich eine interessante Parallele zu einschlägigen religiösen Vorstellungen von der Ebenbildlichkeit des Menschen zum Göttlichen. Nach Platon sind wir als Menschen zwar nicht vollkommen, tragen aber die Anlagen in uns, es zu werden. Um die Schöpfung evolutionär zu vollenden, wollen diese Anlagen entfaltet werden. Dies geschieht jedoch nicht mechanisch und deterministisch, sondern unter Wahrung des freien Willens, mit dem wir Menschen durch den Schöpfer ausgestattet wurden.

Insofern ist es kein Widerspruch, wenn Platon den schöpferischen „Ur-Geist" als „das Gute" postuliert, zugleich aber Unterdrückung, Naturzerstörung und Gewalt an der irdischen Tagesordnung stehen. Diejenigen Menschen, die hierfür verantwortlich zeichnen, haben sich zum Leidwesen ihrer Mitgeschöpfe mit ihrem freien Willen dagegen entschieden, sich gut und vernünftig zu verhalten und ihre entsprechenden Anlagen zur Entfaltung zu bringen. Die Unvernunft und die Bösartigkeit dieser Menschen haben davon abgesehen aber keine tieferen Wurzeln. Oder anders formuliert: Das Böse schöpft seine Existenz nicht aus sich selbst heraus! Es resultiert bloß indirekt aus einem Verkennen oder aus einer freiwilligen Ablehnung des Guten.

---

[4] Fröhlich, Bettina: Platon. Eine Einführung, Ditzingen 2023, S. 232

Platons Argumentationsmuster erinnert entfernt an mythologische und religiöse Erzählungen über Satan, Luzifer und gefallene Engel. Die Rebellion gegen das Göttliche als Ursprung der Bösartigkeit in der Welt zeugt auch dort von einer bewussten und freien Entscheidung gegen das ursprünglich Gute. Dasselbe Muster finden wir auch in manchen zeitgenössischen Channelings wie etwa dem Ra-Kontakt (siehe Kapitel 3.2.6: Channeling). Dort wird behauptet, dass sich jedes Lebewesen im Laufe seiner Weiterentwicklung „polarisieren" muss: Entweder wählt es den positiven Pfad („Dienst an Anderen") oder den negativen Pfad („Dienst am Selbst"). Im ersten Fall wählt es den „Weg dessen, was ist", im zweiten Fall den „Weg dessen, was *nicht* ist". Wieder wird also das Böse als substanzlos charakterisiert (*negativer* Pfad; Weg dessen, was *nicht* ist). Bösartigkeit zeigt sich bloß als Missachtung oder Ablehnung dessen, was eigentlich ist – nämlich das Gute (im Ra-Kontakt wird es als „Liebe" beziehungsweise „Licht" bezeichnet – mehr dazu in Kapitel 4.3).[5]

Für die Annahme, dass sowohl der Ursprung als auch der Zielpunkt der Schöpfung in einem vollkommenen und gutartigen „Ur-Geist" liegen, lassen sich noch weitere Indizien ins Feld führen. Eines davon stützt sich auf eine simple Alltagsbeobachtung: Offenkundig streben Menschen in vielerlei Hinsicht nach Bestleistungen oder bewundern diese bei anderen. Dieses Streben nach und Anerkennen von Perfektion lässt sich im Sinne Platons als Orientierung an „das Gute" betrachten: Wir fühlen uns zur Vollkommenheit hingezogen und bemühen uns dementsprechend um eine bestmögliche Entfaltung unserer Potentiale. Des Weiteren sind wir Menschen offensichtlich vernunftbegabt. Für Platon ist auch das ein sicheres Zeichen unserer „Ebenbildlichkeit zum Göttlichen". Vernunft ist als Voraussetzung zur Er-

---

[5] Vgl. Elkins, Don; Rueckert, Carla; McCarty Jim; Blumenthal, Jochen (Hrsg.): Der Ra-Kontakt: Das Gesetz des Einen lehren, Berlin 2018. Es mag sein, dass sich solche esoterischen, mythologischen und religiösen Weltdeutungen mit derjenigen Platons nur zufällig decken. Vielleicht steckt dahinter aber auch ein wahrer Kern, der sich je nach Epoche und gesellschaftlichen Verhältnissen unterschiedlich kleidet. Unter dieser Vermutung möchte ich in Kapitel 4.3 (Eine mythologische Annäherung) etwas ausführlicher auf solche Parallelen zurückkommen.

kenntnis, Einsicht und Selbstreflexion ein wesentlicher Aspekt des „Guten". Vernunft*begabung* bedeutet, dass wir das *Potential* besitzen, uns dem „Guten" hinzuwenden. Lassen wir dieses Potential ungenutzt, mag es sein, dass sich unser Streben nach Perfektion als ein blindes Streben in Bereichen vollzieht, die zu leidvollen Erfahrungen führen. Man denke hier zum Beispiel an das irrige Ideal der Nationalsozialisten, ein tausendjähriges Reich mit einer reinrassigen Bevölkerung errichten zu wollen.

Ein weiteres Indiz für die Realität des „Guten" könnte in paranormalen Phänomenen liegen. Platon selbst hatte sich zu seiner Zeit natürlich nicht systematisch mit solchen Phänomenen befasst. Heutige Forschungsergebnisse könnte man jedoch rückblickend als Bestätigung für Platons Vermutung deuten, wonach der „Ur-Geist" ethisch nicht neutral oder indifferent, sondern gut ist. Ein Beispiel dafür sind Nahtoderfahrungen (siehe Kapitel 3.1.1: Nahtodforschung). Betroffene berichten häufig davon, im Rahmen ihres Nahtoderlebnisses eine Lebensrückschau zu erfahren, in deren Verlauf nicht etwa berufliche Erfolge oder Urlaubsreisen, sondern emotionale und ethische Aspekte im Vordergrund stehen. Sie erleben, wie ihre Handlungen auf andere gewirkt haben und welche Emotionen sie bei anderen ausgelöst haben. Der Maßstab der Beurteilung scheint dabei auf „das Gute" zu verweisen: Die Lebensrückschau wird von den Betroffenen dann als positiv gewertet, wenn sie sich empathisch und verantwortungsvoll verhalten haben. Zeigt sich hingegen, dass sie ihr gesamtes bisheriges Leben in selbstbezogener Rücksichtslosigkeit verbracht haben, empfinden sie ihre Lebensrückschau als schrecklich negativ. Das ist der Hauptgrund dafür, warum nahezu alle Menschen, die eine Nahtoderfahrung erlebt haben, im Anschluss daran mehr Mitgefühl entwickeln. Sie haben erkannt, dass sie mit allen anderen Geschöpfen in Verbindung stehen und als Mitschöpfer eine Verantwortung tragen. Das passt haargenau zu Platons Vorstellung vom „Guten" als Entfaltungsziel unseres Daseins, dem wir uns durch eine seelische Weiterentwicklung anzunähern haben.

Platon und das Reich der Ideen

Die sogenannte „Ideenlehre" ist wohl der bekannteste Aspekt aus Platons Philosophie, kann aber auch leicht missverstanden werden. Eines darum schonmal vorweg: Mit Idee ist bei Platon kein spontaner Einfall gemeint! Hinter dem Begriff „Idee" verbirgt sich vielmehr eine Art geistiges, abstraktes Bild oder Muster.

„Das Gute" stellt wie oben beschrieben die erste und ursprüngliche Wirkursache der gesamten Schöpfung dar. Man könnte es auch als die erste und höchste Idee bezeichnen: Es ist das Muster, aus dem alles andere hervorgeht. Die weiteren Ideen sind demnach untergeordnete Muster, die ihrerseits formgebend auf die Materie wirken. Sie stellen eine Art „Blaupause" für die materiellen Objekte des Universums beziehungsweise die Gegenstände unseres Alltags dar.

Machen wir uns das am besten anhand einfacher Beispiele verständlich: Für alles, was wir sehen und anfassen können, gibt es nach Platons Ideenlehre ein entsprechendes „geistiges Urbild". In Ihren Händen halten Sie gerade dieses Buch. Vielleicht stehen weitere Bücher in Ihrem Bücherregal. Die einen sind größer, die anderen kleiner. Doch egal wie groß oder klein Ihre Bücher sind – sie alle sind Bücher: Sie haben alle irgendeine Art von Cover, enthalten unterschiedlich viele bedruckte Seiten und wurden von einem oder mehreren Autoren verfasst, damit Sie darin lesen können. Wenn Sie aus dem Fenster schauen, sehen Sie vielleicht einen oder mehrere Bäume. Oder Sie sehen andere Häuser. Jeder Baum sieht etwas anders aus als der andere und auch Häuser unterscheiden sich in Form, Größe und Bausubstanz. Dennoch sind sie allesamt Bäume beziehungsweise Häuser. Sie verfügen über Wurzeln, einen Stamm und eine Baumkrone beziehungsweise über ein Fundament, Wohnraum und ein Dach. Nun könnten wir das gleiche Spiel mit Grashalmen, Katzen, Gebirgen, Planeten, Sternen und sogar Galaxien treiben. Immer zeigt sich, dass sich die Materie in bestimmten Formen zusammensetzt, die einander sehr ähnlich sind und auf gleichen „Grundmustern" basieren. Genau diese abstrakten Grundmuster sind Platons Ideen. Sie wirken wie formgebende „Baupläne" für die Schöpfung.

Als geistige Muster haben diese Ideen freilich keine materielle Ausdehnung. Außerdem sind sie zeitlos, sie existieren also ewig. Mit unseren fünf Sinnen könnten wir Platons Ideen gar nicht greifen. Wir können nur indirekt auf sie schließen: Wenn wir die Bücher, Bäume, Häuser und Grashalme um uns herum betrachten, sehen wir gewissermaßen die „Schatten", die die jeweiligen Ideen in unsere materielle Welt hineinwerfen.

In populären Darstellungen von Platons Philosophie werden davon ausgehend häufig zwei Welten kontrastiert:[6] Auf der einen Seite liegt unser physisches, raumzeitliches Universum mitsamt unserer wahrnehmbaren Alltagsumgebung. Diese Welt wird gerne als Platons „Schattenwelt" bezeichnet. Religiöse Menschen mögen sie die „irdische Welt" oder das „Diesseits" nennen. Auf der anderen Seite befindet sich das „Reich der Ideen" als eine rein geistige, nichtmaterielle, nichträumliche und zeitlose (also ewige) Wirklichkeit. Religiöse Menschen würden diese Welt als „Jenseits" oder „Himmelreich" deuten. Modern gesprochen könnte man sie vielleicht auch als eine Art „Informationsdimension" umschreiben. Denn hier liegen ja mit Platons „Ideen" die „geistigen Baupläne" für die Ausgestaltung der konkreten Erscheinungen des materiellen Universums bereit.

Unkonventionelle Wissenschaftler wie der Biologe Rupert Sheldrake oder der Physiker Burkhard Heim haben diesen Gedanken mehr als

---

[6] Platon-Experten können vortrefflich darüber streiten, wie akkurat diese Darstellungen sind. Kritiker sind der Ansicht, dass es missverständlich wäre, ein solches Zwei-Welten-Konzept zu kolportieren, da es nahelege, dass sich die Ideen gleichsam wie geistige „Gegenstände" in einem Ideenreich befinden. Dabei hätten die Ideen laut Platon gar keinen Substanzcharakter, sondern seien nur Formprinzipien. Sie seien also nicht so etwas wie „geistige Dinge", die unabhängig von der Materie existieren, sondern eher Mechanismen, die bei der Strukturierung der Materie wirken. Weil diese Feinheiten für unsere Untersuchungszwecke nicht weiter relevant sind, knüpfe ich hier der Einfachheit halber an die populäre Zwei-Welten-Darstellung an, die einigen Lesern, sofern sie philosophisch geschult sind, vermutlich auch vertraut ist. Falls Sie sich für die Details der Debatte interessieren, empfehle ich Ihnen die bereits mehrfach zitierte Platon-Einführung von Bettina Fröhlich: Fröhlich, Bettina: Platon. Eine Einführung, Ditzingen 2023

2000 Jahre nach Platon in abgewandelter Form wieder aufgegriffen. Beide argumentieren, dass der Kosmos mit all seinen Lebensformen aus einem nichtmateriellen Bereich heraus organisiert und strukturiert werden muss. Rupert Sheldrake spricht in diesem Zusammenhang von morphischen Feldern, Burkhard Heim von einer strukturgebenden Entelechie-Dimension. Mehr dazu später in Kapitel 4.2.1 (Rupert Sheldrakes morphische Felder) und Kapitel 4.2.2 (Burkhard Heims sechsdimensionales Weltbild).

Die Unsterblichkeit und Wiedergeburt der Seele

Besonders spannend ist natürlich die Frage, wo denn eigentlich der Mensch in diesem Zwei-Welten-Modell einzuordnen sei. Die Antwort fällt differenziert aus: Unser fleischlicher Körper ist zweifelsohne diesseitig. Er stellt eine hochkomplexe Anordnung materieller Elemente dar, die gemäß Platons Ideenlehre auf Basis einer entsprechenden Idee „Mensch" strukturiert wurden. Damit dieser materielle Körper lebendig agieren kann, bedarf er außerdem einer Seele, also einer geistigen Struktur, die im metaphysischen Bereich zuhause ist.

Die Seele definiert Platon als Bewegung, die sich selbst bewegen kann und keines externen Anstoßes bedarf. Als solche Bewegung habe sie keinen Anfang und kein Ende. Folglich muss sie ewig existieren. Durch diese Eigenschaften grenzt sich die Seele klar vom fleischlichen Körper ab. Der ist endlich und kann sich laut Platon nicht aus sich selbst heraus bewegen, sondern benötigt dafür eine Seele. Jeder Körper verliert seine Lebendigkeit, sobald sich die Seele von ihm ablöst. Die Seele indessen kann zwar materielle Körper verlassen, kann aber nicht sich selbst verlassen. Sie bleibt in ständiger Selbstbewegung erhalten – sie ist unsterblich:

„[...] das sich selbst Bewegende ist unsterblich, was aber anderes bewegt und von anderem bewegt wird und also ein Aufhören der Bewegung hat, hat auch ein Aufhören des Lebens. Nur also das sich selbst Bewegende, weil es nie sich selbst verlässt, wird auch nie aufhören, bewegt zu sein."[7]

---

[7] Platon (Autor); Eigler, Gunter (Hrsg.), Schleiermacher, Friedrich (Übersetzer): Werke in acht Bänden, Griechisch-Deutsch, Darmstadt 2001, S. 245 (Phaidros)

Den Begriff „Bewegung" würden spirituelle Menschen heutzutage eher mit dem Begriff „Energie" umschreiben – freilich nicht in einem physikalisch messbaren Sinne. Eine breitere Definition von Energie als eine Art „Kraftquelle" oder als „Fähigkeit, Aktivität zu entfalten", trifft es aber recht gut. Modern ausgedrückt stellt die Seele demnach eine geistige, ewig wirkende und kreative Energiequelle dar, die keiner externen Energiezufuhr bedarf. Sie schöpft ihre Energie vollständig aus sich selbst heraus. Sie selbst *ist* Energie (Bewegung). Als solche kann sie völlig autonom wahrnehmen und handeln. Materie hingegen kann das nicht. Materie bedarf für all ihre Handlungen stets einer äußeren Energiequelle. Ohne eine Seele würde keine Pflanze wachsen. Und ohne eine Seele könnte kein Mensch diese Zeilen lesen und erst recht nicht über das Gelesene nachdenken.

Damit ein Körper leben kann, muss also stets eine Seele an diesen Körper „andocken". Solange Seele und Körper miteinander verbunden sind, ist der Körper lebendig. Sobald die Seele ihn verlässt, stirbt der Körper ab. Die Seele wird sich dann als freie geistige Struktur im metaphysischen Raum weiterbewegen und dort die Erkenntnis sämtlicher Ideen erlangen sowie die Einsicht in das Gute erfahren können. Denn nunmehr ist ihre Wahrnehmung nicht mehr an die Körpersinne und an die körperlichen Triebe gebunden und kann sich stattdessen frei ins „Reich der Ideen" erstrecken. Sobald die Seele dann abermals an einen materiellen Körper andockt (wenn sie also reinkarniert), vergisst sie laut Platon wieder all das, was sie im freien, rein geistigen Zustand noch aus dem „Reich der Ideen" wusste. Die Inkarnation in einen materiellen Körper gleicht insofern einer zeitweiligen Amnesie.

Auf den ersten Blick mögen diese Behauptungen spekulativ klingen. Die moderne Reinkarnations- und Nahttodforschung liefern jedoch mögliche Hinweise darauf, dass Platons jahrtausendealte Seelenlehre im Kern stimmen könnte: Sobald wir reinkarnieren, werden unser Wissen und unsere Wahrnehmung eingeschränkt. Davon zeugen zumindest indirekt die Spontanerinnerungen derjenigen Kinder, die sich an ein Vorleben und manchmal sogar an Momente im „Zwischenleben", also an einen Aufenthalt in einem metaphysischen Bereich, erinnern können (siehe Kapitel 3.1.5: Reinkarnationsforschung). Der kleine James Leininger erinnerte sich beispielsweise daran, wie er *vor* seiner Inkarnation aus einer metaphysischen Daseinsebene heraus seine späteren Eltern beobachtete und sie schließlich bewusst als seine Eltern auswählte. Dabei nannte er Details, die sich im Nachhinein verifizieren ließen: Als er – wie er es nannte – noch „im Himmel" war, habe er seine späteren Eltern in einem großen pinken Hotel gesehen und das Gefühl gehabt, dass sie gute Eltern für ihn sein würden. Tatsächlich verbrachten Bruce und Andrea Leininger nur fünf Wochen, bevor Andrea mit James schwanger wurde, einen Urlaub im pinkfarbenen Royal Hawaiian Hotel in Honolulu.[8]

Solche Erinnerungsakte scheinen zwar vordergründig in Widerspruch zu Platons Annahme zu stehen, dass wir Menschen beim Eintritt in den Körper *vergessen*, wo wir ursprünglich herkommen. Bemerkenswerterweise sind solche Erinnerungen jedoch niemals die Regel. Sie treten im Gegenteil nur sehr selten auf. Als Ausnahmen streuen sie insofern eine Spur zu der tieferen Wirklichkeit, die Platon womöglich zutreffend umrissen hatte: Wir scheinen tatsächlich aus einer metaphysischen Welt heraus in unsere materiellen Körper hineinzutauchen, ohne als sodann verkörperte Menschen bewusste Erinnerungen an unsere Herkunft zu haben – *zumindest im Normalfall*. Auch die Nahtodforschung bestätigt indirekt Platons Amnesie-Vermutung. Bei Menschen, die eine Nahtoderfahrung erleben, tritt üblicherweise ein *erweitertes* Bewusstsein auf (siehe Kapitel 3.1.1: Nahtodforschung). Sie erlangen zum Teil Eindrücke und Einsichten, die sie bei ihrer Rückkehr in die physische Alltagswelt mit Worten nicht ansatzweise beschreiben können. Diese Bewusstseins- und Wahrnehmungserweiterungen deuten darauf hin, dass die Ablösung von unserem Körper tatsächlich mit einer Steigerung von Erkenntnis und Erfahrung einhergeht und dass im Umkehrschluss beim Eintritt in

---

[8] Vgl. Leininger, Bruce and Andrea with Ken Gross: Soul Survivor. The Reincarnation of a World War II Fighter Pilot, New York/Boston 2009, S. 153f.

den Körper Wissen eingeschränkt wird – so wie Platon es vermutet hatte. Wie umfassend der Erkenntniszuwachs beim Eintritt ins „Jenseits" tatsächlich ausfällt, können wir anhand der Nahtodberichte nicht beurteilen, zumal die Betroffenen die Schwelle zum Jenseits ja nicht endgültig überschreiten, sondern wieder ins Physische zurückkehren. Ob jede Seele beim vollständigen Wiedereintritt ins Jenseits die gesamte Wahrheit erkennen wird oder doch nur einen kleineren Ausschnitt des Gesamtbildes erblickt, muss hier offenbleiben.

Platon und die Rätsel der Naturwissenschaft

Ungeachtet solcher offenen Fragen und ungeachtet seines spekulativen Charakters leistet Platons Weltbild genau das, was die Naturwissenschaft nicht leisten kann. Für paranormale Phänomene wie Reinkarnation, Nahtoderfahrungen oder Telepathie liefert Platons Seelenlehre Interpretationsmöglichkeiten. Der Naturwissenschaft hingegen bleibt in Ermangelung eines theoretischen Bezugsrahmens nichts anderes übrig, als bei jeder paranormalen Erfahrung Betrug oder Selbsttäuschung zu unterstellen. Weil die Naturwissenschaft außerdem nichts objektiv Messbares über den Ursprung des physischen Universums und die Entstehung des Lebens herausfinden kann, weiß sie sich in beiden Fällen nicht anders zu helfen, als den Zufall zu bemühen. Platons Philosophie bietet hier einen alternativen Erklärungsansatz und ermöglicht zugleich eine sinnbehaftete Deutung der ungelösten Rätsel der Quantenphysik, der Hirnforschung und der Entstehung biologischen Lebens.

In Kapitel 2.1 (Besteht Materie gar nicht aus Materie?) hatten wir uns intensiv mit den seltsamen Befunden des Doppelspaltexperimentes befasst. Quantenphysiker konnten nachweisen, dass sich kleinste Teilchen wie Elektronen und sogar deutlich größere Objekte wie Moleküle am Doppelspalt wie Wellen verhalten, die keinerlei Eigenschaften aufweisen, die wir von Materie erwarten würden.[9] In die-

---

[9] Vgl. Arndt, Markus; Nairz, Olaf; Zeilinger, Anton: Interferometry with Macromolecules, in: Bertlmann; Zeilinger (Hrsg.): Quantum [Un]Speakables, From Bell Quantum Information, Berlin 2002, S. 333-351

sem sogenannten „Überlagerungszustand" durchqueren die Quantenobjekte zwei Spalte gleichzeitig, was bedeutet, dass sie keine klare Ortsposition haben. Sie scheinen in diesem Zustand eben keine festen Teilchen, sondern eine Art „Energiewelle" zu sein, die durch beide Spalte zugleich schwappt. Aus dieser seltsamen „Energiewelle" kann aber prinzipiell ein Teilchen hervorgehen. Das geschieht immer dann, wenn es infolge einer Messung zu einem „Wellenkollaps" kommt: Sobald Physiker mithilfe einer Messvorrichtung die Information erzwingen, wann welcher Spalt passiert wird, manifestiert sich die „Energiewelle" umgehend als Teilchen mit einer bestimmbaren Ortsposition. An welcher genauen Position das Teilchen erscheint, kann man im Voraus allerdings nicht zu hundert Prozent wissen. Es lassen sich statistische Wahrscheinlichkeiten angeben, doch innerhalb dieser Wahrscheinlichkeitsverteilung waltet nach aktuellem Forschungsstand der Zufall.

Warum Teilchen nicht von Anfang an einfach Teilchen sein können, sondern erst durch eine Messung zu Teilchen im klassischen Sinne werden, bleibt rätselhaft. Was genau diese „Energiewelle" sein soll, die im Moment der Messung zu einem festen Teilchen kollabiert, kann uns die Naturwissenschaft nicht wirklich begreiflich machen. Physiker können formale Eigenschaften einer solchen Welle mathematisch beschreiben und daraus sogar korrekte Prognosen ableiten. Eine verständliche Interpretation dessen, was warum am Doppelspalt geschieht, bleiben sie uns aber schuldig.

Platon konnte von der Quantenphysik natürlich noch nichts wissen. Seine Ideenlehre gestattet dennoch eine zwar nur vage, aber zumindest sinnbehaftete Deutung des „Wellenkollaps". Wie wir weiter oben gesehen haben, wird Materie laut Platon aus der Ideenwelt heraus geformt. Ideen bilden die geistigen Muster, nach denen die Materie sich richtet. Wo genau die Materie herkommt und wie sie geschaffen wird, beantwortet Platon leider nicht eindeutig.[10] Insofern fällt es schwer, den Überlagerungszustand, in dem die Teilchen noch keine Teilchen, aber potenzielle Teilchen sind, mit Platons Terminologie zu

---

[10] Vgl. Fröhlich, Bettina: Platon zur Einführung, S. 238ff.

umschreiben. Die Tatsache, dass sie in diesem Überlagerungszustand noch keine feste Materie bilden, bringt Platons Weltbild jedoch deutlich weniger in Bedrängnis als den naturwissenschaftlichen Materialismus. Weil Platons Weltbild einen *nichtphysischen* Bereich vorsieht („Reich der Ideen" mit der höchsten Idee des „Guten"), wäre es nämlich grundsätzlich denkbar, dass Materie *vor* ihrer Manifestation an diesen nichtphysischen Raum gebunden ist oder gar erst aus ihm heraus generiert wird. Beim Wellenkollaps überträgt sich womöglich abstrakte Information vom Ideenreich auf die physische Wirklichkeit. Materie könnte in diesem Moment „geformt" werden, wobei quantenphysikalische Wahrscheinlichkeiten eine gewisse Gestaltungsfreiheit erlauben würden.

Zugegebenermaßen ist das alles nur grobe Spekulation. Philosophie ist halt keine exakte Wissenschaft. Wo empirische Beweisbarkeit als Prüfkriterium nicht gegeben ist, kann man den Wert eines Weltbildes nur noch anhand seiner Deutungskraft, seiner inneren Logik sowie der Plausibilität seiner Argumentation beurteilen. In dieser Hinsicht hält Platon im Vergleich zum Materialismus, der die gesamte Existenz auf feste Teilchen zurückführt, sicherlich nicht die schlechteren Karten in der Hand.

Spekulativ mögen auch die Deutungsmöglichkeiten sein, die Platons Seelenlehre für die Rätsel der Hirnforschung anbietet. Doch solange die Entstehung des Bewusstseins nicht auf das Gehirn zurückgeführt werden kann (siehe Kapitel 2.2: Wo steckt unser Bewusstsein?), bleibt das Konzept einer vom materiellen Gehirn unabhängigen Seele legitim. Mehr noch: Es hat sogar die Nase vorn, wenn es darum geht, die Erkenntnisse der Reinkarnationsforschung, der Nahtodforschung und der Parapsychologie einzuordnen. Laut Platon wäre das Verhältnis zwischen Geist und Gehirn jedenfalls genau umgekehrt zum Materialismus zu betrachten: Nicht das Gehirn erzeugt den Geist, sondern die Seele belebt als sich selbst bewegende Lebensenergie den Körper samt dessen Gehirn. Wenn Neurowissenschaftler mit bildgebenden Verfahren unsere Gehirnaktivität untersuchen, sehen sie im Sinne Platons nichts als Materie, die durch die bewegende Kraft der

Seele belebt wird. Die belebende Kraft selbst sehen sie aber nicht, denn die ist ja nichtphysischer Natur. Unser mit Vernunft ausgestattetes Bewusstsein kann aus dieser Perspektive nicht vom materiellen Gehirn erzeugt werden. Bewusstsein *registriert* bloß unsere körperlich-sinnlichen Wahrnehmungen, um sich in seinen entsprechenden Reaktionen wiederum *in der Gehirnaktivität niederzuschlagen*, sodass das Gehirn auf rein physischer Ebene die entsprechenden Körperreaktionen koordinieren kann.

Während die Seele mit einem Körper verbunden ist, bleibt unser Bewusstsein in seiner Wahrnehmung stets an die Körpersinne gebunden und deshalb durch diese eingeschränkt. Das erklärt, warum wir uns im normalen Wachbewusstsein nicht als das erfahren, was wir eigentlich sind: Weil wir als Seele an einen materiellen Körper „angedockt" sind, erleben wir die Welt nicht als „freie Seele" in nichtphysischen Dimensionen, sondern betrachten uns durch die Wahrnehmungsfilter unseres Gehirns und unserer Körpersinne als fleischliche Menschen. Gemäß Platons Konzept der „Amnesie" verfügen wir in diesem Zustand über keinen unmittelbaren Zugang zu der nichtphysischen Umgebung, aus der wir eigentlich stammen.

Ein weiteres Problem der Naturwissenschaft liegt in ihrer Unfähigkeit, die Entstehung biologischen Lebens zu erklären (siehe Kapitel 2.3: Wie ist eigentlich das Leben entstanden?). Mit Platons Weltbild finden wir auf diese Frage eine klare Antwort: Sowohl die Belebung als auch die Formbildung biologischer Körper erfolgt durch eine metaphysische Einwirkung: Während die Seele die Lebensenergie bereitstellt, sorgen die Ideen für die Formbildung gemäß ihrer strukturgebenden „Bauanleitungen".

Platons Höhlengleichnis

Trotz seiner hilfreichen Deutungspotentiale gilt Platons Weltmodell in unserer aufgeklärten, westlichen Kultur allenfalls als historisch relevant. Im Sinne einer möglicherweise zutreffenden Beschreibung der Wirklichkeit wird es weder in der breiten Öffentlichkeit noch in akademischen Kreisen diskutiert. Was man nicht sehen und messen kann, hat halt keinen wissenschaftlichen Wert. Platon selbst hat in seinem berühmten Höhlengleichnis anschaulich vermittelt, warum es den meisten Menschen so schwerfällt, eine geistige Hintergrundrealität als Wahrheit zu akzeptieren. Zugleich zeigt er mit diesem Gleichnis, warum es naiv wäre, zu glauben, es gäbe nur das, was man sehen, anfassen oder messen kann:

Stellen Sie sich vor, Menschen seien in einer Höhle gefesselt und sehen auf einer ihnen gegenüberliegenden Wand Projektionen von Gegenständen, die hinter ihren Rücken vor einem Feuer vorbeigetragen werden (siehe Abbildung 4.1.2a: Platons Höhlengleichnis). Was diese gefesselten Menschen sehen, ist also nur ein Schatten beziehungsweise eine Projektion der wahren Gegenstände, nicht die echten Objekte selbst. Solange die gefesselten Menschen aber nie etwas Anderes sehen und erfahren als diese Schattenbilder, werden sie dieselben für die ganze Wirklichkeit halten. Diese gefesselten Menschen symbolisieren in Platons Höhlengleichnis die Masse der Menschen, die nur das, was sie sehen und anfassen können, für echt halten und sich keine weiteren Fragen stellen. Auch dogmatische Wissenschaftler, die nur das für wahr halten, was sie materiell nachweisen und messen können, passen in diese Kategorie.

Abbildung 4.1.2a: Platons Höhlengleichnis. Quelle: 4edges, URL: https://de.wikipedia.org/wiki/Höhlengleichnis#/media/Datei:An_Illustration_of_The_Allegory_of_the_Cave,_from_Plato's_Republic.jpg (gemeinfrei)

Man stelle sich nun vor, einer der gefesselten Menschen würde sich von seinen Fesseln befreien, weil er das Bedürfnis verspürt, zu erkunden, ob es noch mehr gibt als diese Schatten an der Wand. Dieser Mensch symbolisiert in Platons Höhlengleichnis einen zweifelnden, fragenden, kritischen, suchenden, wissbegierigen, forschenden, philosophierenden und aufgeschlossenen Menschen. Dieser Mensch wird von der Entdeckung der Höhle – einer umfassenderen Wirklichkeit – völlig in Staunen versetzt sein und muss darum einige Anstrengung aufbringen, sich diesem veränderten Weltbild zu stellen und es zu verarbeiten. Stellt man sich weiterhin vor, dieser mutige Wahrheitssuchende würde nun auch noch die Höhle verlassen, um zu sehen, was sich außerhalb derselben befindet, würde er vom Sonnenlicht geblendet und könnte zunächst gar nichts mehr erkennen, bis sich seine Augen an das Licht gewöhnt haben. Diese Situation symbolisiert die begrenzte Erkenntnis- und Anpassungsfähigkeit des Menschen in Anbetracht einer Wirklichkeit, die unser Vorstellungs- und Wahrnehmungsvermögen um ein Vielfaches übersteigt. Zugleich steht sie symbolisch für den ethisch-moralischen „Aufstieg" des Wahrheitssuchenden zum „Guten", der durch eine entsprechende Persönlichkeitsentwicklung unter Aufgabe egoistischer Selbstbezogenheit vollzogen werden muss und insofern einen äußerst schwierigen und langwierigen Prozess darstellt.

Stelle man sich zuletzt vor, der Wahrheitssuchende würde zu seinen gefesselten Mitmenschen zurückkehren, um ihnen zu berichten, was er herausgefunden hat und um sie aufzufordern, sich ebenfalls von ihren Fesseln zu befreien und sich das anzusehen. Er würde laut Platon mit ungläubigem Lachen der Gefesselten bedacht und damit zum Gespött der Leute. Von einigen würde er für verrückt erklärt, andere bezichtigten ihn der Lüge. Diese Begebenheit symbolisiert die Ignoranz und den Starrsinn breiter Bevölkerungsschichten sowie dogmatischer Wissenschaftler in Bezug auf nichtphysische Realitätsebenen beziehungsweise auf die Möglichkeiten ihrer Erkundung. Die meisten Menschen und konventionellen Wissenschaftler bleiben lieber „gefesselt" in ihrer „kleinen" Wahrnehmung, statt sich von einem neuen, größeren Weltbild verunsichern und überwältigen zu lassen.

4.1.3 Über Kants Grenzen der Erkenntnis hinaus: Schopenhauer und der Weg nach Innen

Platons Höhlengleichnis thematisiert die Schwierigkeit, wahre Erkenntnis zu erlangen. Zwei Jahrtausende später interessierte sich auch der berühmte Königsberger Philosoph Immanuel Kant (1724-1804) für die Grenzen unserer Erkenntnis (siehe Kapitel 1.1.3: Was keine Wissenschaft sicher wissen kann). Das Neue an Kants Ansatz war, dass er sich gar nicht so sehr auf das konzentrierte, was es zu erkennen gilt (die Welt), sondern auf das, was die Welt zu erkennen versucht (unser Verstand). Kant wollte wissen: Wie funktioniert unsere Wahrnehmung der Welt? Inwiefern filtert und interpretiert unser menschlicher Verstand durch die Art und Weise, wie er Sinneseindrücke aufnimmt und verarbeitet, die eigentliche Wirklichkeit?

Immanuel Kant und die Grenzen unserer Erkenntnis

Im ersten Band (Kapitel 1.1.3) hatten wir uns Kants neuartigen Denkansatz mithilfe einer vereinfachenden Analogie klargemacht: Ein Audioaufnahmegerät ist so konstruiert, dass es weder Bilder noch Gerüche, Temperatur, Luftdruck oder sonstige Informationen über die reale Welt erfassen kann. Der technische Bauplan dieses Gerätes erlaubt es einfach nicht, ein vollständiges Abbild der Realität aufzuzeichnen. Und nicht anders verhält es sich mit unserem menschlichen Wahrnehmungsapparat auch: Die speziellen „Konstruktionseigenschaften" unseres Verstandes und unseres Sinnesapparates schaffen erst die Voraussetzungen und die Grenzen, innerhalb derer wir die Welt erfassen können. Wir könnten die Welt niemals adäquat abbilden, egal, wie schlau wir uns dabei anstellen würden. Vielmehr *erschaffen* wir unser Weltbild gemäß dem „Bauplan" unseres Denk- und Wahrnehmungsapparates.[11]

Wenn man bei Kant nachliest, was denn nun die typischen „technischen Bausteine" unseres „Erkenntnisgerätes Verstand" seien, stößt

---

[11] Vgl. Niessen, Frank: Wegweiser Philosophie. Eine Orientierung für Einsteiger, Stuttgart 2011, S. 43

man auf hochinteressante Aussagen. Als zentrale Wahrnehmungsmechanismen identifizierte Kant zum Beispiel den Raum, die Zeit und auch die Kausalität. Raum, Zeit und Kausalität existieren demzufolge nicht unbedingt objektiv in der Welt, sondern nur als Erkenntniswerkzeuge in unserem Denken und Wahrnehmen. Schließlich können wir ja auch gar nicht anders, als uns Dinge im Raum vorzustellen. Dass „Nichts" ist, können wir mit unserem Verstand gar nicht denken. Wir kommen auch nicht umhin, das Erlebte in Vergangenheit und Gegenwart einzuordnen und das Erwartete als Zukunft zu denken. Zeitlosigkeit, also Ewigkeit, ist schlicht nicht vorstellbar. Ein linearer Zeitverlauf liegt all unserer Weltwahrnehmung immer zugrunde. Ganz selbstverständlich denken wir außerdem in Begriffen von Ursache und Wirkung. Dass zum Beispiel die Bewegung einer Billardkugel ohne jegliche ursächliche Einwirkung erfolgen könnte, halten wir für ebenso unfassbar wie die Aufzeichnung farbiger Bilder durch ein Audioaufnahmegerät. Raum, Zeit und Kausalität bilden sozusagen die „technischen Voraussetzungen", mit deren Hilfe wir unser Weltbild erst konstruieren.[12]

Wenn Raum, Zeit und Kausalität aber als eine Art Wahrnehmungsfilter existieren und nicht unbedingt in der wirklichen Welt an sich, dann ist die gesamte von uns wahrgenommene Welt im Grunde eine von unserem Verstand erzeugte Vorstellung. Wie die Welt wirklich beschaffen ist, das können wir laut Kant niemals herausfinden. Unserer Erkenntnis sind absolute Grenzen gesetzt, die selbst die besten Wissenschaftler nicht durchbrechen können. Wissenschaft zu betreiben, bedeutet nach Kant bloß, die Dinge zu erforschen, wie sie sich „für uns" darstellen, nämlich im vom Verstand „konstruierten", dreidimensionalen und raumzeitlichen Universum. Was hinter den Erscheinungen des Universums steckt, was die „Dinge an sich" ausmacht, das sei uns allen prinzipiell verborgen – und insofern aus Sicht von Immanuel Kant auch nicht weiter relevant:

---

[12] Vgl. Niessen, Frank: Wegweiser Philosophie. Eine Orientierung für Einsteiger, Stuttgart 2011, S. 44

„Was die Dinge an sich sein mögen, weiß ich nicht, und brauche es auch nicht zu wissen, weil mir doch niemals ein Ding anders als in der Erscheinung vorkommen kann."[13]

Wie Schopenhauer Kants Erkenntnisgrenzen überwand

Der in Danzig geborene und in Frankfurt verstorbene Philosoph Arthur Schopenhauer (1788-1860) bezeichnete Immanuel Kant als seinen wichtigsten Lehrer – und sich selbst nicht gerade bescheiden als dessen Vollender. Denn während Kant vor der Erkenntnis einer tieferen Wirklichkeit „kapitulierte" (siehe obiges Zitat), glaubte Schopenhauer, sehr wohl eine Möglichkeit entdeckt zu haben, das Geheimnis allen Daseins zu lüften. Dabei tat er etwas, wogegen sich viele aufgeklärte Menschen im ersten Moment sträuben würden: Er stützte sich auf die Beobachtung seiner Gefühlswelt. Seit dem Aufkommen der modernen Wissenschaft war das Gefühl als irrationales, manipulierbares und subjektives Empfinden in Verruf geraten und wurde dementsprechend geringgeschätzt. Schopenhauer hingegen war der Meinung, dass sich gerade in unserer Gefühlswelt der Schlüssel zu einem tieferen Verständnis des Seins offenbart.

Schopenhauers Hauptwerk „Die Welt als Wille und Vorstellung" beginnt mit dem berühmten Satz: *„Die Welt ist meine Vorstellung"*.[14] Das entspricht in nur fünf Worten der Quintessenz der Erkenntnisphilosophie Immanuel Kants. Schopenhauer ergänzt hierzu:

„Es wird [...] deutlich, [...] dass [der Mensch] keine Sonne kennt und keine Erde, sondern nur ein Auge, das eine Sonne sieht und eine Hand, die eine Erde fühlt; dass die Welt, welche ihn umgibt, nur als Vorstellung da ist [...]."[15]

Weil die uns umgebende *Außen*welt bloß eine *vorgestellte* ist, wäre die naturwissenschaftliche Erforschung derselben natürlich überhaupt

---

[13] Kant, Immanuel (Autor); Weischedel, Wilhelm (Hrsg.): Werkausgabe in 12 Bänden, Kritik der reinen Vernunft, Frankfurt 1977, B 333/334

[14] Schopenhauer, Arthur: Die Welt als Wille und Vorstellung. Gesamtausgabe im dtv, München 2008, Erstes Buch: Die Welt als Vorstellung, S. 31

[15] Ebenda, S. 31

nicht zielführend, wenn es darum ginge, der dieser Vorstellungswelt zugrundeliegenden, tieferen Wahrheit auf die Spur zu kommen. Schopenhauer schlägt darum den philosophischen Blick nach *innen* vor – eben auf das, was unsere Gefühlswelt bestimmt.

Die Welt als Wille

Schauen wir in unser inneres Gefühlsleben hinein, müssen wir laut Schopenhauer feststellen, dass wir getriebene Wesen sind: Wir tragen einen „Willen" in uns, der uns unser Leben lang zu aktiven Handlungen gleich welcher Art drängt. Wir sind aktiv, äußern uns, sind kreativ, begehren, verlangen, lieben, hassen, freuen uns, trauern, wollen geliebt werden und streben nach allerlei Zielen wie beruflichem Erfolg, wirtschaftlichem Reichtum, Anerkennung durch Freunde, Wissen, Macht, Freude, Glück oder sportlichen Siegen. In unserem Inneren waltet also ganz offensichtlich eine starke, treibende Kraft. Demnach sind wir immer zweierlei: Wir haben einen fleischlichen Körper, den wir uns allerdings nur mit unserem Verstand vorstellen (siehe Kant). Und was uns treibt, das ist der Wille. Beide gehören aber zusammen, weil beide zu uns gehören. Man könnte es so ausdrücken: Unsere Körper sind in Raum und Zeit ausgedehnte „Objektivationen" des Willens, das heißt dessen äußerlich wahrnehmbare Ausgestaltungen. Der Wille zeigt und äußert sich sozusagen in Form fleischlicher Menschen in unserer Vorstellungswelt.[16]

Doch der Wille „objektiviert" sich nicht nur im Menschen. Schopenhauer war überzeugt, dass das Prinzip des „Willens" hinter *allen* Erscheinungen unserer wahrnehmbaren Vorstellungswelt steckt. So zeige sich der Wille im Wachstum der Pflanzen ebenso wie in den Bewegungen der Planeten und in der vom Menschen geschaffenen Kunst und Musik. Letztlich äußere sich der Wille in unserer gesamten Erscheinungswelt. Das Geheimnis um die eigentliche Welt, um die von Kant für unergründlich erklärten „Dinge an sich", scheint damit gelüftet: Die eigentliche Wahrheit, das Wesen der Welt, das könnte der

---

[16] Vgl. Niessen, Frank: Wegweiser Philosophie. Eine Orientierung für Einsteiger, Stuttgart 2011, S. 45f.

„Wille" sein. Und genau deshalb lautet der Titel von Schopenhauers Hauptwerk „Die Welt als *Wille* und Vorstellung". Demnach ist die Welt nichts anderes als die Erkenntnis des Willens durch sich selbst: Der Wille erkennt sich, indem er sich in Form des raumzeitlichen Universums samt seiner zahlreichen individuellen Objekte und Kreaturen manifestiert, von denen einige sodann in der Lage sind, sich selbst und ihre Umgebung wahrzunehmen.

Ein wenig erinnert diese philosophische Weltdeutung Schopenhauers an Platon, und zwar gleich mehrfach: Zum einen war Platon wie Schopenhauer der Meinung, dass hinter den Erscheinungen der uns umgebenden Außenwelt eine tiefere Wahrheit liegen müsse. Während Platon ein „Ideenreich" mit der obersten Idee des „Guten" postuliert, geht Schopenhauer von einem „Willen" aus. Bei Platon wie auch bei Schopenhauer lässt sich das Universum als ein Ausdruck dieser jeweiligen metaphysischen Quelle interpretieren[17] – und zwar mit Kreaturen, die dieser Quelle *ebenbildlich* entsprechen und in der Lage sind, das sie umgebende Universum auf *begrenzte* Art und Weise wahrzunehmen. Zudem war Platon wie Schopenhauer – und natürlich auch Kant – der Meinung, dass die Quelle, die hinter allen sinnlich wahrnehmbaren Erscheinungen steckt, *intellektuell* gar nicht erfasst werden könne. Während Kant daraus den Schluss zog, dass man über die tiefere Wahrheit hinter allen Erscheinungen („Ding an

---

[17] So wie bei Platon die Experten über die korrekte Deutung seines Werks streiten (siehe entsprechende Fußnoten in Kapitel 4.1.2), gibt es auch unter Schopenhauer-Experten Interpretationen, die der hier vorgeschlagenen „klassischen" Deutung des Willens als metaphysische Quelle der Schöpfung widersprechen. In einer jüngeren Lesart wird der Wille nicht als „Substanz", sondern vielmehr als ein *in* dieser Welt wirkendes *Prinzip* verstanden (siehe hierzu beispielsweise das interessante Gespräch zwischen den beiden Schopenhauer-Experten Tom Bildstein und Raphael Gebrecht mit dem Titel „Das Problem des Dings an sich", online abrufbar unter der URL: https://www.schopenhauer.de/gespraech-bildstein-gebrecht [Stand 2024]). Wie im Falle Platons möchte ich in diesem populärwissenschaftlichen Sachbuch, das nicht mehr als einen ersten Zugang zur Philosophie des Idealismus und den beiden Philosophen Platon und Schopenhauer bieten soll, von Fachdebatten dieser Art absehen und beziehe mich darum auf die gängige, „klassische" Schopenhauer-Interpretation.

sich") nichts sicher wissen könne, plädierte Platon ebenso wie Schopenhauer für einen *innerweltlichen* Zugang, um dem Wesen allen Seins auf den Grund zu gehen.

Wie Platons Philosophie erlaubt auch Schopenhauers Denkansatz, Antworten auf ungelöste Rätsel der Wissenschaft und Interpretationsmöglichkeiten für paranormale Phänomene abzuleiten. Die Herausbildung eines materiellen Universums als *Objektivation* eines *immateriellen* Willens geht mit der Beobachtung der Quantenphysik, wonach feste Teilchen an ihrer Entstehungsbasis scheinbar *immateriell* sind, grundsätzlich konform. Lebendigkeit und Bewusstsein sind für Schopenhauer kein Resultat von materiellen Prozessen, sondern Ausdruck des Willens selbst. Weil der Wille Materie lenkt und nicht umgekehrt, stirbt er nicht ab, wenn biologische Körper sterben. Er existiert weiter und bricht sich in neuen Formen Bahn. Somit ist Schopenhauers Theorie ebenso wie diejenige Platons anschlussfähig für den Reinkarnationsgedanken. Sofern wir alle „Ausstülpungen" des einen, immateriellen Willens sind, sind wird außerdem in unserem Inneren auf subtile Weise miteinander verbunden. Dadurch rücken auch Phänomene wie Telepathie oder Jenseitskontakte in den Bereich dessen, was sich mit Schopenhauers Theorie interpretieren ließe – wenngleich Schopenhauer selbst von dieser Möglichkeit keinen expliziten Gebrauch macht. Auch das hat er mit Platon gemein.

In einem entscheidenden Aspekt unterscheidet sich Schopenhauer jedoch von Platon. Platon ging bekanntlich von einer obersten Idee des „Guten" aus, die in seinen Augen nicht nur Wirkursache, sondern zugleich Zweckursache, also Ziel der gesamten Schöpfung sei. Das verleiht der Welt einen Sinn: Als Seelen, die nach dem Ebenbild des „Guten" dessen Anlagen in sich tragen, streben wir Platon zufolge im Laufe unserer Reinkarnationen nach der Entfaltung eben dieser gutartigen Anlagen. Bei Schopenhauer hingegen folgt die Wiedergeburt keiner zielgerichteten Entwicklung. Denn den Willen charakterisiert Schopenhauer nicht als gut und auch nicht als vollkommen, sondern als ziellos, rastlos und unersättlich.

Schopenhauers fragwürdiger Pessimismus

Da der Wille rastlos und ziellos ist, gleichen wir Menschen als dessen „Ausstülpungen" getriebenen Wesen, die sich nicht unter Kontrolle haben: Wir können zwar *tun*, was wir wollen, wir können aber nicht *wollen*, was wir wollen. Und darum ist unser Leben für Schopenhauer eigentlich eine nie endende Leidensgeschichte. Ständig streben wir danach, unserem Willen zu entsprechen, jedoch ohne Aussicht auf eine dauerhafte Befriedigung desselben. Wenn wir unseren Hunger gestillt haben, kommt dieser bald wieder. Wenn wir unser sexuelles Verlangen befriedigt haben, meldet sich dieses nach einiger Zeit erneut. Wenn wir Macht, Ruhm und Anerkennung erlangt haben, wollen wir noch mehr davon. Und wenn wir glauben, alle Bedürfnisse gestillt zu haben, fühlen wir uns gesättigt und bekommen Langeweile – bis schon bald wieder ein neues Bedürfnis auftaucht.

Dem Menschsein wohnt in dieser Perspektive weder Sinn noch Zweck inne. Die Welt scheint irrational. Damit liefert Schopenhauer eine von Platon abweichende Antwort auf die Frage nach dem Leid in der Welt. Während Platon und viele Religionen die Bösartigkeit des Menschen als Resultat einer freien Entscheidung gegen das ursprünglich Gute deuten, existiert das Gute bei Schopenhauer gar nicht als fundamentale Kraft. Eine sinnlose Welt, in der ein triebhafter Wille nach Entfaltung drängt, bringt Egoismus und Machtstreben nun mal zwangsläufig mit sich.[18]

Bei allem Pessimismus in Bezug auf die Sinnhaftigkeit des Daseins scheint es bei Schopenhauer aber auch ein Quäntchen Optimismus zu geben. In seinem Werk lassen sich gleich zwei Hintertüren ausmachen, durch die wir dem unersättlichen Streben und dem damit ver-

---

[18] Schopenhauers Befund, wonach unsere reale Alltagswelt durch Leid bestimmt sei, deckt sich mit den Erfahrungen des jungen Siddhartha Gautama (Buddha). Für diesen war die Beobachtung von Leid und die Suche nach dessen Überwindung der Ausgangspunkt seiner gesamten spirituellen Bemühungen. Im Ergebnis kommen Buddha und Schopenhauer zu einem ähnlichen Schluss: Die Nichtexistenz (buddhistisch: Nirvana) infolge eines Austritts aus dem Reinkarnationskreislauf (Samsara) bedeutet die endgültige Erlösung von Leid.

bundenen Leid entkommen könnten. Die erste Hintertüre ermöglicht eine vorübergehende Ausflucht. Sie besteht in einer zeitweiligen Abkopplung vom Willen in Form von Selbstvergessenheit. Das erreichen wir zum Beispiel dann, wenn wir gedankenlos in Kunst und Musik versinken oder schöne Naturlandschaften einfach auf uns wirken lassen. Dann verlieren wir uns unabhängig von Willenstrieben im Schönen. In dieser „ästhetischen Kontemplation" kommen wir laut Schopenhauer zur Ruhe und es stellt sich eine tiefe Zufriedenheit ein.

Die zweite Hintertüre erlaubt eine längerfristige Befreiung, erfordert dafür aber ein radikaleres Vorgehen, nämlich den bewussten Verzicht. Anstatt uns zum Sklaven unserer unersättlichen Bedürfnisse zu machen, könnten wir uns darin üben, die Nichterfüllung des Willens auszuhalten. So erreichen wir allmählich einen stabilen Zustand der ausgewogenen Ruhe, ein erfülltes Nichtstreben.

Die Frage ist nur: Wer oder was ist es denn im Menschen, der oder das ihn in die Lage versetzt, sich gegen den allgegenwärtigen Willen zu stemmen? Schopenhauers verblüffende Antwort: Der Wille selbst, denn nichts anderes kann es ja geben, wenn alles Seiende auf dem Prinzip des Willens basiert. Und so muss auch das, was wir „Intellekt" oder „bewusste Reflexion" nennen und was wohl die Voraussetzung dafür wäre, unseren Trieben Einhalt zu gebieten, dem Willen selbst entspringen. Tatsächlich deutet Schopenhauer den Intellekt als ein Vehikel des Willens. Laut Schopenhauer wurde er im Laufe der Evolution vom Willen hervorgebracht, um diesem zu dienen. Das kann er zum Beispiel tun, indem er Werkzeuge und Strategien entwickelt, die beim Überleben helfen. Mit seiner Weiterentwicklung habe der Intellekt dem Willen dann aber – sozusagen als unbeabsichtigte Nebenwirkung – auch ermöglicht, sich selbst zu erkennen und sich selbst infrage zu stellen. Seither könne der Wille sich im Menschen selbst verneinen und Entscheidungen treffen, die ihn an seiner eigenen Entfaltung hindern.

Die Ablehnung des Triebhaften aus dem Triebhaften selbst abzuleiten, erscheint mir persönlich fragwürdig. Weil Schopenhauer in seiner Philosophie aber keinen Platz für eine vom Willen unabhängige Quelle vernünftigen Handelns vorsieht, bleibt sie auf interessante Art und Weise eigentümlich: Unter Rückgriff auf Kant weist sie das materialistische Weltbild der Naturwissenschaft als naiv zurück und erkennt mit dem Willen ein immaterielles Prinzip hinter den Erscheinungen des Universums. Zugleich spricht Schopenhauer diesem immateriellen Prinzip aber jegliche Sinnhaftigkeit und moralische Qualität ab. Deshalb läuft sein Weltbild am Ende auf dieselbe Grundhaltung hinaus, die auch das von ihm abgelehnte naturwissenschaftliche Weltbild propagiert: Das Universum ist sinnlos.

Alles ist eins: Was blinder Wille mit Mitleid zu tun hat

Wie aber erklärt Schopenhauer, dass in einer Welt, die einem blinden, unersättlichen und unvernünftigem Willen folgt, Gutartigkeit und Liebe auftreten? Wieso gibt es zum Beispiel Menschen, die hilfsbereit sind und sich für Gerechtigkeit einsetzen?

Das Rätsel lässt sich lösen, wenn man sich erneut in Erinnerung ruft, dass es laut Schopenhauer nichts gibt, was unabhängig vom Willen existieren könnte. Alles, was wir sehen und anfassen können, sind mit Schopenhauer bloß verschiedene, individuelle „Objektivationen" des einen Willens – so wie einzelne Tropfen in der Gischt einer Strandwelle allesamt „Auswürfe" desselben Ozeans darstellen. Von dieser Einheit des Willens bis zur Erklärung von Liebe und Güte fehlt jetzt nur noch ein kleiner Schritt: Laut Schopenhauer ist es dem Willen nicht nur möglich, sich durch Introspektion in jedem Menschen *selbst* zu erkennen (mit der Möglichkeit sich abzulehnen, siehe oben). Es ist ihm auch möglich, sich durch Beobachtung und Empathie in *anderen* Menschen oder *anderen* Geschöpfen (zum Beispiel Tieren) zu erkennen. Gutartige Menschen sind also in dem Sinne empathischer, dass sie sich mehr als andere Menschen dessen bewusst geworden sind, dass sie im Kern dasselbe sind wie andere Menschen (oder gar Tiere) auch. Weil sie sich nicht mehr als abgetrennte Individuen, sondern in Gemeinsamkeit zu ihnen begreifen, können sie sich einfacher mit diesen identifizieren und Mitleid empfinden.[19] Und genau das ist laut Schopenhauer der Grund für moralisch gute Handlungen: Wir helfen einem Ertrinkenden nicht deshalb, weil wir uns aus Pflichtbewusstsein dazu veranlasst fühlen, sondern weil wir in dem Ertrinkenden den gleichen Willen erkennen, der auch in uns selbst waltet.

Offen bleibt allerdings die Frage, warum nicht *alle* Menschen Mitleid empfinden und sich entsprechend gütig und hilfsbereit verhalten. Warum sind nur *manche* Menschen empathisch, andere aber nicht? Platon und Vertreter spiritueller Lehren würden wohl vermuten, dass der Grad des moralisch guten Verhaltens mit dem Reifegrad der seelischen Entwicklung zusammenhängt. Schopenhauer hingegen kann hier nur den Zufall ins Feld führen. Denn den Willen charakterisiert er ja als blind, rastlos und irrational.

Liebe als Resultat von Mitleid?

Dass wir im Kern alle eins sind, scheint mir eine unbestreitbare Wahrheit zu sein. Selbst die Naturwissenschaft wird dieser Wahrheit zustimmen müssen, wenngleich sich unsere Verbundenheit aus ihrer Sicht bloß auf den Sternenstaub als gemeinsame Ursubstanz unserer materiellen Körper beschränkt. Aufgrund der Überlegungen von Kapitel 2 (wissenschaftliche Hinweise auf eine metaphysische Hintergrundrealität) und Kapitel 3 (Ungewöhnliche Phänomene als Indizienbeweise für eine metaphysische Hintergrundrealität) liegt es allerdings nahe, dass sich unsere Verbundenheit weit über das Materielle hinaus in den metaphysischen Bereich erstreckt. Unklar ist nur, was genau diese Verbundenheit im Metaphysischen ausmacht.

---

[19] Interessanterweise haben Hirnforscher fast 150 Jahre nach Schopenhauers Tod eine *Entsprechung* dieses Mechanismus auf neuronaler Ebene gefunden – siehe hierzu die Veröffentlichung von Beisel, Marie-Christine: Schopenhauer und die Spiegelneurone. Eine Untersuchung der Schopenhauerschen Mitleidsethik im Lichte der neurowissenschaftlichen Spiegelneuronentheorie (Beiträge zur Philosophie Schopenhauers), Würzburg 2012. Das bedeutet freilich nicht, dass das Gehirn *ursächlich* für diesen Vorgang ist (siehe Kapitel 2.2 in Band 1: Wo steckt das Bewusstsein? Ungelöste Rätsel der Hirnforschung).

Mitgefühl im Sinne einer Identifikation mit seinen Mitgeschöpfen geht zweifelsohne mit einem liebevollen Verhalten einher. Doch muss dasjenige, was sich da gegenseitig und miteinander als Eins erkennt, zwangsläufig etwas Triebhaftes, Blindes, Irrationales, Rastloses und Egoistisches sein? Und reicht bloßes Mitgefühl aus, um intensivste Formen der Liebe zu erklären, wie wir Menschen sie mitunter teilen?

Hier würde ich zumindest Zweifel anmelden – zumal es noch einen weiteren Aspekt der Liebe gibt, der sich meines Erachtens mit Schopenhauer nicht plausibel einordnen lässt: die Selbstliebe. Selbstliebe meine ich hier nicht im Sinne eines rücksichtslosen Egoismus (Selbstsucht), sondern im Sinne einer bedingungslosen Selbstakzeptanz (Selbstachtung). Wie würde liebevolle Selbstakzeptanz zu Schopenhauers Willen passen, der unersättlich, blind und rastlos nach Befriedigung seiner triebhaften Bedürfnisse strebt und dadurch ständiges Leid verursacht? Und falls der Wille sich im Menschen vernünftigerweise verneint, um sich zu bändigen – was bliebe dann eigentlich vom Selbst noch übrig, was sich akzeptieren könnte? Wie könnte sich ein Wille, der sich *verneint*, gleichzeitig *akzeptieren*? Wäre das nicht zutiefst widersprüchlich?

Eine Auflösung des Widerspruchs könnte erzielt werden, wenn man anstelle eines konstant egoistischen Willens eine geistige Kraft oder ein geistiges Prinzip annehmen würde, das sich *entwickeln* kann. Ein solches würde allein auf einer *niedrigen* Qualitätsstufe *egoistisch* wirken, im Laufe eines unterstellten Evolutionsprozesses aber eine *höhere* Qualität erreichen und sich dann entsprechend *liebend und mitfühlend* äußern. Spirituelle Lehren kennen solch einen Evolutionsprozess als „spirituelles Wachstum". Ein ganz ähnliches Konzept vertritt auch der US-Physiker Thomas Campbell mit seiner Simulationstheorie, die wir in Kapitel 4.2.3 kennenlernen werden.

Schopenhauer als „Türöffner" für Kopfmenschen

Vielleicht fragen Sie sich jetzt, warum ich Schopenhauer in diesem Buch so viele Seiten einräume, wenn ich doch gegen Ende dieses Unterkapitels grundlegende Aspekte seiner Philosophie infrage stelle. Nun, für einen rational denkenden Kopfmenschen wie mich, der vor nicht allzu langer Zeit noch ein atheistischer Materialist war, kann sich Schopenhauer als Einfallstor in ein spirituelles Weltbild erweisen. Ohne sich der religiösen Verklärung und eines naiven Wunschdenkens verdächtig zu machen, liefert Schopenhauer anknüpfend an Immanuel Kant überzeugende Argumente, unser raumzeitliches und materielles Universum als Illusion beziehungsweise Projektion zu begreifen (Kant: „Ding für uns"; Schopenhauer: „Welt als Vorstellung"). Um herauszufinden, was hinter dieser Vorstellungswelt verborgen liegt, setzt Schopenhauer auf die Betrachtung der inneren Erfahrungswelt und stößt dabei auf die Einheit allen Seins. So schlägt Schopenhauer eine Brücke vom aufgeklärten westlichen Denken zur Spiritualität, die bekanntlich ebenfalls auf den Weg nach Innen baut und die gegenseitige Verbundenheit aller Aspekte des Daseins betont.

Was Schopenhauer in meinen Augen fehlt, ist lediglich eine akkurate Charakterisierung der tieferen Wirklichkeit, die hinter unserem Universum steckt und uns alle miteinander verbindet. In den folgenden Kapiteln 4.2 (Eine wissenschaftliche Annäherung) und 4.3 (Eine mythologische Annäherung) möchte ich dieser Wirklichkeit darum aus unterschiedlichen Perspektiven weiter nachspüren.

4.2 Eine wissenschaftliche Annäherung

Der Nutzen philosophischer Konzepte besteht darin, einen Deutungsrahmen abzustecken, innerhalb dessen wir Dinge erklären können, die über das Sicht- und Messbare hinausreichen. Notwendigerweise bleiben solche Deutungen spekulativ. Trotzdem sind sie nicht beliebig. Auch wenn wir sie in einem wissenschaftlichen Sinne nicht „beweisen" können, lassen sich philosophische Behauptungen anhand von argumentativer Logik, Plausibilitätsüberlegungen und der Übereinstimmung mit Erfahrungswissen beurteilen.

Vor diesem Hintergrund haben wir das philosophische Konzept des „Idealismus" als bestmöglichen Deutungsrahmen zur Erklärung derjenigen Rätsel und Phänomene ausgemacht, die wir in Kapitel 2 (Wissenschaftliche Hinweise für eine metaphysische Hintergrundrealität) und Kapitel 3 (Ungewöhnliche Phänomene als Indizienbeweise für eine metaphysische Hintergrundrealität) untersucht hatten. Zwei idealistische Konzepte hatten wir uns beispielhaft etwas genauer angeschaut. Weil Philosophie ihrem Wesen nach abstrakt bleibt, sind wir dabei noch nicht sehr tief in die Details vorgestoßen.

Das wird sich in diesem Kapitel ändern. Wissenschaft befasst sich mit konkret eingegrenzten Problemstellungen und formuliert Behauptungen, die bestenfalls empirisch überprüfbar sind. Letzteres wird zwar schwierig, sobald sich einzelne Wissenschaftler wagen, in den Bereich des Metaphysischen vorzudringen. Was jenseits von Raum und Materie liegt, kann ja nicht gemessen und deshalb nicht im naturwissenschaftlichen Sinne nachgewiesen werden. Nichtsdestotrotz weisen wissenschaftliche Annährungen an die tiefere Wirklichkeit des Seins mehr Bodenhaftung als philosophische Überlegungen auf, weil sie nicht von abstrakten Spekulationen, sondern von präzisen Forschungsfragen ausgehen. Der Rückbezug zu faktischen Einzelphänomenen ist hier deutlich stärker gegeben als bei philosophischen Annäherungen, die ihren Ausgangspunkt in einer viel globaleren Perspektive nehmen.

Dass sich überhaupt Wissenschaftler dazu berufen fühlen, ausgehend von einer bestimmten Forschungsfrage Konzepte zu entwickeln, die über das rein Physische hinausreichen, ist äußerst selten. Zu groß ist die Gefahr, von der wissenschaftlichen Community als unwissenschaftlich oder als pseudowissenschaftlich gebrandmarkt zu werden. Drei Persönlichkeiten, die dieser Gefahr getrotzt haben, möchte ich in diesem Kapitel vorstellen. Ihnen allen ist gemeinsam, dass sie theoretische Erklärungsansätze bieten, mit denen sich verschiedene paranormale Phänomene und wissenschaftliche Paradoxien sinnvoll interpretieren lassen. Wir beginnen mit dem Biologen Rupert Sheldrake und seinem Konzept der morphischen Felder (Kapitel 4.2.1), lernen anschließend den Physiker Burkhard Heim mit seinem sechsdimensionalen Weltbild kennen (Kapitel 4.2.2) und befassen uns zum Schluss mit dem Physiker Thomas Campbell und seiner „großen Theorie von allem" (Kapitel 4.2.3).

4.2.1 Rupert Sheldrakes „morphische Felder"

Die Forschungsfrage, auf die der Biologe Rupert Sheldrake zu Beginn der 1980er Jahre eine Antwort suchte, betraf das Problem der sogenannten Formbildung. Damals konnte niemand erklären, warum und woher ein Organismus wissen kann, dass er sich in genau der Gestalt herausbilden soll, die er letztlich annimmt. Dass wir Menschen zum Beispiel zwei Beine und zwei Arme mit jeweils fünf Fingern und fünf Zehen ausbilden, schien völlig rätselhaft: Woher sollten verschiedene Körperzellen, die durch Teilung identischer Ausganszellen entstehen, wissen, ob sie diese oder jene Form entwickeln müssen? Warum bilden Zellen mal Arme, mal Beine, mal ein Auge und mal eine Niere aus? Woher erhält die Materie, aus der unser Körper zusammengesetzt ist, ihre „Bauanweisung"?

Morphogenetische Felder

In seinem Werk „Das schöpferische Universum"[20] aus dem Jahr 1981 stellte Rupert Sheldrake die Hypothese auf, dass die Formbildung biologischer Organismen nicht im Erbgut codiert ist, sondern sich durch Resonanz mit sogenannten morphogenetischen Feldern vollzieht. Diese Felder sind immateriell. Sie sind nichts Greifbares und nichts Messbares. Sie sind eine Art Informationsspeicher, der mit Materie in Wechselwirkung (in *Resonanz*) steht.

Wenn ein bestimmter Organismus wie der menschliche Körper in seiner Evolution begriffen ist, dann erhält er nach Sheldrake seine „Bauanleitung" aus einem entsprechenden morphogenetischen Feld. Das

---

[20] Vgl. Sheldrake, Rupert: Das schöpferische Universum. Die Theorie des Morphogenetischen Feldes. Eine revolutionäre Theorie über das Universum, Berlin 2009

morphogenetische Feld strukturiert und organisiert die Atome und Moleküle dieses Organismus derart, dass dieser die ihm typische Gestalt annimmt.

In gewisser Weise erinnert diese Hypothese an Platon und sein Konzept der Ideen (siehe Kapitel 4.1.2: Platon und das Reich der Ideen). Auch Platon fragte sich, was die Materie dazu bringt, sich in verschiedenen Formen zu manifestieren. Dabei fiel ihm auf, dass sich manche Strukturen sehr ähnlich sind. Bäume zum Beispiel mögen zwar im Detail sehr verschieden sein, im Grunde sind sie dennoch alle gleich: Sie verfügen über Wurzeln, einen Stamm, Äste und Blattwerk. Allen Bäumen scheint also ein gleiches Grundkonzept zugrunde zu liegen. Das Gleiche ließe sich von menschlichen Körpern, aber auch von Grashalmen, Fischen oder Katzen sagen. Auch nichtbiologische Erscheinungen wie Kristalle, ganze Gebirge oder gar Sterne ähneln sich. Platon vermutete daher gemeinsame, abstrakte Grundmuster als „Blaupausen" für die Herausbildung konkreter Einzelexemplare. Platon nannte diese Muster „Ideen". Diese verortete er nicht im materiellen Universum selbst, sondern als formgebende Prinzipien *jenseits* von Raum und Zeit. Als „metaphysische Baupläne" strukturieren und organisieren diese „Ideen" die physische Materie.

In diesem letzten Aspekt unterscheidet sich Sheldrake von Platon. Sheldrake stellt sich seine morphogenetischen Felder nicht als *jenseitige*, sondern als *im* physischen Raum ausgebreitete Einflussgebiete vor: Morphogenetische Felder umhüllen und durchdringen die biologischen Systeme, die sie strukturieren. Und anders als Platons Ideen sind sie nicht starr und ewig, sondern in der Zeit *veränderbar*. Insofern sind Sheldrakes morphogenetische Felder nicht metaphysisch im Sinne von außerweltlich. Weil sie immateriell sind, sind sie dennoch nicht sicht- und messbar: Sie tragen weder physische Energie in sich, noch bestehen sie aus irgendwelchen „Teilchen". Morphogenetische Felder sind reine „Informationsfelder", nach denen sich die räumliche Anordnung der Materie richtet.

Der „Feld"-Begriff ist in der Wissenschaft nicht neu. Aus der Schulzeit kennen wir alle noch den Begriff des Magnetfeldes. Weitere bekannte Felder sind elektrische Felder oder auch Gravitationsfelder. Allen diesen Feldern ist gemeinsam, dass sie in ihrem Einflussbereich eine ordnende Wirkung entfalten. Magnetfelder richten magnetische Gegenstände wie zum Beispiel Eisenspäne oder eine Kompassnadel nach Nord- und Südpol aus. Elektrische Felder setzen geladene Teilchen in eine gerichtete Bewegung. Und Gravitationsfelder krümmen gemäß Einsteins Relativitätstheorie den Raum derart, dass sich zum Beispiel Planeten um einen Stern oder Monde um einen Planeten herumbewegen. Stets vollzieht sich also *im Raum* eine strukturierende Wirkung. In ähnlicher Weise will Sheldrake seine morphogenetischen Felder verstanden wissen: Nach ihnen richtet sich die räumliche Gestaltbildung der biologischen Organismen aus. Stark vereinfacht ausgedrückt: So wie ein Stück Eisenspäne mit einem Magnetfeld wechselwirkt und sich nach Nord- und Südpol ausrichtet, wechselwirkt ein menschliches Embryo mit dem morphogenetischen Feld „Mensch" und bildet seine Form entsprechend aus.

Morphische Resonanz

Wie genau überträgt sich die Information vom Feld auf den Organismus? Da es sich bei den morphogenetischen Feldern nicht um Kraftfelder, sondern um reine Informationsfelder handelt, kann hier offenbar keine Übertragung von physikalischer Energie stattfinden. Sheldrake postuliert darum einen physikalisch nicht greifbaren Übermittlungsprozess, den er „morphische Resonanz" nennt.[21] Man kann morphische Resonanz weder sehen noch messen. Man kann sie sich laut Sheldrake nur indirekt durch ihre Auswirkungen erschließen. Angeblich kann man solche Auswirkungen auch experimentell nachweisen – dazu später mehr.

Bei der Informationsübertragung mittels morphischer Resonanz herrscht stets ein gewisser Spielraum. Morphogenetische Felder sind laut Sheldrake „probabilistisch", sie bilden bestimmte Strukturen al-

---

[21] Vgl. Sheldrake, Rupert: Das schöpferische Universum. Die Theorie des Morphogenetischen Feldes. Eine revolutionäre Theorie über das Universum, Berlin 2009, S. 141

so nur mit einer gewissen Wahrscheinlichkeit aus. So sorgen sie dafür, dass zwar immer die *typische* Gestalt hervorgebracht wird, jedoch nicht unbedingt in genau derselben Weise. Deshalb sehen Bäume und sogar einzelne Blätter, wenngleich sie im Allgemeinen über dieselben Grundmerkmale verfügen, im Detail alle anders aus.

Doch woher stammt der formbildende „Strukturplan" eines morphogenetischen Feldes überhaupt? Sheldrakes verblüffende Antwort: Der „Strukturplan" wurde ebenfalls durch morphische Resonanz übermittelt – und zwar aus der umgekehrten Richtung. Ein morphogenetisches Feld entnimmt seinen „Strukturplan" stets aus der Gestalt der bestehenden und früheren Organismen. Morphische Resonanz gleicht also keinem Einbahnstraßenverkehr. Es ist ja eben nicht so, dass wie bei Platons Ideen der „Strukturplan" für einen bestimmten Organismus schon immer da war. Stattdessen sind morphogenetische Felder dynamisch, das heißt wandelbar. Die wahrscheinlichkeitsbedingten Varianten der Ausgestaltung von konkreten Organismen (siehe oben: Felder sind „probabilistisch") beeinflussen demnach die Struktur des entsprechenden morphogenetischen Feldes derart, dass es sich Veränderungen anpasst. Folglich beeinflusst jeder heutige Baum und jeder heutige Mensch in seiner heutigen Erscheinung das Aussehen künftiger Bäume und Menschen, so wie jede Veränderung in der Vergangenheit das Aussehen heutiger Bäume und Menschen prägte. Und genau das ist der Grund, warum sich die Gestalt von Organismen im Laufe der Evolutionsgeschichte allmählich verändert.

Morphogenetische Felder könnte man insofern als „Gewohnheitsfelder" bezeichnen. Die Struktur, die sie heute einem bestimmten Organismus verleihen, speist sich aus der vorherigen Struktur desselben Organismus. Man könnte auch etwas lapidar formulieren, ein morphogenetisches Feld gleiche einem „Gedächtnis", in das die Gestaltinformationen der vorherigen Organismen abgespeichert und aus dem die Baupläne künftiger Organismen abgerufen werden. Dabei liegt eine physikalisch gesehen unerklärliche Ursache-Wirkungs-Beziehung vor, die Raum und Zeit überbrückt: Ein Körper, der *heute* existiert, kann die Form eines *anderen, künftigen* Körpers beeinflussen, ohne aber in einer *physikalischen* Wechselwirkung zu ihm zu stehen. Die Auswirkung erfolgt indirekt und zeitversetzt über eine Veränderung des morphogenetischen Feldes mittels morphischer Resonanz.

Eine entscheidende Frage bleibt dann aber noch offen: Wenn die Strukturinformation eines morphogenetischen Feldes auf *Gewohnheiten* basiert, sich also aus der Struktur *vorheriger* Körper speist – wie ist dann eigentlich die *erste* Struktur beziehungsweise das *erste* Feld entstanden?

Hierauf, so schreibt Sheldrake, ist eine wissenschaftliche Antwort nicht möglich. Für ihn ist klar, dass mit jeder neuartigen Struktur ein neues Feld entstehen muss, sodass jedes Mal, wenn ein neuer Organismus hervorgebracht wurde, auch ein entsprechendes Feld entstand, das die Formbildung jenes Organismus fortan stabilisierte, indem sich künftige Exemplare nach diesem Feld ausrichteten und das Feld ihrerseits erneut prägten. Wie aber *neuartige* Strukturen und mit ihnen neuartige Felder *erstmals* in die Welt kamen, müsse offenbleiben:

„Man könnte die ursprüngliche Wahl einer bestimmten Form dem Zufall zuschreiben oder man spricht sie einer Kreativität in der Materie zu oder aber einem transzendenten kreativen Organ. Wir haben aber keinerlei Aussicht, diese verschiedenen Möglichkeiten auf experimentellem Wege voneinander zu unterscheiden.“[22]

Sheldrake merkt umgehend an, dass diese Ungewissheit nicht als eine Schwäche seiner Theorie ausgelegt werden darf, weil dieselbe Ungewissheit grundsätzlich in Bezug auf alle Felder gilt, mit denen sich Physiker befassen. Warum es zum Beispiel ein Gravitationsfeld gibt und wie der Magnetismus in die Welt kam, kann auch niemand sagen. Diese Phänomene sind einfach da. Wissenschaft kann nicht mehr tun, als die Existenz dieser Phänomene aufzudecken und ihre

---

[22] Sheldrake, Rupert: Das schöpferische Universum. Die Theorie des Morphogenetischen Feldes. Eine revolutionäre Theorie über das Universum, Berlin 2009, S. 139

Wirkungen zu beschreiben. Die Klärung der allerersten Ursachen weist über die Physik hinaus und ist darum Gegenstand der Metaphysik.

Die hierarchische Schichtung von Feldern

Bislang wurde der Eindruck erweckt, als verfüge jede Spezies über genau ein Feld. Für die Spezies Mensch würde demnach ein morphogenetisches Feld existieren, dessen Strukturinformation sich aus der Gestalt aller vorherigen Menschen speist und die Formbildung aller künftigen Menschen prägt. Das ist so auch nicht falsch. Es ist aber auch noch nicht ganz richtig. Tatsächlich gibt es laut Sheldrake nämlich neben diesem übergeordneten Feld für die gesamte Spezies Mensch unzählige untergeordnete Felder, die sich jeweils auf die „Einzelteile" beziehen, aus denen wir Menschen bestehen – bis hin zu den Elementarteilchen. All diese Felder sind hierarchisch ineinander verschachtelt und sorgen auf diese Weise dafür, dass sich ein funktionierendes Ganzes bildet. Und das gilt nicht nur für uns Menschen, sondern für jeden Organismus, so zum Beispiel auch für Pflanzen:

„… die morphogenetischen Felder [sind] hierarchisch gestaffelt: [Diejenigen] von Organellen – beispielsweise des Zellkerns, der Mitochondrien und der Chloroplasten – wirken, indem sie die in ihnen ablaufenden physikochemischen Prozesse regulieren. Diese Felder sind Gegenstand übergeordneter Felder von Zellen, d.h. sie werden von ihnen bestimmt; die Felder von Zellen werden wiederum von denen der Gewebe bestimmt, die der Gewebe von denen der Organe und die der Organe schließlich von dem morphogenetischen Feld des Organismus als eines Ganzen. Auf jeder Ebene wirken Felder dadurch, dass sie Prozesse, die sonst unbestimmbar wären, auf bestimmte Weise regulieren."[23]

So kommt es, dass sich die Atome und Moleküle in Pflanzen genauso verhalten, wie es erforderlich ist, damit die Pflanze als Ganzes wach-

---

[23] Sheldrake, Rupert: Das schöpferische Universum. Die Theorie des Morphogenetischen Feldes. Eine revolutionäre Theorie über das Universum, Berlin 2009, S. 133

sen und gedeihen kann. Nach demselben Prinzip verhält es sich bei uns Menschen: Ohne die ordnende Funktion hierarchisch angeordneter Felder würden unsere materiellen Bausteine unkoordiniert als Einzelelemente vorhanden sein, aber keinen hochstrukturierten Organismus hervorbringen. Die „oberen" Felder beinhalten die „unteren" Felder und lenken diese nach ihren Zwecken.

Von morphogenetischen zu weiteren morphischen Feldern

Falls Sie sich bislang die Frage stellten, was die Beschäftigung mit der Formbildung biologischer Organismen mit unserer eigentlichen Absicht zu tun hat, eine Theorie über die tiefere Wirklichkeit des Seins zu finden, die uns nicht nur physikalische, sondern auch paranormale Phänomene schlüssig erklären kann, kommt nun die entscheidende Wendung: Nicht die biologische Formbildung als solche ist dafür relevant, sondern die allgemeine Funktionsweise der unterstellten Felder mitsamt des Prinzips der morphischen Resonanz – und zwar genau dann, wenn man sie, wie Sheldrake das tat, von der Biologie auf andere Aspekte der Wirklichkeit überträgt.

In seinem bis hierhin zugrunde gelegten Werk „Das schöpferische Universum" wagte Sheldrake bereits den Sprung über die Biologie hinaus, als er seine Hypothese auch auf die Formbildung *unbelebter* Materie anwandte, zum Beispiel auf die Herausbildung von Kristallen wie Minerale oder Schneeflocken. Eine weitere Ausdehnung vollzog Sheldrake 1988 in seinem Buch „Das Gedächtnis der Natur"[24], wo er das Prinzip der morphischen Resonanz zur Charakterisierung der Naturgesetzte nutzte: Vermeintliche Gesetze und Naturkonstanten wie die Lichtgeschwindigkeit seien demnach gar keine Konstanten, sondern eher so etwas wie gewohnheitsmäßige Regeln, die ähnlich wie biologische oder kristalline Formen durch die Resonanz mit einem entsprechenden Feld stabilisiert werden. Weil ein Feld aber wie oben beschrieben nicht deterministisch, sondern probabilistisch wirkt, sind kleine Veränderungen im Zeitablauf möglich. Deshalb do-

---

[24] Vgl. Sheldrake, Rupert: Das Gedächtnis der Natur. Das Geheimnis der Entstehung von Formen, Frankfurt 2011

kumentieren unterschiedliche Messresultate (zum Beispiel für die Lichtgeschwindigkeit oder die Gravitationskonstante) nach Sheldrakes Interpretation keine Messungenauigkeiten, sondern tatsächliche Schwankungen.

Sodann folgten weitere Ausweitungen des Konzepts der ordnenden Wirkung durch Felder, zum Beispiel auf die Herausbildung von Planeten, Sternen und Galaxien sowie auf das soziale Verhalten von Tierpopulationen, auf das gesamtgesellschaftliche Zusammenwirken von Menschen und sogar auf den menschlichen Geist.

Felder, die die Strukturierung von Tierpopulationen oder menschlichen Gesellschaften steuern, nennt Sheldrake nicht *morphogenetische* Felder, sondern *soziale* Felder oder *kulturelle* Felder. Felder, die unsere Gedankenwelt organisieren, nennt er *mentale* oder *geistige* Felder. Weil all diese Felder strukturierend wirken, fasst Sheldrake sie unter dem gemeinsamen Oberbegriff *morphische* Felder zusammen. Morphé stammt aus dem altgriechischen und bedeutet „Gestalt" oder „Form". Die *morphogenetischen* Felder, denen Sheldrakes ursprüngliches Interesse galt, stellen also letztlich nur eine spezielle Unterkategorie von *morphischen* Feldern dar. Laut Sheldrake nehmen *morphische* Felder in verschiedensten Ausprägungen Einfluss auf sämtliche Vorgänge unseres Universums. Und so hat Sheldrake kurzerhand ein umfassendes Modell entworfen, mit dem sich nicht nur biologische, sondern sogar gesellschaftliche und mentale Prozesse interpretieren lassen. Stets greift dabei das Prinzip der Hierarchie, wonach höhere Felder in die unteren hineinwirken und die unteren Einheiten dazu bringen, sich den Wirkungen der übergeordneten Felder anzupassen. Und stets greift dabei das Prinzip der morphischen Resonanz, welches Teileelemente und Individuen jeweils mit „seinen" ordnenden Feldern in Wechselwirkung treten lässt.

Schauen wir uns hierfür einige Beispiele an. Woher weiß etwa eine einzelne Termite, wann sie welche Aufgabe in einem komplexen Termitenstaat auszuüben hat? Wie schaffen es diese kleinen, blinden Tierchen, in koordinierter Vorgehensweise ihre Hügel zu errichten? Nach Sheldrake steht jedes einzelne Tier mit einem übergeordneten *sozialen Feld* in Resonanz, das sein Verhalten entsprechend ausrichtet. Auch die Schwarmbewegungen von Vögeln oder Fischen führt Sheldrake auf morphische Resonanz der einzelnen Tiere mit entsprechenden Verhaltensfeldern zurück.

Ähnlich verhält es sich bei menschlichen Kulturen. Kollektive Überzeugungen, Wissen und Verhaltensweisen, die wie gemeinschaftliche Bande unser Zusammenleben organisieren und stabilisieren, werden laut Sheldrake aus der Resonanz der Mitglieder einer Gesellschaft mit einem übergeordneten *sozialen Feld* gewonnen. Heranwachsende Generationen werden in probabilistischer Weise durch das bestehende Feld geprägt. Variationen in den Verhaltensweisen neuer Generationen wirken durch morphische Resonanz auf die Informationsstruktur des Feldes zurück und verstärken damit die Wahrscheinlichkeit eines neuerlichen Auftretens derselben Verhaltensweisen bei weiteren Menschen und bei der nachkommenden Generation. Je häufiger eine bestimmte Denk- und Verhaltensweise praktiziert wird und je mehr Menschen sich daran beteiligen, desto stärker wirkt das Feld auch auf andere, bislang nicht daran beteiligte Menschen. So erklärt sich Sheldrake gesellschaftlichen Wandel.

Wenn Sheldrakes Behauptung stimmt, sind wir Menschen durch ein unsichtbares soziales Feld miteinander verknüpft. Was wir denken und tun, bleibt dann nicht ohne Folgen für andere Menschen, selbst dann, wenn wir mit diesen Menschen in keinerlei physischem Kontakt stehen. Durch morphische Resonanz mit unserem übergeordneten sozialen Feld, auf das jeder von uns einwirkt und durch das wir alle geprägt werden, treten wir dennoch in eine Verbindung zueinander.

Überträgt man diesen Gedankengang nun von der sozialen Verhaltensebene auf eine rein geistige Bewusstseinsebene, können wir Sheldrakes Theorie ein erstes Mal nutzen, um uns paranormale Phänomene begreiflich zu machen.

Morphische Felder, Gedächtnis und Telepathie

In der Naturwissenschaft wird das Bewusstsein als zufälliges Nebenprodukt biochemischer und bioelektrischer Vorgänge im Gehirn gedeutet – ohne das hierfür ein Beweis erbracht werden kann. Sheldrakes Konzept ermöglicht eine alternative Interpretation unserer geistigen Tätigkeiten. Demnach ließe sich unsere Gedankenwelt als ein morphisches Feld interpretieren, das gemäß dem Prinzip der hierarchischen Verschachtelung mit unserem Gehirn in Wechselwirkung steht und dessen Aktivitätsmuster steuert.

In Kapitel 2.2 (Wo steckt unser Bewusstsein? Ungelöste Rätsel der Hirnforschung) hatten wir eine einfache Metapher konstruiert, mit der sich das Zusammenwirken von physischem Gehirn und einem immateriellen Bewusstsein anschaulich erklären lässt. Demnach wäre das Gehirn nichts weiter als eine Art Transmitter für das Bewusstsein, das heißt ein Sender und Empfänger: Es nimmt Sinneseindrücke aus der physischen Umwelt auf und leitet sie an das immaterielle Bewusstsein weiter. Umgekehrt empfängt es Reaktionen vom immateriellen Bewusstsein, die es dann körperlich ausführt. Das ist vergleichbar mit einer Tastatur (Sender), die Informationen an einen Computer sendet, oder mit einem Bildschirm (Empfänger), der etwas manifestiert, was der Computer ihm übertragen hat. Der Computer steht hier jeweils sinnbildlich für das Bewusstsein. Er ist nicht nur die eigentliche „Schaltzentrale", die das Gehirn steuert, er ist auch derjenige Ort, an dem sämtliche Daten gespeichert werden. Das dient als Analogie zum Gedächtnis: So wie Fotos, Videos und Texte auf der Festplatte des Computers gespeichert werden und nicht etwa auf der Tastatur oder im Monitor, befinden sich unsere Erinnerungen nicht im Gehirn, sondern werden aus dem immateriellen Bewusstsein abgerufen. Funktionsbeeinträchtigungen im Gehirn, zum Beispiel durch Demenz, zerstören darum nicht das Gedächtnis und schmälern auch nicht die Fähigkeiten des Bewusstseins als solches. Sie beschädigen allein den „Transmitter" und verhindern damit den korrekten *Abruf* von Erinnerungen aus ihrer eigentlichen Quelle.

Auch Sheldrake deutet unser Gehirn als eine Art Transmitter. In seinem Modell greift das Gehirn mittels morphischer Resonanz Information aus einem morphischen Feld ab, nämlich aus einem mentalen Bewusstseinsfeld, das unser Gehirn umhüllt und durchdringt. Wie wir es von den Strukturinformationen der *morphogenetischen* Felder kennen, waren diese Informationen zuvor auch durch morphische Resonanz in das Feld eingegangen. Unser Gedächtnis und unser gesamtes Selbstbild ergeben sich insofern aus dem Prinzip der morphischen Resonanz, wonach der Informationsgehalt eines Felds sich aus den vergangenen Strukturen speist und die folgenden Strukturen in dieselbe Richtung beeinflusst: Unsere heutige Gedankenwelt ist derjenigen ähnlich, die wir gestern und vorgestern hatten und prägt auch unsere morgige Gedankenwelt. Wenn wir uns an etwas erinnern, dann resonieren wir laut Sheldrake mit unserem alten Ich, also mit unserer alten Gedankenwelt, die unserer heutigen ähnlich ist (siehe hierzu auch die Videoquelle 4.2.1a).

> **Videoquelle 4.2.1a:** Interview mit Dr. Rupert Sheldrake
>
> frank-niessen.com/sinnsuche/sheldrake.html

In Kapitel 3.1.4 (Studien zur Telepathie) waren wir unter anderem einem interessanten Gemeinschaftsexperiment der Parapsychologin Marylin Schlitz und dem bekannten Skeptiker Richard Wiseman begegnet.[25] In insgesamt 16 Sitzungen richtete ein Experimentator seine Aufmerksamkeit bewusst auf zufällig ausgewählte Versuchspersonen und starrte sie gezielt an. In 16 weiteren Sitzungen mit denselben Versuchspersonen starrte der Experimentator diese *nicht* an und richtete seine Aufmerksamkeit von ihnen weg. In beiden Fällen wurde

---

[25] Vgl. Schlitz, Marylin; Wiseman, Richard: Experimenter effects and the remote detection of staring, in Journal of Parapsychology, Band 61(1), September 1997, online abrufbar unter der URL: https://www.researchgate.net/publication/238231060_Experimenter_effects_and_the_remote_detection_of_staring [Stand: 2024]

der Hautleitwiderstand der Versuchspersonen aufgezeichnet, so wie man das auch von Lügendetektoren kennt. Damit wollten Schlitz und Wiseman herausfinden, ob die Versuchspersonen durch das Anstarren eine physiologische Erregung zeigen. Insgesamt waren also 32 Sitzungen vorgesehen, zur Hälfte mit und zur Hälfte ohne Anstarren. Und jetzt kommt das Besondere: Einmal wurden die 32 Sitzungen von der Parapsychologin Marilyn Schlitz durchgeführt. Mit ihr als Experimentatorin zeigten die Versuchspersonen in den 16 „Anstarr-Sitzungen" messbare Reaktionen, die signifikant höher lagen als in den 16 „Nicht-Anstarr-Sitzungen". Dieses Ergebnis legt die Realität einer erfolgreichen telepathischen Kommunikation zwischen Schlitz und ihren Probanden nahe. Ein anderes Mal leitete der Skeptiker Richard Wiseman 32 Sitzungen. Mit ihm als Experimentator blieben signifikante Unterschiede im gemessenen Hautleitwiderstand aus – und das, obschon er dasselbe Labor, dieselbe Vorgehensweise und dieselben Apparaturen nutzte wie Marilyn Schlitz. Der Verdacht, der sich aufdrängt, ist folgender: Richard Wiseman ist Skeptiker. Er hält Telepathie für unmöglich und glaubt nicht daran, dass das Experiment funktioniert. Deshalb funktioniert es auch nicht. Marylin Schlitz ist Parapsychologin. Sie hält Telepathie für real und glaubt daran, dass sie funktioniert. Und deshalb funktioniert sie auch.

Rupert Sheldrake hat ebenfalls eine ganze Reihe von Anstarr-Experimenten durchgeführt und dabei ähnliche Beobachtungen gemacht.[26] Im Rahmen seiner Theorie der morphischen Felder führt ihn das zu zwei Schlussfolgerungen: Erstens müssen unsere Gedankenfelder, die unser Gehirn umhüllen und in ihm wirken, weit über das Gehirn hinausreichen, ähnlich wie sich zum Beispiel das Gravitationsfeld der Sonne weit über die Sonne hinaus ins Weltall erstreckt. Nur so kann man in Gedanken andere Menschen erreichen, die sich an anderen Orten befinden. Zweitens – und das erklärt die Bedeutung des Glau-

---

[26] Siehe hierzu insbesondere die Sonderausgabe des Journal of Consciousness Studies, Volume 12, Nr. 6, 2005. Diese Ausgabe, die sich ausschließlich Anstarr-Experimenten widmet, enthält gleich mehrere Artikel von Rupert Sheldrake.

bens für das Gelingen der Experimente – sind gezielte *Aufmerksamkeit* und *Absicht* die Faktoren, die darüber entscheiden, ob unsere Gedankenfelder mit anderen Gedankenfeldern in Verbindung treten oder nicht. Je überzeugter und klarer unsere Absicht ist, desto stärker wird die Verbindung der mentalen Felder ausfallen. Wer hingegen keine echte Überzeugung aufbringt, dem könnte diese Verbindung misslingen. Prinzipiell funktionieren Anstarr-Experimente demnach durchaus. Sie lassen sich aber wissenschaftlich nicht zuverlässig reproduzieren, sofern es sich bei den Teilnehmern und Experimentatoren um skeptische Zweifler wie Richard Wiseman handelt.

Telepathische Kommunikation kann sich auch in *Vorahnungen* ausdrücken. Von Haustierbesitzern wird häufig berichtet, dass ein Hund angeblich „spürt", wenn sich dessen Herrchen dem Haus nähert. Wenn zum Beispiel ein Hundehalter auf der Heimfahrt von einem längeren Einkauf noch kilometerweit entfernt in seinem Auto unterwegs ist, könnte sein Hund bereits aufgeregt mit wedelndem Schwanz vor der Haustüre auf- und ablaufen – und zwar unabhängig von der Uhrzeit. Eine Art „innere Uhr" scheidet damit als mögliche Erklärung für dieses Verhalten aus. Auch der Geruchssinn kann bei großen Entfernungen nicht als Erklärung herangezogen werden. In seinem Buch „Der siebte Sinn der Tiere"[27] hat Sheldrake diese und weitere ungewöhnliche Verhaltensweisen von Tieren untersucht, um sie erneut mithilfe seiner Theorie der morphischen Felder zu deuten: Ähnlich wie bei den Anstarr-Experimenten unterstellt er eine Verbindung mentaler Felder, in diesem Fall zwischen Herrchen und Haustier. Sofern mentale Felder weit über das Gehirn hinausreichen, gelingt diese Verbindung auch über große Distanzen.

Während die räumliche Nähe also nicht so wichtig zu sein scheint, spielt die emotionale Nähe eine umso bedeutendere Rolle. Das Zusammengehörigkeitsgefühl von Mensch und Haustier ermöglicht erst die Verbindung ihrer mentalen Felder. Mit fremden Menschen wird

---

[27] Vgl. Sheldrake, Rupert: Der siebte Sinn der Tiere: Warum Ihre Katze weiß, wann Sie nach Hause kommen und andere bisher unerklärte Fähigkeiten der Tiere, Frankfurt 2007

ein Haustier hingegen kaum in gedankliche Resonanz treten. Gleiches gilt für Menschen untereinander. Je näher Menschen sich emotional stehen, desto einfacher sollte die telepathische Verbindung selbst über große räumliche Distanzen hinweg funktionieren. Davon zeugen auch Telefonversuche, die Sheldrake mit Menschen auf verschiedenen Kontinenten durchgeführt hat.[28] Darin wollte er einem Phänomen auf den Grund gehen, das viele Menschen kennen: Man denkt an eine bestimmte Person – und schon klingelt das Telefon und genau diese Person ruft an. Alles Zufall? Für Sheldrake nicht: Er sieht hierin die Wirkung mentaler Felder. Die Absicht des Anrufers, mit einer ihm nahestehenden Person in Kontakt zu treten, wird von eben dieser Person registriert, und zwar unabhängig davon, ob sich diese Person im Raum nebenan oder auf einem anderen Kontinent aufhält.

Wie aussagekräftig sind Sheldrakes Experimente?

Ob die oben genannten Haustier- und Telefonexperimente wirklich geeignet sind, das Phänomen der Telepathie zu beweisen, wird von konventionellen Wissenschaftlern stark in Zweifel gezogen. Sie monieren eine mangelhafte Methodik und einen zu großen Interpretationsspielraum der ermittelten Daten.[29] Und selbst wenn Sheldrakes Experimente den zweifelsfreien Beweis für telepathische Kommunikation liefern sollten – einen Beweis für die Existenz morphischer Felder liefern sie damit noch nicht. Denn morphische Felder stellen nur eine *mögliche*, keinesfalls aber die *einzig zwingende* Erklärung für Telepathie dar.[30] Dasselbe gilt für weitere Experimente, die Sheldrake in

---

[28] Vgl. Sheldrake, Rupert; Smart, Pamela: Experimental Tests for Telephone Telepathy, in: Journal of the Society for Psychical Research 67, S. 184-199, Juli 2003, online einsehbar unter der URL: https://www.sheldrake.org/research/telepathy/experimental-tests-for-telephone-telepathy [Stand: 2024]

[29] Vgl. Rauner, Max: Rupert Sheldrake. Der mit dem siebten Sinn, in: Die Zeit Wissen Nr. 3, 2012, online abrufbar unter der URL: https://www.zeit.de/zeit-wissen/2012/03/Rupert-Sheldrake [Stand 2024]

[30] Alternative Erklärungsansätze folgen in den Unterkapiteln zu Burkhard Heim (4.2.2) und Thomas Campbell (4.2.3)

seinem Buch „Sieben Experimente, die die Welt verändern könnten"[31] vorgeschlagen und zum Teil auch durchgeführt hat. Insofern steckt Sheldrake in einem Dilemma: Da man die von ihm postulierten Felder als solche weder sehen noch messen kann und die ihnen unterstellten Wirkungen vielleicht auch auf andere Weise erklärbar wären, stellt sich die ganz grundsätzliche Frage, ob seine Hypothese überhaupt wissenschaftlich überprüfbar ist. Kritiker werfen ihm aus genau diesem Grund Pseudowissenschaft vor: Seine Behauptungen seien nicht falsifizierbar und insofern auch nicht wert, überhaupt diskutiert zu werden.

War es das also schon mit dem wissenschaftlichen Gehalt von Sheldrakes „morphischen Feldern"? Noch nicht ganz. In der Wissenschaft misst man konkurrierende Theorien daran, inwiefern sie in der Lage sind, zutreffende Prognosen aufzustellen. Bezogen auf Sheldrakes Theorie hieße das, dass man zwar wie erwähnt niemals die morphischen Felder selbst erfassen könnte, wohl aber vorhersagbare Wirkungen dieser mutmaßlichen Felder überprüfen könnte, die sich dann als Indiz für deren Existenz deuten ließen. Besser als seine umstrittenen Telepathie-Experimente eignen sich hierfür Experimente zum Lernverhalten. Ein Beispiel: Gemäß der Hypothese der sozialen Felder kann sich Information mittels morphischer Resonanz von einer bestimmten Tiergruppe auf eine andere Gruppe der gleichen Art übertragen, sodass verschiedene Exemplare einer Spezies voneinander lernen können, ohne sich zu begegnen. Eine Bestätigung hierfür sah Sheldrake rückwirkend im Lernverhalten von Ratten, das in den 1920er Jahren in einem Labor der Harvard University in den USA experimentell untersucht wurde.[32] Der Psychologe William McDougall hatte damals beobachtet, wie Laborratten deutlich schneller aus einem Labyrinth herausfanden, nachdem *andere* Ratten bereits *zuvor* den Ausweg gefunden hatten. Sheldrake deutet das so, dass das Wis-

---

[31] Vgl. Sheldrake, Rupert: Sieben Experimente, die die Welt verändern könnten: Anstiftung zur Revolutionierung des wissenschaftlichen Denkens, Frankfurt 2005

[32] Vgl. Drew, George C: McDougall's Experiments on the Inheritance of Acquired Habits, in: Nature Nr. 143, 1939, S. 188-191

sen um den richtigen Ausweg von den *früheren* Ratten mittels morphischer Resonanz in das soziale Feld der Rattenspezies eingespeist und daraufhin von den *späteren* Ratten mittels morphischer Resonanz abgegriffen wurde.

Auf dieser Deutung basierend wagte Sheldrake zu Beginn der 1990er Jahre eine Vorhersage: Wenn man Küken mittels klassischer Konditionierung beibringen würde, dass bestimmte Körner Übelkeit verursachen, würden spätere Generationen von Küken diese Körner gar nicht erst probieren wollen. Im Labor des Skeptikers Steven Rose in London startete im Jahr 1992 ein entsprechendes Experiment:[33] Täglich wurde neugeborenen Küken eine Leuchtdiode vorgesetzt. Die Küken pickten nach dieser Leuchtdiode, so wie sie auch nach verschiedenen anderen auffälligen Objekten pickten, die sich in Reichweite befanden. Dann kam die klassische Konditionierung ins Spiel: Nachdem die Küken nach der Leuchtdiode gepickt hatten, wurde ihnen eine Substanz injiziert, die eine leichte Übelkeit verursachte. Wenig überraschend rührten die Küken die Leuchtdiode danach nicht mehr an. Einer Kontrollgruppe von Küken wurde statt der Leuchtdiode eine verchromte Perle vorgelegt. Nachdem die Küken danach pickten, wurde ihnen eine harmlose Salzwasserlösung injiziert. Weil die Küken dies offenbar nicht als schlimm empfanden, pickten sie weiterhin nach der kleinen Perle. Mit der Zeit passierte dann genau das, was Sheldrake vorhergesagt hatte: Spätere Generationen von Küken pickten, nachdem sie geschlüpft waren, *nicht* mehr so häufig nach der Leuchtdiode. Bei der Kontrollgruppe mit der verchromten Perle zeigte sich derweil keine Veränderung.

Ist das also der Beweis, dass Sheldrakes morphische Felder existieren? Haben die neuen Küken-Generationen mittels morphischer Resonanz von den älteren Generationen gelernt? Wurde das Wissen um die Übelkeit, die beim Picken der Leuchtdiode droht, im sozialen Feld der Küken abgespeichert?

---

[33] Vgl. Sheldrake, Rupert: An Experimental Test of the Hypothesis of Formative Causation, in: Rivista di Biologia - Biology Forum, Nr. 85, 1992, S. 431-444

Wie es nicht anders zu erwarten war, lehnen Skeptiker diese Schlussfolgerung entschieden ab und monieren wie üblich methodische Unsicherheiten und vorschnelle Interpretationen – so unter anderem auch der Skeptiker Steven Rose selbst, der das Experiment zusammen mit Sheldrake geplant und in seinem Labor durchgeführt hatte.[34] Womöglich waren es auch neuere Entwicklungen in der Genforschung, die die Skepsis bezüglich Sheldrakes morphischen Feldern derart groß werden ließen, dass jeder noch so kleinste Zweifel gegen ihn verwendet wurde: Im Jahr 1995 erhielt die Biochemikerin Christiane Nüsslein-Volhard den Medizin-Nobelpreis für ihre Entdeckung der sogenannten Morphogene. Bei den Morphogenen handelt es sich um Substanzen, die bestimmte Gene an- und abschalten und damit die Gestaltbildung der Organismen organisieren.[35] Das war natürlich Wasser auf die Mühlen aller Skeptiker. Sie sahen darin den Beweis dafür, dass die Formbildung biologischer Organismen keinerlei Einflussnahme durch unsichtbare Felder bedarf. Sheldrake hätte sich demnach bereits bei seiner Ausgangshypothese bezüglich der gestaltbildenden *morphogenetischen* Felder verrannt. Warum sollte man dann die Ausweitung seines Konzepts auf *soziale* Felder oder gar *mentale* Felder ernst nehmen?

Sheldrake selbst lässt diesen Einwand natürlich nicht gelten. Aus seiner Sicht bleibt immer noch offen, woher ein Morphogen eigentlich weiß, welches Gen es aktivieren soll und welches nicht. Vielleicht verhält es sich mit den Morphogenen ja wie mit dem Gehirn: Die Schaltzentrale liegt außerhalb – Sheldrake würde sagen, sie liegt in einem Feld. Was wir physisch beim Morphogen beobachten können, würde demnach nichts weiter als die bloße *Ausführung* von Informa-

---

[34] Vgl. Rose, Steven: So-called "formative causation". A hypothesis disconfirmed. Response to Rupert Sheldrake, in: Rivista di Biologia - Biology Forum, Nr. 85, 1992, S. 445-453

[35] Siehe hierzu beispielsweise den Artikel auf der Homepage der Max-Planck-Gesellschaft: Pionierin der Genforschung. Christiane Nüsslein-Volhart erhielt vor 25 Jahren den Medizin-Nobelpreis, online abrufbar unter der URL: https://www.mpg.de/15479017/25-jahre-nobelpreis-christiane-nuesslein-volhard [Stand: 2024]

tionen sein, die jedoch ursprünglich aus einer nichtmateriellen Quelle, eben aus einem morphischen Feld stammen. Und so stehen wir vor dem altbekannten Dilemma: Was man nicht eindeutig sehen und messen kann, darüber lässt sich vortrefflich streiten: Die Skeptiker sagen „nein", Sheldrake sagt „doch".

Eine kritische Einordnung

Wie lässt sich der Streit zwischen Sheldrake und seinen Kritikern nun entscheiden? Da wir spätestens seit dem dritten Kapitel (Ungewöhnliche Phänomene als Indizienbeweise für eine metaphysische Hintergrundrealität) wissen, dass die Welt mehr sein muss als nur das, was man sehen und messen kann, müssen wir das materialistische Weltmodell der Naturwissenschaft als unvollständig betrachten. Es ist deshalb nicht nur legitim, sondern sogar zwingend notwendig, sich ernsthaft auch mit solchen Erklärungsmodellen auseinanderzusetzen, die wie dasjenige Rupert Sheldrakes über das rein Physische hinausreichen und sich deshalb experimentell kaum beweisen lassen. Das bedeutet freilich nicht, dass wir unkritisch annehmen sollten, dass morphische Felder wirklich existieren. Im Gegenteil gilt es, Sheldrakes Theorie wie jede andere Theorie gründlich zu hinterfragen. Ob es die morphischen Felder gibt, können wir nach allem, was wir bis hierhin darüber erfahren haben, nicht beurteilen. Wie schon mehrfach erwähnt, dürfen wir im Bereich des Metaphysischen keine ultimativen Antworten erwarten. Wo keine klare Beweisbarkeit gegeben ist, können wir nicht mehr tun, als uns auf Plausibilitätsüberlegungen zu stützen und den Nutzen einer vorgeschlagenen Theorie an ihrer Erklärungskraft in Bezug auf paranormale Phänomene und ungelöste Rätsel der Wissenschaft festmachen: Je mehr Phänomene sich mit den morphischen Feldern plausibel erklären lassen, umso hilfreicher wäre das Modell. Je weniger Rätsel es zu lösen weiß, desto geringer wäre seine Aussagekraft. Nur das kann in Ermangelung empirischer Beweise unser Maßstab sein, wenn wir Theorien beurteilen wollen, die über das Physische hinausgehen. – Was kann das Modell der morphischen Felder also leisten?

In der Soziologie bieten Sheldrakes Felder eine Erklärung für das, was man Gemeinschaftsgefühl oder kollektive Identität nennt. Kulturelle Gemeinschaften mitsamt ihren Denk- und Verhaltensweisen sind ja unleugbar da, materiell aber nicht greifbar und nicht messbar. Sie zeigen sich in Form von Bräuchen, Traditionen, Überzeugungen und Glaubensinhalten als über lange Zeiträume stabile Gebilde. Zugleich sind sie jedoch wandelbar und es treten immer wieder gewisse Moden und Trends auf. Der Volksmund spricht in diesem Zusammenhang gerne vom „Zeitgeist". Der Begriff „*Geist*" drückt bereits die implizite Annahme aus, dass hierfür wohl keine Atome und Moleküle verantwortlich gemacht werden können. Sheldrake deutet die unsichtbaren Bande einer Gesellschaft als soziales beziehungsweise kulturelles Feld, das wie ein kollektives Gedächtnis wirkt. Als dynamischer Informationsspeicher vermittelt es aber auch Veränderung und ermöglicht durch morphische Resonanz eine Verbindung zwischen vormaligen, aktuellen und künftigen Generationen.

Besonders interessant wird es, wenn man eine Verbindung zwischen Menschen auch in Bezug auf *mentale* Felder annimmt. Dann leistet Sheldrakes Konzept einen hilfreichen Deutungsrahmen, innerhalb dessen wir telepathische Fähigkeiten wie Vorahnungen (etwa bei Telefonanrufen) oder das Gefühl dafür, angestarrt zu werden, erklären könnten: Menschen treten in Resonanz zueinander und verbinden sich über ihre weit in den Raum hineinreichenden mentalen Felder. Sheldrakes Felder können also durchaus Phänomene erklären, die Naturwissenschaftler nicht erklären können. In dieser Hinsicht sind sie zumindest *als Modell* brauchbar.

Sheldrakes Verbannung aus der wissenschaftlichen Community

Für die Behauptung, dass wir Menschen durch unsichtbare Felder miteinander verbunden sind, wird Sheldrake in spirituellen Kreisen hoch gehandelt. Seine Theorie wird hier mitunter als wissenschaftliche Bestätigung für Praktiken herangezogen, deren Spektrum von der Geistheilung über Familienaufstellungen bis hin zum Hellsehen reicht („Lesen" im morphischen Feld). Ob diese flexiblen Interpretationen des Feldbegriffs noch mit Sheldrakes ursprünglichem Konzept konform gehen, sei mal dahingestellt. Fakt ist jedenfalls, dass es völlig vermessen wäre, die angebliche Wirksamkeit solcher Praktiken mit Verweis auf Sheldrake als wissenschaftlich *erwiesen* zu bezeichnen! Selbst wenn solche Praktiken funktionieren sollten, kann das Konzept der morphischen Felder keinesfalls als wissenschaftliche Bestätigung dafür herhalten. Denn das Konzept ist bloß ein *theoretisches Modell*, das noch dazu in Fachkreisen nicht anerkannt ist. In der wissenschaftlichen Community gelten morphische Felder als pseudowissenschaftlicher Unfug und Sheldrake wird trotz seiner unbestreitbaren Intelligenz, seiner profunden biologischen Fachkenntnis und seiner überaus ansehnlichen akademischen Vita[36] als Persona non grata isoliert. Kaum hatte Sheldrake 1981 sein Werk „Das schöpferische Universum" veröffentlicht, erschien im weltweit führenden naturwissenschaftlichen Fachmagazin „Nature" umgehend eine vernichtende Rezension. Der Herausgeber, Sir John Maddox, bezeichnete Sheldrakes Werk als legitimen Kandidaten für eine Bücherverbrennung (!) – sofern diese Praxis noch legal wäre.[37] In einem Interview mit der BBC im Jahr 1994 (siehe Videoquelle 4.2.1b) rechtfertige Maddox seine wortgewaltige Kritik:

„Sheldrakes Theorie ist keine wissenschaftliche Theorie. Sheldrake propagiert Magie statt Wissenschaft, und das kann mit genau der Sprache verurteilt werden, mit der die Päpste Galilei verurteilten, und aus den gleichen Gründen: Es ist Ketzerei."[38]

Sheldrakes Verbannung aus der wissenschaftlichen Community setzte sich mit der nachträglichen Zensur eines Beitrages im Rahmen der Londoner TEDx Konferenz vom Januar 2013 fort. Passend zu deren

---

[36] Sheldrake studierte an Eliteuniversitäten in Cambridge (England) und Harvard (USA) und war Mitglied der „Royal Society", einer altehrwürdigen englischen Gelehrtenvereinigung.

[37] Maddox, John: A book for burning?, in: Nature, 293, 24. September 1981, S. 245-246, URL: https://web.archive.org/web/20150924082319/http://www.project-reason.org/images/uploads/contest/Maddox1981.pdf

[38] Eigene Übersetzung. Die Originalaussage finden Sie in der Videoquelle 4.2.1b

Motto „Existierende Paradigmen hinterfragen" hielt Sheldrake damals einen Vortrag über Dogmen der materialistischen Naturwissenschaft. Später empörten sich atheistische Aktivisten über die angebliche Unwissenschaftlichkeit seines Vortrages und beschwerten sich beim Veranstalter. Dieser berief daraufhin einen wissenschaftlichen Beirat ein. Tatsächlich stimmte das Gremium der Beschwerde zu und der Veranstalter löschte den Vortrag auf seinen Online-Kanälen. Während der gesamten Prozedur bekam Sheldrake keine Gelegenheit, mit dem wissenschaftlichen Beirat in einen Austausch zu treten. Die Identität seiner Mitglieder wurde geheim gehalten.[39]

Videoquelle 4.2.1b: Sir Maddox Aussage mit der Buchverbrennung

frank-niessen.com/sinnsuche/Maddox.html

Inzwischen ist der Vortrag an anderer Stelle wieder online gestellt worden. Falls Sie neugierig geworden sind, schauen Sie sich gerne die Videoquelle 4.2.1c an und machen Sie sich selbst ein Bild davon, wie unwissenschaftlich oder wissenschaftlich dieser Vortrag wirklich war und ob die Zensur in diesem Fall gerechtfertigt war oder nicht.

Videoquelle 4.2.1c: Re-Upload von Sheldrakes zensiertem TEDx-Vortrag

frank-niessen.com/sinnsuche/TEDx.html

Der Gegenwind, der Sheldrake vonseiten der Mainstream-Wissenschaft ins Gesicht bläst, bestätigt im Grunde genau das, was Sheldrake ihr in seinem Vortrag vorwirft: Sie verhält sich dogmatisch. Statt in den Dialog zu treten und sich ergebnisoffen mit seinen Argumen-

---

[39] Vgl. Blume, Michael: Formuliert auch die Wissenschaft Dogmen? Rupert Sheldrakes zensierter TED-Talk, in Spektrum.de Scilogs (Spektrum der Wissenschaft) vom 4. Januar 2014, siehe die URL: https://scilogs.spektrum.de/natur-des-glaubens/formuliert-wissenschaft-dogmen-rupert-sheldrakes/ [Stand 2024].

ten auseinanderzusetzen, greift sie zu harschen Worten und drastischen Maßnahmen. Die Art und Weise, wie hier mit Sheldrake umgegangen wurde, halte ich für beschämend und alarmierend. Dabei spielt es keine Rolle, ob Sheldrake mit seinen umstrittenen Thesen recht hat oder nicht.

Auch ich hege Zweifel an Sheldrakes Theorie. Das ist aber kein Grund, polemisch zu werden. Meine Kritik an Sheldrake rührt auch nicht daher, dass er es gewagt hat, über das Physische hinauszudenken. Im Gegenteil sehe ich die größte Schwäche seiner Theorie darin, dass sie nicht weit genug in die „geistige Welt" vordringt. Abgesehen von einer möglichen Erklärung für Gedächtnis, Identität und Telepathie bleiben ganz zentrale Fragen offen – zum Beispiel, ob es ein Leben nach dem Tod gibt oder nicht. Sheldrakes Modell beschreibt geistige Aktivität als Wechselwirkung unseres Gehirns mit einem mentalen Informationsfeld, welches unser Gehirn umgibt und weit über dasselbe hinausreicht. Doch was passiert dann, wenn wir sterben? Wenn keine Wechselwirkung von Gehirn und mentalem Feld mehr möglich ist – kann es dann trotzdem noch ein bewusstes Ich geben?

Sheldrake geht hierauf nicht ein, weil diese Frage seiner Meinung nach wissenschaftlich nicht mehr zu beantworten ist. Während sich morphische Felder indirekt durch ihre Wirkungen nachweisen ließen (wie bei seinen Telepathie-Experimenten, die die Mainstream-Wissenschaft jedoch nicht als Beweis anerkennt), sei die metaphysische Frage, ob es ein von der Wechselwirkung zwischen Gehirn und mentalen Feldern unabhängiges „Ich" geben könnte, nicht mehr experimentell überprüfbar. Zwar sei das Konzept der morphischen Felder für diese Denkmöglichkeit prinzipiell anschlussfähig. Für Sheldrake ist es also durchaus vorstellbar, dass es ein den Feldern übergeordnetes Ich-Bewusstsein geben könnte, welches mit diesen Feldern in Verbindung tritt und dadurch in der physischen Welt wahrnehmen und handeln kann.[40] Diese Hypothese bleibt aber nicht mehr als eine spekulative Option, sie ergibt sich nicht zwingend aus seiner Theorie.

---

[40] Vgl. Sheldrake, Rupert: Das schöpferische Universum. Die Theorie des Morphogenetischen Feldes, Berlin 2009, S. 271f.

Weil nicht klar beantwortet werden kann, ob und wie das Ich-Bewusstsein den Tod überdauert, lassen sich paranormale Phänomene wie Jenseitskontakte (siehe Kapitel 3.1.6: Studien zur Medialität) oder kindliche Spontanerinnerungen an Vorleben (siehe Kapitel 3.1.5: Reinkarnationsforschung) mit dem Konzept der morphischen Felder nicht schlüssig erklären. Morphische Felder helfen auch nicht bei der Einordnung von Nahtoderfahrungen mit all ihren erstaunlichen Charakteristika wie zum Beispiel außerkörperlichen Wahrnehmungen, der Lebensrückschau oder Begegnungen mit Verstorbenen beziehungsweise anderen nichtphysischen Wesen (siehe Kapitel 3.1.1: Nahtodforschung). Für weitere Phänomene wie Telekinese (Kapitel 3.2.2), oder das Sehen ohne Augen (Kapitel 3.2.3) liefert die Theorie der morphischen Felder ebenfalls keine gewinnbringenden Rückschlüsse.

Unsere wissenschaftliche Annäherung an die tieferen Wurzeln des Daseins ist insofern noch lange nicht ans Ende gelangt. Wir haben mit Sheldrake einen ersten Schritt getan, brauchen aber noch allgemeinere Modelle mit einer noch breiteren Erklärungskraft – und vielleicht auch mit einer noch schlüssigeren Herleitung. Bei den Physikern Burkhard Heim (Kapitel 4.2.2) und Thomas Campbell (Kapitel 4.2.3) stehen die Chancen für dieses Vorhaben nicht schlecht. Beide sind schließlich mit dem Anspruch angetreten, auf Basis wissenschaftlicher Überlegungen ein umfassendes Modell der Wirklichkeit zu entwerfen.

4.2.2 Burkard Heims sechsdimensionales Weltmodell

Burkhard Heim (1925-2001) gilt unter seinen Anhängern als eines der größten wissenschaftlichen Genies des 20. Jahrhunderts. Gelegentlich wird er auf eine Stufe mit Albert Einstein gehoben – und doch ist er einer breiten Öffentlichkeit völlig unbekannt. Auch in akademischen Fachkreisen nimmt man von Burkhard Heim keine Notiz. Das liegt zum einen daran, dass seine Theorie der herrschenden Lehrmeinung fundamental widerspricht. Zweitens ist sie mit ihren hohen mathematischen Ansprüchen und komplizierten Wortneuschöpfungen derart schwer zugänglich, dass sich kaum jemand an sie heranwagt. Drittens war Heim in der wissenschaftlichen Community von Beginn an schlecht vernetzt. Er war in keine akademische Einrichtung dauerhaft eingebunden und hatte niemals eine Professur inne. Er publizierte nicht in Fachzeitschriften und nahm kaum an wissenschaftlichen Tagungen Teil. Seine theoretische Forschungsarbeit betrieb er weitgehend isoliert im Privaten, unterstützt von Freunden und Förderern. Wie es dazu kam, ist an Tragik kaum zu überbieten: Bei einem verhängnisvollen Laborunfall im Jahr 1944 verlor Burkhard Heim beide Hände und beinahe auch sein Seh- und Hörvermögen. Eine gewöhnliche wissenschaftliche Karriere blieb ihm darum verwehrt. Seinen Abschluss als Diplom-Physiker an der Universität Göttingen erlangte Heim nur dank der großen Unterstützung durch seinen Vater Heinrich und seine Frau Greta, die ihm laut aus Büchern vorlasen. Um schreiben zu können, ließ sich Heim außerdem seine Unterarmstümpfe operativ in Spaltarme umwandeln. Dabei wurden seine Unterarme vom Ende her „eingeschnitten", sodass Elle und Speiche wie eine Art Greifer einen Stift oder ein Stück Kreide halten konnten. Trotzdem war an einen normalen Forscheralltag in einem akademischen Umfeld nicht zu denken. Bereits der Austausch mit Fachkollegen gestaltete sich infolge der massiven Seh- und Hörschädigung als ein kaum zu überwindendes Hindernis.[41]

Das Gesamtwerk Burkhard Heims lässt sich ohne Kenntnis höherer Mathematik und ohne profundes Vorwissen im Bereich der Quantenphysik und der Relativitätstheorie nicht durchdringen. Glücklicherweise haben sich inzwischen verschiedene Autoren um verständlichere Einführungen in seine Theorie bemüht. Hervorzuheben ist in

---

[41] Ausführlich nachzulesen ist all das in der Heim-Biografie von Heims Weggefährten und Schüler Illobrand von Ludwiger: von Ludwiger, Illobrand: Burkhard Heim. Vom Leben eines vergessenen Genies, München 2010. In sehr komprimierter Form fasst der Nachruf von Illobrand von Ludwiger aus Anlass des Todes Burkhard Heims im Jahr 2001 dessen Leben und wissenschaftliches Wirken zusammen: Vgl. von Ludwiger, Illobrand: Zum Tode des Physikers Burkhard Heims. Nachruf von Illobrand von Ludwiger, Feldkirchen-Westerham, 28. Januar 2001, online unter der URL: http://archiv.mufon-ces.org/docs/heim.pdf

diesem Zusammenhang der Physiker Illobrand von Ludwiger (1937-2023), ein langjähriger Freund und Weggefährte Burkhard Heims. Seine beiden Veröffentlichungen „Das neue Weltbild des Physikers Burkhard Heim"[42] sowie „Unsere sechsdimensionale Welt"[43] liegen den nun anstehenden Betrachtungen ebenso zugrunde wie die online frei verfügbaren Heim-Einführungen von Dr. Wolfgang Ludwig[44], Prof. Ernst Senkowski[45] und Horst Willigmann.[46] Als hilfreich erweist sich auch Prof. Arnim Bechmanns mit zahlreichen schematischen Illustrationen gespicktes Buch „Zugänge zu Burkhard Heims einheitlicher Beschreibung der Welt"[47]. Dessen Untertitel „Mutmaßungen und Annäherungen" verrät bereits, dass der Autor hier keine vertiefende Facharbeit, sondern eher eine mit eigenen Interpretationen versehene Zusammenfassung vorgelegt hat. Des Weiteren könnte zum Einstieg eine Video-Reihe helfen, die der Ingenieur Hannes Schmid auf seinem YouTube-Kanal „6 Dimensionen in Farbe" veröffentlicht hat. Die Videoquelle 4.2.2a führt Sie zum ersten Video einer Playlist, in der Hannes Schmid Heims sechsdimensionales Weltbild in anschaulichen Beispielen und eingängigen Grafiken zu vermitteln versucht. Wenn Sie mögen, schauen Sie sich diese Video-Reihe gerne als ergänzende Verständnishilfe und Vertiefung an.

---

[42] Vgl. von Ludwiger, Illobrand: Das neue Weltbild des Physikers Burkhard Heim. Unsterblich in der 6-dimensionalen Welt, München 2013

[43] Vgl. von Ludwiger, Illobrand: Unsere sechsdimensionale Welt. Wissenschaftsverständnis von Magie, Mystik und Alchemie, München 2020, S. 224-285

[44] Vgl. Ludwig, Wolfgang: Die erweiterte einheitliche Quantenfeldtheorie von Burkhard Heim, Innsbruck 1998, URL: http://www.ams-ag.de/fileadmin/downloads/pdfs/quantenfeldbheim/Quantenfeld_von_B_Heim_Ludwig.pdf

[45] Vgl. Senkowski, Ernst: Die Beschreibung der Paraphänomene im Rahmen der Heim'schen allgemeinen Feldtheorie, Innsbruck 1984, siehe online unter der URL: https://engon.de/protosimplex/bibliothek/Senkowski%201984%20-%20Paraph%C3%A4nomene%20Heim%20Theorie.pdf [Stand: 2024]

[46] Vgl. Willigmann, Horst: Grundriss der Heimschen Theorie, Innsbruck 2002, online abrufbar unter der URL: https://www.imagomundi.biz/wp-content/uploads/2018/11/Grundriss_der_Heimschen_Theorie_Optimized.pdf

[47] Vgl. Bechmann, Arnim: Zugänge zu Burkhard Heims einheitlicher Beschreibung der Welt: Annäherungen und Mutmaßungen, Barsinghausen 2014

Die sechs Dimensionen und ihre Bedeutung

Aus den oben genannten Gründen kann ich hier nicht ansatzweise auf die mathematische Herleitung von Heims Weltbild eingehen. Auch die physikalische Forschungsfrage, die Heim erst dazu brachte, ein sechsdimensionales Weltbild zu entwerfen, kann hier nicht erörtert, sondern allenfalls genannt werden: Heim wollte eine einheitliche Feldtheorie entwickeln, die die Naturkräfte der Gravitation und des Elektromagnetismus in zusammenhängender Weise zu erklären vermag. Mit demselben Vorhaben hatte sich bekanntlich auch Albert Einstein befasst, jedoch ohne zu einer Lösung zu gelangen.

Bei seinen Überlegungen stellte Heim fest, dass er, um seine gesuchte Feldtheorie mathematisch formulieren zu können, zu den vier bekannten Weltdimensionen, also den drei Raumdimensionen sowie der Zeit als der vierten Dimension, zwei weitere Dimensionen hinzufügen muss. Das ist in der theoretischen Physik erstmal nichts Ungewöhnliches. Auch andere Versuche zur Entwicklung einer einheitlichen Feldtheorie (etwa die Stringtheorie) verwenden für ihre Rechenmodelle mehrere Dimensionen. Doch was hat das philosophisch zu bedeuten? Was konkret verbirgt sich hinter diesen zusätzlichen Dimensionen?

Während die Stringtheorie mit ihren bis zu 26 Dimensionen hierzu keine sinnvollen Angaben machen kann, nahm Heim die philosophischen Implikationen aus seinem sechsdimensionalen Rechenmodell sehr ernst. Denn sollte sein mathematisches Gedankengebäude die Realität unseres Universums zutreffend abbilden, dann mussten seine zusätzlich angenommenen Dimensionen ja irgendeine Entsprechung in unserer Lebenswelt haben. Die drei Raumdimensionen (X1 bis X3) spannen den physischen Raum auf, innerhalb dessen sich ma-

terielle Objekte wie dieses Buch oder Ihr physischer Körper manifestieren. Entlang der vierten Dimension (X4) vollziehen sich Zustandsveränderungen. Das ist die Zeitdimension: Vorhin blickten Ihre Augen noch auf die vorige Seite. Inzwischen ist Ihr Blick aber wieder einige Zeilen weiter und auf diese neue Seite gewandert. Was aber ist
dann X5? Heim deutet X5 als Strukturdimension. Sie verleiht der
Welt Gestalt und Form, indem sie all ihre Einzelelemente und zusam-
mengesetzten Gebilde koordiniert und organisiert, und zwar von
den Elementarteilchen über makroskopische Objekte wie Bücher, Augen und ganze Körper bis hin zu den Galaxien. Hier zeigt sich eine
Parallele zu Sheldrakes Konzept der morphischen Felder, denn auch
Sheldrake nahm ja an, dass Materie sich nicht aus sich selbst heraus
organisiert, sondern dass dieser Prozess durch nichtmaterielle Felder
koordiniert wird (siehe Kapitel 4.2.1). Heim verortet den Bereich X5
allerdings als eigene Dimension *jenseits* von Raum und Zeit, wohingegen Sheldrake seine Felder als *im* Raum ausgedehnt postulierte.
Heims fünfte Dimension gleicht insofern eher Platons Ideenwelt, das
heißt einem metaphysischen Bereich, der sämtliche „Strukturpläne"
für die Ausgestaltung der Materie als Möglichkeit enthält.

Daran schließt sich die Frage an, was für die laufende Verwirklichung dieser Möglichkeiten in Raum und Zeit sorgt. Warum verket-
ten sich zum Beispiel Moleküle und warum wachsen Pflanzen? Warum bilden sich komplexe Lebewesen wie Menschen heraus, die dann
auch noch die Absicht entwickeln, Bücher zu lesen? Die Antwort finden wir in der Dimension X6, die eine Zieldynamik ausdrückt und
für die Steuerung der Prozesse in der Raumzeit verantwortlich ist.
Hier schlägt sich vielleicht etwas Ähnliches nieder wie dasjenige, was
Schopenhauer „Wille" nannte oder was Platon als „das Gute" im Sinne einer Zweckursache bezeichnete. Denn gleich ob blinder Trieb
oder vernunftorientierte Zielverfolgung: In beiden Fällen ermöglicht
die Steuerung aus der Dimension X6 die Verwirklichung von Strukturmöglichkeiten (X5) im Raum (X1 bis X3). Diese Verwirklichung
und Entwicklung möglicher Strukturformen im Raum geschieht vermittels der *Zeit* (X4). Die Zeitdimension stellt insofern eine Art
Schnittpunkt dar: Die Zieldynamik aus X6 aktualisiert und modifiziert

die räumlichen Manifestationen (X1-X3) von möglichen Strukturen (X5) *im Zeitverlauf* (X4). Oder anders ausgedrückt: Damit eine räumlich ausgedehnte Struktur (zum Beispiel eine Pflanze) in eine andere mögliche Struktur überführt werden kann (zum Beispiel wächst oder Blüten treibt), muss Zeit vergehen. Nur dann kann X6 seine Wirkung entfalten.

Sollten Sie also beschließen, diese Buchseite zu Ende zu lesen, zeigt sich darin eine Zieldynamik (X6). Diese Absicht ist nichts Räumliches (X1 bis X3) und spiegelt als solche auch keine Struktur (X5) wider. Sie tritt aber in einem bestimmten Zeitfenster (X4) auf und kann in diesem Zeitfenster laufend die Strukturen im Raum anpassen beziehungsweise aktualisieren. Sie führt zum Beispiel dazu, dass sich Ihre Augen fortwährend von links nach rechts und von oben nach unten bewegen.

Der Mensch als sechsdimensionales Wesen

Bevor wir tiefer in Heims Modell eintauchen, möchte ich vorab bereits auf eine ganz bedeutsame Konsequenz aus diesen ersten Überlegungen hinweisen: Weil X6 *außerhalb der Raumzeit* liegt, bewegen Sie sich mit Ihrer Absicht, die Lektüre fortzusetzen, in einer *metaphysischen* Dimension. Ebenso tut es die Pflanze, wenn sie dem Ziel folgt, wachsen und gedeihen zu wollen. Dabei wirkt das Metaphysische in das Physische hinein: Genauso wie Ihr Wunsch, die Lektüre fortzusetzen, die Aktivtäten Ihres Gehirns und Ihrer Augen steuert, sorgt das Wachstumsziel der Pflanze dafür, dass diese ihre Blätter zur Sonne hin ausrichtet.

Anhand dieser simplen Beispiele können Sie leicht nachvollziehen, dass sich hinter Heims metaphysischen Dimensionen eigentlich nichts Abstraktes und Unbegreifliches verbirgt. Jeder von uns kann diese Dimensionen im Alltag erfahren und tut das auch tagtäglich. Als Menschen sind wir laut Heim keine dreidimensionalen, sondern sechsdimensionale Wesen. Was daraus folgt, insbesondere für die Deutung paranormaler Phänomene und das Verhältnis von Körper und Geist, sehen wir später.

Vorher müssen wir die Dimensionen X5 und X6 noch ein wenig genauer durchleuchten. Im Unterschied zu den übrigen Dimensionen X1 bis X4 gibt es hier nämlich eine Schwierigkeit zu überwinden: Es scheint nicht so leicht möglich, eine Größenskala anzulegen. Damit meine ich, dass man die Strukturmöglichkeiten der Dimension X5 und die Zieldynamiken der Dimension X6 nicht in Metern oder Sekunden ausdrücken kann. Bei Raum und Zeit ist das anders. Räumliche Distanzen und eine zeitliche Dauer lassen sich mit quantitativen Einteilungen problemlos vermessen. So können wir eine Strecke in Millimeter und Zentimeter unterteilen und auf einem Zeitstrahl Sekunden und Minuten abtragen. Etwas Vergleichbares ist mit den Dimensionen X5 und X6 offensichtlich nicht möglich, denn in welcher Einheit sollte man verschiedene mögliche Strukturen oder verschiedene Zieldynamiken vergleichbar machen? Offenkundig lassen sich hier keine *quantitativen* Größen mit gleichmäßigen Abständen zuordnen. Das würde aber auf den ersten Blick bedeuteten, dass es unmöglich wäre, verschiedene Strukturen oder Zieldynamiken entlang einer imaginären Dimensionsachse X5 oder X6 hierarchisch zu ordnen, so wie man das bei einer räumlichen Achse beziehungsweise bei einem Zeitstrahl gewohnt ist: Dort sind zwei Meter mehr als ein Meter beziehungsweise zwei Stunden dauern länger als nur eine Stunde. Aber wie könnte man zum Beispiel für eine Dimensionsachse X5 entscheiden, ob ein bestimmter Strukturentwurf (zum Beispiel für ein Buch oder für ein Auge) höher anzusiedeln ist als ein anderer Strukturentwurf (zum Beispiel für ein einfaches Blatt Papier oder für eine Zelle)? Und in welchen Begrifflichkeiten könnte man das ausdrücken?

Um dieser Unbestimmtheit zu entgegnen, hat sich Heim eine ganz neue Art der Abstandsmessung ausgedacht, die nicht auf Quantitäten, sondern auf *Qualitäten* beruht. Die komplizierte Herleitung dieser sogenannten „Syntrometrie" werde ich an dieser Stelle überspringen und verweise auf die entsprechende Literatur.[48] Stattdessen

---

[48] Siehe zum Beispiel bei Willigmann, Horst: Grundriss der Heimschen Theorie, Innsbruck 2002, S. 97f.; von Ludwiger, Illobrand: Unsere sechsdimensionale Welt, München 2020, S. 240f. oder von Ludwiger, Illobrand: Das neue Weltbild des Physikers Burkhard Heim, München 2013

schauen wir uns sogleich das Resultat aus Heims diesbezüglichen Überlegungen an, nämlich die hierarchische Anordnung sämtlicher Erscheinungen unseres Universums entlang einer gedachten Dimensionsachse X5. Das kann uns später dabei helfen, paranormale Phänomene zu verstehen und Antworten auf bislang ungelöste Rätsel der Wissenschaft zu reflektieren.

Zur qualitativen Bewertung verschiedener Strukturmöglichkeiten orientiert sich Heim an deren Komplexitäts- und Freiheitsgrad. Strukturen, die sich in dieser Hinsicht sehr *ähnlich* sind, fasst Heim als „Totalitäten" zusammen. Diese Totalitäten lassen sich sodann auf einer gedachten Skala von „einfach und unselbständig" bis hin zu „komplex und autonom" hierarchisch anordnen. Ein Atomkern ist zum Beispiel simpel und unfrei, ein Mensch hingegen ist komplex und in der Lage, autonome Entscheidungen zu treffen.

Die verschiedenen Totalitäten (Gruppen von *ähnlichen* Strukturen) fasst Heim zu vier aufeinander aufbauenden Bereichen zusammen: „Physis", „Bios", „Psyche" und „Pneuma". Ein höherer Bereich setzt sich durch einen deutlichen Sprung in seinen qualitativen Wesensmerkmalen von einem unteren Bereich ab. Die vier aufeinander aufbauenden Bereiche bilden insofern Gruppen *ähnlicher Totalitäten*, die ihrerseits Gruppen *ähnlicher Strukturen* bilden. Die Abbildung 4.2.2a stellt diese Systematik übersichtlich zusammen.

„Physis" und „Bios": Das physische Universum

Der Bereich der „Physis", der die Strukturen der *unbelebten* Materie umfasst, bildet die „niedrigste", weil einfachste und unselbständigste Gruppe von Totalitäten. Das geringste Organisationsniveau wohnt den von Heim postulierten Vorformen der Materie inne (Totalitäten 1 und 2), gefolgt von den Strukturplänen der Elementarteilchen (Totalität 3), der Atome (Totalität 4), der einfachen Moleküle (Totalität 5) und der Makromoleküle, also unbelebter materieller Objekte gleich welcher Größenordnung, die sich aus verschiedenen Molekülen zusammensetzen (Totalität 6). Wichtig ist zu verstehen, dass sämtliche der hier genannten Formen von Materie, seien es nun die Elementarteilchen oder die Makromoleküle, ohne einen entsprechenden Strukturentwurf aus der Dimension X5 nicht existieren könnten. Denn Materie, die keine räumliche Struktur besitzt, die kann ja nicht im Raum ausgedehnt sein.

Koordinate X5	Bereiche mit Totalitäten	Beispiel
	PNEUMA	GEIST/ABSTRAKTES DENKEN
	Totalität 26 - ?	Geist von höheren Wesen?
	Totalität 25	Menschlicher Geist (nicht: tierisch)
	PSYCHE	WAHRNEHMUNG/EMPFINDUNG
	Totalität 24	Ilkor für vollständigen Organismus
	Totalität 23	Ilkor für Organ
	Totalität 22	Ilkor für Gewebeverbände
	Totalität 21	Ilkor für einheitliche Gewebe
	Totalität 20	Ilkor für lebensfähige Zellen
	Totalität 19	Ilkor für infrazelluläre Strukturen
	Totalität 18	Ilkor für Organellen
	Totalität 17	Ilkor für Chromosomen
	Totalität 16	Ilkor für DNA
	BIOS	BELEBTE MATERIE
	Totalität 15	Vollständige Organismen (Tiere)
	Totalität 14	Organe
	Totalität 13	Gewebeverbände
	Totalität 12	Einheitliche Gewebe
	Totalität 11	Lebensfähige Zellen
	Totalität 10	Infrazelluläre Wirkungskomplexe
	Totalität 9	Organellen
	Totalität 8	Chromosomen, Viren
	Totalität 7	DNA, Proteine
	PHYSIS	TOTE MATERIE
	Totalität 6	Makromoleküle
	Totalität 5	Moleküle
	Totalität 4	Atome
	Totalität 3	Elementarteilchen
	Totalität 1-2	Vorstufen der Materie

Abbildung 4.2.2a: Der Aufbau der Welt in Heims Theorie nach von Ludwiger, Illobrand: Unsere 6-dimensionale Welt, München 2020, S. 245f., eigene Grafik

Materie braucht etwas, was sie organisiert. Je komplexer die Struktur der Materie, desto höher ist ihr Entwurf auf der imaginären Dimensionsachse X5 angesiedelt. Dasselbe Prinzip gilt auch für die *belebte* Materie, die in Heims hierarchischer Betrachtung der Welt eine völlig neue Gruppe von Totalitäten darstellt, nämlich den Bereich des „Bios". Mit „Bios" meint Heim *nicht* das Leben selbst, das heißt *nicht* dasjenige, was die Lebendigkeit *verursacht*. „Bios" bezeichnet bloß *die materiellen Strukturen, in denen sich das Leben vollzieht*. Diese Strukturen des „Bios" setzen sich aus den weniger komplexen Strukturen der „Physis" zusammen. Wenn man so will, *enthält* der „Bios" die „Physis", ist zugleich aber mehr als nur die Summe seiner Teile. Denn die materiellen Strukturen des „Bios" können anders als die Strukturen der reinen „Physis" zum Zweck der Selbsterhaltung und Fortpflanzung in eine *aktive Wechselwirkung mit ihrer Umwelt* treten. Die Strukturpläne für biologische Strukturen sind entsprechend komplexer aufgebaut und ermöglichen ausgehend von den kleinsten biologischen Einheiten wie der DNA (Totalität 7) über die Zellen (Totalität 11) bis hin zu den vollständigen Organismen (Totalität 15) immer mehr Gestaltungsfreiheit. Tiere (auf Totalitätsstufe 15) können sich zum Beispiel aus eigener Kraft fortbewegen und entscheiden, wohin sie gehen wollen. Deshalb nimmt ihr Strukturniveau auf unserer imaginären Dimensionsachse X5 eine deutlich höhere Position ein als die Strukturpläne der weiter unten angesiedelten toten Materie der „Physis".

Wir Menschen stehen *biologisch* betrachtet übrigens auf derselben Stufe wie die Tiere (Totalität 15). Biologisch gesehen sind wir schließlich nichts anderes als ein Säugetier. Was uns laut Heim dennoch von den übrigen Säugetieren unterscheidet, wird sich erst später erschließen, wenn wir uns mit verschiedenen Qualitäten von Bewusstsein befassen werden.

Die „Psyche": Was die Körper belebt

Die materiellen Strukturen des „Bios" leben nicht von sich aus. Damit Leben durch diese materiellen Strukturen wirken kann, bedarf es nach Heim anderer, übergeordneter Strukturen, die an die biologischen Strukturen „andocken". Es kommt also ein neuer Bereich ins Spiel, der die bisherigen Bereiche umspannt, von ihnen aber wesensverschieden ist und darum mehr ausmacht als nur die Summe seiner physischen und biologischen Komponenten: die „Psyche". Die Strukturen der „Psyche" manifestieren sich nicht in materieller Form im physischen Raum (X1-X3). Sie agieren als rein geistige Strukturen aus den metaphysischen Dimensionen X5 und X6 heraus. Von dort aus wirken sie durch sogenannte „Aktivitätenströme" in die Komponenten des „Bios". Sie koordinieren sämtliche Bestandteile der biologischen Organismen und erhalten diese am Leben. Jeder einzelnen Struktur des „Bios" (Totalität 7 bis 15) ist folglich eine jeweils passende Struktur aus dem Bereich der „Psyche" (Totalität 16 bis 24) zugeordnet, die sie steuert und mit ihr wechselwirkt. Die DNA auf Totalitätsstufe 7 verfügt zum Beispiel über eine spezifische „psychische Steuerzentrale" auf der Totalitätsstufe 16, die ihre biologische Funktion aufrechterhält. Auch jedes Organ wie zum Beispiel das Gehirn (auf Totalitätsstufe 14) wird durch eine eigens dafür zuständige „psychische Schaltzentrale" (hier: auf Totalitätsstufe 23) gesteuert. Weil die „psychische Steuerzentrale" für das Gehirn komplexere Aufgaben übernehmen muss und folglich über ein komplexeres Organisationsniveau verfügt, befindet sie sich auf unserer gedachten Dimensionsachse X5 weiter oben (nämlich auf der Totalitätsstufe 23), wohingegen die „psychische Schaltzentrale" für die vergleichsweise überschaubare DNA weiter unten rangiert (Totalität 16).

In materieller Hinsicht enthält und integriert das Gehirn (Totalität 14) alle biologischen Einheiten, aus denen es besteht (Totalitäten 7 bis 13). Für den Bereich der „Psyche" muss man sich das analog vorstellen: Die für das Gehirn zuständige „psychische Schaltzentrale" aus Totalität 23 integriert und koordiniert sämtliche untergeordneten „psychischen Steuerzentralen" der darunterliegenden Totalitäten 16 bis 22.

Die „psychischen Steuerzentralen", wie ich sie hier lapidar genannt habe, bezeichnete Heim als *Intermittierende Leitmetroplexe korrelativer*

Eigenschaften" – abgekürzt *„Ilkor"*. Aus welchen Vorüberlegungen Heim diesen sperrigen Begriff abgeleitet hat, würde an dieser Stelle zu weit führen und ist für das Verständnis der weiteren Überlegungen auch nicht relevant. Wichtiger scheint mir, das *Zusammenwirken* der biologischen Strukturen mit ihrem jeweiligen „Ilkor" noch etwas genauer zu umreißen.

Wie oben schon kurz erwähnt, läuft die Kopplung von „Psyche" und „Bios" über sogenannte „Aktivitätenströme". Je mehr Aktivitätenströme zwischen „Psyche" und „Bios" ausgetauscht werden, desto höher ist der Grad an Bewusstheit des entsprechenden Lebewesens und desto intensiver sind folglich sein Gewahrsein und seine Empfindungen. Weil diese immateriellen Aktivitätenströme aus den metaphysischen Dimensionen X5 und X6 ausgehen, sind sie nicht an Raum und Materie gebunden. Bewusstheit im Sinne von Gewahrsein und Empfindung ist darum in Heims Modell kein durch materielle Prozesse induziertes Gehirnphänomen.

In der Kopplung zwischen „Psyche" und „Bios" vollziehen sich die Sinneswahrnehmungen, die emotionalen Empfindungen, die Reiz-Reaktionsverarbeitung und die Steuerung sämtlicher biologischer Prozesse. Das hat aber noch nichts mit dem zu tun, was wir als logisch denkendes Ich-Bewusstsein im Sinne eines reflektierenden Geistes bezeichnen würden. Genau das unterscheidet uns Menschen laut Heim aber von den Tieren. Menschen können abstrakt denken und sich Dinge vorstellen, die sinnlich gar nicht wahrnehmbar sind oder als mögliches Szenario in der Zukunft liegen. Das erlaubt es uns, Pläne zu schmieden und aus einer Vielzahl von Möglichkeiten durch bewusste Entscheidungen einige wenige auszuwählen. Das gilt sowohl in Bezug auf unsere Alltagsgestaltung als auch in Bezug auf einen ganzen Lebensentwurf.

„Pneuma": Denken und Reflektieren

Offenbar haben wir es beim Menschen mit einer völlig anderen Qualität von Bewusstsein als bei den Tieren zu tun. Unsere Bewusstseinsinhalte gehen weit über das bloße Wahrnehmen und Verarbeiten von

Sinneseindrücken hinaus. Die „höheren" Aspekte unseres menschlichen Bewusstseins sind darum nicht im Bereich der „Psyche" zu finden. Es muss einen weiteren Bereich geben, der auf unserer gedachten Dimensionsachse X5 noch weiter oben zu verorten ist, weil hier Strukturen wirken, die noch komplexere Leistungen vollbringen und noch mehr Handlungsspielraum ermöglichen. Heim nannte diesen Bereich nach dem altgriechischen Wort für „Geist" das *Pneuma*. Dort sind die abstraktions- und reflexionsfähigen Aspekte unseres Bewusstseins auf der Totalitätsstufe 25 angesiedelt. Durch Aktivitätenströme sind sie wiederum ganz eng mit unserem psychischen „Ilkor", also mit unserer Wahrnehmung, Empfindung und Reiz-Reaktionsverarbeitung verknüpft. Der „Ilkor" von Tieren und Pflanzen hingegen kennt nach Heim keine geistige Struktur im „Pneuma".

An die Behauptung, dass weder Tiere noch Pflanzen über eine geistige Struktur im „Pneuma" verfügen und Tiere insofern in gleicher Weise auf die „Psyche" beschränkt bleiben wie die Pflanzen, knüpft sich eine interessante Folgeüberlegung an. Denn wenn die Tiere in dieser Hinsicht auf derselben Stufe wie die Pflanzen stehen, warum verfügen sie dann augenscheinlich trotzdem über einen deutlich höheren Bewusstheitsgrad? Um dieses Rätsel zu lösen, müssen wir uns noch ein weiteres Mal mit den Aktivitätenströmen auseinandersetzen. Heim nimmt an, dass diese Aktivitätenströme sich auf immateriellen „Pfaden" oder „Verbindungskanälen" vollziehen, die er „Telekorsyntroklinen" nannte. Laut Heim verfügen verschiedene Lebewesen über eine unterschiedlich große Anzahl solcher „Telekorsyntroklinen". Daraus folgt, dass ein Lebewesen je nach Anzahl seiner Telekorsyntroklinen mehr oder weniger Aktivitätenströme verarbeiten kann: Je mehr Telekorsyntroklinen vorhanden sind, desto mehr Aktivitätenströme können zwischen „Bios" und „Psyche" ausgetauscht werden und desto höher ist folglich der Grad an Bewusstheit. In der Abbildung 4.2.2b finden Sie eine Übersicht, die für verschiedene Lebewesen den Grad ihrer Bewusstheit in Abhängigkeit der Anzahl ihrer Telekorsyntroklinen angibt.

Bewusstheitsgrad	Telekorsyntroklinen	Biologische Struktur
0	1	DNA, Chromosomen, Viren
1	2	Zellen, Pflanzen
2	4	Tiere
3	8	Primaten (Affen)
4	16	Menschen
5 bis ?	32 bis ?	Höhere Wesen (hypothetisch)

Abbildung 4.2.2b: Bewusstheitsgrade gemäß Heims Theorie nach von Ludwiger, Illobrand: Unsere 6-dimensionale Welt, München 2020, S. 250f., eigene Grafik

Je komplexer ein Lebewesen ist, je höher also sein Strukturentwurf in der Dimension X5 angesiedelt ist, desto umfangreicher sind die Steuerungsanforderungen an den entsprechenden „Ilkor" und desto mehr Aktivitätenströme werden ausgetauscht. Die biologischen Strukturen der Totalitätsstufen 7 bis 10 verfügen laut Heim nur über *eine* Telekorsyntrokline, die sie mit ihren jeweiligen „Ilkor"-Strukturen („psychischen Schaltzentralen") verbindet. Bei den Zellen auf Totalitätsstufe 11 tritt eine erste Verdopplung der Telekorsyntroklinen auf *zwei* Stück auf. Auch Pflanzen verfügen über nur *zwei* Telekorsyntroklinen. Bei den Tieren (Totalität 15) findet die nächste Verdopplung auf vier Telekorsyntroklinen statt. Darum sind die Tiere bewusster als Pflanzen. Neben dem Bewusstheitsgrad steigt mit der Anzahl der Telekorsyntroklinen zugleich auch der Handlungsspielraum. Das erkennt man zum Beispiel daran, dass Tiere sich im Gegensatz zu Pflanzen fortbewegen können.

Eine Besonderheit tritt nun bei Affen und auch bei uns Menschen auf. Wir sind zwar biologisch gesehen ebenfalls Tiere (Totalität 15), sind aber laut Heim mit deutlich mehr Telekorsyntroklinen ausgestattet. Bei den Affen sind es *acht* und bei uns Menschen sogar *16*. Noch dazu kommt bei uns Menschen die Kopplung an eine geistige Struktur im „Pneuma" (Totalität 25), die Affen und anderen Tieren fehlt. Deshalb können wir im Gegensatz zu Affen Kernkraftwerke bauen und über den Sinn des Lebens nachgrübeln.

Nun lässt sich darüber streiten, ob diese Zuordnung von Telekorsyntroklinen nach Heim wirklich stimmig ist. In Anbetracht der hohen

Intelligenz weiterer Tierarten (zum Beispiel der Delfine) scheint die grobe Aufteilung „Tiere – Primaten – Menschen" doch sehr zweifelhaft. Leider geht aus der Literatur nicht klar hervor, wie Heim ausgerechnet zu dieser Kategorisierung mitsamt der jeweiligen Anzahl von Telekorsyntroklinen gekommen ist. Womöglich bliebt hier vieles spekulativ, inklusive des Konzepts der Telekorsyntroklinen selbst. Spekulativ ist auch die Überlegung, ob es außerhalb des Planeten Erde beziehungsweise außerhalb des physischen Raums Wesen geben könnte, die noch mehr Telekorsyntroklinen nutzen beziehungsweise noch komplexere geistige Strukturen im „Pneuma" aufweisen als wir Menschen. Heim war dieser Idee nicht abgeneigt und nahm für den Bereich des „Pneuma" weitere, uns nicht bekannte Totalitäten 26 und höher an. Wenn man nun vergleicht, was uns Menschen von Pflanzen oder Tieren unterscheidet, kann man sich leicht ausmalen, dass hypothetische Wesen mit 32 oder gar 64 Telekorsyntroklinen beziehungsweise mit noch komplexeren geistigen Strukturen im „Pneuma" über Denk- und Handlungsfähigkeiten verfügen müssten, die unsere menschlichen Möglichkeiten um ein Vielfaches in den Schatten stellen. Vielleicht sind es genau solche Wesen, die hinter dem UFO-Phänomen (Kapitel 3.2.4) oder dem Phänomen des Channelings (Kapitel 3.2.6) stecken. Doch was sagt uns eigentlich, dass Heims Telekorsyntroklinen überhaupt existieren? Haben seine diesbezüglichen Behauptungen irgendeine realistische Basis?

Beweisen Biophotonen und die Massenformel Heims Theorie?

Wenn es durch die Telekorsyntroklinen eine Verbindung zwischen „Psyche" und „Bios" gibt, dann müssen diese Telekorsyntroklinen irgendwo am Körper „andocken". Dort muss es „Umschaltstationen" geben, in denen die Informationsströme aus dem metaphysischen Bereich der „Psyche" in biologische Impulse umgewandelt werden und von wo aus Informationen aus dem Körper an den psychischen „Ilkor" zurückgeschickt werden.

Heim mutmaßte, dass hierfür zuallererst die DNA in Frage kommt. Als Informationsträger in der Zelle spielt sie eine fundamentale Rolle für die Steuerung des gesamten Organismus. Aus der mathematisch-physikalischen Herleitung seines sechsdimensionalen Weltmodells schlussfolgerte Heim, dass sich der Übertragungsprozess über Photonen vollziehen müsse. Photonen sind lapidar ausgedrückt „Lichtteilchen". Laut Heim müsste sich darum als eine direkte Folge aus den Aktivitätenströmen eine Lichtstrahlung in der DNA nachweisen lassen.

Tatsächlich entdeckte der Physiker Fritz-Albert Popp (1938-2018) in den 1970er Jahren eine extrem schwache Lichtstrahlung, die exakt den von Heim vorhergesagten Eigenschaften entsprach. Anhänger der Heim-Theorie sehen darin eine Bestätigung von Heims sechsdimensionalem Weltmodell.[49] Die Mainstream-Naturwissenschaft, die sich ja mit Heim gar nicht auseinandersetzt, nimmt indessen gewöhnliche biochemische Reaktionen als mögliche Ursache der von Popp entdeckten Lichtstrahlung an.[50] Popp selbst war mit Heims Theorie nicht vertraut und forschte davon unabhängig. Interessanterweise vermutete er aber passend zu Heim, dass die Lichtstrahlung den Zweck einer Informationsübermittlung erfüllen könnte.[51]

Als weiteren Beleg für die Gültigkeit von Heims Theorie führen seine Anhänger die von Heim berechnete Massenformel an. Mit dieser Massenformel sei es Heim gelungen, die Masse verschiedener Elementarteilchen bis auf mehrere Nachkommastellen korrekt vorherzu-

---

[49] So zum Beispiel auch Hannes Schmid, der Betreiber des YouTube-Kanals „6 Dimensionen in Farbe". In seinem Video „Burkhard Heim und die Entdeckung der Biophotonen" spekuliert er, dass die DNA nur *eine*, nämlich die *grundlegendste* von mehreren Anknüpfungsflächen für die Telekorsyntroklinen sein könnte. Bei komplexeren Lebewesen, die über zwei und mehr Telekorsyntroklinen verfügen, vermutet Hannes Schmid eine zweite Art von Anknüpfungsflächen in den Mikrotobuli (röhrenförmige Proteinstrukturen); siehe online unter der URL: https://www.youtube.com/watch?v=fZbBB2_YHB4 [Stand: 2024]

[50] Diese Lichtstrahlung wird als ultraschwache Photonenemission bezeichnet (siehe unter der URL: https://de.wikipedia.org/wiki/Biophoton [Stand: 2024]).

[51] Vgl. Fuß, Holger: Biophotonen. Das rätselhafte Leuchten allen Lebens, in: Spiegel Wissenschaft, 23. Mai 2005, siehe unter der URL: https://www.spiegel.de/wissenschaft/mensch/biophotonen-das-raetselhafte-leuchten-allen-lebens-a-370918.html [Stand: 2024]

sagen. Kritiker monieren, Heim habe keine nachprüfbare Herleitung seiner Massenformel angegeben.[52] Für eine erste Version seiner Massenformel aus den frühen 1980er Jahren hat Heim das auch zugegeben: Er habe Teile seiner Formel „heuristisch" gefunden.[53] Mit heuristisch ist gemeint, dass ihm keine stringente mathematische Ableitung gelungen war und er sich darum auf Plausibilitätsüberlegungen und Mutmaßungen stützen musste. Einige Jahre später hat Heim eine neue, überarbeitete Version seiner Massenformel vorgelegt, die seinen Anhängern zufolge mit deutlich weniger Parametern noch exaktere Ergebnisse liefern soll.[54]

Sollte es stimmen, dass die Formel eine korrekte Ermittlung der Elementarteilchenmassen erlaubt, wäre das in der Tat eine sensationelle empirische Bestätigung für das Fundament der Heimschen Theorie. Leider sehe ich mich als Geistes- und Sozialwissenschaftler aber nicht annähernd dazu imstande, die Herleitung und die Aussagekraft der Formel durch eigene Überprüfung zu beurteilen. Dazu fehlen mir schlicht die nötigen Kenntnisse der Mathematik und der Elementarteilchenphysik. Falls Sie Mathematiker oder Teilchenphysiker sind und die Mühen nicht scheuen, könnten Sie gerne einen eigenen Versuch unternehmen. Aber seien Sie gewarnt: Heim soll nur wenig Wert auf Verständlichkeit und Vollständigkeit seiner Erklärungen ge-

---

[52] Der bekannte Skeptiker Holm Hümmler geht darum sogar so weit, Heim bewussten Betrug vorzuwerfen. Bei einem Vortrag im Planetarium Nürnberg behauptete er am 4. April 2018, Heim habe gar keine Vorhersage, sondern eine „Nachhersage" geliefert, indem er auf Basis der damals bekannten Messdaten einfach solange verschiedene Parameter seiner Gleichungen willkürlich angepasst und ausprobiert habe, bis sich daraus die gewünschten Resultate ergaben. Beweisen tut und kann er das freilich nicht. Siehe online unter der URL: https://www.youtube.com/watch?v=lqR2S8yxfFM [TS: Minute 49:25, Stand: 2024]

[53] Vgl. Heim, Burkhard: Elementarstrukturen der Materie. Einheitliche strukturelle Quantenfeldtheorie der Materie und Gravitation, Band 2, Innsbruck 1984, S. 335

[54] Vgl. Forschungskreis Heimsche Theorie (nach einem unveröffentlichten Manuskript von Burkhard Heim): Die erweiterte Massenformel nach Burkhard Heim (1989), Innsbruck 2002; siehe URL: http://heim-theory.com/wp-content/uploads/2016/02/Erweiterte_Massenformel_Nach_Heim_1989.pdf [Stand: 2024]

legt haben, weshalb sich seine Überlegungen selbst für Fachexperten nur schwer erschließen lassen.[55]

Dass Heim so schlecht kommunizierte und ungeschickt publizierte, lässt sich vor dem Hintergrund seiner Schwerbehinderung und der daraus folgenden Isolation vom gewöhnlichen Wissenschaftsbetrieb nachvollziehen und auch entschuldigen. Trotzdem ist es bedauerlich, wenn eine vielversprechende Theorie vorliegt, für die sich fast niemand interessiert und die selbst von Kennern der Materie nur mühsam zu durchdringen ist.

Solange die *empirische* Überprüfung von Heims Theorie schwierig bleibt, können wir uns zur Beurteilung ihrer Leistungsfähigkeit – wie schon bei Sheldrake – nur auf ihre Erklärungskraft in Bezug auf ungelöste Rätsel der Wissenschaft und paranormale Phänomene stützen. Welche Deutungsmöglichkeiten bietet Heims sechsdimensionales Weltmodell? Was kann es erklären, was die materialistische Naturwissenschaft und selbst Sheldrakes morphische Felder nicht erklären können?

Paranormales: Verwirklichung unwahrscheinlicher Möglichkeiten

Heims Modell kennt im Unterschied zur gewöhnlichen Physik und im Unterschied zu Sheldrake zwei Dimensionen, die jenseits von Raum und Zeit liegen. Die Dimension X5 hatten wir als Strukturdimension kennengelernt. Sie enthält alle in der Raumzeit realisierbaren Strukturen als *Möglichkeit* (ähnlich den platonischen Ideen). Welche Strukturen warum verwirklicht werden, entscheidet sich in der Dimension X6, die eine Zieldynamik ausdrückt. Weil das gesamte Universum sechsdimensional ist, sind wir als Menschen nicht bloß dreidimensionale, sondern sechsdimensionale Wesen. Ständig halten wir uns parallel zur Raumzeit im metaphysischen Bereich auf, wo sich unser Körper als „Ideenleib" befindet und sämtliche Aktivitäten des Bewusstseins ablaufen.

---

[55] Vgl. von Ludwiger, Illobrand: Zum Tode des Physikers Burkhard Heims. Nachruf von Illobrand von Ludwiger, Feldkirchen-Westerham, 28. Januar 2001, online abrufbar unter der URL: http://archiv.mufon-ces.org/docs/heim.pdf

Wenn sich in der physischen Raumzeit paranormale Phänomene ereignen, werden Strukturen realisiert, die unwahrscheinlich sind. Dem muss eine entsprechende Absicht in der Dimension X6 zugrunde liegen. Das ist zum Beispiel bei der mentalen Beeinflussung von Zufallsgeneratoren (Kapitel 3.1.2) oder auch bei der Telekinese (Kapitel 3.2.2) der Fall. In beiden Fällen bringt ein Mensch den fokussierten Willen auf, eine physische Struktur zu verändern. Heim wird hierbei sogar noch konkreter: Wie oben gezeigt, läuft die Kopplung zwischen unserem Körper („Bios") und unserem Bewusstsein („Psyche" beziehungsweise „Pneuma") über die von Heim unterstellten Telekorsyntroklinen, die eine Vermittlung von Informationen (Aktivitätenströmen) ermöglichen. Wenn ein Mensch sich auf ein bestimmtes Ziel fokussiert, kann sich eine solche Telekorsyntrokline zeitweilig von seinem Körper lösen und sich mit dem physischen Gegenstand („Physis") koppeln, auf den er Einfluss nehmen möchte. Die entsprechenden Aktivitätenströme sorgen dann für eine Veränderung der Struktur, die ohne eine solche Einflussnahme niemals stattgefunden hätte. Beispielsweise dreht sich dann ein PSI-Wheel in abrupter Weise hin- und her, obschon es doch normalerweise einfach in seiner Position verharren oder aber, sofern ein Luftstrom es anstoßen würde, gleichmäßig und allmählich ausdrehen sollte. Eine solch unwahrscheinliche Bewegung zeigte sich in meinem eigenen Telekinese-Experiment, von dem ich in den Kapiteln 1.1.1 (Wann gilt etwas als „wissenschaftlich bewiesen"?) und 3.3.2 (Überprüfung von Telekinese/Psychokinese) ausführlich berichtet hatte (siehe Videoquelle 3.3.2b in Band 1). Mit Heim kann man das so deuten, dass ich durch meine Absicht (X6) einen unwahrscheinlichen Strukturfluss in der Raumzeit (X1-X4) verwirklicht habe. Voraussetzung dafür war die Loslösung einer meiner Telekorsyntroklinen.

Heims Modell macht auch verständlich, warum PSI-Phänomene wie diese nicht zuverlässig reproduzierbar sind (siehe Kapitel 1.1.1: Wann gilt etwas als „wissenschaftlich bewiesen"?). Die Abkopplung von Telekorsyntroklinen vom eigenen Körper reduzieren die Aktivitätenströme zwischen „Psyche" und „Bios" und erfordern folglich eine drastische Einschränkung der Sinnesverarbeitung und der Körpersteuerung. Will man ein PSI-Wheel bewegen, sollte der Körper zur Ruhe kommen und möglichst wenig einströmende Reize verarbeiten. So war es auch bei meinen eigenen Experimenten. Nur wenn ich völlig ruhig, entspannt, fokussiert und vom Gelingen des Experiments überzeugt war, konnte ich – nach Heims Interpretation des Vorgangs – Telekorsyntroklinen von meinem Körper lösen und Aktivitätenströme auf das PSI-Wheel richten. Solch ein meditativer Zustand lässt sich kaum in einem sterilen wissenschaftlichen Labor erreichen, wenn man sich unter hohem Erwartungsdruck den skeptischen Blicken eines Experimentators ausgesetzt sieht. Eine ungezwungene Atmosphäre, Ruhe und ein starkes Vertrauen schaffen insofern die besten Voraussetzungen für das Gelingen von PSI-Experimenten.[56]

Bemerkenswert ist, dass die Beeinflussung von Materie durch Geist in unserem eigenen Körper tagtäglich geschieht, wir das aber nicht als paranormal, sondern als normal begreifen. Wenn wir nicht gerade schlafen oder krank sind, bringen wir unseren materiellen Körper ständig dazu, physikalisch unwahrscheinliche Dinge zu tun. Wäre das nicht so, würde unser Körper einfach nur herumliegen, so wie ein PSI-Wheel normalerweise einfach nur stillsteht. Stattdessen halten Ihre Hände aber gerade ein Buch fest und Ihre Augen folgen den Buchstaben. Heim nannte diese tagtägliche Geist-Materie-Wechselwirkung in unserem Körper das „uneigentlich Paranormale".[57] Der dahinter liegende Mechanismus ist im Grunde derselbe wie bei den

---

[56] Diese Erfahrung habe ich nicht nur bei meinen eigenen Telekinese-Experimenten gemacht. Auch Claus Rahn brauchte eine entspannte Atmosphäre, als er in den 1970er Jahren von Forschern an der LMU München untersucht wurde . Kurzerhand wurden die Experimente darum zu vorgerückter Stunde in die Privatwohnungen der Professoren verlegt, wo Claus Rahn seine Gastgeber schließlich zu überzeugen wusste. Siehe hierzu den Artikel „Dreh dich, dreh dich", erschienen im Nachrichtenmagazin Spiegel vom 11. Juli 1976, online abrufbar unter der URL: https://www.spiegel.de/politik/dreh-dich-dreh-dich-a-efb4ec35-0002-0001-0000-000041170645 [Stand: 2024]

[57] Zitiert nach Senkowski, Ernst: Die Beschreibung der Paraphänomene im Rahmen der Heim'schen allgemeinen Feldtheorie, Innsbruck 1984, S. 6, siehe die URL: https://engon.de/protosimplex/bibliothek/Senkowski%201984%20-%20Paraph%C3%A4nomene%20Heim%20Theorie.pdf [Stand: 2024]

paranormalen Phänomenen auch: Geist („Psyche"/„Pneuma") steuert Materie („Bios"/„Physis"). So wie wir durch Aktivitätenströme ein PSI-Wheel bewegen können, bewegen wir im Alltag unsere Hände und Augen. Der einzige Unterschied besteht in der Kopplung der Telekorsyntroklinen: In unserem gewöhnlichen Alltag sind alle 16 Telekorsyntroklinen fest mit unserem Körper verbunden. Dadurch ist tagtäglich ein umfangreicher Austausch von Aktivitätenströmen möglich, sodass uns die Bewegung unseres Körpers als völlig normal und vertraut erscheint. Bei der Telekinese hingegen lösen sich eine oder vielleicht sogar mehrere Telekorsyntroklinen zeitweilig vom Körper ab und können in minimaler Weise Aktivitätenströme auf einen anderen physischen Körper übertragen. Das erscheint uns dann als paranormal, weil es so ungewöhnlich ist. Aufgrund der Tatsache, dass hier eine intakte Kopplung von Telekorsyntroklinen an den Körper *aufgetrennt* wird, betrachtete Heim paranormale Fähigkeiten als seltenen „Defekt".[58]

Telepathie, Fernwahrnehmung und Medialität

Auch bei der Telepathie, der Medialität (Jenseitskontakte) und der Fernwahrnehmung (Remote Viewing) lösen sich laut Heim Telekorsyntroklinen vom Körper. Im Falle der Telepathie verbinden sie sich mit dem Bewusstsein anderer Menschen. Bei Jenseitskontakten koppeln sie an das Bewusstsein von Verstorbenen an. Und im Falle der Fernwahrnehmung richten sie sich auf ferne Orte beziehungsweise Geschehnisse. Sogar ein Ankoppeln in früheren Zeiträumen ist möglich, sodass Informationen aus der Vergangenheit abgerufen werden können. Durch eine Verknüpfung mit möglichen Strukturen in der Zukunft sind nach Heim auch Vorhersagen möglich (Wahrsagerei), allerdings seien diese niemals sicher, denn solange aus den vielen möglichen Strukturen in X5 noch keine bestimmte Struktur in der Gegenwart verwirklicht wurde, ist die Zukunft offen.[59]

---

[58] Vgl. Heim, Burkhard: Postmortale Zustände? Die televariante Area integraler Weltstrukturen, Innsbruck 2000, S. 18

[59] Vgl. Ludwiger, Illobrand: Unsere sechsdimensionale Welt. Wissenschaftsverständnis von Magie, Mystik und Alchemie, München 2020, S. 277

Zweckdienlich für das erfolgreiche Verknüpfen mit einem fremden Bewusstsein (Telepathie/Jenseitskontakte) oder mit einem fernen Ort beziehungsweise Geschehnis (Fernwahrnehmung) sind laut Heim eine klare Absicht und ein emotionaler Bezug zwischen dem Kontakt aufnehmenden Menschen und seinem Kontaktziel. Hier zeigt sich eine Parallele zu Rupert Sheldrakes These, wonach Felder (deren Funktion in diesem Kontext Heims Telekorsyntroklinen ähnelt) umso einfacher in eine Verbindung treten können, je enger der Bezug (die Resonanz) der entsprechenden Strukturen zueinander ist. So erklärt sich Sheldrake, dass Telepathie vor allem dann auftritt, wenn sich Menschen beziehungsweise Mensch und Haustier emotional sehr nahestehen. Und so ließe sich mit Sheldrake wie auch mit Heim erklären, warum Menschen, die von vorneherein ohnehin nicht an Telepathie oder Fernwahrnehmung glauben, entsprechende Erfahrungen kaum machen werden: Durch ihre Verneinung können sie keine Resonanz beziehungsweise Kopplung mit ihrem Ziel herstellen. Auch ein PSI-Wheel würden Zweifler dieser Deutung folgend kaum in Bewegung setzen können.

In Kapitel 3.1.6 (Studien zur Medialität) hatte ich aus einem Erfahrungsbericht der bekannten Fernsehmoderatorin Olivia Röllin zitiert.[60] Zu reinen Testzwecken hatte sie Anfang 2021 ein Medium besucht. Ausgehend von ihrer skeptischen Grundhaltung wollte sie herausfinden, wie eine Sitzung bei einem Medium abläuft. Ihrem Bericht zufolge wurde sie in ihrer Skepsis bestätigt: Die dem Medium angeblich erschienenen Verstorbenen kannte sie nicht und es wurden keinerlei Botschaften übermittelt, die sie als Beweis hätte werten können. Neben einer möglichen Inkompetenz des Mediums hatte ich in Kapitel 3.1.6 eine falsche mentale Einstellung Olivia Röllins als mögliche Ursache für das Scheitern ihres Experiments vermutet: Röllin verfolgte gar keine ehrliche Absicht, eine bestimmte ihr nahestehende Person im Jenseits zu kontaktieren. Mit Heim gesprochen hat sie in

---

[60] Vgl. Röllin, Olivia: Ich war bei einem Medium und fand es ziemlich jenseits; Beitrag auf der Website des SRF vom 1. März 2021, online unter der URL: https://www.srf.ch/kultur/gesellschaft-religion/jenseitskontakte-ich-war-bei-einem-medium-und-fand-es-ziemlich-jenseits [Stand: 2024]

der Dimension X6 gar kein klares Ziel gesetzt, das es erlaubt hätte, geistige Strukturen in die gewünschte Richtung zu lenken. Sollte darüber hinaus das Medium inkompetent gewesen sein, bedeutete das mit Heim gesprochen, dass die Syntroklinenverbindungen am Körper des Mediums festsaßen und „intakt" geblieben waren. Um sich mit anderen physischen oder geistigen Strukturen zu verbinden, braucht es aber einen „Defekt" der Verbindungen, sodass diese sich neu ausrichten und mit anderen Strukturen koppeln können. Nimmt man Heims Begriffsbestimmung wörtlich, ist das, was man in spirituellen Kreisen „mediales Talent" nennt, eigentlich nichts anderes als eine ungewöhnliche Funktionsstörung.

Nahtoderfahrungen und Außerkörperlichkeit

Alter, Krankheit, Unfälle oder Gewalteinwirkungen führen dazu, dass unsere körperlichen Strukturen („Bios") teilweise oder schließlich gänzlich zerstört werden. Dann sterben aber nicht „wir", sondern nur unsere biologischen Strukturen auf den Totalitätsstufen 7 bis 15. Die Komponenten der „Psyche" (Totalität 16 bis 24) und des „Pneuma" (Totalität 25) bleiben bestehen, weil sie sich unabhängig vom raumzeitlichen „Bios" im metaphysischen Bereich der Welt befinden (Dimensionen X5 und X6).

Mit dem Eintritt des Todes versiegen die Aktivitätenströme zwischen „Psyche" und „Bios" und konzentrieren sich nun notwendigerweise auf die höheren Bereiche (siehe Abbildung 4.2.2c). Aktivitätenströme können dann also nur noch zwischen „Psyche" und „Pneuma" ausgetauscht werden. Zur Erinnerung: Während der Bereich der „Psyche" die Wahrnehmungen und Empfindungen umspannt, vollziehen sich im Mentalbereich des „Pneuma" unsere bewussten Gedanken und Reflexionen. Wahrnehmungen finden also weiterhin statt, sie werden aber nicht mehr durch die körperlichen Signale des „Bios" gespeist. Stattdessen nehmen wir Eindrücke wahr, die sich auf einer rein geistigen Sphäre abspielen, weil sich nun sämtliche Aktivitätenströme hierhin verlagern.

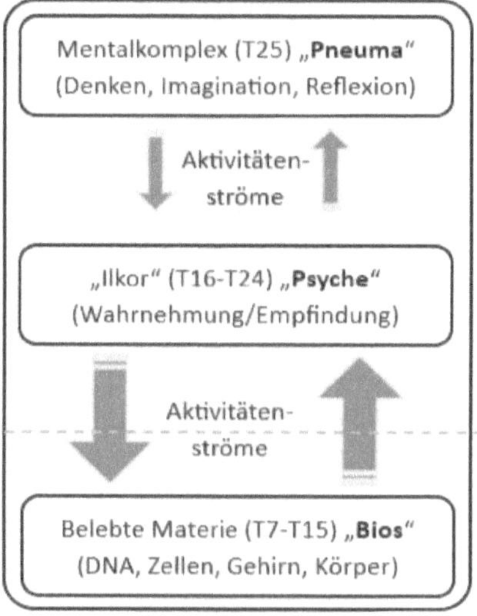

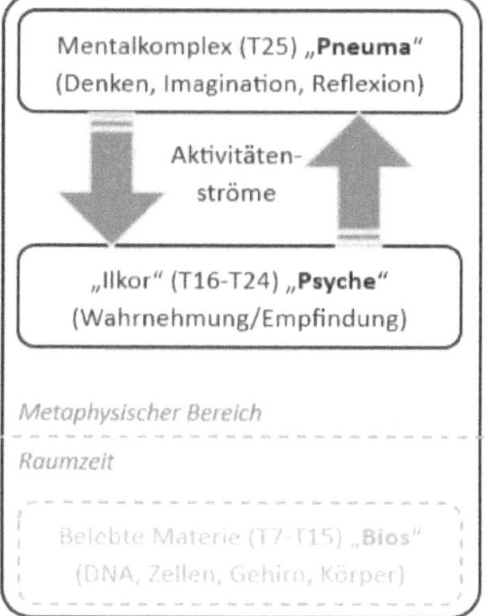

Abbildung 4.2.2c: Links: Zu Lebzeiten dominieren Aktivitätenströme zwischen „Psyche" und „Bios", weshalb unser Bewusstsein durch die Körpersinne (Bios) gespeist wird. Rechts: Nach dem physischen Tod konzentrieren sich die Aktivitätenströme auf den nichtphysischen Bereich. Quelle: Eigene Grafik

Geistige Wahrnehmungen könnten sich vielleicht ähnlich wie in einem Traum oder bei bestimmten Meditationsformen darstellen, bei denen die Aktivitätenströme zwischen „Psyche" und „Bios" *zeitweilig* reduziert werden und der Körper zur Ruhe kommt. Die wenigen Aktivitätenströme, die zwischen „Psyche" und „Bios" fließen, dienen dann nur noch der Erhaltung biologischer Grundfunktionen wie Herzschlag und Atmung. Auch außerkörperliche Erfahrungen (siehe Kapitel 3.3.5) resultieren nach Heim aus einer ungewöhnlichen Verlagerung von Aktivitätenströmen aus dem „Bios" in den metaphysischen Bereich. Während der Körper bewusstlos im Bett liegt und über nur wenige Telekorsyntroklinen mir der „Psyche" verbunden und darum *belebt* bleibt, kann sich das Bewusstsein in ganz andere Bereiche erstrecken und sich je nach Zielsetzung und Neukopplung von Telekorsyntroklinen vielleicht sogar auf andere Orte, Geschehnisse und Menschen richten.[61]

Mit dem Eintritt des Todes werden sämtliche Aktivitätenströme zwischen „Psyche" und „Bios" endgültig gekappt und auf den Bereich zwischen „Psyche" und „Pneuma" verlagert. Die geistigen Wahrnehmungen, die wir nach dem Tod erfahren, dürften darum im Verhältnis zum Traumgeschehen, zu Meditationserfahrungen und selbst zu außerkörperlichen Erfahrungen deutlich intensiver und vor allem bei viel klarerem Bewusstsein erlebt werden. Das passt zu den vielen Berichten von Menschen, die eine Nahtoderfahrung durchlebt haben und diese als überaus real einordnen, mithin sogar als realer als ihr normales Alltagserleben (siehe Kapitel 3.1.1 Nahtodforschung). Verständlich wird außerdem, wie die Lebensrückschau möglich ist: Durch die Konzentration von Aktivitätenströmen auf den Bereich zwischen „Psyche" und „Pneuma" sind nun sämtliche Gedächtnisinhalte auf einmal zugänglich.

Mit der Verlagerung von Aktivitätenströmen lässt sich des Weiteren das Rätsel lösen, dem wir in Kapitel 2.2.1 (Ist das Gehirn Träger oder Überträger von Bewusstsein?) begegnet sind: Wo nämlich Parapsychologen, spirituelle Lehrer und idealistische Philosophen behaupten, Bewusstsein befinde sich gar nicht im Gehirn, sondern in metaphysischen Sphären außerhalb der Raumzeit, stellt sich bei genauem Hinsehen doch die sehr entscheidende Frage, warum sich dann unser bewusstes Wahrnehmen trotzdem in der *physischen Raumzeit* abspielt und nicht in der metaphysischen Welt, in der sich unser Bewusstsein doch angeblich befindet. Nun, solange wir inkarniert sind, solange also unser metaphysischer „Ilkor" mit seinen 16 Telekorsyntroklinen an einen physischen Körper andockt und mit diesem Aktivitätenströme austauscht, speisen sich die Bewusstseinsinhalte laut Heim vorrangig aus den *Körpersinnen* (siehe die dicken Pfeile links unten in der vorigen Abbildung 4.2.2c). Deshalb nehmen wir im Alltagsbe-

---

[61] Vgl. von Ludwiger, Illobrand: Unsere sechsdimensionale Welt. Wissenschaftsverständnis von Magie, Mystik und Alchemie, München 2020, S. 253 und S. 278f.

wusstsein nur die physische Welt um unseren Körper herum wahr und erkennen nicht, dass wir uns mit unserer Psyche und mit unserem Geist eigentlich in einem metaphysischen Raum aufhalten. Die sinnliche Wahrnehmung nichtphysischer Dimensionen kann uns allenfalls in der Meditation, in Träumen oder bei außerkörperlichen Erfahrungen widerfahren, wenn die Aktivitätenströme zwischen „Psyche" und „Bios" zeitweilig auf ein Minimum zurückgefahren werden und sich einzelne Telekorsyntroklinen vom Körper lösen, um Verbindungen in metaphysischen Bereichen herzustellen. Wenn wir sterben und sich der „Ilkor" mit seinen 16 Telekorsyntroklinen *vollständig* und *endgültig* vom Körper abkoppelt, konzentrieren sich die Aktivitätenströme gänzlich auf den metaphysischen Bereich (siehe die rechte Seite der Abbildung 4.2.2c). Erst dann erstreckt sich unser volles Bewusstsein, das zuvor durch die *physischen Sinnesreize* dominiert wurde, auf das Nichtphysische.

In einem sehr stark vereinfachenden Bild ausgedrückt ist das in etwa so, als hätten wir zu Lebzeiten eine VR-Brille auf, die uns – um es mit Platons Worten auszudrücken – nur eine materielle „Schattenwelt" zeigt. Solange wir durch diese Brille schauen, vergessen wir die uns umgebende Welt, in der wir uns eigentlich befinden. Mit dem Tod ziehen wir bildlich gesprochen die Brille wieder aus und können den Raum erkunden, aus dem wir eigentlich stammen.

Noch besser als auf Heim passt die Metapher mit der VR-Brille übrigens auf die Simulationstheorie des Physikers Thomas Campbell, die wir im nächsten Kapitel kennenlernen werden und deren Schlussfolgerungen der Heimschen Theorie in vielen Aspekten sehr ähneln.

Leben nach dem Tod und Wiedergeburt

Als Wesen ohne biologischen Körper sind wir nach unserem Tod zunächst auf die Dimensionen X5 (Struktur) und X6 (Zieldynamik) begrenzt. Als psychisch-mentaler Komplex haben wir nach wie vor eine (geistige) Struktur und verfügen zudem über ein virtuelles Selbstbild unseres Körpers. Vor allem aber können wir als „Geistwesen" weiterhin unseren Zielen folgen und unseren Willen zu verwirklichen versuchen.

Denkbar ist in Heims Modell auch, dass unser psychisch-mentaler Komplex eines Tages an eine neu entstehende biologische Struktur andockt, nämlich an einen Embryo.[62] Dann kommt es zu einer umgekehrten Neuausrichtung der Aktivitätenströme: Die „Psyche" verbindet sich erneut mit einem menschlichen Körper im „Bios", sodass sich der Schwerpunkt unserer Aktivitätenströme dorthin verlagert. Durch die Neuverknüpfung erhält unsere Psyche ihre Eindrücke und Informationen fortan wieder durch die Körpersinne.

Wie wir oben im Zusammenhang mit der Telepathie gesehen haben, wird die erfolgreiche Kopplung von neuen Verknüpfungen durch einen engen emotionalen Bezug begünstigt. Die Auswahl des Embryos, in den wir inkarnieren, geschieht insofern nicht zufällig und beliebig. Mit Heim ist es am wahrscheinlichsten, dass wir an einen Embryo ankoppeln, der in einer psychisch-mentalen Lebensumwelt aufwächst, die eine gewisse Ähnlichkeit zu unserem eigenen, aktuellen Bewusstsein aufweist. So lassen sich auch Erzählungen deuten, wonach Kinder sich ihre Eltern „aussuchen", so wie das der kleine James Leininger offenbar tat (siehe Kapitel 3.1.5: Reinkarnationsforschung). Mit der Terminologie Burkhard Heims erfolgte das, was James in seiner Anekdote vom Hawaii-Urlaub seiner Eltern als gezielte „Auswahl" beschrieb, auf Basis einer hohen „Strukturähnlichkeit" psychisch-mentaler Komplexe.

Die Spontanerinnerungen von Kindern an frühere Leben hätte insofern nach Heim eine ganz reale Grundlage. Seltsam scheint allerdings, warum die *meisten* Menschen ihre Vorleben *nicht* erinnern, einige wenige Kinder wie James Leininger aber wohl – zumindest zu Beginn ihres neuen Lebens. Die Reinkarnationsforschung konnte diesbezüglich feststellen, dass Erinnerungen an Vorleben häufig bei solchen Kindern auftreten, die im Vorleben eines plötzlichen oder gar gewaltsamen Todes gestorben sind (siehe Kapitel 3.1.5). Für den

---

[62] Vgl. von Ludwiger, Illobrand: Unsere sechsdimensionale Welt. Wissenschaftsverständnis von Magie, Mystik und Alchemie, München 2020, S. 273f.

Heim-Experten Hannes Schmidt lässt sich diese Beobachtung mit Heims Theorie in Einklang bringen. Er vermutet, dass beim Eintritt des Todes sämtliche Lebenserinnerungen in den Tiefen unseres Mentalkomplexes (Totalität 25 im „Pneuma") abgespeichert werden – mit Ausnahme derjenigen Lebensereignisse, die wir nicht integrieren konnten, weil sie zum Beispiel zu traumatisch waren. Dieses „Residuum" verbleibe im „Ilkor" der „Psyche" und werde darum in die nächste Inkarnation mitgenommen.[63] Alle weiteren Erinnerungen, die tiefer im Mentalkomplex abgespeichert wurden, sind hingegen mangels entsprechender Aktivitätsströme zu Lebzeiten nicht zugänglich – es sein denn, es gibt eine ungewöhnliche Verbindung zwischen psychischem „Ilkor" und den entsprechenden Gedächtnisinhalten in den Tiefen des „Pneuma". Dann wären die Spontanerinnerungen von Kindern abermals – um es mit Heims Worten zu sagen – Resultate eines seltenen „Defekts".[64]

Reinkarnationsforscher wie Prof. Jim Tucker oder Dieter Hassler gehen davon aus, dass unverarbeitete Traumata im Zusammenhang mit einem gewaltsamen Tod oder einem Unfalltod sich sogar in *körperlichen Merkmalen* der wiedergeborenen Person zeigen können. Beispielsweise bilden Kinder genau an denjenigen Körperstellen auffällige Geburtsmale oder Narben aus, wo sich Einschusswunden von Pistolenkugeln befanden, durch die sie im Vorleben getötet wurden. Daraus schlussfolgern Tucker und Hassler, dass die Psyche in irgendeiner Weise Einfluss auf die biologische Entwicklung des Embryos

---

[63] Siehe hierzu Hannes Schmids Video „Tod, Transzendenz und Televarianz", online unter der URL: https://www.youtube.com/watch?v=kDMo0ju6CXo [TS: 8:52, Stand 2024]

[64] Wenn sich Erwachsene unter Hypnose einer Rückführung unterziehen und sich an ein Vorleben erinnern, könnte womöglich derselbe Effekt auftreten. Solche Rückführungen wurden am prominentesten durch den US-amerikanischen Psychiater Dr. Brian Weiss (Weiss, Brian: Die zahlreichen Leben der Seele. Die Chronik einer Reinkarnationstherapie, München 2005) und den US-amerikanischen Psychologen Dr. Michael Newton (Newton, Michael: Journey of Souls: Case Studies of Life Between Lives, Woodbury 1994) durchgeführt und dokumentiert.

nehmen muss.[65] Auch das lässt sich in Heims Modell problemlos erklären. Denn die biologischen Funktionen des „Bios" werden ja laut Heim aus der „Psyche" heraus gesteuert, indem vermittels der Telekorsyntroklinen Aktivitätenströme ausgetauscht werden. Insofern scheint die Möglichkeit, dass ein in der „Psyche" abgespeichertes Trauma sich in der biologischen Gestaltbildung eines neuen menschlichen Körpers niederschlägt, durchaus vorstellbar.

Heims Antwort auf die Anomalien der Hirnforschung

Die materialistische Naturwissenschaft nimmt an, dass Bewusstsein als Resultat biochemischer und bioelektrischer Prozesse im Gehirn entsteht. Wie genau das funktioniert, kann sie aber nicht belegen. Sie scheitert außerdem beim Versuch, Anomalien zu erklären, denen wir in Kapitel 2.2.2 (Volles Bewusstsein trotz beschädigtem Gehirn) begegnet sind. Rätselhaft scheint hier insbesondere das Phänomen der terminalen Geistesklarheit, das unter anderem von Dr. Michael Nahm und Prof. Bruce Greyson erforscht wurde: Manche Patienten mit degenerativen neurologischen Erkrankungen wie Demenz erlangen kurz vor ihrem Tod für einen kurzen Augenblick ihr volles Bewusstsein zurück. Plötzlich erkennen sie Angehörige wieder, die sie zuvor monate- oder gar jahrelang nicht mehr erkannt hatten. Sie unterhalten sich kurz mit ihnen und verabschieden sich. Wenige Stunden oder Tage später sterben sie.[66]

Von der wissenschaftlichen Community werden Berichte wie diese weitgehend übergangen. Das sollte uns auch nicht wundern, denn im Rahmen des vorherrschenden materialistischen Paradigmas lassen sich solche Anomalien unmöglich erklären. Für die „Mainstream-Wissenschaft" ist es also einfacher, terminale Geistesklarheit einfach zu ignorieren oder als Pseudowissenschaft abzutun (siehe Kapitel

---

[65] Vgl. Hassler, Dieter: Früher, da war ich mal groß. Indizienbeweise für ein Leben nach dem Tod und die Wiedergeburt. Band 1: Spontanerinnerungen kleiner Kinder an ihr „früheres Leben", Düren 2011, S. 187

[66] Vgl. Nahm, Michael; Greyson, Bruce; Kelly, Emily; Haraldsson, Erlendur: Terminal Lucidity. A Review and a case collection, in: Archives of Gerontology and Geriatrics, Volume 55, 2012, S. 138-142

1.3.3: Starre Paradigmen und kognitive Dissonanz). Mit Heims sechsdimensionalem Weltbild können wir uns hingegen problemlos an das Phänomen der terminalen Geistesklarheit heranwagen. Denn unser Gedächtnis befindet sich ja nach Heim gar nicht im Gehirn, sondern in den immateriellen Bereichen unseres Seins. Die Quelle der plötzlichen Geistesklarheit wäre damit schnell ausgemacht. Fraglich bliebe nur, wie und warum sich diese Quelle auch dann im biologischen Körper äußern kann, wenn das Gehirn als biologische „Übertragungsstation" für Gedächtnisinhalte stark zerstört ist. Der Physiker Illobrand von Ludwiger, langjähriger Wegbegleiter und Unterstützer Burkhard Heims, zieht zur Erklärung dieser Anomalie eine ungewöhnliche Kanalisierung von Aktivitätenströmen angesichts des herannahenden Todes heran:

„In besonderen Situationen (nahender Tod) können die Aktivitätenströme noch einmal über intakt gebliebene Hirnregionen mit dem Soma [Körper, Anm. d. Verf.] interagieren."[67]

Vermutlich braucht es dazu den *unbedingten Willen* der Patienten, sich zu verabschieden. Nur so könnte in X6 ein derart wirkmächtiges Ziel gesetzt werden, dass sich die benötigten Aktivitätenströme einen derart unwahrscheinlichen Weg bahnen.

Heims Antwort auf das Rätsel der Entstehung des Lebens

Biologen können bis heute nicht nachvollziehen, wie aus toter Materie lebende Zellen hervorgehen konnten (siehe Kapitel 2.3.2: Die Rätsel der Evolution). Mit Verweis auf das Miller-Urey-Experiment von 1953 wird gerne unterstellt, dass vor Milliarden von Jahren in einer präbiotischen „Ursuppe" aus Wasser, Schwefelwasserstoff, Ammoniak und Methan durch das Einwirken von Blitzen und UV-Strahlung die ersten *Aminosäuren* entstanden sein müssen. Aminosäuren selbst sind aber im biologischen Sinne gar nicht lebendig. Sie sind nur Bausteine für Proteine. Auch Proteine stellen für sich genommen noch keine lebendigen Einheiten dar. Erst wenn Proteine, Nukleinsäure,

---

[67] Von Ludwiger, Illobrand: Unsere sechsdimensionale Welt. Wissenschaftsverständnis von Magie, Mystik und Alchemie, München 2020, S. 270

Kohlenhydrate und Lipide in Form einer funktionierenden Zelle zusammenwirken, kann im heutigen Verständnis der Biologie von Leben gesprochen werden. Der Schritt von einer Aminosäure zu einer lebendigen Zelle ist also *riesig*![68]

Dennoch wird von Naturwissenschaftlern auf Basis des Miller-Urey-Experiments wie selbstverständlich abgeleitet, dass neben der Aminosäure auch weitere Bestandteile des Lebens unter präbiotischen Bedingungen entstanden sein könnten und dass sich diese Bestandteile dann zufällig (!) zu einer Zelle angeordnet haben müssen. Gerade dieser Zufall wirft aber Fragen auf. Die Wahrscheinlichkeit, dass sich die genannten Bausteine von selbst in einer derartig komplexen und perfekten Weise anordneten, dass eine funktionsfähige Zelle mit informationstragender DNA dabei herauskommt, die sich später sogar mit weiteren Zellen in mannigfaltiger Weise und millionenfacher Wiederholung zu noch viel komplexeren Lebewesen bis hin zu Pflanzen, Tieren und Menschen strukturiert, beträgt selbst über lange Zeiträume betrachtet quasi Null.

Mit Burkhard Heim ließe sich das Problem der unwahrscheinlichen Anordnung von Einzelbestandteilen zu komplexen Zellen und evolutionsgeschichtlich immer höher strukturierten Organismen elegant lösen. Dazu muss man den Zufall durch eine Zieldynamik in X6 ersetzen. Diese bedient sich der Strukturentwürfe in X5, um die mit ihnen korrelierte Materie in X1 bis X3 mittels Aktivitätenströmen zu organisieren. Sie aktualisiert und modifiziert die Materie im Laufe der Zeit X4 von einfach in Richtung komplex, sodass immer komplexe Strukturen des „Bios" mithilfe entsprechend komplexer „Ilkor"-Strukturen der „Psyche" koordiniert werden. Mit einem Wort: Die

---

[68] Vgl. Heil, Ewald: Was ist Leben und wie ist es entstanden? Molekularbiologische, kosmochemische und geologische Aspekte der Abiogenese, in: Jahrbuch der Geologie, Band 160, April 2021, S. 432f., siehe online unter der URL: https://www.researchgate.net/publication/351229508_Was_ist_Leben_und _wie_ist_es_entstanden_Molekularbiologische_kosmochemische_und_geologisc he_Aspekte_der_Abiogenese/link/608c0e3a299bf1ad8d6b5c51/download [Stand: 2024].

Materie organisiert und belebt sich nicht selbst, sondern *wird* aus einem metaphysischen Raum heraus *organisiert und belebt*.

Alternative Interpretation des Doppelspaltexperiments

In Kapitel 2.1.2 hatten wir uns ausführlich mit dem Doppelspaltexperiment beschäftigt. Bei diesem Experiment schießen Quantenphysiker kleinste Teilchen wie Elektronen nacheinander durch einen Doppelspalt auf eine dahinterliegende Projektionsfläche.

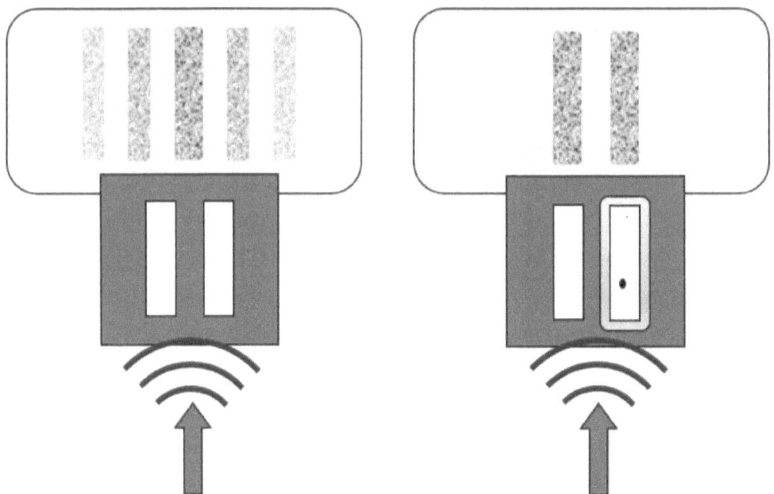

Abbildung 4.2.2d: Ohne Detektor am Doppelspalt verhalten sich Elektronen wie Wellen (siehe links). Sobald man misst, welchen Spalt ein Elektron passiert, verschwindet das Wellenmuster (siehe rechts). Quelle: Eigene Grafik

Solange man nicht misst, durch welchen Spalt die Elektronen fliegen, treffen sie in Gestalt eines Interferenzmusters auf den Schirm (siehe Abbildung 4.2.2d links). Solch ein Muster passt aber nicht zu dem Verhalten, dass wir von Materieteilchen erwarten würden. Stattdessen passt es zu Wellen, die sich an den Spalten brechen und anschließend überlagern. Erst wenn man misst, durch welchen der beiden Spalte ein Elektron fliegt, zeigt sich am dahinterliegenden Schirm ein Zwei-Streifen-Muster, das dem Charakter von Teilchen entspricht (siehe Abbildung 4.2.2d rechts).

Der Befund mutet kurios an: Warum verhält sich ein Elektron mal wie eine Welle und mal wie ein Teilchen? Was soll ein Elektron überhaupt sein, wenn es kein Teilchen, sondern eine Welle ist? Und warum zeigt es sich nur dann als Teilchen, wenn es gemessen wird?

In einer sechsdimensionalen Welt sind materielle Objekte wie ein Elektron nicht nur in drei räumlichen Dimensionen und in einer zeitlichen Dimension vorhanden, sondern verfügen zusätzlich über höherdimensionale Komponenten in X5 und X6. Diese verleihen dem Elektron seine Struktur und sorgen für seine Verwirklichung in der Raumzeit. Weil X5 und X6 nichtphysische Dimensionen sind, ist der Strukturentwurf eines Teilchens *immateriell*, ähnlich wie Platons Ideen. Die immaterielle Welleneigenschaft eines Elektrons weist nach Heims Modell auf seine immaterielle Struktur im metaphysischen Bereich hin.[69] Aus dieser Perspektive erscheint der Wellencharakter von Quantenobjekten etwas weniger mystisch, denn er hat eine reale Wurzel in der metaphysischen Welt. Auch die Verwirklichung als festes Teilchen geht laut Heim-Kenner Hannes Schmid mit Prozessen in eben jener metaphysischen Welt einher. Wenn zum Beispiel beim Messvorgang das Elektron mit Photonen (Licht) in Kontakt kommt, dann findet auf metaphysischer Ebene eine Wechselwirkung zwischen den höherdimensionalen Komponenten des Elektrons und den höherdimensionalen Komponenten des Photons statt. Diese nichtphysische Wechselwirkung sorgt dann dafür, dass das Elektron durch Übertragungseffekte räumlich als Teilchen in Erscheinung tritt.[70]

Weil das Ganze auch dann passiert, wenn kein bewusster Beobachter im Raum ist, widerspricht Heim der Vermutung vieler Esoteriker, wonach das menschliche *Bewusstsein* die materielle Manifestation des Teilchens erst herbeiführt und dadurch seine materielle Umgebungswelt erst erschafft. Dennoch lässt Heims Theorie die Möglichkeit ei-

---

[69] Siehe hierzu das Video von Hannes Schmid: Burkhard Heim vs. Quantentheorie: Das Ende des Welle-Teilchen-Dualismus, online abrufbar unter der URL: https://www.youtube.com/watch?v=kCSgeNHDM8g

[70] Siehe vorige Fußnote

ner *Beeinflussung* materieller Prozesse durch Bewusstsein zu, wie sie zum Beispiel auch Dr. Dean Radin bei seinen Experimenten zur mentalen Beeinflussung des Doppelspaltversuchs nachweisen konnte.[71] Denn als sechsdimensionale Wesen können wir ja in der Dimension X6 die feste Absicht setzen, eine raumzeitliche Struktur zu verändern, so wie wir das weiter oben schon in Bezug auf die Telekinese kennengelernt hatten. Wenn es uns infolge dieses Willensaktes gelingt, entsprechende Aktivitätenströme auf diese Struktur zu richten, können wir ihre Aktualisierung in der Raumzeit dahingehend modifizieren, dass sich ein unwahrscheinlicheres Resultat realisiert. Was für ein PSI-Wheel gilt, könnte genauso für das Verhalten von Licht oder Elektronen am Doppelspalt gelten. Das wiederum würde bedeuten, dass vermeintliche Zufallsprozesse auf Quantenebene anders als von der Physik angenommen gar nicht fundamental und absolut sind. Stattdessen werden sie aus der Dimension X6 heraus gesteuert und sind durch entsprechende Zielsetzungen sogar veränderbar.

Daran schließen sich weitere spannende Überlegungen an – zum Beispiel für das Problem des freien Willens. In der Naturwissenschaft und in der Philosophie tobt ein jahrzehntelanger Streit um die Frage, ob wir Menschen über einen freien Willen verfügen oder ob alles vorherbestimmt ist. Während die Philosophie diesbezüglich unterschiedliche Positionen diskutiert,[72] scheint der Fall aus Sicht der Naturwissenschaft klar: Weil alles – auch unser Gehirn – nur aus Materie be-

---

[71] Radin, Dean; Delorme Arnaud et. al: Consciousness and the double-slit interference pattern: Six experiments, in: physics essays, Volume 25, 2012, S. 157-171, siehe die URL: https://www.researchgate.net/publication/258707222_Consciousness_and_the_double-slit_interference_pattern_Six_experiments [Stand: 2024]

[72] Der wohl bekannteste zeitgenössische Vertreter einer materialistischen und deterministischen Auffassung war der im April 2024 verstorbene US-amerikanische Philosoph Daniel Dennet (siehe zum Beispiel Dennet, Daniel: Von den Bakterien zu Bach und zurück. Die Evolution des Geistes, Berlin 2018). Die Gegenposition wird heute am prominentesten vom US-amerikanischen Philosophen David Chalmers vertreten (siehe zum Beispiel Chalmers, David: The Charakter of Consciousness, Oxford 2010). Ein weiterer bekannter zeitgenössischer Idealist und Befürworter eines freien Willens ist Bernardo Kastrup (mehr Infos auf seiner Website unter der URL: https://www.bernardokastrup.com [Stand: 2024]).

steht und die Entwicklung des Universums naturgesetzlich festgelegten Ursache-Wirkungs-Mechanismen folgt, sind eigentlich alle Zukunftsereignisse vorherbestimmt. Das gilt für das Universum im Ganzen wie für unser Gehirn im Kleinen. Es gibt allerdings eine Ausnahme: Der quantenphysikalische Zufall erlaubt ein gewisses Maß an Unbestimmtheit. So lässt sich darüber spekulieren, ob im Gehirn vielleicht auch Quantenprozesse ablaufen, die nicht vorherbestimmt sind.[73] Selbst wenn dem so sein sollte, wäre das aber noch kein freier Wille. Denn echter Zufall hat etwas Schicksalhaftes. Er zeichnet sich gerade dadurch aus, dass er keiner Kontrolle und keiner bewussten Steuerung unterliegt. Gehen wir hingegen mit Burkhard Heim davon aus, dass wir in einer Dimension X6 Absichten setzen können, die vermeintliche quantenphysikalische Zufallsprozesse im Gehirn steuern können, sieht das mit dem freien Willen ganz anders aus. Bei Heim ist weder der Lauf der Welt noch unsere eigene Biografie vorherbestimmt. Beides hängt davon ab, welche Möglichkeiten aus der Dimension X6 heraus in bewusster Absicht verwirklicht werden. Und da wir als sechsdimensionale Wesen mit unserem eigenen Willen Teil der Dimension X6 sind, können wir den Gang der Dinge schöpferisch mitgestalten.

Fazit und Ausblick

Aus meiner Sicht ist es doch bemerkenswert, welch breite Erklärungskraft das sechsdimensionale Weltmodell entfalten kann. Damit lassen sich nicht nur zahlreiche paranormale Phänomene, sondern auch viele der noch ungelösten Rätsel der Wissenschaft theoretisch *deuten*. Umstritten bleibt die Frage, ob sich Heims Annahmen verifizieren lassen oder nicht. Nur wenn die wissenschaftliche Fachwelt Heims Massenformel und seine Prognose zu den Biophotonen in der DNA als zutreffend bestätigen würde, könnte das sechsdimensionale Weltmodell zum Ausgangspunkt eines neuen Paradigmas werden, in dem sich Physik und Metaphysik vereinen ließen.

---

[73] Vgl. Hossenfelder, Sabine: Mehr als nur Atome. Was die Physik über die Welt und das Leben verrät, München 2023

Auch der im nachstehenden Kapitel präsentierten „großen Theorie von Allem" des US-amerikanischen Physikers Thomas Campbell wohnt das Potential für einen solchen Paradigmenwechsel inne. Denn wie ihr Name schon verrät, erhebt sie den Anspruch, das Universum in seiner *Gesamtheit* erklären zu wollen, und zwar inklusive der dahinterliegenden „geistigen Welt". Sogar den Sinn und den Urheber unseres Daseins glaubt Thomas Campbell logisch erklären zu können. Das scheint durchaus gewagt und unterscheidet Campbells Ambitionen klar von denjenigen Burkhard Heims. Heim waren Fragen solcher Art nämlich viel zu spekulativ. An philosophische Probleme, die sich mit seinem sechsdimensionalen Weltbild nicht erklären ließen, wagte er sich wissenschaftlich nicht heran. Zwar gibt es im Internet und in vielen Büchern Erweiterungen von Heims Modell auf 12 Dimensionen, denen sodann Aspekte von Sinn und Schöpfung zugeordnet werden.[74] Diese Zuordnungen stammen jedoch nicht von Heim selbst, sondern von den jeweiligen Autoren, die sich auf Heim beziehungsweise auf den österreichischen Physiker Walter Dröscher beziehen. Letzterer hatte aus mathematischen Überlegungen heraus eine Erweiterung des sechsdimensionalen Modells auf 12 Dimensionen angeregt und diesbezüglich auch mit Heim zusammengearbeitet. Weder Heim noch Dröscher vermochten aber zu sagen, was genau sich hinter den höheren Dimensionen verbirgt.

4.2.3 Thomas Campbells Simulationstheorie

Wie Burkhard Heim steht auch der US-amerikanische Physiker Thomas Campbell abseits der wissenschaftlichen Community. Anders als

---

[74] Zum Beispiel bei Bechmann, Arnim: Zugänge zu Burkhard Heims einheitlicher Beschreibung der Welt: Annäherungen und Mutmaßungen, Barsinghausen 2014 oder bei Ludwig, Wolfgang: Die erweiterte einheitliche Quantenfeldtheorie von Burkhard Heim, Innsbruck 1998. Daneben stößt die Erweiterung von Heims Modell auf 12 Dimensionen auch in religiösen, spirituellen und esoterischen Kreisen auf reges Interesse – und wird beliebig nach den eigenen Vorstellungen gedeutet, so zum Beispiel auf dem Kanal MindFlow bei Thomas Mögele unter der URL: https://www.youtube.com/watch?v=g6cTtHvK8DE [Stand: 2024]

bei Heim liegt das aber weder an körperlichen Beeinträchtigungen noch an einem unverständlichen Zugang. Campbell arbeitete als Analyst und Entwickler für die NASA und das US-Verteidigungsministerium. In diesen Funktionen bewegte er sich außerhalb der universitären Forschung. Entsprechend schlecht ist er in akademischen Kreisen vernetzt. Seine „große Theorie von Allem" entwickelte er nebenher an einem Privatinstitut, das im wissenschaftlichen Mainstream als pseudowissenschaftlich gilt (mehr dazu erfahren Sie gegen Ende dieses Kapitels 4.2.3). Bisherige Versuche, seine Theorie in Fachkreisen bekannt zu machen, scheiterten. Erfolgreicher waren Campbells Bemühungen, seine Theorie einer interessierten Öffentlichkeit zu präsentieren. So hat er eine populärwissenschaftliche Buch-Trilogie verfasst, die inzwischen auch ins Deutsche übersetzt wurde und auf die ich mich in diesem Kapitel beziehe.[75] Des Weiteren hat Campbell unzählige Vorträge gehalten und Interviews gegeben. Auch diese sind teilweise ins Deutsche übersetzt worden. In der Videoquelle 4.2.3a finden Sie einen YouTube-Kanal, auf dem Sie mehr als hundert solcher Vorträge und Interviews zu verschiedenen Aspekten seiner Theorie anschauen können.

> **Videoquelle 4.2.3a:** Campbells Interviews und Vorträge auf Deutsch
>
> frank-niessen.com/sinnsuche/MBTdeutsch.html

Bewusstsein ist fundamental

Der Schlüssel zum Verständnis von Campbells Theorie liegt in der Grundannahme, dass Bewusstsein fundamental und unsere physische Welt als *virtuelle* Realität davon abgeleitet ist. Damit steht Campbell in der Tradition idealistischer Philosophien, wie wir sie in Kapitel 4.1 bei Platon oder Schopenhauer vorfanden. Beide hatten er

---

[75] Vgl. Campbell, Thomas: My Big TOE – Meine große Theorie von Allem, Buch 1 (Erwachen/2018), Buch 2 (Entdeckung/2021), Buch 3 (innere Prozesse/2020), independently published

kannt, dass unsere sinnliche Wahrnehmung samt ihrer Deutung durch unseren Verstand nicht zwingend die wahre Beschaffenheit der Welt abbilden, sondern uns womöglich nur eine kleine, gefilterte, interpretierte Version (Schopenhauers „Welt als Vorstellung" oder Platons „Schatten") von etwas eigentlich viel Größerem liefert. Wie die Welt wirklich (Kant: „an sich") beschaffen ist, entzieht sich damit logischerweise auch der wissenschaftlichen Methodik, die ja nichts weiter tut, als mittels empirischer Beobachtung und rationaler Schlussfolgerung unsere wahrnehmbare Außenwelt und damit eben nur die Gesetzmäßigkeiten einer bloß „vorgestellten Welt" (Schopenhauer) zu untersuchen. Oder in Campbells Worten ausgedrückt: Gewöhnliche Wissenschaft erkundet nur die „Spielregeln" (Naturgesetze) einer „virtuellen Realität" (nämlich unseres physischen 3D-Universums), kann aber nicht begreifen, wer diese virtuelle Realität samt ihren Spielregeln wie und warum erzeugt und in Gang hält.

Campbell ist nicht der einzige Wissenschaftler, der mit der philosophischen Grundidee aufwartet, dass unser Universum womöglich nichts weiter als eine bewusstseinsbasierte Konstruktion darstellt. Neben ihm haben in unterschiedlich ausgeprägter Weise der Quantenphysiker David Bohm[76], der Neurowissenschaftler Karl Pribram[77], der Autor Michael Talbot[78] sowie der Biologe Robert Lanza[79] ähnliche Ansätze verfolgt. Auch die wissenschaftliche Randdisziplin der digitalen Physik, die seit Edward Fredkin[80] argumentiert, warum unser Universum eine Simulation sein könnte, weist in die gleiche Richtung, wobei sie allerdings einen materiellen Computer und nicht Bewusstsein als Quelle dieser Simulation annimmt.

---

[76] Vgl. Bohm, David: Die implizite Ordnung. Grundlagen eines dynamischen Holismus, Dianus-Trikont, München 1985

[77] Vgl. Pribram, Karl: Worum geht es beim holographischen Paradigma?, in: Wilber, Ken (Hrsg.): Das holographische Weltbild, München 1988, S. 27-36

[78] Vgl. Talbot, Michael: The Holographic Universe, New York 1996

[79] Vgl. Lanza, Robert: Biocentrism. How Life and Consciousness are the Keys to Understandin the True Nature of the Universe, Dallas 2009

[80] Vgl. Wright, Robert: Three Scientists and Their Gods. Looking for Meaning in an Age of Information, New York 1988

Unter den genannten Theoretikern ist Thomas Campbell meines Wissens der erste, der ein *Totalmodell* entwickelt hat, das den Anspruch erhebt, nicht nur die gesamte Physik, sondern auch die nichtphysischen Aspekte unserer Realität samt paranormaler Phänomene zu erklären – eine „große Theorie von Allem" eben. Im Folgenden möchte ich zunächst das Grundkonzept dieser „großen Theorie von Allem" in ganz einfachen Worten erklären. Anschließend schauen wir uns bestimmte Aspekte noch etwas genauer an, sofern sie uns helfen, die Paradoxien der Quantenphysik, das Geist-Gehirn-Problem sowie das Wesen paranormaler Phänomene zu begreifen.

Die physische Welt als Simulation – ein erster Überblick

Campbell entwickelt seine Theorie ausgehend von zwei Axiomen. Axiome sind Grundannahmen, die selbst nicht begründet, sondern so „gesetzt" werden (siehe Kapitel 1.3). Jede wissenschaftliche Theorie stützt sich notwendigerweise auf Axiome. Die Frage ist nur, wie plausibel und wie zahlreich diese Axiome sind. Je weniger Axiome eine Theorie braucht, desto weniger spekulativ ist ihr Fundament. Und je plausibler und nachvollziehbarer sie sind, desto realitätsnäher dürfte die darauf aufgebaute Theorie ausfallen. Die beiden Axiome von Campbells großer Theorie von Allem lauten:

1. Die grundlegende Substanz allen Seins ist Bewusstsein

2. Es gibt einen Evolutionsprozess

Der Ursprung von allem, was es gibt, ist also Bewusstsein, und zwar zunächst als ungeteilte Substanz. Campbell nennt die Anfangsphase dieses Bewusstseins „Absolute Unbounded Oneness" (AUO, „absolute unbegrenzte Einsheit"). Weil Campbell zugleich einen Evolutionsprozess unterstellt, strebt dieses Ur-Bewusstsein nach einem optimalen Zustand. Doch was ist ein optimaler Bewusstseinszustand?

Obschon Campbell als Physiker nicht von spirituellen oder religiösen Lehren ausgeht, betrachtet er in Übereinstimmung mit denselben die *bedingungslose Liebe* als höchstes Ziel von Bewusstseinsentwicklung.

Das Gegenteil von Liebe ist laut Campbell nicht etwa Hass, sondern Angst. Hass sei nur eine Folge von Angst.

Das alles mag auf den ersten Blick nicht sehr wissenschaftlich klingen. Liebe und Angst sind schließlich keine physikalischen Kategorien. Für Naturwissenschaftler sind Liebe und Angst bloß Empfindungen, die im physischen Gehirn erzeugt werden. Als solche haben sie laut Naturwissenschaften keine *eigene*, das heißt keine vom materiellen Gehirn unabhängige Substanz. Bei Campbell verhält es sich jedoch genau umgekehrt: Weil er *Bewusstsein* als fundamentale Substanz alles Seienden annimmt, kann aus seiner Sicht das Gehirn nicht unabhängig von Bewusstsein existieren. Unsere Körper und unsere Gehirne stellen demnach ebenso wie alle anderen materiellen Erscheinungen des Universums bloß virtuelle Konstruktionen und Repräsentationen von Bewusstsein dar. Bewusste Wahrnehmungen und Empfindungen wie Liebe und Angst können folglich nicht vom Gehirn erzeugt sein, sondern müssen *fundamental* und *real* als verschiedene *Bewusstseinsqualitäten* existieren. Wenn wir nun die Weltbevölkerung befragen würden, ob Liebe oder Angst der angenehmere Bewusstseinszustand sei, würde wohl niemand auf die Idee kommen, mit Angst zu antworten. Wenn wir außerdem mit Campbell unterstellen, dass Bewusstsein in einem Evolutionsprozess begriffen ist, scheint es nur eine *logische Schlussfolgerung* zu sein, dass die angepeilte Entwicklungsrichtung weg von Angst und hin zu bedingungsloser Liebe weisen muss. Angst und Hass führen stets zu Leid. Liebe hingegen führt zu Harmonie und Wohlbefinden. Deshalb ist Liebe erstrebenswert, Angst nicht. Um das zu erkennen, braucht man kein religiöser oder spiritueller Mensch zu sein.

Liebe ist also das logische Ziel eines Bewusstseins, das sich entwickelt. Entwicklung impliziert ihrerseits Zustandsveränderung. Dazu braucht das Ur-Bewusstsein (AUO) Zeit. Genauer ausgedrückt: Sobald sich der Bewusstseinszustand von AUO in einen anderen Zustand verändert hat, ist Zeit vergangen. Zeit ist demnach das Resultat von Zustandswechseln von Bewusstsein. Aus dieser Definition von Zeit ergibt sich, dass Zeit *nicht kontinuierlich* existieren kann. Vielmehr vergeht Zeit „Stück" für „Stück", nämlich bei jeder Zustandsänderung. Erfolgen diese Änderungen in einem als gleichmäßig wahrgenommenen Takt und noch dazu in sehr dichten Abständen, *erscheint* uns die Zeit wie ein kontinuierlicher Fluss. In Wirklichkeit ist sie laut Campbell aber „quantisiert". Es gibt also kleinste Zeitsprünge, ohne dass dazwischen noch Zeit vergeht (weil zwischen diesen Sprüngen keine Zustandsveränderungen stattfinden).

Weil das Ur-Bewusstsein (AUO) das Einzige ist, was es wirklich gibt und es folglich keiner äußeren Beschränkung unterliegt, ist es frei. Es verfügt also über einen freien Willen. Allein das Streben nach Liebe ist durch den unterstellten Prozess der Evolution vorgegeben. Um sich dorthin zu entwickeln, probierte und probiert das Bewusstsein im Laufe der Zeit (durch Variationen seines Zustands) alles Mögliche aus. So teilte es sich laut Campbell in unzählige verschiedene Fragmente. Aus der Einheit wurde auf diese Weise eine Vielfalt. Vielfalt und Diversität sind evolutionär von Vorteil, weil durch sie die Zahl der möglichen Entwicklungswege wächst. Campbell nennt die durch Fragmentierung entstandene Bewusstseinsvielfalt „Absolute Unbounded Manifold" (AUM) oder auch „Larger Consciousness System" (LCS). Die einzelnen Bewusstseinsfragmente innerhalb dieser Vielfalt nennt er „Individuated Units of Consciousness" (IUOC). Wir alle – Sie und ich eingeschlossen – sind laut Campbell solche Bewusstseinsfragmente (IUOC) und damit Teile des Gesamtsystems.

Doch wie können wir uns in Richtung Liebe entwickeln? Dafür benötigen wir ein geeignetes Lernumfeld wie etwa unsere physische Welt – eine Umgebung, in der wir durch praktische Entscheidungen unsere Bewusstseinsqualität zum Ausdruck bringen und durch das Lernen aus unseren Fehlern den Wunsch entwickeln können, uns zu verbessern. Entwickeln sich einzelne Bewusstseinsfragmente (IUOC) in Richtung Liebe fort, steigert dies die Bewusstseinsqualität im Gesamtsystem (AUM/LCS). Damit das gelingt, erzeugten spezialisierte Bewusstseinszellen des „Larger Consciousness System" (LCS) verschiedene Universen *als Lernsimulation.* Diese simulierten Universen bezeichnet Campbell entweder als „Physical Matter Realities" (PMR) oder als „Non-Physical Matter Realities" (NPMR), je nachdem welchen Gesetzmäßigkeiten sie folgen. In PMR sind die Gesetzmäßigkeiten sehr strikt, wie die Naturgesetze unserer physischen Welt. NPMR können wir uns derweil ähnlich wie Traumwelten vorstellen, in denen Raum und Kausalität deutlich flexibler erscheinen. Laut Campbell sind NPMR und PMR ineinander verschachtelt – wie Simulationen innerhalb von Simulationen (siehe Abbildung 4.2.3a). Trotz solcher Hierarchien ist *keine* dieser Realitäten wirklich fundamental – nur Bewusstsein selbst ist fundamental. Es handelt sich also bei PMR nur um *virtuelle* Räume innerhalb von anderen *virtuellen* Räumen (NPMR).

Wir als IUOC befinden uns laut Campbell eigentlich in einer nichtphysischen Simulation (NPMR), die wir aber im normalen Wachbewusstsein nicht wahrnehmen, weil wir uns von unserer NPMR aus in eine physische Lernumgebung (PMR) begeben. Das ist vereinfacht ausgedrückt in etwa so, als würde ein Gamer, der sich eigentlich in einem Computerspieleladen befindet, eine VR-Brille aufsetzen, die eine täuschend echt wirkende Spielumgebung simuliert. Der Gamer entspricht in diesem Bild einem einzelnen Bewusstseinsfragment (IUOC). Der Computerspieleladen samt aller anwesenden Personen steht symbolisch für die nichtphysische Bewusstseinssphäre (NPMR). Zu den hier anwesenden Personen zählen neben den Mitarbeitern des Ladens alle anwesenden Kunden und natürlich auch der Gamer selbst. Die Spielumgebung in der VR-Brille entspricht unserem physischen Universum (PMR). Der Betreiber des Computerspieleladens und zugleich der „Gameserver" der PMR-Simulation ist das „Larger Consciousness System" (LCS). Von dort erhalten wir unsere physischen Wahrnehmungen wie Bilder, Töne, Gerüche, Schmerzen und so weiter als multisensoriellen Datenstrom.

Ist unser Erdenleben also nur ein Spiel in einer simulierten Spielumgebung? Ist unser Körper nur ein Avatar? Und ist unser Geist nur ein Spieler, der die metaphysische Welt, aus der er eigentlich stammt, einfach nur nicht sehen kann, weil er eine Art „metaphysische VR-Brille" aufhat?

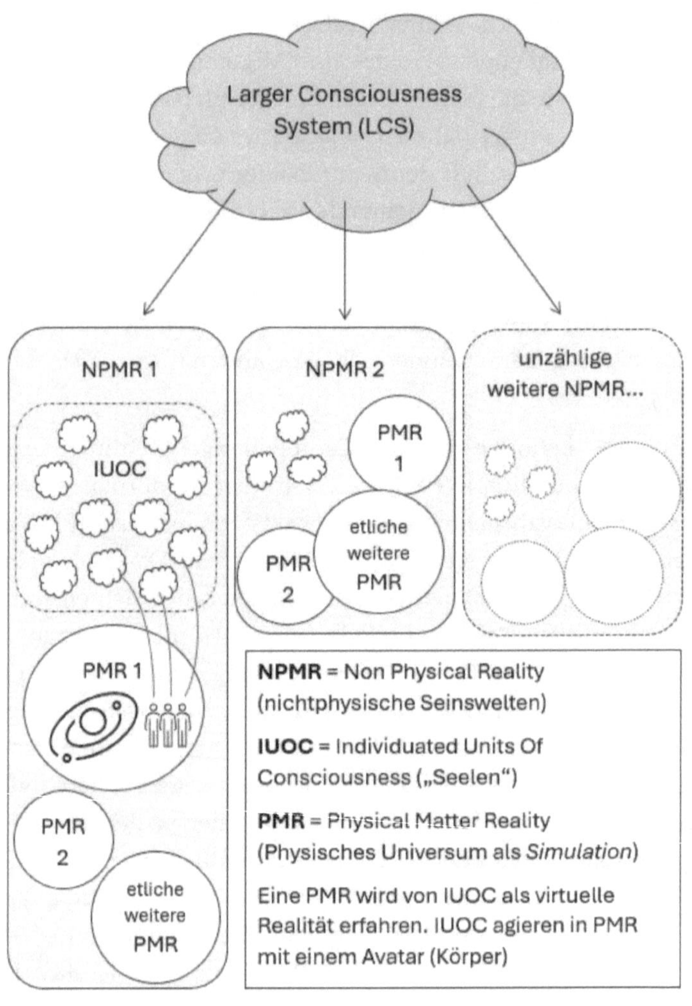

Abbildung 4.2.3a: Die Struktur der Realität nach Thomas Campbell. Quelle: Eigene Grafik

Bildlich gesprochen ist das laut Campbell tatsächlich so – mit dem entscheidenden Unterschied, dass der Zweck unseres Spiels namens „Menschsein auf der Erde" nicht im Amüsement oder im Zeitvertreib besteht, sondern, wie oben schon angedeutet, im Erlernen von Liebe. In virtuellen Lernumgebungen wie unserem physischen Universum funktioniert das Lernen laut Campbell deshalb so gut, weil hier eingeschränkte Handlungsspielräume mit klar definierten Konsequenzen herrschen. So wie man in einem gewöhnlichen Computerspiel von der virtuellen Straße abkommt, wenn man sein virtuelles Auto zu schnell durch eine virtuelle Kurve steuert, erlebt man auf einer virtuellen Erde mit knappen virtuellen Ressourcen, dass Habgier und Machtstreben letztlich gar nicht glücklich machen, sondern nur zu Konflikt und Zerstörung führen. Damit beantwortet Campbell auch die Theodizee-Frage: Irdisches Leid wird durch niedrig entwickeltes Bewusstsein verursacht und dient als Katalysator für Entwicklung. Die Spielumgebung „Planet Erde" führt uns unmittelbar vor Augen, welche Konsequenzen unsere Handlungen haben, und gibt uns dadurch einen Anreiz, uns zu verbessern – in Richtung Liebe. Warum Leid auf unserer Erde manchmal auch „unschuldige" Menschen zu treffen scheint und warum „böse" Menschen hier scheinbar des Öfteren ungeschoren davonkommen, erörtern wir später noch ausführlicher.

Sollten wir übrigens auf unserer virtuellen Erde mit unserem virtuellen Auto verunglücken und unser virtueller Körper dabei sterben, passiert uns das Gleiche wie dem Spieler eines Computerspiels: Das Spiel ist aus, wir ziehen die VR-Brille aus und finden uns in derselben Welt wieder, die wir eigentlich nie verlassen hatten. Selbstverständlich leben wir noch. Und wenn wir möchten, können wir die VR-Brille erneut aufziehen und das Spiel „Menschsein auf der Erde" nochmal von vorne beginnen (Reinkarnation).

Fassen wir zusammen: Wir sind Bewusstsein. Jeder Einzelne von uns ist ein Teilelement beziehungsweise eine Art „Bewusstseinseinheit" (IUOC) eines größeren Gesamtbewusstseins. Das einheitliche Ur-Bewusstsein hat uns deshalb aus sich selbst heraus erzeugt beziehungsweise abgespalten, um sich durch Interaktion besser fortentwickeln zu können. Da wir alle Teile des größeren Gesamtbewusstseins sind, sind wir alle miteinander verbunden, auch wenn wir uns im physischen Alltag als getrennte Individuen wahrnehmen.

Unsere physische Realität, das Universum, die Erde, alle Dinge, Tiere, Pflanzen und unsere Körper existieren nicht wirklich als materielle Objekte. Sie sind nur eine virtuelle Realität (PMR), „programmiert" vom LCS aus einer nichtphysischen Bewusstseinssphäre (NPMR) heraus, von der wir als individuierte Bewusstseinseinheiten (IUOC) Teilelemente sind. Die Naturgesetze sind nichts Anderes als die „Spielregeln", die das Bewusstseinssystem (LCS) so programmiert hat. Unsere verletzlichen und sterblichen Körper sind virtuelle Spielfiguren (Avatare). Stirbt unser Körper (unser Avatar, unsere Spielfigur), „spielt" unser Bewusstsein (IUOC) bald einen neugeborenen Körper (neue Spielfigur). Ziel unserer Reinkarnationen und damit der Sinn des Lebens ist, uns durch die Erfahrungen, die wir als Menschen in unseren Beziehungen zueinander sammeln, in Richtung Liebe zu entwickeln. Denn das Gesamtbewusstsein, dessen fraktale Abspaltung wir sind, strebt nach Liebe.

Das Doppelspaltexperiment als Indiz für eine virtuelle Realität

Gibt es wissenschaftliche Fakten, die dieses Weltbild stützen? Oder haben wir es hier mit reiner Spekulation zu tun? Thomas Campbell nennt gleich mehrere wissenschaftliche Beobachtungen, die aus seiner Sicht die Realität einer Simulation nahelegen. Als eine erste wertet er den Wellenkollaps im Doppelspaltexperiment (siehe Kapitel 2.1.2). Nach seinem Dafürhalten ist es nicht die *Wechselwirkung* zwischen einem Quantenobjekt („einer wellenartige Energiewolke") und einer makroskopischen Messapparatur, die dafür sorgt, dass sich ein potenzielles Teilchen als lokalisierbare Materie zeigt. Entscheidend sei vielmehr die Frage, ob eine *Information* darüber vorliegt, durch welchen Spalt sich das Quantenobjekt bewegt.

Lassen Sie uns diesen wichtigen Unterscheid anhand eines fiktiven und sehr grob vereinfachenden Beispiels verdeutlichen: Stellen Sie sich vor, ein unsichtbares Gespenst würde auf zwei nebeneinanderliegende Türen gleichzeitig zufliegen und sich beim Durchflug nur dann in einen materiellen Menschenkörper verwandeln, wenn man an die Türrahmen einen Sensor in Form einer Lichtschranke anbringen würde. Das ist vergleichbar mit dem Verhalten eines Elektrons, das sich am Doppelspalt erst dann als konkrete Materie manifestiert, wenn man misst, durch welchen der beiden Spalte es hindurchfliegt. Was nun laut Campbell die „Verwandlung" unseres erfundenen Gespenstes zu einem Menschenkörper hervorrufen würde, wäre *nicht* der Kontakt (also die *Wechselwirkung*) des Gespenstes mit der Lichtschranke. Entscheidend wäre stattdessen die Tatsache, dass die Messung eine *Information* darüber offenbart, ob das Gespenst die linke oder die rechte Tür durchfliegt. Ohne Messung könnten wir dies ja nicht *wissen*. Es läge uns somit keine Information darüber vor, welchen Weg das Gespenst genommen hat. Und solange das so ist, sind viele Möglichkeiten zugleich vorstellbar. Diese Gleichzeitigkeit von mehreren Möglichkeiten nennen Quantenphysiker „Superposition". Sie erklärt auch das Interferenzmuster, welches ohne jegliche Messung (das heißt ohne konkrete *Ortsinformation*) entsteht: Es repräsentiert die Wahrscheinlichkeit der verschiedenen möglichen Aufprallorte eines Quantenobjekts auf dem Schirm entsprechend einer mathematischen Wahrscheinlichkeitswelle (siehe Kapitel 2.1.2: Das Doppelspaltexperiment).

Die entscheidende Bedeutung der *Information* gegenüber der bloßen Messung (Wechselwirkung) leitet Campbell unter anderem aus einer interessanten Variante des Doppelspaltversuchs ab, nämlich dem „Delayed Choice Quantum Eraser Experiment". Bei dessen Versuchsaufbau werden verschränkte Photonenstrahlen hinter einem Doppelspalt durch verschiedene Strahlteiler (halbdurchlässige Spiegel) mit jeweils fünfzigprozentigen Wahrscheinlichkeiten in unterschiedliche Richtungen gelenkt und von verschiedenen Detektoren erfasst (siehe Abbildung 4.2.3b). Je nachdem, wo die Detektoren platziert sind, kann entweder *nur ein bestimmter* Photonenstrahl einen Detektor erreichen (zum Beispiel bei den Detektoren D3 und D4) oder es können *verschiedene mögliche Strahlen auf den Detektor treffen, wobei unklar bleibt, welcher das im Einzelfall ist* (zum Beispiel bei D1 und D2). Immer dann, wenn diese Unklarheit vorliegt, zeigt sich beim Auslesen der betreffenden Detektoren ein Interferenzmuster. Verschwindet die

Unklarheit, indem man bestimmte Strahlteiler entfernt, verschwindet auch das Interferenzmuster.

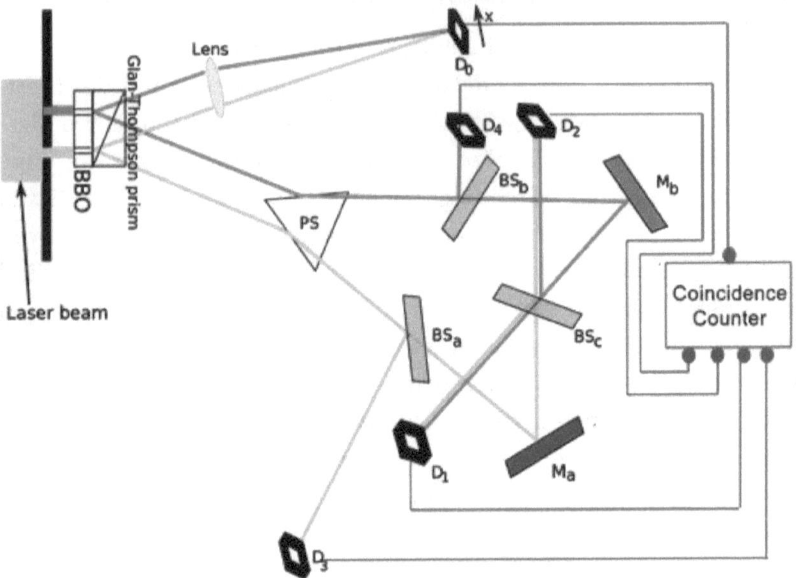

Abbildung 4.2.3b: Das Delayed Choice Quantum Eraser Experiment. Quelle: DParlevliet, Wikimedia Commons (URL: https://commons.wikimedia.org/wiki/ File:Wavephoton2.GIF)

Wichtig zu verstehen ist an dieser Stelle eigentlich nur, dass auf dem gesamten Weg, den die Photonen zurücklegen, *keine Messung* durchgeführt wird, also keine Wechselwirkung stattfindet. Die Messung findet erst ganz am Ende des Weges statt, wenn die Photonen von einem Detektor registriert werden. Ob sich dabei ein Interferenzmuster zeigt oder nicht, hängt in diesem Experiment allein davon ab, ob die *Information* darüber, welchen Weg das Photon genommen hat, unklar ist oder nicht. Falls Sie sich tiefergehend mit diesem interessanten Versuchsaufbau und seinen Resultaten befassen möchten, finden Sie in der Videoquelle 4.2.3b eine ausführliche Erklärung des bekannten Astrophysikers Josef Gaßner.

Videoquelle 4.2.3b: Delayed Choice Quantum Eraser
Experiment

frank-niessen.com/sinnsuche/QuantumEraser.html

Warum macht es nun einen Unterschied, wenn nicht die Messung (Wechselwirkung), sondern die *Verfügbarkeit von Information* den Wellenkollaps verursacht? Nun, Information setzt offenbar ein Bewusstsein voraus, das Information aufnehmen und verstehen kann. Von einem Stein würden wir kaum behaupten, dass er in der Lage wäre, zu unterscheiden, ob ein Photon den linken oder den rechten Pfad genommen hat. Um die Detektordaten zu deuten und die darin enthaltenen Informationen zu entschlüsseln, braucht es ein ausreichend bewusstes Subjekt. Und das räumt dem Bewusstsein entgegen der Interpretation der meisten anderen Quantenphysiker dann doch wieder einen entscheidenden Stellenwert im Zusammenhang mit dem Doppelspaltexperiment ein.

Im Rahmen seiner oben skizzierten Simulationstheorie lassen sich die Vorgänge am Doppelspalt aus Campbells Sicht wie folgt erklären: Materie ist eine virtuelle Konstruktion von Bewusstsein. Unsere materielle Welt gleicht einem Computerspiel. Bei einem Computerspiel ist die *gesamte* Spielumgebung in Form von Bits und Bytes auf einem Datenspeicher vorhanden. Den Spielern werden aber immer nur diejenigen *Teilausschnitte* der gesamten Spielwelt am Bildschirm angezeigt, die die Spieler in ihren aktuellen Spielsituationen erleben. So ist es laut Campbell auch mit unserem physischen Universum: Auch dieses befindet sich als vollständiges virtuelles Modell in einem – allerdings *nichtphysischen* – Informationsspeicher (in NPMR). Uns „Spielern" (IUOC) wird immer nur derjenige Ausschnitt dieses Modells zugespielt, den wir gerade in unserer simulierten physischen Umwelt (PMR) erleben. Nur dort, wo unser „Avatar" die Augen öffnet oder Widerstand ertasten soll, sehen und spüren wir Materie. Entsprechend *ausschnittsweise* wird uns das Modelluniversum aus der metaphysischen NPMR als virtuelle Realität, das heißt als materielle, räumliche Welt dargestellt. Vielleicht könnte man hier eine Parallele zu Platon ziehen (siehe Kapitel 4.1.2): Abstrakte Ideen aus der Ideenwelt (NPMR) manifestieren sich in der Wahrnehmung der Seele (IUOC) als materielle Schattenwelt (PMR: Physical Matter Reality). Auf der Quantenebene verhält es sich nun genauso: Solange keine Messung stattfindet, um ein einzelnes Quantenobjekt aufzuspüren, muss dieses in der physischen Simulation (PMR) nicht dargestellt werden und verhält sich am Doppelspalt nicht als klar lokalisierbares Teilchen. In dieser Zeitspanne existiert es nur als immaterielles Modellteilchen in NPMR, das sich theoretisch mit verschiedenen Wahrscheinlichkeiten an verschiedenen Positionen in unserer physischen Simulation (PMR) darstellen ließe. Diese Darstellung in PMR wird aber erst dann erforderlich, wenn Spieler in dieser PMR durch eine Messung herausfinden möchten, wo sich das Quantenobjekt, das sie ja mit bloßem Auge in der Simulation nicht sehen können, genau befindet. Ob die Messung direkt am Doppelspalt erfolgt oder erst hinter dem Doppelspalt (Detektor/Projektionsschirm), spielt dabei keine Rolle. In beiden Fällen wird das Quantenobjekt immer erst dann als simuliertes materielles Teilchen in unserer PMR generiert (gerendert), sobald die Quantenphysiker eine eindeutige Information über seinen Aufenthaltsort benötigen. Der Ingenieur Oliver Weis, ein langjähriger Wegbegleiter und Interviewer von Thomas Campbell, erläutert das in seinem nachstehenden Erklärvideo anhand einer simplen schematischen Darstellung (siehe Videoquelle 4.2.3c ab Minute 15:47).

> **Videoquelle 4.2.3c:** Was geschieht am Doppelspalt?
> (ab Minute 15:47)
>
> frank-niessen.com/sinnsuche/DoppelspaltCampbell.html

Tatsächlich löst Campbells originelle Interpretation das Mysterium des Doppelspaltversuchs quasi im Vorbeigehen. Dass sich Quantenobjekte nicht immer als lokalisierbare Teilchen, sondern zunächst wie diffuse Wellen („Gespenster") verhalten, stellt dann gar kein Problem mehr dar. Denn gemäß der hier präsentierten Deutung ist eine

„Wahrscheinlichkeitswelle" ja kein physikalisch existierendes Etwas. Es stimmt also, was Eltern immer zu ihren Kindern sagen: Es gibt keine Gespenster! – Doch Spaß beiseite: Wahrscheinlichkeitswellen repräsentieren in Campbells Theorie nur *mathematische Modelle* des LCS, die besagen, wann und wo Materieteilchen mit einer gewissen Wahrscheinlichkeit in einer anstehenden Spielsequenz in der PMR-Simulation dargestellt (gerendert) werden. Der berühmte „Kollaps" der Wahrscheinlichkeitswelle ist demnach nichts anderes als der besagte Renderingprozess.

Die Probleme der Welle-Teilchen-Dualität, die sich aus der traditionellen Interpretation des Doppelspaltexperiments ergeben, verschwinden, sobald wir es nicht „bottom up", also von der Materie ausgehend zu erklären versuchen. Solange wir das tun, müssten wir nämlich erklären können, was die wellenartigen und diffusen Quantenobjekte eigentlich sind, die sich infolge einer Messung als lokalisierbare Teilchen zeigen. Gehen wir hingegen von der Grundannahme aus, dass nicht Materie, sondern nichtphysische Information fundamental ist, erübrigt sich unser Problem, weil es dann keine wellenartigen und diffusen Quantenobjekte als Vorstufe fester Teilchen braucht. Materie wird stattdessen aus einem nichtphysischen Informationsraum heraus einfach „top down" in Form *virtueller* Teilchen generiert, sobald die Spielsituation in der Simulation (eine Messung) es erfordert. *Virtuell* bedeutet, dass Materieteilchen *nicht physisch* erzeugt werden. Was tatsächlich erzeugt und in unser Bewusstsein gespielt wird, sind lediglich nicht-physische Daten, die wir als mit unseren Sinnen wahrgenommene Materie interpretieren.

Die Lichtgeschwindigkeit als Indiz für eine virtuelle Realität

Seit Einsteins Relativitätstheorie gilt die Lichtgeschwindigkeit im Vakuum als die höchstmögliche Geschwindigkeit, die im Universum erreicht werden kann. Diese Behauptung hat es beim näheren Hinsehen in sich. Wenn Sie zum Beispiel den Rest eines abgebissenen Apfels aus einem fahrenden Auto herauswerfen, dann addieren sich die Wurfgeschwindigkeit (zum Beispiel 20 km/h) und die Fahrgeschwindigkeit des Autos (zum Beispiel 50 km/h) zu einer höheren Gesamtgeschwindigkeit (hier: 70 km/h). Der Apfel fliegt also, wenn ein neben dem Auto stehender Beobachter dessen Geschwindigkeit messen würde, mit 70 km/h. Bei Licht hingegen verhält es sich anders. Wenn Sie die Autoscheinwerfer anschalten, aus denen sich das Licht mit einer Geschwindigkeit von knapp 300.000 Kilometern pro Sekunde ausbreitet, spielt es keine Rolle, ob Sie im Schneckentempo von 10 km/h dahinrollen oder mit 240 km/h über die leere Autobahn brettern. Aus der Sicht eines außenstehenden Beobachters schießt das Licht unverändert mit knapp 300.000 km/s aus den Scheinwerfern. Die Geschwindigkeiten des Scheinwerferlichts und des Autos addieren sich nicht – selbst die kleinste Nachkommastelle bliebe konstant.

Das ist mehr als seltsam: Wäre die Gesamtgeschwindigkeit von Scheinwerferlicht plus Auto, wenn Sie auf 240 km/h beschleunigen, nicht nachweislich größer geworden? Wie kann es dann sein, dass sich die beiden Geschwindigkeiten *nicht* addieren? Wieso darf in unserem Universum die Geschwindigkeit nicht einfach beliebig groß werden? Wieso kommt es stattdessen zu den von Einstein in seiner Relativitätstheorie korrekt vorhergesagten, aber völlig kontra-intuitiven Effekten wie Zeitdilatation (Zeit vergeht langsamer) und Längenkontraktion (Raum wird gestaucht)?

Thomas Campbell bietet mit seiner „großen Theorie von Allem" auch für dieses Rätsel einen interessanten Erklärungsansatz. Aus seiner Sicht liefert die Lichtgeschwindigkeit als absolute Geschwindigkeitsbegrenzung einen weiteren starken Hinweis darauf, dass es sich bei unserem physischen Universum um eine virtuelle Simulation handeln muss. Um das zu verstehen, müssen wir uns genauer anschauen, wie virtuelle Realitäten in Computerspielen erzeugt werden.

Das Bild, das Sie in einer VR-Brille sehen, wird aus unzähligen kleinen Bildpunkten zusammengesetzt – den allseits bekannten Pixeln. Mit zunehmender Pixeldichte steigt die Bildschärfe und umso „echter" wirkt das Bild. Die Bildpunkte werden von einem Computer mehrmals pro Sekunde neu berechnet und angezeigt (gerendert). Das ist erforderlich, weil ein Spiel ja nicht aus einer einzigen, statischen

Situation besteht. Ein Spiel „fließt", weil ständig etwas Neues passiert: Entweder tauchen andere Spielfiguren und Objekte in der Szenerie auf oder der Spieler bewegt seinen eigenen Avatar innerhalb der Simulation, sodass der Computer ihm umgehend einen entsprechend veränderten Bildausschnitt anzeigen muss. Die Häufigkeit, in der ein Computer die Bildpunkte pro Sekunde neu rendert, nennt man Bildfrequenz. Sie wird meist nach dem englischen Ausdruck „frames per second" (Bilder pro Sekunde) mit FPS abgekürzt. Je höher die Bildfrequenz, desto unverzögerter und realistischer wirkt die Darstellung. Bei Kinofilmen beträgt die Bildfrequenz üblicherweise 24 FPS, bei Computerspielen werden je nach Spiel und Spielekonsole auch gerne mal 100 FPS und mehr realisiert.

Wenn unser physisches Universum – wie Campbell behauptet – eine virtuelle Realität darstellt, dann muss es wie ein Computerspiel über eine bestimmte Pixeldichte und über eine bestimmte Bildfrequenz verfügen. Weil es sich offenbar um ein 3D-Spiel handelt, geht Campbell von 3D-Pixeln aus, die wir uns hier vereinfacht wie klitzekleine Würfel vorstellen wollen.[81] Bitte beachten Sie aber, dass es diese Würfel nicht wirklich gibt, weil es in Wirklichkeit ja gar keinen Raum gibt und auch keinen materiellen Computer, der unser Universum simuliert. Die Simulation läuft nur in unserem Bewusstsein ab und all unsere visuellen und sensorischen Eindrücke basieren allein auf *Information*. Der nachstehend dargestellte Würfel entspricht also bloß einem *virtuellen* 3D-Pixel und bildet damit den kleinsten *virtuellen* Grundbaustein, aus dem sich unsere *virtuelle* Spielumgebung namens physisches Universum (PMR) zusammensetzt.

---

[81] Eigentlich sind die virtuellen Pixel bei Campbell keine Würfel, sondern Kugeln (siehe Campbell, Thomas: My Big TOE. Meine große Theorie von Allem, Buch Eins: Erwachen, 2018, S. 285f.). Denn bei Würfeln ist zwar die Seitenlänge immer gleich, nicht aber die Diagonale. In einer 3D-Realität garantieren darum nur kugelförmige Pixel eine konsistente Spielumgebung. Weil es unserem Verstand jedoch schwerfallen dürfte, sich das vorzustellen, präsentiere ich hier der Einfachheit und dem besseren Verständnis halber Würfel statt Kugeln als 3D-Pixel. Campbell selbst handhabt das bei verschiedenen Vorträgen selbst auch so – weshalb er mir diese Vereinfachung sicherlich nachsehen würde.

Wenn sich in unserer virtuellen Spielumgebung ein virtuelles Objekt, zum Beispiel ein Auto, vor unseren virtuellen Augen fortbewegt, dann muss die Position des Autos in kürzesten Zeitintervallen neu berechnet und dargestellt werden. In einer konsistenten Spielumgebung, in der Teleportation verboten ist, kann sich das virtuelle Auto pro Neuberechnung maximal einen 3D-Pixel „nach vorne schieben". Ansonsten würde es ja Pixel auslassen und überspringen. Im großen Maßstab betrachtet würde dieses Überspringen bedeuten, dass Autos auf unseren Autobahnen nicht *kontinuierlich nach vorne fahren*, sondern einfach von einem Moment auf den nächsten an einer anderen Stelle *erscheinen* würden, ohne die dazwischenliegende Distanz zurückgelegt zu haben.

Was hat das nun alles mit der Konstanz der Lichtgeschwindigkeit zu tun und warum deutet Campbell diese als Indiz für eine Simulation? Schauen wir uns dazu die Abbildung 4.2.3c an: Wenn sich ein Objekt in unserer simulierten Realität vom ersten 3D-Pixel (P1) zum fünften 3D-Pixel (P5) fortbewegen soll, es aber bei jeder Neuberechnung der Spielumgebung nur maximal *einen* Pixel nach vorne schreiten darf, müssen vier Neuberechnungen erfolgen, bis es seinen Zielort erreicht. Schneller kann es einfach nicht reisen.

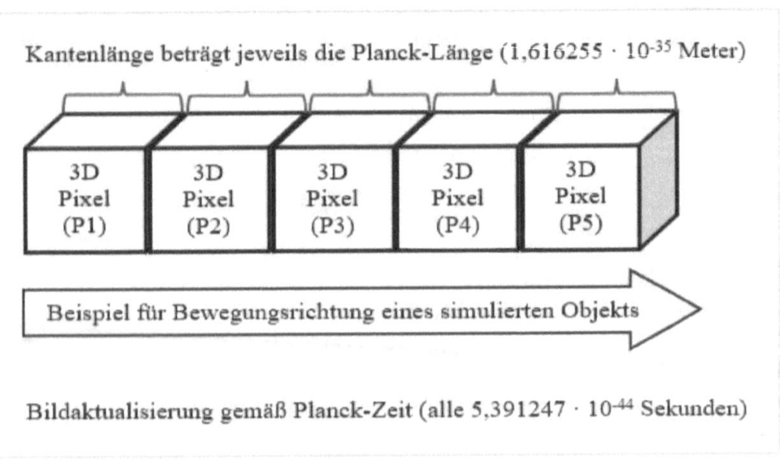

Abbildung 4.2.3c: Unser Universum setzt sich laut Campbell aus virtuellen 3D-Pixeln zusammen. Quelle: Eigene Grafik

Die Geschwindigkeitsbegrenzung, mit der sich ein Objekt in unserem physischen Universum bewegen kann, folgt demnach logisch zwingend aus der gegebenen Bildfrequenz. Genauer: Die maximale Geschwindigkeit in unserem physischen Universum (PMR) beträgt *die Länge eines Pixels pro Intervall der Bildaktualisierung*. In einer Gleichung ausgedrückt sieht das so aus:

$$\text{Maximalgeschwindigkeit} = \frac{\text{Pixellänge}}{\text{Intervall der Bildaktualisierung}}$$

Eine absolute Geschwindigkeitsbegrenzung ergibt aus Sicht der normalen, materialistischen Naturwissenschaft überhaupt keinen Sinn. Sie ist feststellbar, aber niemand versteht, warum es sie gibt. Geht man hingegen davon aus, dass sich unser Universum als virtuelle Realität aus lauter virtuellen 3D-Pixeln zusammensetzt, die in kleinsten Zeitintervallen neu gerendert werden, folgt eine Geschwindigkeitsbegrenzung als logisch zwingende Konsequenz. Und genau deshalb deutet Campbell die in unserem Universum durch die Lichtgeschwindigkeit vorgegebene Obergrenze als starkes Indiz dafür, dass wir tatsächlich in einer Simulation leben.[82]

Es gibt sogar einen konkreten Hinweis darauf, mit welchem genauen Zeitintervall die Bildaktualisierung in der PMR-Simulation erfolgen könnte – nämlich gemäß der Planck-Zeit (benannt nach dem bekannten Quantenphysiker Max Planck). Quantenphysiker umschreiben die Planck-Zeit als ein Zeitintervall, unterhalb dessen die bekannten Gesetze der Physik vermutlich nicht mehr gelten. Die Planck-Zeit ist unvorstellbar kurz. Sie beträgt $5{,}391247 \cdot 10^{-44}$ Sekunden. Unser virtuelles Universum würde folglich alle $5{,}391247 \cdot 10^{-44}$ Sekunden neu gerendert. Das entspricht einer atemberaubend großen FPS von Billiarden mal Billiarden mal Billiarden Bildern pro Sekunde.

---

[82] Vgl. Campbell, Thomas: My Big TOE. Meine große Theorie von Allem, Buch Eins: Erwachen, 2018, S. 285f.

Ist das Intervall der Bildaktualisierung bekannt, lässt sich anhand der oben hergeleiteten Gleichung auch auf die Pixellänge schließen: Die Maximalgeschwindigkeit auf der linken Seite der Gleichung entspricht der Lichtgeschwindigkeit und wurde durch Messungen ermittelt. Sie beträgt 299.792.458 Meter pro Sekunde. Als Intervall der Bildaktualisierung können wir nun unter dem Bruchstrich die Planck-Zeit von $5,391247 \cdot 10^{-44}$ Sekunden einsetzen. Logisch zwingend erhalten wir dann oben auf dem Bruchstrich eine Pixel-Länge von genau $1,616255 \cdot 10^{-35}$ Metern.[83] Das ist kein beliebiger Wert. Er entspricht genau der Planck-*Länge*.

$$299.792.458 = \frac{1,616255 \cdot 10^{-35} \text{ Meter}}{5,391247 \cdot 10^{-44} \text{ Sekunden}}$$

Analog zur Planck-Zeit bezeichnet die Planck-Länge in der Quantenphysik eine räumliche Ausdehnung, unterhalb derer die bekannten Gesetze der Physik vermutlich nicht mehr gelten. Mit $1,616255 \cdot 10^{-35}$ Metern ist die Planck-Länge unfassbar klein. Zum Vergleich: Der empirische Radius eines Wasserstoffatoms beträgt näherungsweise $2,5 \cdot 10^{-11}$ Meter. Das sind 24 Zehnerpotenzen mehr. Oder anders ausgedrückt: Die Planck-Länge ist mehr als eine Billion (1.000.000.000.000) mal eine Billion (1.000.000.000.000) mal kleiner als der Radius des kleinsten bekannten Atoms im Universum.

Weitere Indizien für eine virtuelle Realität

Neben den Paradoxien der Quantenphysik und der Konstanz der Lichtgeschwindigkeit nennt Campbell den Urknall als ein weiteres Verdachtsmoment für eine virtuelle Realität. Während die Naturwissenschaft den Urknall als zufälliges Ereignis annimmt und nicht weiter zu erklären vermag, lässt er sich in Campbells Theorie als Start-

---

[83] Sollten Sie die Rechnung nachprüfen, werden Sie feststellen, dass die letzten Nachkommastellen nicht ganz stimmen. Das liegt daran, dass ich die über etliche Nachkommastellen mehr verfügende Planck-Zeit beziehungsweise Planck-Länge runden musste, um sie in einer lesbaren Form darzustellen.

punkt unserer PMR-Simulation deuten. Dass sich das Universum seither mit teils zunehmender Geschwindigkeit ausdehnt, stellt für Campbell ebenfalls kein Problem dar: Eine beschleunigte Ausdehnung ist in einer simulierten Realität ohne weiteres möglich, weil sich Art und Geschwindigkeit der Ausdehnung beliebig programmieren lassen. Eine virtuelle Realität kann theoretisch beliebig groß werden, schließlich nimmt sie ja gar keinen Raum ein. Damit ist auch das Rätsel gelöst, in was sich das Universum eigentlich ausdehnt, wenn es doch jenseits des Raumes keinen Raum gibt. Dieses Rätsel ist nur dann eines, wenn man den Raum als etwas physisch Reales begreift. Betrachtet man ihn hingegen als virtuelle Spielumgebung in der Wahrnehmung von immateriellen Bewusstseinseinheiten, stellt sich die Frage nach dem Raum erst gar nicht.[84]

Als weitere Indizien für eine virtuelle Realität kommen natürlich die paranormalen Phänomene infrage. Für Thomas Campbell bedeutet „paranormal", dass in unserer Simulation etwas geschieht, was den Spielregeln – also den Naturgesetzen – zu widersprechen scheint. Dafür kann es mehrere Gründe geben. Zum Beispiel könnte der Betreiber unserer Simulation ein paranormales Ereignis absichtlich kreieren. Das geschieht laut Campbell zum Beispiel bei Nahtoderfahrungen. Mit „Betreiber" ist konkret derjenige Teilbereich des Gesamtbewusstseins gemeint, der sich im Laufe von dessen Entwicklung darauf spezialisiert hat, virtuelle Multi-Player-Realitäten für Gruppen von einzelnen Bewusstseinseinheiten (IUOCs) zu erschaffen. Campbell nutzt die Bezeichnung „Larger Consciousness System" (LCS) als Metapher hierfür. Neben Eingriffen dieses „Larger Consciousness System" (LCS) sind als alternative Ursache für paranormale Phänomene auch direkte Interaktionen zwischen einzelnen Spielern (IUOCs) denkbar, die im Hintergrund der Simulation ablaufen und darum nicht an die Spielregeln der Simulation selbst gebunden sind. Das ist zum Beispiel bei Telepathie oder bei Geistheilung der Fall.

In Kürze werden wir diese und weitere paranormale Phänomene genauer beleuchten. Vorab sollten wir aber klären, welche Begründung Thomas Campbell dafür liefert, dass paranormale Phänomene nur ganz selten auftreten. Um das zu verstehen, müssen wir uns noch einmal den von Campbell unterstellten Zweck unserer virtuellen Realität in Erinnerung rufen: Das Universum mitsamt dem Planeten Erde wurde erschaffen, um uns eine konsistente Lernumgebung zu ermöglichen, in der sich unsere Absichten und Handlungen mehr oder weniger unmittelbar auf andere Menschen und uns selbst auswirken. Um in dieser „Multi-Player-Simulation" Lernerfahrungen zu ermöglichen, braucht es eine gewisse Verlässlichkeit der Abläufe, so wie auch ein gewöhnlicher Schulalltag nach wiederkehrenden Regeln abläuft, um einen beständigen Lernerfolg zu gewährleisten. Paranormale Phänomene untergraben diese Verlässlichkeit. Sie stellen offensichtliche Brüche mit den geltenden Spielregeln (Naturgesetzen) dar und würden die meisten Menschen unnötig irritieren und verunsichern. Vielleicht würden manche Menschen sogar zweifeln, ob die Welt, in der sie leben, als materielle Wirklichkeit überhaupt real ist. Gemäß der hier diskutierten Theorie ist sie das tatsächlich nicht. Laut Campbell ist es für viele Menschen aber besser, wenn sie das nicht wissen. Denn gerade die Unwissenheit macht die Effizienz des Lernprozesses aus. Woran liegt das?

Warum die Simulation ihren Zweck nicht offenbart

Stellen Sie sich vor, ein Vater würde seine Kinder zum Spielplatz schicken und sie vorab unterweisen, sich nicht zu streiten und nichts kaputt zu machen. Und wenn die Sonne untergeht, dann mögen sie bitte wieder nach Hause kommen, um ihm zu erzählen, ob sie auch schön brav waren. Sofern die Kinder ihren Vater respektieren, würden sie vielleicht tatsächlich ohne Streit durch den Tag kommen. Doch ihr friedlicher Umgang resultierte in diesem Fall nicht aus innerer Einsicht. Die Kinder würden in diesem Beispiel aus Gehorsam handeln. Sie würden keine wirkliche Liebe zueinander entwickeln. Sie würden sich nett und freundlich *verhalten*, es aber nicht auf einer tieferen Ebene *sein*.

Würden alle Menschen wissen, dass auf unserem Planeten Erde nur eine spielplatzähnliche Übungssimulation zu dem Zweck läuft, uns zu liebenden Wesen zu entwickeln, würde sich eine große Masse von Menschen dieser Erwartungshaltung anpassen und sich so *verhalten*, wie es von der scheinbar göttlichen Autorität „verlangt" wird: Wir würden uns nett und freundlich begegnen, so als würden wir Benimmregeln umsetzen. Durch das äußerliche Befolgen dieser Regeln würden wir aber innerlich noch nicht zu besseren Menschen reifen. Unsere Absicht wäre es, zu gefallen und zu reüssieren, nicht aber, aus uns selbst heraus zu lieben. Das ist das altbekannte Dilemma vieler Religionen, die ihren Heerscharen von Gläubigen vorschreiben, was sie zu tun und zu lassen haben. Ehrfürchtige Frömmigkeit führt zu Unterwerfung aus Angst vor Bestrafung, nicht aber zur *eigenverantwortlichen* und *freien* Entscheidung für die Liebe. Hierfür bräuchte es schon einer tieferen inneren Transformation – die allerdings mitunter sehr schmerzlich sein kann.

Stellen wir uns vor, eine Handvoll Kinder würde sich auf einem Spielplatz wiederfinden, *ohne* zu wissen, wie und warum sie dorthin gekommen sind. Wenn die Sonne untergeht, wissen sie nicht, wohin sie gehen werden. Kein Vater und kein Zuhause scheinen auf sie zu warten. Völlig auf sich selbst zurückgeworfen, müssen diese Kinder Verantwortung übernehmen. Genauso verhält es sich laut Campbell mit uns Menschen auf der Erde: Wir müssen ganz allein entscheiden, was wir tun und wie wir miteinander umgehen. Wie wir uns entscheiden, hängt von unserer Bewusstseinsqualität ab. Angst, Misstrauen und Egoismus werden schnell an der Tagesordnung stehen. Und sie werden zu Leid führen. Das wird schmerzhaft sein. Doch gerade dadurch kann ein tiefgreifender und umwälzender Lernprozess in Gang gesetzt werden: dass nämlich gegenseitiges Vertrauen und Liebe Erlösung von unserem Leid bewirken. Diese Einsicht wird aufgrund der durchlebten Erfahrungen grundlegender Natur sein – und nicht bloß auf einer Verhaltensebene „vorgetäuscht" werden.

Das „Auf sich selbst zurückgeworfen"-Sein macht also gerade die Effizienz der menschlichen Lernerfahrung aus. Darum sollten wir über den Zweck unseres Daseins genauso wenig Bescheid wissen wie über unsere Herkunft und unser Überleben des physischen Todes.[85] Und aus eben diesem Grund dürfen wir auch nicht durch allzu offensichtliche paranormale Erfahrungen aufgeweckt und vom Weg abgebracht werden. Deshalb sind diese Phänomene so selten. Der Betreiber unserer Simulation, das „Larger Consciousness System" (LCS), wird sie nicht im großen Stil in aller Offensichtlichkeit geschehen lassen. Trotzdem geschehen sie dann und wann. Und trotzdem gibt es Menschen wie Sie und mich, die den Sinn und Zweck unseres Daseins unablässig herausfinden wollen. Wie passt das zusammen?

Der Zweck des Paranormalen und das PSI-Unschärfe-Prinzip

Dass paranormale Phänomene in der Simulation nicht „erwünscht" sind, mitunter aber dennoch auftreten, hängt damit zusammen, dass nicht alle Spieler auf dem gleichen Entwicklungsstand stehen und nicht alle denselben Lerntypen repräsentieren. Für einige wenige Spieler könnte es demnach kontraproduktiv enden, wenn sie über den Zweck des Spiels im Unklaren gelassen werden. Zumindest für diese Gruppe von Spielern ist es hilfreich, wenn sie den Zweck der Simulation zumindest erahnen und darüber hinaus auch darauf vertrauen können, dass es – um es bildlich auszudrücken – tatsächlich einen Vater und ein Zuhause gibt, das auf sie wartet, wenn auf dem Spielplatz die Sonne untergeht.

Ein solcher Spieler sind zum Beispiel Sie, sonst würden Sie dieses Buch nicht lesen. Spieler wie Sie bringt die Erkenntnis der Wahrheit nicht vom Weg ab, weil das Wissen darum Sie anders als andere nicht dazu verführen würde, ein liebevolles Verhalten nur *vorzutäuschen*. Sehr wahrscheinlich verfügen Sie bereits über eine Bewusstseinsqualität, die zumindest hoch genug ist, dass Sie die Liebe *aus freien Stücken* für erstrebenswert halten. Fest steht: Menschen wie Sie

---

[85] Weil menschliches Bewusstsein stets über einen freien Willen verfügt, dürfen die Menschen natürlich dennoch glauben, was sie wollen. Und weil man sich beim „Auf sich selbst zurückgeworfen"-Sein ziemlich verloren fühlt, suchen die Menschen verständlicherweise trotzdem nach Erklärungen für ihr Dasein. So konnten sich Mythen und Religionen verbreiten.

tragen eine innere Sehnsucht nach der Quelle allen Daseins in sich, die nach einer äußeren Bestätigung drängt. Das kann der Grund dafür sein, warum Sie irgendwann im Laufe Ihres Lebens mit paranormalen Phänomenen konfrontiert werden – sei es direkt oder indirekt. Laut Campbell geschieht das genau dann, wenn Sie dazu bereit sind und es für Ihre Entwicklung von Vorteil ist.

Wenn Campbell mit seinen Einschätzungen recht hat, muss das „Larger Consciousness System" (LCS) das Kunststück vollbringen, paranormale Phänomene derart subtil in die Simulation einfließen zu lassen, dass sie von der Masse der Menschen nicht wahrgenommen und geflissentlich ignoriert werden können, zugleich aber für die „bewussteren" Spieler deutlich genug als solche identifizierbar sind. Spieler mit einer besonders hohen Bewusstseinsqualität können laut Campbell sogar selbst paranormale Kräfte entfalten (so als hätten ihre Avatare Spezialfähigkeiten erworben), wohingegen weniger entwickelten Bewusstseinseinheiten diese Möglichkeit aus den gleichen Gründen verwehrt bleibt, aus denen man Kinder und ungeschultes Personal nicht mit scharfen Werkzeugen hantieren lässt: Es bedarf einer gewissen Qualifikation (hier: Bewusstseinsqualität), um damit kein Unheil anzurichten, sondern dem Wohle aller zu dienen.

Kurzum: Paranormale Phänomene sind möglich, zugleich aber selten und schwer zu fassen. Sie werden von denjenigen gesehen und zum Teil auch genutzt, die reif dafür sind. Sie werden von denjenigen übersehen und geleugnet, die sie nicht sehen wollen und für deren Entwicklung sie auch nicht förderlich sind. Darum haftet ihnen stets das Uneindeutige an. Aus demselben Grund sind sie wissenschaftlich nur schwer reproduzierbar und ereignen sich meist versteckt vor kleinem Publikum. Campell bezeichnet diese systematische und von dem Betreiber der Simulation so gewollte Ungewissheit als „PSI-Unschärfe-Prinzip".[86] Campbell nennt auch das Kriterium, nach dem diese Ungewissheit justiert wird:

---

[86] Campbells Begriffsbildung ist an dieser Stelle als humorvolle Anlehnung an die berühmte Unschärferelation des Quantenphysikers Werner Heisenberg zu verstehen, hat aber mit Quantenphysik im eigentlichen Sinne nichts zu tun.

„Wie viel Ungewissheit ist notwendig? Gerade so viel, um sicherzustellen, dass die gehegten Trugbilder der großen Mehrheit der PMR-Bürger nicht in wesentlichem Maße gewaltsam durcheinandergebracht werden.“[87]

Mit „Trugbilder" sind hier die Überzeugungen gemeint, wonach unser physisches Universum und unsere physischen Körper objektiv existieren.

Wie Campbell Nahtoderfahrungen erklärt

Nahtoderfahrungen geben einen Ausblick auf den Sterbeprozess. Dieser wird für die Mehrheit der Menschen sehr verwirrend sein – vor allem dann, wenn sie zu Lebzeiten davon ausgingen, dass ihr Leben mit dem Tod endet. In Campbells Modell ist der Tod nichts weiter als ein „Spielende". Unser Avatar verliert sein virtuelles Leben und wir setzen bildlich gesprochen die VR-Brille ab. Oder anders ausgedrückt: Das LCS übermittelt uns keine Daten mehr, die das Spiel „Menschsein auf der Erde" generieren. Stattdessen finden wir uns in NPMR wieder, also in der nichtphysischen Wirklichkeit, zu der wir während unseres simulierten Erdenlebens keinen unmittelbaren Zugang hatten.

Weil solch ein plötzliches Erwachen die meisten Menschen völlig überrumpeln würde, erleichtert der Betreiber der NPMR den Übergang, indem er den Sterbenden eine Art „Willkommensprogramm" zuspielt. Das LCS kreiert also eine virtuelle Realität, in der es so aussieht, als würde man durch einen Tunnel reisen oder durch ein Lichtportal schreiten. So wird den Sterbenden auf anschauliche Weise nähergebracht, dass sie nun in eine andere Seinssphäre übergehen. Am Ende der Reise könnten zum Beispiel verstorbene Angehörige warten, die einen in die Arme schließen und gut zureden. Das nimmt den Betroffenen die Angst und leitet sie sanft in ihre neue Lebensrealität über. Irgendwann müssen die Betroffenen dann aber darüber aufgeklärt werden, dass ihre Verwandten nur simuliert waren, weil

---

[87] Campbell, Thomas: My Big TOE. Meine große Theorie von Allem, Buch Zwei: Entdeckung, 2021, S. 499.

ihr Bewusstsein im Regelfall schon längst wieder reinkarniert ist (siehe nächster Abschnitt).

Wie lange ein derart inszeniertes „Willkommensprogramm" dauert und wie viel „Schauspiel" dabei nötig ist, hängt laut Campbell wesentlich von den Bedürfnissen und Glaubenssätzen der sterbenden Person ab. Bei manchen wird der Übergang sehr schnell vonstattengehen, weil sie ohnehin schon wissen oder ahnen, was sie erwartet. Andere werden länger brauchen, weil sie von völlig anderen Überzeugungen ausgingen. Auch inhaltlich wird die Inszenierung den Bedürfnissen der sterbenden Person angepasst. Einer sehr religiösen Person könnte das LCS zunächst ein Himmelstor und zahlreiche Engel simulieren. Einen rationalen Atheisten könnte es mit einer Versammlung von jenseitigen Wissenschaftlern empfangen, die fachlich versiert darüber berichten, dass Realität über das Materielle hinausgeht und wie das alles funktioniert. Jeder kriegt also das, was am besten zu ihm passt und ihm am besten hilft.[88]

Menschen, die eine Nahtoderfahrung erleben, widerfährt laut Campbell das Gleiche: Sie erleben ein simuliertes Schauspiel, inszeniert durch das „Larger Consciousness System" (LCS). Im Unterschied zum unwiderruflichen Sterbeprozess mündet dieses Schauspiel jedoch nicht in einen Übergang in NPMR. Am Ende steht stattdessen eine Rückkehr in PMR – das Spiel „Menschsein" geht für diese Bewusstseinseinheiten noch eine Weile weiter.

Reinkarnation als fortgesetzte Lernerfahrung

Dass bei Nahtoderfahrungen keine „echten" verstorbenen Angehörigen zugegen sind und der Empfang im Jenseits nur simuliert ist, liegt wie schon angedeutet daran, dass das Bewusstsein dieser Verstorbe-

---

[88] Mit vergleichbaren Beispielen hat Thomas Campbell seine Vorstellung des Sterbeprozesses in etlichen Vorträgen und Interviews wiedergegeben. Als *ein* Beispiel, das speziell auch auf den Aspekt der Nahtoderfahrung eingeht, finden Sie unter dieser URL eine Gesprächsrunde aus dem Jahr 2014 mit dem Titel „Thomas Campbell on Grief and NDEs (Near Death Experiences)": https://www.youtube.com/watch?v=WSkuzQUXVe4 [Stand: 2024]

nen nach Campbells Überzeugung sehr wahrscheinlich wieder reinkarniert ist. Bildlich gesprochen haben sie sich schon längst eine neue VR-Brille aufgesetzt und die nächste Spielrunde begonnen.

Wir wissen bereits, dass das Ziel des Spiels in der Entwicklung von Liebe besteht. Weil wir in einer einzelnen Spielrunde nur begrenzt Fortschritte machen können, spielen wir das Spiel etliche Male. Die Zeit zwischen den einzelnen Spielrunden ist bloß eine kurze Verschnaufpause, die dazu dient, die gesammelten Erfahrungen auszuwerten und sich auf die nächste Spielrunde vorzubereiten. Die Lebensrückschau, die Nahtodpatienten erleben, könnte bereits als ein vorbereitender Teil des Auswertungsprozesses gedeutet werden. Abgesehen davon gibt es laut Campbell aber keinen Grund, sich für einen langen Zeitraum untätig in NPMR aufzuhalten. Wir werden dort nicht herumsitzen und warten, bis unsere PMR-Verwandten endlich sterben und zu uns kommen. Laut Campbell verlieren wir ohnehin das Interesse an unserem vormaligen PMR-Leben, sobald wir einmal in NPMR zurückgekehrt sind. Schon bald werden wir uns dem nächsten PMR-Leben zuwenden. Und spätestens dann, wenn wir in diese neue Spielrunde eintauchen, werden wir alles vergessen haben, was wir im vorigen Spiel erlebt haben. Was wir mitnehmen, ist allein unsere bis hierhin angereicherte Bewusstseinsqualität.

Campbell erklärt diesen Zusammenhang technisch präziser (siehe Abbildung 4.2.3d). In Campbells Wortschatz sind Sie ursprünglich eine IUOC „Individuated Unit Of Consciousness". Diese besitzt die Möglichkeit, sich zu unterteilen, so wie man eine Festplatte partitionieren kann. Wenn eine IUOC eine PMR-Simulation „spielt", tut sie das nicht zur Gänze, sondern mit einem spezialisierten Teilbereich (einer Partition). Diesen Teilbereich nennt Campbell FWAU: „Free Will Awareness Unit". Frei übersetzt bedeutet das so viel wie „Gewahrseinseinheit mit freiem Willen". Diese ist es letztlich, die „inkarniert" (also die Simulation spielt).

Was Campbell IUOC nennt, weist eine gewisse Ähnlichkeit mit dem spirituellen Konzept des „höheren Selbst" auf. Dies bezeichnet das vollständige und wahre metaphysische Sein der mit dem kosmischen

Gesamtbewusstsein verbundenen, unsterblichen Seele. Was wir in unserem Körper wahrnehmen, ist demgegenüber nur ein unvollständiger Teilaspekt, der sich unwissend als vom Ganzen abgespaltenes Einzelwesen begreift und sich seiner eigentlichen Herkunft nicht bewusst ist. In der spirituellen Literatur wird dieser unvollständige Aspekt unseres Seins gerne als „Ego" bezeichnet.[89] Als scheinbar wurzelloses Individuum fürchtet es um seine Existenz und handelt aus dieser Angst heraus entsprechend selbstsüchtig und lieblos. So verstanden könnte „Ego" übrigens auch als alternative Erklärung für dasjenige herhalten, was Schopenhauer als triebhaften „Willen" identifizierte (siehe Kapitel 4.1.3: Über Kants Grenzen der Erkenntnis hinaus: Schopenhauer und der Weg nach innen).

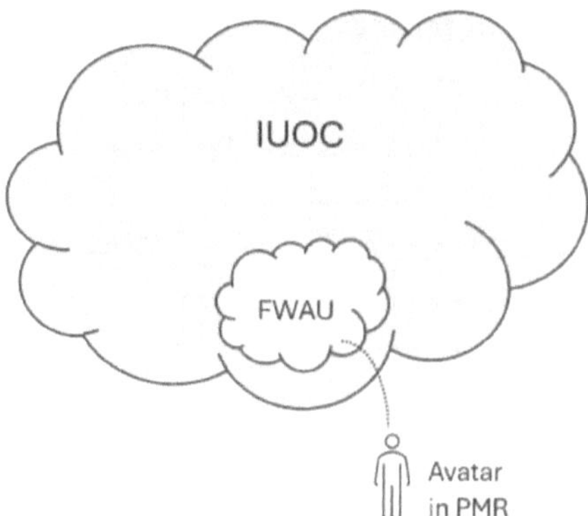

Abbildung 4.2.3d: Gemäß Campbells Modell sind Sie eine „Free Will Awareness Unit" (FWAU, „Gewahrseinseinheit mit freiem Willen"), die eine Unterabteilung der umfassenderen „Individuated Unit Of Consciousness" (IUOC) darstellt. Als FWAU steuern Sie Ihren virtuellen Körper (Avatar). Während Sie das tun, haben Sie keine „Zugriffsrechte" auf die Gesamtbewusstseinsinhalte Ihrer IUOC (Ihres „höheren Selbst"). Quelle: Eigene Grafik

Ego kann man aber nicht wirklich mit FWAU („Free Will Awareness Unit") gleichsetzen. Ego bezeichnet für Campbell einfach nur einen dysfunktionalen Bewusstseinszustand. Eine Parallele gibt es trotz-

---

[89] Zum Beispiel bei Büx, Bettina: Die Regulus-Botschaften: Band 1: Des Menschen Wunsch und Gottes Wille, Ramerberg 2017

dem: Auch für Campbell erfahren wir uns in unserem menschlichen Avatar *nicht* in unserer vollständigen Ganzheit. Wenn wir ein neues Leben „spielen", tun wir das als „unwissende Untereinheit" (FWAU), für die der Zugriff auf sämtliche Informationen aus unseren Vor- und Zwischenleben gesperrt wird. Der Sinn dieser Unwissenheit besteht wie oben gezeigt darin, die Simulation möglichst echt wirken zu lassen. Sie bietet außerdem den Vorteil, einen wirklichen Neustart ermöglichen zu können, bei dem belastende, aber auch schöne Erinnerungen aus den Vorleben keine Komplikationen verursachen. Stellen Sie sich vor, Sie hätten in Ihrem heutigen Leben sämtliche Dramen, Krisen, Kriege, Morde und Traumata aus all Ihren Vorleben präsent – und noch dazu sehnsuchtsvolle Erinnerungen an hunderte Partner, Kinder und Freunde aus früheren Leben. Wäre das nicht eine heillose Überforderung?

Das Einzige, was Sie nach Campbell von Leben zu Leben mitnehmen, ist die im Laufe all Ihrer Leben weiterentwickelte Bewusstseinsqualität. So wird sich das „Ego" im besten Fall mit fortschreitender Zahl von Inkarnationen reduzieren, sodass eine FWAU in späteren Spielrunden ein geringeres Ego an den Tag legen wird als in früheren Leben. Das würde auch widerspruchsfrei erklären, warum sich Schopenhauers „Wille" in manchen Menschen scheinbar selbst verneint (siehe Kapitel 4.1.3): Menschen, die ihre Triebe zügeln und sich empathisch verhalten, sind solche, die eine höhere Bewusstseinsqualität erlangt haben.

Wenn wir den physischen PMR-Tod sterben, überspielt die FWAU sämtliche Daten (Lebenserfahrungen) an die IUOC, so wie man Daten auf einer Festplatte von einer bestimmten Partition auf einen anderen Bereich der restlichen Festplatte kopieren kann. Die Festplatte bleibt dabei stets ein Ganzes, wie auch die IUOC stets ein Ganzes bleibt. Zwischen unseren PMR-Leben können wir uns demnach als vollständige Einheit erfahren und all unsere Erlebnisse und Beziehungen aus sämtlichen Leben überblicken und auswerten, so als würden wir Zugriffsrechte auf die gesamte Festplatte besitzen. Sobald die nächste Inkarnation („Spielrunde") ansteht, erfolgt die nächste Separation und die Zugriffsrechte werden der FWAU entzogen: Die „bereinigte" Partition „FWAU" macht sich auf in eine neue PMR-Simulation.

Die Auswahl der neuen Spielsituation und des neuen Avatars (Embryos) erfolgt dabei mit Bedacht und nicht etwa zufällig. Dadurch schafft sich jedes Bewusstsein gezielt Lernsituationen, die es zu seiner individuellen Weiterentwicklung benötigt. Reinkarnieren bedeutet also fortgesetztes Lernen unter Anknüpfung an den bisherigen Entwicklungsstand.

Oben hatten wir mit Blick auf die Ungerechtigkeit in unserer Welt die Frage aufgeworfen, warum so viele Menschen unter schrecklichen Lebensumständen geboren werden, während andere rücksichtslos nach Geld und Macht streben, ohne dass sie die negativen Konsequenzen ihrer Handlungen zu Lebzeiten am eigenen Leib zu spüren bekommen. Steht das nicht im krassen Widerspruch zum eigentlichen Sinn der Simulation? Sollten die Menschen, die für Gewalt, Zerstörung und Ausbeutung verantwortlich sind, das von ihnen angerichtete Leid nicht unmittelbar selbst erfahren, um zu lernen, wie schädlich das ist?

Campbells Antwort auf diese Frage liegt im fortgesetzten Lernen über mehrere Leben hinweg: Was wir in diesem Leben denken und tun, wird *immer* irgendwie auf uns zurückfallen – aber nicht unbedingt in *diesem* Leben. Wenn wir in unserem aktuellen Leben andere Menschen drangsaliert haben, werden wir im *nächsten* Leben vielleicht in Spielsituationen geraten, in denen wir selbst drangsaliert werden. Das hat aber nichts mit Bestrafung zu tun, sondern mit Lernen im Sinne von Erfahrbarmachen der Auswirkungen des eigenen Handelns. So kann sich Bewusstsein erforschen und entwickeln. Zwischen den Leben werten wir unsere Erfahrungen aus und entscheiden uns für neue Lernsituationen, die uns mit großer Wahrscheinlichkeit diejenigen Erfahrungen bieten können, die wir zum weiteren Wachstum benötigen. Als individuierte Einheiten von Bewusstsein (IUOC) spielen wir das Spiel laut Campbell auf diese Weise. Als

FWAU, die unter dem Schleier des Nichtwissens in der Simulation gefangen ist, erschließt sich dieser tiefere Sinn nicht unbedingt.

Im Kontext der Reinkarnation bleibt nun abschließend noch eine letzte Besonderheit zu klären: Warum gibt es Kinder, die sich offensichtlich an ihre Vorleben erinnern (siehe Kapitel 3.1.5: Reinkarnationsforschung)? Wie passt das mit der Idee zusammen, als unbeschriebenes Blatt unbelastet in eine neue Spielrunde zu gehen? Darüber hat sich Campbell in seiner Buchtrilogie nicht explizit geäußert. Auf Basis seines Modells ließe sich aber spekulieren, ob einer betreffenden „IUOC" beziehungsweise dem „LCS" Fehler bei der Einrichtung der Zugriffsrechte unterlaufen sein könnten. Vielleicht wurden auch einzelne Datenpakete vor dem Wiedereintritt einer FWAU in die Simulation nicht korrekt überspielt und bereinigt. Oder es könnte vielleicht sein, dass solche Ausnahmen im Sinne des PSI-Unschärfe-Prinzips bewusst gewährt werden, um subtile Zeichen auszusenden, dass die Realität größer ist, als sie scheint.

Campbells nüchterne Auslegung von Jenseitskontakten

In Kapitel 3.1.6 (Studien zur Medialität) hatten wir Fallberichte über Menschen kennengelernt, die offenbar mit Verstorbenen in Verbindung treten können. Auch Campbell hält das Phänomen in dem Sinne für real, dass hier ein metaphysischer Informationsfluss stattfindet. Er würde jedoch bestreiten, dass es sich bei den Verstorbenen immer um die „wirklichen" Verstorbenen handelt.

Den Grund dafür hatten wir vorhin schon erörtert: Nach dem PMR-Tod werden sämtliche Daten aus der Spielrunde gesammelt und in die IUOC integriert. Die „Free Will Awareness Unit" (FWAU) wird „bereinigt" und von der IUOC erneut in eine Simulation „geschickt". Nehmen wir an, genau diese FWAU hätte im letzten Leben den Avatar eines Ihrer verstorbenen Verwandten gespielt und Sie würden nun zu einem Medium gehen, um diesen Verstorbenen zu kontaktieren. Wo ist dieser Verstorbene nun? Als FWAU spielt er laut Campbell schon längst einen neuen Avatar. Wie kann es dann sein, dass er trotzdem durch das Medium mit Ihnen kommuniziert?

Campbell mutmaßt, dass ein Jenseitsmedium in diesem Fall auf eine Art „digitale Kopie" des Verstorbenen zurückgreift, die alles enthält, was zu Lebzeiten dessen Persönlichkeit ausmachte. Bei dieser „digitalen Kopie" handele es sich aber nicht um ein Wesen mit freiem Willen. Stattdessen zapften die Medien bloß einen Datenspeicher an, der die Eigenschaften und Verhaltensweisen der Persönlichkeit vollständig umfasst und aus dem sich darum – animiert durch das LCS – auch Botschaften generieren lassen, die zu dieser Person passen.

Mit dieser Behauptung polarisiert Campbell in spirituellen Kreisen. Viele Menschen empfinden sein Modell an dieser Stelle als zu kalt und zu technisch. Dass Medien und Hinterbliebene bloß mit einer Art metaphysischem „Bot" konfrontiert sind, scheint ihnen befremdlich. Nun könnte man einwenden, dass ein gutes Modell nicht gefallen muss, sondern wahr sein sollte. Campbells Aussagen sind immerhin schlüssig abgeleitet. Schließlich kann ein Verstorbener nicht gleichzeitig reinkarniert und noch „im Himmel" sein. Dennoch stelle ich mir die Frage, ob Campbells Modell nicht auch alternative Interpretationen zulässt: Wäre es nicht denkbar, dass die Jenseitskommunikation direkt mit dem höheren Selbst (IUOC) der verstorbenen Person stattfindet, sodass es keinen Widerspruch darstellen würde, wenn der PMR spielende Teilaspekt (FWAU) der IUOC schon weitergezogen wäre? Oder könnte es theoretisch nicht auch sein, dass eine IUOC mehrere FWAU ins Rennen schickt – für jedes Leben eine? Dann würde eine FWAU nach Spielende nicht „bereinigt" und erneut reinkarnieren, sondern als integrales Teilelement der IUOC dauerhaft in seiner Form erhalten bleiben.

Als ich im Sommer 2022 einen eigenen Jenseitskontakt erleben durfte (siehe Kapitel 3.1.6 und 3.3.1), hatte ich nicht den Eindruck, mit einem geistigen „Bot" zu kommunizieren, sondern eine Person zu spüren, die Liebe aussendet. Das alles kann ich natürlich nicht beweisen und stützt sich allein auf meine emotionale Wahrnehmung. Campbell würde mir vielleicht Wunschdenken unterstellen. In seinem Modell bleiben Jenseitskontakte nur eine spezielle Variante der Fernwahrnehmung – und das bedeutet: Datenabgriff.

Fernwahrnehmung im metaphysischen Internet

Datenabgriff setzt voraus, dass eine Verbindung zwischen der Datenquelle und dem Empfänger besteht. Tatsächlich wird Thomas Campbell nicht müde zu betonen, dass auf Bewusstseinsebene Alles mit Allem verbunden ist, weil sämtliche Bewusstseinseinheiten ursprünglich derselben Quelle entstammen (AUM: Absolute Unbounded Manifold). In seiner typischen Art, abstrakte Zusammenhänge mit Metaphern aus der Informatik zu veranschaulichen, vergleicht Campbell diese Vernetzung von Bewusstseinsfragmenten mit dem Internet:

„Es ist so, als ob jede Entität in NPMR eine einzigartige URL [...] besitzt in einem gigantischen [...] Reality Wide Web (RWW). Als eine Untermenge sind folglich alle Wesen in unserer speziellen PMR ebenfalls miteinander vernetzt [...]."[90]

Das würde erklären, wie Telepathie funktioniert: Informationen (Daten) werden nicht innerhalb unserer virtuellen Realität über die physischen Sinne transportiert, sondern direkt über das „Reality Wide Web" (RWW). Machen wir uns diesen Vorgang am besten anhand von Begriffen und schematischen Illustrationen klar, die wir schon kennen (siehe Abbildung 4.2.3e): Als FWAU sind wir eine Untermenge einer IUOC. Wir kriegen davon zwar nicht viel mit, weil wir gerade unseren Avatar in einer PMR-Simulation spielen. Dennoch sind wir als integraler Bestandteil unserer IUOC an das „Reality Wide Web" (RWW) angebunden. Um diesen nichtphysischen Kommunikationskanal zu nutzen, bedarf es laut Campbell fokussierter Absicht und konzentrierter Aufmerksamkeit. Das passt zu den Befunden verschiedener Studien zur Telepathie, wonach der Kommunikationsfluss bei Versuchspaaren, die sich bei völliger Entspannung und im Zuge gemeinsamer Meditation absichtsvoll aufeinander eingestimmt hatten, ergiebiger verlief als bei anderen Versuchspersonen (siehe Kapitel 3.1.4: Studien zur telepathischen Gedankenübertragung).

---

[90] Campbell, Thomas: My Big TOE. Meine große Theorie von Allem, Buch Drei: Innere Prozesse, S. 730

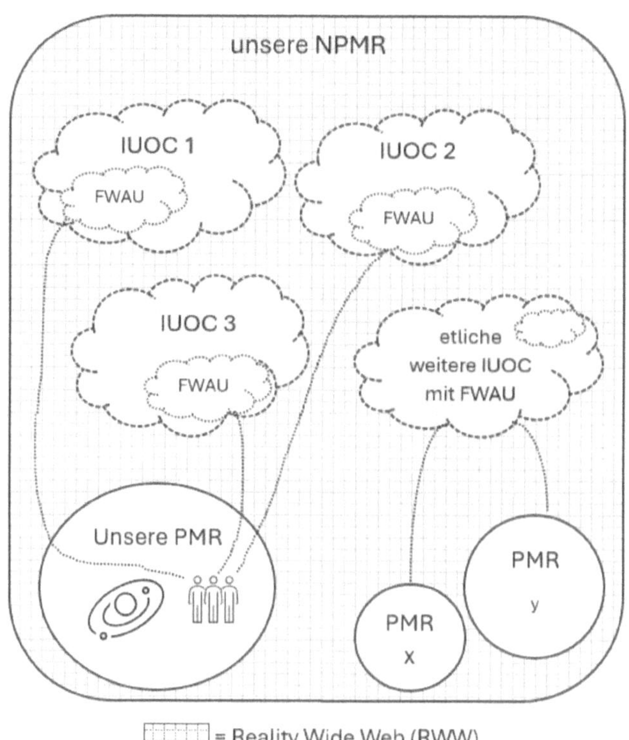

Abbildung 4.2.3e: Die Abbildung zeigt exemplarisch und schematisch Entitäten (IUOC, FWAU) und physische Simulationen (PMR) in unserer nichtphysischen Realität (NPMR). Alle nichtphysischen Entitäten können miteinander kommunizieren, weil sie alle Bestandteile eines größeren Bewusstseinssystems sind und deshalb untereinander verbunden sind. Das wird hier metaphorisch durch das Gitternetz (RWW) dargestellt. Weil es nicht nur unsere, sondern unzählige weitere NPMR gibt, erstreckt sich das RWW weit darüber hinaus und umfasst letztlich das gesamte Bewusstseinssystem (Larger Consciousness System, LCS). Quelle: Eigene Grafik

Man kann sich das bildlich vielleicht so vorstellen, als würden zwei Gamer mit ihren VR-Brillen und Kopfhörern nebeneinander in einem Computerspieleladen stehen und dieselbe Simulation spielen. Sofern sie innerhalb dieser Simulation als Avatare miteinander interagieren, gleicht das einer gewöhnlichen Kommunikation, wie wir sie als Menschen in unserer physischen Welt alltäglich anwenden. Jedoch könnten die Gamer theoretisch auch auf direkterem Wege miteinander kommunizieren, da sie sich schließlich in demselben Computerspieleladen befinden. Der Computerspieleladen steht hier wieder symbolisch für unsere NPMR. Was die direkte Kommunikation in diesem Fall erschwert, sind natürlich die VR-Brillen und die Kopfhörer. Ihretwegen können sich die Gamer nicht in ihrer wirklichen Gestalt wahrnehmen. Stattdessen sind sie abgelenkt und auf das Spiel konzentriert. Sie müssten schon einige Anstrengungen unternehmen, um sich trotz VR-Brillen und Kopfhörern im Computerraum verständigen zu können. Am besten sollten sie vorübergehend die Augen schließen, um ihren Fokus von der Simulation wegzulenken (Reizreduktion, meditative Zentrierung). Dann sollten sie sehr laut und sehr deutlich miteinander sprechen (starke Absicht) und wenn möglich sämtliche Nebengeräusche in und außerhalb ihrer Kopfhörer herauszufiltern versuchen (fokussierte Aufmerksamkeit).

An einer entscheidenden Stelle hinkt unser Bild von den Gamern im Computerspieleraum allerdings. Der Computerspieleraum taugt als Metapher für NPMR nur bedingt, weil wir uns einen solchen Raum nicht anders als ausgedehnt vorstellen können und sich somit die Frage aufdrängt, wie denn wohl Gamer miteinander kommunizieren würden, die sich im Laden weiter voneinander entfernt befinden. In Wirklichkeit gibt es aber zwischen IUOCs keine räumliche Entfernung, weil sie reines Bewusstsein sind. Die Gamer stehen sozusagen alle auf derselben Stelle und nehmen sich dennoch keinen Platz weg. Sie sind *metaphysisch*. Das Kontaktieren des Kommunikationspartners hat darum nichts mit räumlicher Entfernung zu tun. Die Auswahl des Kommunikationspartners erfolgt in NPMR allein durch Absicht. Man braucht bloß zielgerichtet an denjenigen zu denken, mit dem man telepathisch in Kontakt treten möchte. Daraus folgt, dass die durch Telepathie ausgetauschten Informationen auch in PMR keinerlei räumlicher Einschränkung unterliegen und auch zwischen solchen Menschen (Avataren) fließen können, die sich in der Simulation gar nicht begegnen, weil sie sich dort zum Beispiel in zwei verschiedenen Städten aufhalten (auch das bestätigen manche Studien, siehe Kapitel 3.1.4).

Fernwahrnehmung (Remote Viewing) funktioniert nach demselben Prinzip: Fokussierte Absicht und konzentrierte Aufmerksamkeit sind die Werkzeuge, die man braucht, um ein bestimmtes Ziel anzupeilen und die gewünschten Informationen abzugreifen. So tun es Jenseitsmedien, wenn sie Informationen über einen (laut Campbell bereits reinkarnierten) Verstorbenen benötigen und so tun es Remote Viewer, wenn sie ein bestimmtes Target auskundschaften möchten (siehe Kapitel 3.1.3: Geheimdienstliche Forschung zum Remote Viewing).

Diese Art der metaphysischen Informationsübertragung ist kein intellektueller Prozess. Die metaphysischen Kanäle, über die wir im „Reality Wide Web" (RWW) miteinander verbunden sind, docken nicht unmittelbar am Verstand an. Eher erreichen sie uns über unsere Intuition. Die Schwierigkeit besteht darin, diesen Fluss zu erkennen und gezielt zu nutzen – zumal er durch unseren allgegenwärtigen Intellekt und durch die enorme Informationsflut, der wir in unserer alltäglichen PMR-Geschäftigkeit ausgesetzt sind, bis zur völligen Unkenntlichkeit übertönt und überdeckt wird. Gerade deshalb ist es so wichtig, sich von diesen Reizen abzukoppeln, wenn man im RWW navigieren will. Durch Meditation, verbunden mit einer positiven Grundüberzeugung und einer klaren Absicht, ist metaphysische Kommunikation laut Campbell erlernbar. Stress, Zweifel und Angst (Ego) sind indessen hinderlich.

Besonders fähige Spieler verfügen nach Campbell sogar über die Möglichkeit, Informationen über die Vergangenheit und die Zukunft abzugreifen. Das ist die Grundlage von Wahrsagerei – wobei diese einer Einschränkung unterliegt: Weil Bewusstsein einen freien Willen hat, ist die Zukunft prinzipiell offen. Da wir uns aber nicht in jedem Moment neu erfinden und unsere Ziele, Einstellungen und Verhaltensweisen in der Regel nur sehr allmählich ändern, werden ausgehend vom Status Quo gewisse Zukunftsszenarien viel wahrscheinlicher eintreten als andere. Laut Campbell berechnet das LCS die verschiedenen möglichen Zukünfte sogar voraus und ordnet ihnen

Wahrscheinlichkeiten zu, mit denen sie sich ereignen werden. Diejenigen Szenarien, die dann tatsächlich realisiert werden, werden fortlaufend als faktische Vergangenheit abgespeichert. Die übrigen Szenarien werden als nicht realisierte Alternativmöglichkeiten ebenfalls gesichert. Somit existiert ein riesiger Datenspeicher, der sowohl die realisierten als auch die nicht realisierten und möglichen zukünftige Entwicklungen enthält. Mittels Fernwahrnehmung über das RWW können entsprechend begabte Individuen auf diese Datenbank zugreifen. Sichere Zukunftsvorhersagen sind aber selbst für die besten Hellseher nicht möglich, weil die Zukunft prinzipiell offen ist und sich bestenfalls *wahrscheinliche* Szenarien beschreiben lassen. Auch Rückführungen in vergangene Leben, die verschiedene Therapeuten mithilfe von speziellen Hypnosetechniken anbieten, könnten mitunter Zerrbilder liefern. Beim Datenabgriff könnten versehentlich auch nicht realisierte Lebensereignisse transferiert werden. Das würde erklären, warum sich manche der Geschichten historisch gut bestätigen lassen (siehe Videoquelle 1.2.3a in Kapitel 1.2.3), wohingegen andere Menschen Dinge erlebt haben wollen, die der historischen Quellenlage widersprechen.

„Sehen ohne Augen", Geistheilung und Telekinese

Eine besondere Variante der metaphysischen Datenübertragung ereignet sich beim „Sehen ohne Augen" (siehe Kapitel 3.2.3). Eigentlich ist „Sehen" in Campbells Theorie *immer* ein metaphysischer Prozess – selbst *mit* geöffneten Augen. Denn wenn ein virtueller Avatar in PMR seine virtuellen Augen öffnet, ist ja das Bild, das sich ihm darstellt, nichts weiter als eine *virtuelle Realität*, die das LCS der entsprechenden FWAU in diesem Moment zuspielt. Der Regelsatz unserer PMR (Bestand der Naturgesetze) schreibt vor, dass das LCS solche virtuellen Bilder nur dann generiert, wenn ein Avatar seine virtuellen Augen *öffnet*. Sind die Augen *geschlossen* oder durch eine Maske *bedeckt*, wird im Normalfall *kein* Bild generiert. Doch wie wird das LCS dann beim „Sehen ohne Augen" dazu gebracht, das Bild trotzdem zu generieren und der FWAU entgegen unserer Naturgesetze (dem PMR-Regelsatz) einen entsprechenden Datenstrom zu schicken?

Wie bei der Telepathie oder dem Remote Viewing sind laut Campbell Positivität, Überzeugung, eine klare Absicht und viel „geistiges Training" der Schlüssel zum Erfolg. Dass Kinder den Vorgang leichter initiieren können als Erwachsene, unterstreicht, dass Glaube und Intuition für den übersinnlichen Abruf von Daten wichtiger sind als Verstand und intellektueller Scharfsinn. Durch letzteren blockieren wir den Datenfluss eher. Teilnehmer an „Sehen ohne Augen"-Kursen berichten immer wieder davon, wie sie anfängliche Erfolge dadurch zunichtemachen, dass sie dieselben kritisch hinterfragen.

Eine weitere Form der Informationsübertragung findet bei Geistheilung statt.[91] Wenn uns körperliche Verletzungen und Krankheiten ereilen, liegen Funktionsbeeinträchtigungen unseres Avatars vor. Gemäß des PMR-Regelsatzes (Naturgesetze) kann unser Avatar zum Beispiel nicht mehr richtig gehen, wenn die virtuellen Bänder in unseren virtuellen Fuß- und Kniegelenken gerissen sind. Oder wir bekommen starke Übelkeit, wenn wir einen giftigen virtuellen Pilz gegessen haben. Innerhalb der PMR-Simulation gibt es Möglichkeiten, den Avatar gemäß des PMR-Regelsatzes (der Naturgesetze) zu „reparieren". Das tun Mediziner, wenn sie Medikamente verabreichen oder Operationen durchführen. Medizinische Forschung versucht diesen PMR-Regelsatz zu erkunden und herauszufinden, welche Medikamente und Operationen funktionieren und welche nicht. Das ist eine tolle Sache und hat dazu geführt, dass unser PMR-Leben erheblich angenehmer geworden ist – auch wenn viele Krankheiten bis heute nicht heilbar sind.

Weil wir es aber die ganze Zeit mit einer Simulation zu tun haben, findet die Erzeugung, Aufrechterhaltung und Modifikation des Avatars eigentlich auf einer anderen Ebene statt, nämlich in den metaphysischen Datenströmen des LCS. Wenn ein Avatar einen anderen

---

[91] Als mutmaßlich authentisches Beispiel für dieses Phänomen hatten wir im ersten Band in Kapitel 1.3.1 die Behandlungserfolge von Charlie Goldsmith kennengelernt, dessen Fähigkeiten sogar in einer wissenschaftlichen Studie geprüft wurden, vgl. Dufresne, François et al.: Feasibility of Energy Medicine in a Community Teaching Hospital: An Exploratory Case Series. Journal of alternative and complementary medicine, 21(6), 2015, S. 339-349

mit einem Messer zu Boden sticht, modifiziert das LCS die virtuelle Zusammensetzung des Opfers derart, dass eine virtuelle Stichwunde erscheint, die virtuelle Adern durchtrennt, aus denen virtuelles Blut strömt. Die FWAU des Opfers erfährt Schmerz als Datenstrom. Wenn eine hilfsbereite FWAU in Form eines virtuellen Notarztes zur Hilfe eilt und die Wunde operiert, stellt sich auch dieser Vorgang als eine Modifikation der Datenströme und eine Reorganisation des virtuellen Avatars dar.

Hieraus folgt eine sehr wichtige Erkenntnis: Gesundheit und Krankheit basieren auf der Anordnung von Daten, also auf Information. Je nach Organisation der Daten ist unser Avatar entweder unversehrt und gesund oder krank beziehungsweise verletzt. Und je nach Organisation der Daten fühlen wir uns gut und schmerzfrei oder halt nicht.

Durch das RWW haben wir laut Campbell die Möglichkeit, an der Organisation von Datenpaketen mitzuwirken. Von jedem Avatar in PMR gibt es ein nichtphysisches Modell, das vom LCS laufend gerendert, also in der PMR-Simulation umgesetzt wird. Im Fall von Krankheit und Verletzung wird dieses Modell entsprechend modifiziert, sodass unser Avatar in der Simulation entsprechend beeinträchtigt erscheint. Wenn es hoch entwickelten Bewusstseinsentitäten gelingt, durch fokussierte Absicht und konzentrierte Aufmerksamkeit auf diese Modelle einzuwirken, indem sie die Anordnung der Daten in eine gewünschte Richtung modifizieren, findet Geistheilung statt. Laut Campbell können geübte und talentierte Geistheiler auf diese Weise sehr zuverlässig und zielgerichtet erstaunlich große Wirkungen erzielen. In einer vergleichsweise diffusen und schwachen Ausprägung kann der gleiche Effekt durch Placebo oder Gebete auftreten. Deren Wirkung schätzt Campbell jedoch als äußerst gering ein.[92]

In Kapitel 3.2.1 hatten wir Mirin Dajo kennengelernt – einen scheinbar unverletzbaren Mann, der in den 1940er Jahren hunderte Durchstöße von nichtdesinfizierten Degen ohne Blutverlust, innere Verlet-

---

[92] Vgl. Campbell, Thomas: My Big TOE. Meine große Theorie von Allem, Buch Zwei: Entdeckung, S. 479

zungen und Infektionskrankheiten überstand. Die Ein- und Austrittswunden vernarbten unmittelbar. Mit Campbells Theorie lässt sich dieses Phänomen als eine gezielte Modifikation des PMR-Regelsatzes deuten. Regeln, die für alle anderen Avatare gelten, werden auf Mirin Dajo nicht angewandt. Die Daten, die seinen Avatar generieren, werden anders organisiert, so als würde eine Computerspielfigur in einem 3D-Spiel über Spezialkräfte verfügen, die andere nicht haben. Doch warum sollte das LCS so etwas tun? Den Grund dafür vermutet Campbell gemäß dem PSI-Unschärfeprinzip darin, allen dafür empfänglichen Spielern in der PMR-Simulation subtile Zeichen zu senden, dass die Realität größer ist, als sie scheint.[93] So können Suchende Bestätigung finden und daran wachsen, wohingegen Spieler, die keine Sehnsucht nach dem Metaphysischen empfinden und diese Zeichen für ihre Weiterentwicklung nicht brauchen können, seltene Anomalien wie Mirin Dajo getrost ignorieren können.

Nicht nur Avatare (Körper), sondern sämtliche virtuellen Objekte unserer PMR-Simulation werden durch einen metaphysischen „Computer" generiert. Deshalb lässt sich nach demselben Prinzip, wie man die Zusammensetzung und Funktionsweise eines Avatars manipulieren kann, auch die Beschaffenheit und die Bewegung von Objekten manipulieren. Alles ist ja letztlich nur Information, also Anordnung von Daten. Einer hoch entwickelten Bewusstseinsentität, die sich absichtsvoll darauf konzentriert, könnte es darum durchaus gelingen, Gegenstände entgegen des PMR-Regelsatzes zu modifizieren – beispielsweise ein PSI-Rad anzudrehen oder einen Löffel zu verbiegen. Auch Telekinese (siehe Kapitel 3.2.2) ist damit in Campbells Theorie problemlos erklärbar.

Außerkörperliche Erfahrungen

Kommen wir ein letztes Mal auf die Metapher von den Gamern im Computerspieleladen zurück. Mit welchem Ereignis in der physi-

---

[93] Dahingehend äußerte sich Thomas Campbell in einem Gespräch mit Neil Kramer, das Sie unter folgender URL im Video anschauen und als Transkript lesen können: https://www.matrix-wissen.de/MirinDajo.html [Stand: 2024]

schen Welt wäre es wohl gleichzusetzen, wenn die Gamer ihre VR-Brille *ausziehen*? Hierfür kommen nur zwei Möglichkeiten in Frage. Entweder ist ihr Avatar in der PMR-Simulation gestorben, sodass die Spielrunde endgültig beendet wäre (physischer Tod). Oder die Gamer erleben das, was in spirituellen Kreisen als „außerkörperliche Erfahrung" bezeichnet wird und Gegenstand von Kapitel 3.3.5 war: Man hat das Gefühl, seinem Körper zu entschweben und als körperloses Bewusstsein in andere Welten „reisen" zu können. Häufig hört man in diesem Zusammenhang auch vom Begriff „Astralreisen". Die Navigation erfolgt dabei durch Absicht. Man gelangt an bestimmte Orte, indem man fokussiert an sie denkt. Das können physische Orte auf unserer Erde oder auf anderen Himmelskörpern sein. Auch metaphysische Daseinsbereiche lassen sich angeblich bereisen. Der physische Körper liegt derweil regungslos im Bett oder auf dem Sofa. Um dorthin zurückzukehren, genügt es, in Gedanken die entsprechende Absicht zu formulieren. Dann endet die „Astralreise" und man findet sich in seinem physischen Körper wieder.

Aus Campbells Perspektive ist diese Art der Wahrnehmung von „Außerkörperlichkeit" etwas unglücklich. Denn sie suggeriert, dass wir einen realen Körper hätten, in dem ein Bewusstsein drinsteckt, das den Körper zeitweilig verlassen kann. So ist es aber in Campbells Theorie nicht. Es gibt laut Campbell gar keinen realen Körper, also können wir diesen auch nicht verlassen. Wir waren niemals drin. Als FWAU befinden wir uns stets in NPMR. Weil wir jedoch durch das LCS einen Datenstrom erhalten, der uns eine physische Realität mit einem physischen Körper simuliert, nehmen wir die NPMR nicht wahr – so wie Gamer den sie umgebenden Computerspieleladen nicht wahrnehmen, solange sie dort ihre VR-Brille aufhaben.

Eine außerkörperliche Erfahrung ist aus Campbells Sicht nichts weiter als eine *zeitweilige Unterbrechung des Datenstroms der Simulation zugunsten eines anderen Datenstroms, der entweder dieselbe virtuelle Realität aus anderer Perspektive oder gar eine völlig andere Realitätsebene (NPMR) repräsentiert*. Das ist so, als würden die Gamer ihre VR-Brille kurzzeitig ausziehen und das Spiel für eine Weile unterbrechen. Dann könnten sie sich frei im Computerspieleladen (NPMR) bewegen, sich dort umschauen und – wenn sie möchten – an einem Bildschirm die PMR-Simulation, die sie bis gerade selbst noch gespielt haben, aus einer anderen Perspektive anschauen. Vielleicht sehen sie dann ihren eigenen Avatar inaktiv im Bett liegen, so wie es „Astralreisende" häufig am Beginn ihrer außerkörperlichen Erfahrungen tun und wie man es auch von Nahtoderfahrungen kennt. Aus der Beobachterposition könnten sie theoretisch jeden beliebigen Ort der PMR-Simulation betrachten, sofern sie im Computerspieleladen (NPMR) den Zugang zu einem Computer finden, der die entsprechenden Daten bereitstellt. Statt vom Computerspieleladen aus die PMR-Simulation zu beobachten, könnten die Gamer ihre Spielpause aber auch dazu nutzen, den Computerspieleladen selbst zu erkunden. Sie könnten zum Beispiel die verschiedenen Gänge und Räume des Ladens inspizieren und Kontakt mit anderen Anwesenden aufnehmen. So wie es in einem großen Laden mehrere Gänge und Räume gibt, existieren laut Campbell in nichtphysischen Realitäten (NPMR) verschiedene Bereiche und Ebenen. Erfahrene Astralreisende, die außerkörperliche Erfahrungen gezielt generieren, um NMPR zu erforschen, gleichen insofern Entdeckern, die unbekannte Welten erkunden. Zu einem solchen Entdecker zählt sich auch Thomas Campbell selbst. Seit den 1970er Jahren experimentiert er mit außerkörperlichen Erfahrungen, um Wissen über die metaphysischen Strukturen unseres Daseins zu erlangen.[94] Dazu kam es, nachdem er eher zufällig einen gewissen Robert Monroe kennenlernte.

Campbells Forschung am Monroe Institut

Robert Monroe (1915-1995) war ein erfolgreicher US-amerikanischer Unternehmer. Unter anderem besaß er eine Musikproduktionsfirma und mehrere Radiosender. Nach eigenen Angaben erlebte Monroe seit 1958 unzählige außerkörperliche Erfahrungen – zuerst spontan und ungewollt, später dann gezielt. Monroe war von seinen Erfah-

---

[94] Ausführlich berichtet er davon im ersten Teil seiner Buchtrilogie, siehe Campbell, Thomas: My Big TOE. Meine große Theorie von Allem, Buch Eins: Erwachen, 2018

rungen derart überwältigt, dass er beschloss, das Phänomen auch
wissenschaftlich zu untersuchen. Zu diesem Zweck gründete er das
„Monroe Institute" im US-Bundesstaat Virginia, das bis heute fortbesteht. In den 1970er Jahren machte er seine Erfahrungen in „Journeys
Out of the Body" publik.[95] Es war weltweit eines der ersten Bücher
zum Thema „außerkörperliche Erfahrungen" überhaupt.

Das Buch weckte auch das Interesse von Campbells damaligem Vor-
gesetzten, der von Campbell wissen wollte, was er davon hält. Um
das besser beurteilen zu können, beschloss Campbell, Robert Monroe
zu besuchen. Dabei gewann er den Eindruck, dass es sich bei Monroe
um einen integren und authentischen Mann handelt. Im Übrigen
wirkte Monroes Anwesen auf Campbell viel zu imposant, als dass
Monroe als wohlhabender Unternehmer es nötig gehabt hätte, mit einem Buch über erfundene Bewusstseinserfahrungen Geld zu verdienen. So schlussfolgerte Campbell, dass er die Geschichte mit den außerkörperlichen Erfahrungen ernst nehmen und der Sache auf den
Grund gehen müsse. Hierfür arbeitete er fortan mit Monroe zusammen. Die beiden experimentierten mit verschiedenen Verfahren, um
außerkörperliche Erfahrungen herbeizuführen und sie zielgerichtet
zur Erforschung nichtphysischer Realitäten einzusetzen. Schon bald
gelang es Campbell seiner eigenen Darstellung folgend, zuverlässig
und zielsicher in den außerkörperlichen Zustand einzutreten und die
Welten zu erkunden, die sich ihm dann darboten. Nach drei Jahrzehnten außerkörperlicher Forschung entwarf er auf dieser Basis seine „große Theorie von Allem", die Gegenstand dieses Kapitels ist.

Die Tatsache, dass Campell sein Wissen auf eine Weise erlangt hat,
die für „Nicht-Astralreisende" absolut nicht nachvollziehbar ist, stellt
für ein wissenschaftlich geschultes Publikum natürlich eine schwer
verdauliche Herausforderung dar. Als Außenstehender kann niemand feststellen, was Campbell auf seinen außerkörperlichen „Reisen" erlebt hat. Die Herleitung seiner Theorie ist darum in einem

---

[95] So lautete der Originaltitel aus dem Jahr 1973. Eine deutsche Übersetzung mit
dem Titel „Der Mann mit den zwei Leben" erschien 1986 (Monroe, Robert: Der
Mann mit den zwei Leben. Reisen außerhalb des Körpers. München 1986).

klassisch-wissenschaftlichen Sinne, also *objektiv*, nicht überprüfbar. Deshalb wird Campbells Arbeit unter Akademikern auch nicht diskutiert. Weil die gewöhnliche Physik außerkörperliche Erfahrungen als Halluzination des Gehirns abtut, stuft sie Campbell und das Monroe-Institut als pseudowissenschaftlich ein.

Hier zeigt sich wieder die Unvereinbarkeit zweier Paradigmen (siehe Kapitel 1.3.3: Starre Paradigmen und kognitive Dissonanz). Der Materialismus der Naturwissenschaften lässt nun mal keine paranormalen Phänomene, keine außerkörperlichen Erfahrungen und keine nichtphysischen Welten zu. Als real gilt nur, was objektiv und wiederholt überprüfbar ist. Mit solch einem Paradigma lässt sich die jenseits des materiellen Universums liegende Wirklichkeit aber nicht erfassen. Umso bedauerlicher ist es, dass potenziell aufschlussreiche Ansätze wie Campbells Simulationstheorie bislang ignoriert werden. Dass Campbells Theorie in vielerlei Hinsicht objektiv nicht überprüfbar ist, kann und sollte bei der Suche nach Wahrheit nicht als Ausschlusskriterium gelten. Denn wenn es um Forschung im Bereich des Metaphysischen geht, liegt Subjektivität notwendigerweise in der Natur der Sache. Eine *objektive* Erforschung von Bewusstsein ist gar nicht möglich. Bewusstsein kann man ja weder sehen noch anfassen. Oder um es mit unserer bewährten Analogie auszudrücken: Es gibt keine Möglichkeit, *innerhalb* eines Videospiels irgendeine Art von Messung vorzunehmen, die uns Aufschluss über das Wesen der Gamer und über die Beschaffenheit des Videospieleladens geben könnte.

Der Weg zum Bewusstsein ist darum ein Weg in das Innerweltliche. Die objektive Vermessung der materiellen Außenwelt hilft uns an der Stelle einfach nicht weiter. Jeder kann nur sein eigenes Bewusstsein spüren und seine eigenen Erfahrungen machen. Zwar könnten im besten Fall zwei oder mehr Menschen unabhängig voneinander Astralreisen unternehmen, die sie an denselben metaphysischen Ort führen. Sofern alle Astralreisenden nach ihrer Rückkehr übereinstimmend von den gleichen Erlebnissen berichten, wäre das ein starkes Indiz dafür, dass die metaphysische Erfahrung *objektiv* stattgefunden hat und nicht nur subjektiv halluziniert wurde. Genau dies haben Campbell und ein weiterer Kollege am Monroe Institut (Dennis Mennerich) nach eigenen Angaben auch wiederholt erfolgreich vollbracht. Aber auch hier bleibt das Erlebte exklusiv im Geiste der Beteiligten selbst und ist durch Dritte nicht überprüfbar – anders als bei Messdaten oder Videoaufzeichnungen eines Laborversuchs mit gegenständlicher Materie.

Campbell ist sich dieser erkenntnistheoretischen Schwierigkeit durchaus bewusst. Aus eben diesem Grund lautet der vollständige Titel seiner Buchtrilogie „*My* Big Theory Of Everything", also „*Meine* große Theorie von Allem". Das „*My*" will keinen Stolz und keine Selbstverliebtheit ausdrücken. Im Sinne der hier besprochenen Problematik verweist Campbell damit bloß auf den Umstand, dass seine Theorie auf *seiner subjektiven* Bewusstseinsforschung basiert. Campbell lädt jeden seiner Leser dazu ein, durch regelmäßige Meditationspraxis eigene Bewusstseinserfahrungen zu machen, die dazu dienen können, die ein oder andere Kernaussage seiner Theorie zu überprüfen und sich im Falle eines Widerspruchs eine alternative Theorie zu erschaffen. Das Problem bei dieser Art von Überprüfung ist nur, dass sie für die große Mehrheit der Menschheit nicht so leicht realisierbar ist. Es mag haufenweise Ratgeberliteratur zur Herbeiführung außerkörperlicher Erfahrungen geben.[96] Eine stets zuverlässige und zielsichere Anwendung von Astralreisen zu Forschungszwecken dürfte dennoch nur den Allerwenigsten gelingen.

---

[96] Um in alphabetischer Reihenfolge nur einige Beispiele zu nennen: Buhlman, William: Out of Body. Astralreisen - Das letzte Abenteuer der Menschheit, München 2010; Brennon, James H.: Astral-Projektion - Anleitung zu außerkörperlichen Erfahrungen, Darmstadt 2007; Dodson, Frederick E.: Astralreisen. Das ultimative Trainingshandbuch für alle, die schon immer außerkörperliche Erfahrungen machen wollten, Leipzig 2002; Schwartz, Andreas: Astralreisen. Die ultimative Anleitung für außerkörperliche Erfahrungen, Hamburg 2017; Stejnar, Emil: Außerkörperliche Erfahrungen. Wie man lernt, ohne seinen Körper zu leben, Mödling 2022.

Was es mit unserem Gehirn auf sich hat

Im zweiten Kapitel (2.2: Wo steckt unser Bewusstsein? Ungelöste Rätsel der Hirnforschung) hatten wir uns mit dem größten Rätsel der heutigen Neurologie befasst, nämlich der Frage, wie im Gehirn das Bewusstsein entsteht. Schnell wurde klar, dass diese Frage womöglich falsch gestellt ist, weil sie impliziert, dass Bewusstsein auf jeden Fall *im* Gehirn *entsteht*. Würde man hingegen von einem alternativen Modell des Bewusstseins als einer fundamentalen metaphysischen Substanz ausgehen, würde sich das Rätsel ganz anders darstellen: Wie interagiert das nichtphysische Bewusstsein mit dem physischen Gehirn? Wie funktionieren Informationsvermittlung und Kausalwirkung in beide Richtungen? Und wie muss man sich die Schnittstellen genau vorstellen?

Während Rupert Sheldrake diesen Fragen mit Verweis auf sein Konzept der „morphischen Resonanz" begegnet (siehe Kapitel 4.2.1) und Burkhard Heim „Telekorsyntroklinen" postuliert (siehe Kapitel 4.2.2), ergibt sich aus Campbells Theorie eine geradezu aberwitzig anmutende Lösung: Es gibt gar kein physisches Gehirn! Und damit erübrigt sich auch die Notwendigkeit, eine Schnittstelle zwischen Bewusstsein und Gehirn zu suchen:

„Es wird fälschlicherweise oft angenommen, dass das Gehirn als Signalumwandler und begrenzender Filter zwischen den physischen und nicht-physischen Komponenten des Daseins fungiert [...]. Es gibt [aber] keine ‚physischen Komponenten des Wesens' [...] ."[97]

Laut Campbell ist unser Gehirn – wie alles andere in PMR auch – bloß *simuliert*, also *virtuell*. Insofern hat das Gehirn keine wirklichen Aufgaben. Es speichert nichts, es denkt nicht und es vermittelt nichts – all das geschieht auf der Ebene unseres Bewusstseins. Dass verschiedene Bewusstseinszustände nachweislich mit je verschiedenen bioelektrischen und biochemischen Aktivitäten im Gehirn einhergehen, zeigt für Campbell nicht mehr, als dass die Simulation sehr aus-

---

[97] Campbell, Thomas: My Big TOE. Meine große Theorie von Allem, Buch Zwei: Entdeckung, 2021, S. 436

gefeilt funktioniert. Jedes Mal, wenn wir als FWAU einen bestimmten Gedanken denken oder ein bestimmtes Gefühl annehmen, nutzt das LCS die entsprechenden Informationen, um im virtuellen Gehirn unseres virtuellen Avatars eine entsprechende neuronale Aktivität zu simulieren. Auch unsere körperlichen Reaktionen wie Weinen oder Lachen werden nicht etwa vom Gehirn *gesteuert*, sondern *korrelieren* bloß mit simulierten Aktivitätsmustern im Gehrin. Die Steuerung sämtlicher Körperaktivität obliegt wie die Simulation der Gehirnaktivität auch dem LCS, das die Gedanken und Gefühle unseres Bewusstseins in entsprechende Reaktionen des Avatars übersetzt und umgekehrt Einwirkungen auf den Avatar in der PMR-Simulation (eingehende Sinnesreize) mit Datenströmen verknüpft, die unserem Bewusstsein (FWAU) in NPMR zugespielt werden. So entstehen Kälte, Hitze, Druck und Schmerz nicht im Gehirn, sondern in unserer FWAU. Was sich währenddessen in unseren Nervenbahnen und im Gehirn abspielt, ist bloß *virtueller* Natur und damit nichts weiter als ein *sichtbarer Ausdruck* unseres Bewusstseinszustandes in einer extrem detailreich „programmierten" Simulation.

Alles, was in PMR mit dem virtuellen Gehirn geschieht, ist dieser Argumentation folgend nur ein Resultat der Anwendung des Regelsatzes der Simulation, also derjenigen Regeln, die wir als „Naturgesetze" empfinden, die aber eigentlich nur „Spielregeln" eines Computerspiels gleichen. Schauen wir uns hierzu einige Beispiele an:

Wenn ein Avatar in der PMR-Simulation bestimmte virtuelle Substanzen wie Schmerzmittel oder Antidepressiva zu sich nimmt, schreiben die „programmierten Spielregeln" der Simulation vor, dass sich die Aktivitätenmuster im virtuellen Gehirn des Avatars in einer ganz bestimmten Weise verändern und *zugleich* der Spieler des betreffenden Avatars (FWAU) einen modifizierten Datenstrom erhält, der einen geringeren Anteil an Schmerz oder Niedergeschlagenheit enthält, sodass sich das Spielerlebnis des Spielers verändert. Was aus Perspektive der klassischen Medizin so aussieht, als habe *Materie* (eine pharmazeutische Substanz) eine Veränderung der Gehirnchemie und damit einhergehend eine Veränderung des Bewusstseinszustandes bewirkt, basiert laut Campbell bloß auf einer *Anwendung des Regelsatzes* der Spielsimulation durch das LCS.

Ähnliches geschieht bei der Einnahme von Drogen. Naturwissenschaftler deuten die daraufhin beobachtbaren Ereignisse als eine Folge natürlicher, wissenschaftlich feststellbarer Gesetzmäßigkeiten, wonach bestimmte Substanzen die Hirnaktivitäten modifizieren, *woraufhin* sich eine je nach Droge erweiternde oder eingetrübte Wahrnehmung einstellt. Bei Campbell gibt es jedoch keinen Ursache-Wirkungs-Zusammenhang zwischen Gehirn und Bewusstsein – er ist bloß simuliert. Der *Anschein* der Verursachung ergibt sich aus der Tatsache, dass die Veränderungen von *virtueller* Gehirnaktivität und Bewusstseinszustand *gleichzeitig* erfolgen – und zwar jeweils gesteuert durch das LCS. Was dahintersteckt, sind nicht die vermeintlichen Wirkungen von materiellen Substanzen, sondern die „Spielregeln" der PMR-Simulation. Im Falle von Drogenkonsum sehen diese Spielregeln vor, dass die Spieler je nach Art und Menge der konsumierten Droge modifizierte Datenströme erhalten, die der FWAU trübe oder geweitete, beängstigende oder beglückende Erfahrungen darbieten. Weder *ursächlich* oder als *Folge* dessen, sondern bloß *parallel* dazu wird zugleich der virtuelle Avatar des Drogenkonsumenten samt seines virtuellen Gehirns in einer veränderten Weise gerendert werden, zum Beispiel derart, dass die Gesichtsfarbe in PMR blasser erscheint, die Pupillen geweitet sind und sich die neuronalen Aktivitäten im Gehirn auf bestimmte Stellen konzentrieren, die zuvor weniger aktiv waren – wobei dasjenige, was genau im Gehirn passiert, sowieso nur gerendert werden muss, wenn Ärzte oder Forscher die Gehirnaktivität des Avatars messen.

Was geschieht aber, wenn uns neuronale Krankheiten wie Demenz ereilen oder unser Gehirn durch einen Unfall beschädigt wird? Auch hier greift das, was aus Campbells Sicht der Dinge nur eine Anwendung von „Spielregeln" bedeutet: Wird das Hirn eines Avatars in der Simulation geschädigt, muss das Gehirn entsprechend zerstört dargestellt werden. *Zugleich* müssen auch die Informationsströme, die der Spieler des Avatars (die FWAU) empfängt und aussendet, reduziert werden. Weil der FWAU dann seitens des LCS bestimmte Datentransfers vorenthalten und verwehrt bleiben, kann der Spieler das Spielgeschehen nicht mehr vollumfänglich wahrnehmen und seinen Avatar nicht mehr vollständig kontrollieren. So kommt es, dass hirngeschädigte Menschen nicht mehr richtig sprechen oder ihren Körper nicht mehr richtig bewegen können, dass sie nicht gut hören und sehen, ihr Gedächtnis verlieren und verwirrt wirken. Dabei sind ihr Gedächtnis und ihr Bewusstsein im Grunde unbeschädigt. Als FWAU sind die Spieler hinter den erkrankten Menschen-Avataren ja vollkommen „intakt". Gestört oder gar blockiert sind nur gewisse Datenströme, die eine FWAU mit Informationen versorgen und mit denen die FWAU den Avatar steuern kann. Und so erlebt eine FWAU, selbst wenn sie vollkommen „intakt" ist, nicht etwa ihr „reines", sondern ein massiv eingeschränktes Bewusstsein. Stellen Sie sich vor, Sie würden in einer VR-Brille ein verzerrtes Bild sehen und zugleich über Ihre Kopfhörer ein unangenehmes Rauschen wahrnehmen. Ihre Spielfigur könnten Sie nicht mehr richtig steuern, weil Ihr Avatar in der Spielsimulation derart geschädigt wurde, dass er gemäß den Spielregeln weder laufen noch sprechen kann. Das wäre gewiss keine schöne Spielerfahrung. Sie endete erst dann, wenn die Beeinträchtigungen vorübergingen (Genesung) oder die schmerzliche Spielerfahrung durch den physischen Tod des Avatars beendet würde (Ausziehen der VR-Brille).

Wenn in Einzelfällen die „Spielregeln" missachtet werden und hirnkranke Patienten trotz beschädigtem Gehirn dauerhaft (wie beim französischen Patienten mit dem Wasserkopf)[98] oder kurzzeitig (wie

---

[98] Diesen Fall hatte ich in Kapitel 2.2.2 (Unerklärliche Anomalien: Volles Bewusstsein trotz beschädigtem Gehirn) ausführlich beschrieben. Er handelt von einem französischen Mann, der nur noch über 10 Prozent seines ursprünglichen Gehirnvolumens verfügt, aber dennoch ein ganz normales Leben führt. Der Fall wurde erstmals 2007 in der renommierten medizinischen Fachzeitschrift „The Lancet" vorgestellt. Vgl. Feulliet, Lionel; Dufour, Henry; Pelletier, Jean: Brain of a white-collar worker, in: The Lancet 2007, Vol. 370, S. 262. Der Artikel ist online abrufbar unter der URL: https://www.thelancet.com/journals/lancet/article/PI-IS0140-6736(07)61127-1/fulltext [Stand: 2024]

bei Fällen terminaler Geistesklarheit)[99] ihre vollen Fähigkeiten behalten beziehungsweise zurückerlangen, wäre das mit Campbells PSI-Unschärfe-Prinzip erklärbar: Seltene Ausnahmen von der Regel dienen dazu, Spieler „aufzuwecken", die zur Steigerung ihrer Bewusstseinsqualität solche subtilen Hinweise auf eine größere Realität gebrauchen können. Zugleich sind solche Ausnahmen aber selten genug, dass sie von denjenigen Spielern, denen das Wissen um eine größere Realität in ihrer derzeitigen Entwicklungsphase unzuträglich wäre, ohne Weiteres übersehen und übergangen werden können.

Fazit: Wie „wahr" ist Campbells Simulationstheorie?

Aus meiner Sicht ist es doch erstaunlich, mit welcher Leichtigkeit Campbells Simulationstheorie nicht nur die Paradoxien der Quantenphysik und die Konstanz der Lichtgeschwindigkeit, sondern auch sämtliche paranormalen Phänomene sowie die Geist-Gehirn-Problematik entschlüsseln kann. Zugegebenermaßen sind die Annahmen, die er hierfür zugrunde legen muss, mehr als nur gewöhnungsbedürftig und für viele Menschen vielleicht sogar inakzeptabel. Konsequent angewendet entfalten sie aber eine recht hohe Erklärungskraft.

Ob Campbells Modell damit die Wirklichkeit akkurat beschreibt, steht auf einem anderen Blatt. Ein Modell entspricht niemals der Wahrheit selbst. Als Versuch eines Abbildes stellt es bestenfalls einen funktionierenden Interpretationsrahmen zur Verfügung. Gerade wenn es um das Metaphysische geht, lässt sich der Wahrheitsgehalt eines Modells – wie weiter oben begründet – *objektiv* nicht mehr ein-

---

[99] Bei terminaler Geistesklarheit erlangen Alzheimer-Patienten kurz vor ihrem Tod für kurze Zeit ihr volles Bewusstsein zurück, können Angehörige wiedererkennen und sich ganz normal unterhalten. Oft verabschieden sich die Patienten in dieser kurzen Phase von ihren Angehörigen, ehe sie dann wenige Tage oder gar nur Stunden später sterben. Das Phänomen wurde ebenfalls in Kapitel 2.2.2 (Unerklärliche Anomalien: Volles Bewusstsein trotz beschädigtem Gehirn) beschrieben und ist Gegenstand parapsychologischer Forschung, etwa durch Dr. Michael Nahm (vgl. Nahm, Michael: Terminale Geistesklarheit. Wenn die Dunkelheit ein Ende findet, Amerang 2012).

schätzen. Folgen wir Campbells Ratschlag, müssten wir schon selbst außerkörperliche Erfahrungen machen, die es uns erlauben würden, den einen oder anderen Aspekt seiner Theorie zu überprüfen und gegebenenfalls zu korrigieren. Leider dürfte dieser Weg für die Wenigsten von uns gangbar sein. Außerkörperliches Reisen ist halt doch nochmal eine andere Hausnummer als eine Urlaubsreise in „PMR". Nur wenn Sie beharrlich genug üben und bestenfalls auch ein gewisses „Talent" mitbringen, bestünde eine realistische Chance (siehe Kapitel 3.3.5: Überprüfung außerkörperlicher Erfahrungen). Ansonsten bliebe Ihnen vorerst nur, die Unwissenheit auszuhalten und behelfsmäßig mit denjenigen Modellen zu hantieren, die bei der geringsten Zahl von Grundannahmen die größtmögliche Zahl von gewöhnlichen (physikalischen) und ungewöhnlichen (paranormalen) Phänomenen erklären können. Campbells Simulationstheorie dürfte sich hierbei als durchaus brauchbar erweisen: Sie erhält und enthält die bestehende Naturwissenschaft vollständig als „PMR"-Wissenschaft, sodass sie all das erklären kann, was auch die heutige Physik erklären kann. Zusätzlich kann sie auf Basis von nur zwei Axiomen (Bewusstsein als fundamentale Substanz, Evolution als fundamentaler Prozess – siehe hierzu den Beginn dieses Kapitels 4.2.3) auch all dasjenige deuten, was die Naturwissenschaft nicht erklären kann beziehungsweise ignoriert: Die bewusstseinsbasierte Wirklichkeit hinter unserem physischen Universum mitsamt der von ihr ausgehenden paranormalen Phänomene.

4.3 Eine mythologische Annäherung

Für die Existenz einer metaphysischen Wirklichkeit jenseits der materiellen Welt gibt es starke Indizien (siehe Kapitel 3: Ungewöhnliche Phänomene als Indizienbeweise für eine metaphysische Hintergrundrealität). Wie diese metaphysische Wirklichkeit beschaffen ist und was der Sinn des Ganzen ist, lässt sich hingegen nicht so leicht erfassen. Die Erforschung des Metaphysischen entzieht sich der Methodik gewöhnlicher Wissenschaft und kann sich nur durch subjektive Erfahrung vollziehen. Die wissenschaftlichen Modelle, die wir im vorigen Kapitel 4.2 kennengelernt hatten, stellen allenfalls spekulative Annäherungen an diese Wirklichkeit dar. Ob sie der Wahrheit entsprechen, lässt sich nicht abschließend beweisen. Das sollte aber auch nicht der Anspruch sein, den wir an diese Modelle richten. Es wäre bereits ein bedeutender Fortschritt gegenüber der materialistischen Naturwissenschaft, wenn diese Modelle helfen, verschiedene Phänomene und Rätsel plausibel zu *deuten* – sei es in Bezug auf das Paranormale, den Sinn des Lebens oder das Leben nach dem Tod. In dieser Hinsicht funktionieren die Modelle zum Teil sehr gut. Jedenfalls funktionieren sie besser als das bestehende Paradigma der Naturwissenschaft, das auf die großen Fragen des Lebens nicht die geringste Antwort zulässt.

Bemerkenswerterweise enthalten die wissenschaftlichen Modelle aus Kapitel 4.2 etliche Parallelen zu alten Mythologien, großen Religionen und zeitgenössischen Channelings. Bemerkenswert ist das deshalb, weil weder Sheldrake noch Heim oder Campbell religiöse Menschen sind. Sie alle sind ausgebildete Wissenschaftler und von einer zutiefst rationalen Denkweise geprägt. Sollten diese Wissenschaftler mit ihren theoretischen Deutungen auf der richtigen Fährte sein und dabei zu ähnlichen Schlussfolgerungen gelangen, wie sie sich zumindest in einigen Kernaspekten seit hunderten oder gar tausenden von Jahren im Glauben verschiedenster Kulturen niederschlagen, drängt sich aus meiner Sicht ein Verdacht auf: Vielleicht hatten medial begabte Menschen schon immer Zugang zu metaphysischen Seinsbereichen, von denen sie anderen erzählten. Ihre Berichte nährten dann die Glaubenssysteme ihrer jeweiligen Kultur. Je nach gesellschaftlichen Machtstrukturen kleideten sich diese Glaubenssysteme in das Gewand unterschiedlicher institutioneller Formen und Praktiken. Die ursprünglichen Erzählungen mögen dabei mitunter pervertiert und entstellt worden sein. Fakt ist jedenfalls, dass sich quer durch alle Mythologien und Religionen häufig wiederkehrende Muster feststellen lassen (dazu gleich mehr). Folglich muss es eine gemeinsame Inspirationsquelle geben, aus der die Menschheit seit jeher ihre religiösen Überzeugungen ableitet.

Naturwissenschaftler würden unterstellen, dass diese Inspirationsquelle bloß unser menschliches Wunschdenken sei und alle Glaubenssysteme letztlich unserer eigenen Fantasie entspringen. Da wir aber spätestens seit dem dritten Kapitel wissen, dass es tatsächlich eine metaphysische Hintergrundrealität geben muss und außerdem „dimensionsübergreifende" Kommunikation stattfinden kann (siehe Kapitel 3.1.6: Studien zur Medialität), sollten wir zumindest die Möglichkeit in Betracht ziehen, dass die Quelle unserer Glaubensüberzeugungen nicht (nur) in unserer Fantasie, sondern (auch) in realen Wahrnehmungen und Erfahrungen gründen könnte. Vielleicht litten nicht alle Visionäre, Propheten, Seher, Magier, Mystiker, Hexen, Schamanen, Priester und Heilige an krankhaften Halluzinationen und Wahnvorstellungen, als ihnen unerklärliche Wunder, tiefgreifende Erweckungserlebnisse oder übernatürliche Begegnungen widerfuhren. Vielleicht erlebten sie authentische paranormale Erfahrungen, auf deren Basis die damaligen Gesellschaften entsprechend ihrem jeweiligen kulturellen Bezugsrahmen passende Mythen und Religionen strickten.

Interessanterweise gibt es in der gesamten Weltgeschichte nur eine einzige Kultur, die die Existenz nichtphysischer Seinsbereiche für Nonsens hält: Wir – die aufgeklärte Moderne. Alle anderen Menschen glauben und haben immer geglaubt, dass es mehr gibt als nur das, was man sehen und anfassen kann. Sind diese Menschen deshalb rückständig und wir fortschrittlich? Gemessen an unseren technischen und wissenschaftlichen Leistungen mag das so erscheinen. Bedenken Sie aber bitte, dass es auch nur eine einzige Kultur gibt, die die Menschheit mit ihrer technologischen Potenz und ihrer wirtschaftlichen Gier an den Rand der Selbstzerstörung gebracht hat: Wir – die aufgeklärte Moderne. Wir sind im wahrsten Sinne des Wortes entgrenzt und entwurzelt. Uns fehlt jegliche Rückbindung an unsere metaphysische Quelle.

Im Folgenden möchte ich zeigen, in welchen grundlegenden Aspekten sich verschiedene Glaubenssysteme nicht nur untereinander ähneln, sondern überdies auch mit den theoretischen Realitätsmodellen von Sheldrake, Heim und Campbell sowie den philosophischen Überlegungen des Idealismus übereinstimmen. Möglicherweise lässt sich aus dieser übergreifenden und vergleichenden Spurensuche eine Art gemeinsame Essenz über das Wesen der Wirklichkeit und den Sinn unseres Daseins ableiten – und zwar ganz ohne Glauben, allein mittels Plausibilitätsüberlegungen und logischen Abwägungen. Freilich bleibt auch dieser Versuch nur eine Annäherung. Wir starten bei den großen Weltreligionen (4.3.1), da uns diese am vertrautesten sind. Anschließend schauen wir uns mythologische Erzählungen vergangener Kulturen (4.3.2) sowie mutmaßlich gechannelte Botschaften der jüngeren Vergangenheit an (4.3.3).

4.3.1 Parallelen in den großen Religionen

Die erste und grundlegendste Gemeinsamkeit zwischen allen großen Religionen lautet, dass die Welt und der Mensch mehr sind als nur materielle Gebilde. Des Weiteren sehen alle Religionen einen höheren Sinn beziehungsweise ein höheres Ziel in unserem Dasein. Schließlich sind sich auch alle Religionen einig, dass der physische Tod des Menschen nicht dessen Ende bedeutet.

Schöpfung und Menschenbild

Judentum, Christentum und Islam sind bekanntlich drei eng verwandte Religionen. Sie alle beziehen sich auf Abraham als ihren Stammvater und glauben gemeinsam an den Gott Abrahams. Die Juden nennen ihn „Jahwe", die Christen „Gott" und die Muslime „Allah". Juden, Christen und Muslime halten Gott für ein geistiges, bewusstes, einheitliches Wesen. Im Christentum hat sich mit dem Konzil von Konstantinopel seit dem Jahr 381 n. Chr. die Trinitätslehre durchgesetzt, der zufolge sich Gott in drei Formen – nämlich Vater, Sohn und Heiliger Geist – verwirklicht. Trotzdem wird Gott dabei als ein *einheitliches* Wesen gedacht. Vater, Sohn und Heiliger Geist sind bloß verschiedene Ausprägungen oder Personen desselben Gottes (Dreifaltigkeit, Drei*einigkeit*).

Gott ist nach Meinung aller abrahamitischen Religionen der Schöpfer unseres physischen Universums. Oder anders ausgedrückt: Ohne Gott kann das physische Universum nicht existieren. Es hat keine objektive, von Gott unabhängige, eigenständige Existenz. Der Mensch nimmt eine besondere Stellung ein, denn Gott schuf ihn *nach seinem Ebenbild*, und zwar als Mann und Frau (Genesis 1, 26-27). Ebenbildlichkeit bedeutet Ähnlichkeit. Im Menschen offenbart sich Gott demnach selbst, der Schöpfer nimmt im Menschen Teil an seiner Schöpfung. Das tut er ausgehend von einer Dualität der Geschlechter.

Das Prinzip der Dualität zeigt sich auch in anderen Religionen, insbesondere im Yin (weibliche Kraft) und Yang (männliche Kraft) des chinesischen Taoismus. Auch die Selbstähnlichkeit des Schöpfers mit seiner Schöpfung ist ein zentrales Motiv sowohl des Taoismus als auch der beiden anderen großen Religionen Asiens, dem Hinduismus und dem Buddhismus. In diesen Religionen bleibt die Wesensähnlichkeit mit dem Göttlichen allerdings nicht nur auf den Menschen beschränkt. Anders als bei den abrahamitischen Religionen betrachten fernöstliche Religionen den Unterschied zwischen Tieren und Menschen als einen *graduellen*.

Im Hinduismus geht die Schöpfung des Universums auf „Brahman" zurück, in der alten chinesischen Religion auf „Tao". Brahman beziehungsweise Tao werden nicht im Sinne einer persönlichen Gottheit verstanden, sondern als eine Art abstrakte Urkraft, aus der heraus alles, was ist, entsteht und die alles, was ist, integriert. Zwar gibt es im Hinduismus auch den Schöpfergott „Brahma" (ohne „n" am Ende). Dieser stellt aber nur eine Art Personifizierung des Schöpferprinzips des ursprünglichen, absoluten „Brahman" (mit „n" am Ende) dar, ist also von Brahman abgeleitet.

Brahman ist im Hinduismus eng mit „Atman" verbunden. Atman wird häufig mit Seele übersetzt. Im Hinduismus hat jedes Geschöpf eine Seele, auch Tiere und Pflanzen. Atman bezeichnet den inneren, ewigen Kern eines jeden Geschöpfes. Spirituelle Lehren bezeichnen ihn gerne als „höheres Selbst". Als das „Göttliche" in uns ist es frei von Ego von allen Ängsten, Trieben, Leidenschaften und Verhängnissen, denen wir in unserer irdischen Lebensrealität ausgeliefert sind. Atman ist unzerstörbar und unsterblich, weil Atman als das „Göttliche" in uns aus dem ewigen und absoluten Brahman selbst hervorgeht und insofern selbst ewig existiert. Modern gesprochen könnte man Atman wie eine fraktale Abspaltung von Brahman interpretierten. „Fraktal" bedeutet *selbstähnlich*: Etwas, was auf höherer Ebene existiert (hier: Brahman), zeigt sich in gleicher Weise auf einer tieferen Ebene (hier: Atman). In Thomas Campbells Simulationstheorie (siehe Kapitel 4.2.3) finden wir dasselbe Prinzip: Das ursprünglich ungeteilte Bewusstsein „Absolute Unbounded Oneness" (AUO, vergleichbar mit Brahman) teilt sich auf und erzeugt verschachtelte Untereinheiten von sich selbst, bis hin zur „Individuated Unit of Consciousness" (IUOC, vergleichbar mit Atman). Platon postuliert ebenfalls ein höchstes, geistiges Sein (das „Gute", vergleichbar mit Brahman) als Ausgangspunkt der gesamten Schöpfung sowie davon abgeleitete Seelen (vergleichbar mit Atman), die materielle Körper beleben und die Schöpfung in Gang halten (siehe Kapitel 4.1.2). Meines Erachtens lässt sich das Prinzip der Selbstähnlichkeit auch im Motiv der Ebenbildlichkeit der jüdischen, christlichen und islamischen Tradition finden – freilich mit dem entscheidenden Unterschied, dass sich die Ebenbildlichkeit der Seele (vergleichbar mit Atman) zu Gott (vergleichbar mit Brahman) in den abrahamitischen Religionen exklusiv auf den Menschen beschränkt.

Wenn der Mensch Gott beziehungsweise dem Göttlichen ähnlich ist, dann muss sich diese Wesensgleichheit irgendwie spüren lassen beziehungsweise äußern können. *Spüren* lässt sie sich nach Meinung der abrahamitischen Religionen im Gebet, also in der inneren Zuwendung zu Gott. Mystiker aller Religionen versuchen darüber hinaus mittels verschiedenster Meditationspraktiken Gott beziehungsweise das Göttliche unmittelbar zu erfahren – man denke etwa an die Derwische im islamischen Sufismus mit ihren Trance-Tänzen.[100] Laut

---

[100] Diese und viele weitere Praktiken werden ausführlich beschrieben in: Wolz-Gottwald, Eckard: Die Mystik in den Weltreligionen. Spirituelle Wege und Übungsformen, Petersburg 2011

Hinduismus und Taoismus besteht eine Verbindung zum Göttlichen auch auf „energetischer" Ebene. Beide Weltanschauungen nehmen an, dass die gesamte Schöpfung durch eine göttliche Lebensenergie durchzogen und erhalten wird, die im Hinduismus „Prana" und im Taoismus „Chi" genannt wird. Berühmt ist in diesem Zusammenhang das spirituelle Konzept der „Chakren" als Energiezentren, in denen sich „Prana" sammelt, um durch den Körper zu strömen (siehe Abbildung 4.3.1a).

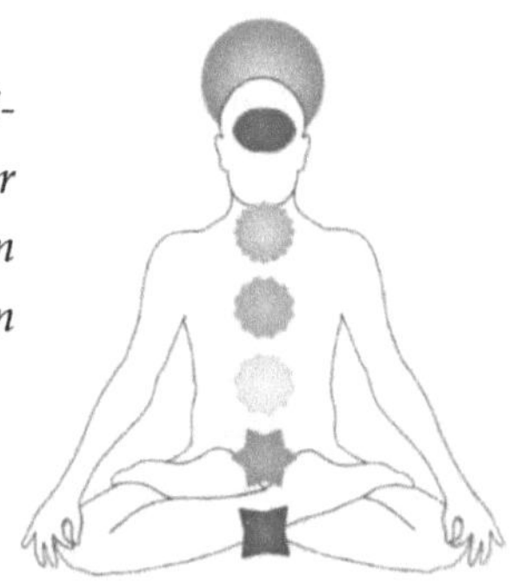

Abbildung 4.3.1a: Aus der hinduistischen Tradition stammt die Vorstellung, dass unser Körper durch sieben „feinstoffliche" Chakren an einen nichtphysischen Energiefluss (Prana) angebunden ist. Chakra bedeutet wörtlich „Rad" oder „Kreis". Quelle: https://upload.wikimedia.org/wikipedia/ commons/2/2a/Chakras_map.svg (gemeinfrei).

Bei gesunden, aktiven und charismatischen Menschen fließt „Prana" in Hülle und Fülle, bei kranken und phlegmatischen Menschen ist der Energiefluss blockiert. Die hier unterstellte Energie ist natürlich keine physische, sondern eine nichtphysische. Dementsprechend sind auch die Chakren und die sogenannten „Nadis", die Kanäle, durch die „Prana" im Körper fließt, nichtphysisch („feinstofflich").

Dass es unsichtbare Kanäle geben könnte, die materielle Körper zum Leben erwecken, hatte auch Burkhard Heim vermutet, als er mit seinen „Telekorsyntroklinen" metaphysische „Bahnen" postulierte, die Aktivitätenströme vermitteln (siehe Kapitel 4.2.2). Zwar liegen Heims diesbezüglichen Aussagen sehr weit von religiösen Vorstellungen entfernt, eine Ähnlichkeit im Prinzip ist dennoch unverkennbar. Auch Schopenhauers „Wille" meint nicht dasselbe wie Prana oder Chi, trotzdem finden wir hier ein Konzept vor, dass die Vitalität allen physischen Seins auf ein nicht-materielles Wirken zurückführt (siehe Kapitel 4.1.3). Sogar im Christentum gibt es mit dem „Heiligen Geist" eine Art von „metaphysischer Energie". Im Unterschied zu

Prana, Chi, Burkhard Heims Aktivitätenströmen und Schopenhauers Willen gilt der Heilige Geist den Christen aber nicht als abstrakte „Kraft", sondern als Person Gottes, die immer dann wirkt, wenn es Gott beliebt: *„Der Wind weht, wo er will"*, heißt es hierzu bildlich im Neuen Testament (Joh 3,8).

Äußern kann sich unsere Wesensähnlichkeit mit Gott beziehungsweise dem Göttlichen in unseren Taten. Alle Religionen betonen in unterschiedlich ausgeprägter Weise die Freiheit des menschlichen Willens.[101] Demnach liegt es an uns, ob wir die Wesensähnlichkeit zu Gott oder zum Göttlichen zur Entfaltung bringen oder nicht. Platon formuliert es in Bezug auf die Erkenntnis des „Guten" genauso und auch für Thomas Campbell ist Bewusstsein stets frei, sich zu entscheiden. Burkhard Heim unterstreicht ebenfalls die Möglichkeit, bewusste Willensentscheidungen als metaphysischen Akt zu vollziehen. Welche Art von Entscheidungen nach Ansicht der großen Religionen sinnvoller (gottähnlicher) als andere sind und welche Konsequenzen das für unser Weiterleben nach dem Tod mit sich bringt, sehen wir später.

Vergleicht man die Schöpfungsgeschichten der großen Weltreligionen noch etwas genauer, sticht eine weitere Gemeinsamkeit ins Auge: Bei (fast) allen Religionen nimmt die Schöpfung ihren Ausgangspunkt in einer Ausdifferenzierung von etwas zuvor Ungeteiltem. So beginnt das Buch Genesis mit einer Entzweiung: „Im Anfang erschuf Gott Himmel und Erde" (Genesis 1,1). Auch im Koran beginnt die Schöpfung mit der Auftrennung mehrerer Himmel und der Erde aus einer zuvor einheitlichen Masse. In Sure 21 heißt es:

„Sehen denn diejenigen, die ungläubig sind, nicht, dass die Himmel und die Erde eine zusammenhängende Masse waren? Da haben Wir sie getrennt

---

[101] Der Islam tut sich in dieser Hinsicht besonders schwer, weil der Koran einerseits eine göttliche Vorherbestimmung allen Geschehens annimmt (Prädestination). Andererseits gesteht er den Menschen eine Eigenverantwortung für ihre Taten zu. Die Frage, wie beides zusammenpasst, hat schon immer die großen Gelehrten des Islam herausgefordert. Vgl. Hattstein, Markus: Weltreligionen, Köln 1997, S. 98

und aus dem Wasser alles Lebendige gemacht. Wollen sie denn nicht glauben?" (Sure 21,30)

Fernöstlichen Religionen ist das lineare Geschichtsdenken fremd. Deshalb kennen sie keinen allerersten Startpunkt. Der Ur-Geist „Brahman" existiert in der Vorstellung der Hindus ewig und das Universum unterliegt einem ständigen Kreislauf von Weltschöpfung und Weltende. Geht eine Welt zu Ende, herrscht Weltenruhe und die Materie versinkt in eine undifferenzierte Ur-Substanz (*Prakriti*). Bahnt sich eine neue Welt an, wird die Materie durch „Brahma" zu einem neuen Universum entfaltet. Dabei ist jedes Universum immer nur eine *Kreation*, nur ein künstliches Gebilde, das aus sich selbst heraus gar nicht existieren könnte. Der *Anschein* einer objektiven und unabhängigen Realität des physischen Universums wird in den philosophischen Texten des Hinduismus „Maya" (Illusion, Täuschung, Trugbild) genannt.[102]

Was Hindus als „Brahman" bezeichnen, kennt die traditionelle Religion Chinas als „Tao". Als ungeteilte Einheit existiert das Tao ohne innere Differenz. In diesem Zustand gibt es nichts, was man unterscheiden und benennen könnte. Schöpfung beginnt darum auch im Taoismus mit einer Ausdifferenzierung: Aus dem Tao gehen die oben bereits erwähnten Urkräfte Yin und Yang hervor. Sie sind wie zwei Seiten des Ur-Einen und werden symbolisch in der Figur des Taiji (Tai Chi) dargestellt (siehe Abbildung 4.3.1b).

Abbildung 4.3.1b: „Tai Chi" bedeutet „Uranfang". Das All-Eine (Kreis) teilt sich in zwei Hälften: Yang (weiß) und Yin (schwarz). Die Punkte symbolisieren eine Verbindung beziehungsweise ein Wechselspiel beider Kräfte. Bildquelle: https://de.wikipedia.org/wiki/ Yin_und_Yang_(Symbol)#/media/Datei:Yin_and_Yang_symbol.svg (gemeinfrei).

---

[102] Vgl. Sivananda, Swami: Vedanta für Anfänger, Horn-Bad Meinberg 2023

Die Spannung beider Kräfte bewirkt laut Taoismus die Vielfältigkeit der materiellen Schöpfung, so wie sie sich uns offenbart, nämlich als Erleben von gegensätzlichen Polen: männlich – weiblich, Bewegung – Ruhe, hart – weich, Wärme – Kälte, hell – dunkel, Tag – Nacht, und so weiter. Auch die Trennung von Himmel und Erde basiert auf der Polarität von Yin und Yang: Die Erde wird als weibliches Yin und der Himmel als männliches Yang gedacht.[103]

Nun wird Ihnen sicherlich nicht entgangen sein, dass der Buddhismus beim bisherigen Vergleich der Weltreligionen ein wenig vernachlässigt wurde. Das liegt einfach daran, dass der Buddhismus keine wirkliche Schöpfungsgeschichte kennt und auch keine klassische Vorstellung von einem (abstrakten oder persönlichen) Gott oder einer klassischen Seele hat. Denn der historische Buddha (Siddhartha Gautama, 563 v.Chr. – 483 v.Chr.) hielt metaphysische Fragen für nicht beantwortbar und deren Erörterung nicht für zielführend. Als praktisch orientierter Religionsstifter ging es ihm zuvorderst darum, die Ursachen von Leid und die Möglichkeit zu seiner Überwindung auszuloten. Trotzdem basiert unser Universum auch im Buddhismus weder auf Zufall noch auf Materie. Vielmehr betrachtet der Buddhismus alles Seiende als substanzlos und spricht etwas kryptisch von einer „Leerheit".

Das Konzept der „Leerheit" ist schwer zu fassen. Es meint kein Nichts. Es meint bloß die Abwesenheit von Eigenexistenz. Alles, was ist, kann nach den Lehren Buddhas nur als aufeinander bezogen und miteinander verbunden verstanden werden, nicht aber als etwas Einzelnes, Feststehendes, das seine Substanz aus sich selbst schöpft. So sprechen Buddhisten sämtlichen Phänomenen im Universum stets nur eine „bedingte Entstehung" und niemals ein unabhängiges Sein zu.[104] Folgerichtig halten Buddhisten auch das eigene Ich für substanzlos. Wenn wir uns selbst in der Meditation erforschen, finden

---

[103] Vgl. Hattstein, Markus: Weltreligionen, Köln 1997, S. 40

[104] Vgl. Payutto, P.A.: Bedingte Entstehung. Das Buddhistische Gesetz der Bedingtheit, 2015, S. 19, siehe die URL: https://dhamma-dana.de/files/Dhamma%20Dana/Buecher/dhammapitaka/Bedingte_Entstehung.pdf [Stand: 2024]

wir dort laut Buddhismus keine ewige Seele als feststehende, einheitliche Entität vor. Stattdessen lasse sich allenfalls eine Anhäufung einander bedingender Daseinsfaktoren („Skhandas") ausmachen, nämlich den Körper, die Sinneseindrücke, die Gefühle, die Gedanken und das Bewusstsein als Projektionsfläche, auf der die vier vorigen Faktoren beobachtet beziehungsweise erlebt werden. *Zusammengenommen* erzeugen diese fünf Faktoren die Illusion eines vom Rest der Welt getrennten Ichs. Im Kern gebe es aber gar kein solches Ich als einheitliche und feste Substanz. Stattdessen sei unser Ich als Zusammenballung der genannten Daseinsfaktoren mit der gesamten Welt verwoben und unzertrennbar mit ihr verbunden. Dies zu erkennen und die Trennung von Subjekt und Objekt aufzuheben, sei die Voraussetzung für Erleuchtung und zugleich höchstes Ziel buddhistischer Meditation.

Der Buddhismus fällt also offensichtlich ein bisschen „aus der Reihe". Als einzige Weltreligion verneint er die Existenz einer ewigen Seele und hält sich mit Aussagen bezüglich Schöpfer und Schöpfung zurück. Davon abgesehen liegen die Parallelen auf der Hand:

1. Keine einzige Religion hält Materie für die fundamentale Substanz alles Seienden und für die Ursache von Bewusstsein.

2. Mit Ausnahme des Buddhismus ist in allen Religionen stets ein einheitlicher Geist (Gott, Brahman, Tao) Ausgangspunkt unseres physischen Universums. Schöpfung geschieht durch Differenzierung: Aus einer zunächst ungeteilten Einheit entstehen Dualität („Himmel und Erde", „Yin und Yang"), ein mannigfaltiges Universum und schließlich auch wir Menschen.

3. Laut allen Weltreligionen (außer dem Buddhismus) steckt in uns Menschen eine unsterbliche Seele, die Gott beziehungsweise dem Göttlichen wesensähnlich ist.

4. Das physische Universum und unsere materiellen Körper verfügen über keine unabhängige Eigenexistenz. Sie werden von allen Weltreligionen (außer dem Buddhismus) als Schöpfungswerke eines bewussten Geistes aufgefasst.

Das Leben nach dem Tod und das Leid auf der Welt

Obschon der Buddhismus keine Seele kennt, glaubt er an das Leben nach dem Tod und die Wiedergeburt. Die oben genannten „Skhandas" überdauern demnach den physischen Körper und werden als zusammenhängende Gruppe wiederverkörpert. Grundlage dafür ist „Samsara", der ewige Kreislauf des Werdens und Vergehens allen Seins. Nichts kann in diesem Kreislauf endgültig sterben, alles kann sich laut Buddhismus immer nur wandeln. Solange wir es nicht schaffen, unsere Ich-Illusion zu überwinden, werden wir darum immer wieder in verschiedenen Körpern inkarnieren.

Welche neuen Erfahrungen ein neues Erdenleben mit sich bringt, hängt von unserem „Karma" ab. Karma bedeutet so viel wie „Wirken" oder „Handlung". Es resultiert aus dem, was wir als Menschen denken und tun und lässt sich als eine Art Ursache-Wirkungsbeziehung begreifen, die über mehrere Leben hinweg fortbesteht. Verhalten wir uns anderen gegenüber schlecht, häufen wir negatives Karma an. Dann werden wir in einem nächsten Leben selbst entsprechende Erfahrungen machen. Verhalten wir uns gut, häufen wir positives Karma an und werden in einer späteren Inkarnation ein friedvolleres Dasein erfahren können.

Das Prinzip von Karma und Wiedergeburt begegnet uns in ähnlicher Weise im Hinduismus, im Taoismus und auch in Thomas Campbells Simulationstheorie (siehe Kapitel 4.2.3). Selbst Burkhard Heim konnte sich für den Gedanken der Wiedergeburt erwärmen und nahm an, dass diese nicht zufällig erfolgt, sondern von der Qualität des psychisch-mentalen Komplexes abhängt, der sich einen neuen Körper im Bios sucht (siehe Kapitel 4.2.2). Moralische Implikationen lagen ihm dabei aber fern.

Die abrahamitischen Religionen lehren keine Wiedergeburt, wohl aber ein Leben nach dem Tod. Es gibt hier auch kein Karma. Dennoch kann unser Verhalten zu Lebzeiten je nach Religion einen Einfluss auf das nehmen, was danach kommt. Wer Erlösung und in den Himmel will, muss Gottes Gnade erhoffen und seinen Geboten folgen. Im Alten Testament und im Koran werden ehrfürchtiger Glaube und unbedingter Gehorsam verlangt. Ungläubigen und Sündern drohen im Islam und im Christentum ewige Höllenqualen, die auf besonders martialische Weise im Koran, zum Teil aber auch im neuen Testament umschrieben werden.[105]

Die abrahamitischen Religionen fordern aber nicht nur Gefolgschaft. Sie halten die Gläubigen auch dazu an, ihren Mitmenschen kein Leid zuzufügen und ihnen im Gegenteil mit Wohlwollen zu begegnen: *„Du sollst deinen Nächsten lieben wie dich selbst"*, heißt es schon im Alten Testament (3. Buch Mose, 1,34). Auch der Islam lehrt Rücksichtnahme und Solidarität, insbesondere mit den Armen und Schwachen. Das Gebot, Almosen zu entrichten („Zakāt"), gehört zu den fünf grundlegendsten Pflichten eines jeden Muslimen. Keine einzige der großen Religionen predigt das Streben nach Macht und Reichtum. Bedenken Sie in diesem Zusammenhang auch die Symbolik, die sich hinter Jesu Geburt in einem Stall (!) und seinem Einzug in Jerusalem auf dem Rücken eines Esels (!) verbirgt.

In den fernöstlichen Religionen wird Erlösung als Ausstieg aus „Samsara", dem ewigen und leidvollen Kreislauf von Tod und Wiedergeburt angestrebt. Um diesen Zustand zu erreichen, muss sich ein Mensch all seines negativen Karmas entledigen. Dies erfordert wiederum, sich von Gier, von Ruhmsucht und von Hass zu befreien, um stattdessen die Verbundenheit mit anderen beziehungsweise mit dem All-Einen zu stärken. Buddha beispielsweise wandte sich vom wohlhabenden Hof seiner adligen Eltern ab, um in der Meditation Erleuchtung zu finden und sein Erfahrungswissen mit anderen Menschen zu teilen.

---

[105] In Sure 4,56 heißt es zum Beispiel: *„Diejenigen, die Unsere Zeichen verleugnen, werden Wir gewiss einem Feuer aussetzen. Jedesmal, wenn ihre Haut verbrannt ist, tauschen Wir sie ihnen gegen eine andere Haut aus, damit sie die Strafe kosten. Allah ist Allmächtig und Allweise."* Falls Sie sich ein eigenes Bild vom Koran machen möchten, empfehle ich zum Einstieg die leicht verständliche und kommentierte Übersetzung von Celler, Michael: Der Koran für Nicht-Muslime: Neu formuliert und kommentiert, Frankfurt 2014.

Gleich welcher Weltreligion man folgt, ist es also nicht egal, womit man sein Erdenleben zubringt. Alle Religionen legen eine moralische Richtschnur an uns an. Dazu zählt in allen Religionen, sich rücksichtsvoll und solidarisch zu verhalten. Gier und Egoismus werden immer abgelehnt. In der Betonung von Nächstenliebe und Solidarität zeigt sich erneut eine Parallele zu Campells Simulationstheorie wie auch zu Platons Lehre vom „Guten" als Zweckursache allen Daseins. Beide sehen in der Reduktion von Egoismus die Zielrichtung seelischer Entwicklung. Zugleich klärt sich damit auch die Frage, warum es Leid in dieser Welt gibt. Es entspringt unserem Unwissen über die wahre Natur unseres Seins und unserem daraus resultierenden Egoismus.

Im Hinduismus und Taoismus ist unsere wahre Natur göttlich. Bei Thomas Campbell sind wir ein Fraktal von AUM und bei Platon eine dem „Guten" entsprungene Seele. Juden, Christen und Muslime sehen uns als Kinder (Geschöpfe) Gottes. Und im Buddhismus liegt unsere wahre Natur jenseits des illusionären Ichs. Unser freier Wille erlaubt es gemäß jeder der hier genannten Ansichten, die angeblich „wahre Natur" unseres Seins zu verkennen. Aus dieser Unwissenheit folgt dann jeweils das Gefühl, ein von Gott beziehungsweise allen anderen Geschöpfen abgesondertes Individuum zu sein. Statt Geborgenheit empfinden wir deshalb Angst und das Gefühl von Mangel. Oder wir überhöhen uns und entwickeln Selbstherrlichkeit. So entsteht der Nährboden für Gier, Machtstreben, Missgunst, Unterdrückung und andere Formen selbstsüchtigen Verhaltens, die in der Geschichte der Menschheit zu unermesslichem Leid ganzer Generationen und Völker geführt haben. Manche Religionen mutmaßen, dass wir in diesem Verhalten von höheren Wesen bestärkt beziehungsweise von solchen Wesen erst dazu verführt werden. Darauf werden wir im nächsten Abschnitt (Götter, Geister und andere Welten) noch genauer eingehen. Manche Religionen glauben außerdem, dass ein rachsüchtiger und zorniger Gott auf die Selbstherrlichkeit der Menschen reagiert, indem er Ungläubige und Sünder noch im Diesseits bestraft. In solchen Fällen würde menschliches Leid nicht (nur) aus den egoistischen Taten der Ungläubigen, sondern (auch) aus deren unmittelbaren Bestrafung durch Gott resultieren. Im Alten Testament lassen sich für diesen Glauben zahlreiche Beispiele anführen – man denke nur an die Sintflut (Gen 6,17: *„Alles auf Erden soll seinen Tod finden"*) oder die Zerstörung der Städte Sodom und Gomorra (Gen 19,23: *„Er ließ ihre Städte einstürzen mitsamt ihrem ganzen Umkreis, auch alle Einwohner der Stadt und alles, was auf den Feldern wuchs"*).

Neben egoistischen Willensakten des Menschen und der Bestrafung durch Gott finden wir im Alten Testament das Motiv der Prüfung als weitere mögliche Ursache von Leid. In Genesis 22(1-18) fordert Gott Abraham auf, seinen Sohn Isaak zu opfern. Auch die Leiden Hiobs (Buch Hiob) können als Prüfung Gottes oder aber als eine unergründliche „Sühne des Gerechten" interpretiert werden, sofern Gott sogar die Frommen und Unschuldigen leiden lässt.

Mir persönlich erscheinen diese Konzepte des Alten Testamentes ebenso wie das Motiv der Bestrafung rational überhaupt nicht nachvollziehbar. In Anbetracht des unermesslichen Leids, das gerade dem jüdischen Volk selbst widerfahren ist (Diaspora, Holocaust), bleibt die Frage, warum Gott derartiges Leid zulässt, nicht zuletzt aus Sicht des Judentums ein riesiges Mysterium.[106] Das fernöstliche Konzept des Karma macht das Leid der Juden und anderer Opfer von Vertreibung, Unterdrückung, Folter, Krieg und Vernichtung natürlich auch nicht erträglicher. Weil es aber ohne das Konzept eines *personenhaften* und *allmächtigen Gottes* auskommt, sondern menschliches Leiden stets als *von Menschen selbst verursacht* ansieht, gerät es nicht in die Erklärungsnöte, denen sich die abrahamitischen Religionen ausgesetzt sehen, wenn sie die Frage beantworten müssen, warum ihr Gott schreckliches Leid zulässt oder gar will.

Rational unverständlich sind auch die furchteinflößenden Androhungen ewiger Höllenqualen im Neuen Testament und im Koran, da *ewiger* Strafvollzug selbst im Falle von Reue und Einsicht keinerlei Chance auf Wiedergutmachung zulässt und die extreme Grausamkeit der

---

[106] Vgl. Hattstein, Markus: Weltreligionen, Köln 1997, S. 58f.

Bestrafung davon abgesehen völlig überzogen scheint.[107] Das angstbesetzte Konzept eines strafenden, zornigen und quälenden Gottes verweist darum aus meiner Sicht *nicht* auf eine tiefere Wahrheit, sondern vielmehr auf weltliche Herrschaftsinteressen, über deren historischen Ursprung sich rückwirkend nur spekulieren lässt. Ob dabei vielleicht sogar „geistige" Wesen ihre Finger mit im Spiel hatten, ist Gegenstand weiterer Spekulationen, denen wir später nachgehen werden (siehe Kapitel 4.3.3: Parallelen in zeitgenössischen Channelings).

Ziehen wir ein weiteres Zwischenfazit: Trotz mitunter sehr unterschiedlichen Vorstellungen zu den Themen Leid, Erlösung, Ziel des Erdenlebens und Leben nach dem Tod sind sich alle großen Religionen darin einig, dass:

1. … wir nach dem physischen Tod in einer anderen Form fortexistieren.

2. … unsere Handlungen zu Lebzeiten Auswirkungen auf unser Leben nach dem Tod haben können und eine jenseitige Erlösung von unserem Leid möglich ist (durch Gottes Gnade und/oder durch eigenes, richtiges Handeln).

3. … wir nicht nach Ruhm, Macht und materiellen Reichtümern streben sollten. Abrahamitische wie fernöstliche Religionen raten gleichermaßen von egoistischen Verhaltensweisen ab und befürworten eine Gegenseitigkeit im Umgang.

Ausgehend von dieser letztgenannten Gemeinsamkeit hat der bekannte Theologe Hans Küng schon in den 1990er Jahren versucht, den Dialog der Religionen voranzutreiben, um in der Hoffnung auf Weltfrieden eine tragfähige Basis zur internationalen Verständigung

---

[107] Der Koran lässt zumindest insofern eine kleine Hintertür, als er in verschiedenen Suren die Dauer der Bestrafung nicht *zwingend* als ewig, sondern als von Gott – dessen Willen vorausgesetzt – veränderbar beschreibt. In Sure 6,128 heißt es zum Beispiel: *„Das (Höllen)feuer ist euer Aufenthalt, ewig darin zu bleiben, außer Allah will es (anders)."*

der Völker zu legen.[108] Die Erfolge blieben leider bescheiden. Nach wie vor scheinen religiöse Überzeugungen die Menschen eher zu spalten, als sie zu einen. Die zahlreichen Differenzen werden von den Gläubigen offenbar stärker wahrgenommen als die wenigen, dafür aber umso grundlegenderen Gemeinsamkeiten.

Götter, Geister und andere Welten

Eine weitere Gemeinsamkeit aller Religionen besteht in der Annahme geistiger Wesen in nichtphysischen Dimensionen. In den abrahamitischen Religionen sind sie als Engel, Dämonen oder Dschinn bekannt. Engel galten Juden, Christen wie Muslimen als von Gott geschaffene und ihm unterstellte Helfer und Boten. Ihr Wohnsitz befindet sich bei Gott – im metaphysischen Himmel. Laut jüdischem Talmud (Chagiga II, 1; 12b) und dem Koran (Sure 17,44) besitzt der Himmel eine vielschichtige Struktur: Beide unterschieden sieben Himmel. Im Neuen Testament finden wir im 2. Brief des Apostel Paulus an die Korinther ebenfalls einen Hinweis darauf, dass es im „Jenseits" mehrere „Schichten" geben soll – und zwar mindestens drei:

„Ich kenne jemand, einen Diener Christi, der vor vierzehn Jahren bis in den dritten Himmel entrückt wurde." (2. Kor, 2,12)

Neben dem Himmel existiert im Christentum die Hölle als ein weiterer metaphysischer Seinsbereich. Und mit den Dämonen existiert eine weitere Kategorie geistiger Wesen. Dämonen sind laut Christentum *gefallene* Engel, die sich Gott nicht länger unterordnen wollten und sich aus freiem Willen in egoistischer Selbstsucht gegen ihn entschieden. Der Engel Luzifer, Anführer der Rebellion, wurde daraufhin mit seiner Gefolgschaft aus dem Himmel verstoßen (Höllensturz) und herrscht seitdem als Satan über die Hölle. Als das personifizierte Böse versucht er uns Menschen von Gott zu entzweien und uns damit vom rechten Weg abzubringen. Somit liefert er den Christen eine weitere mögliche Erklärung für das Leid in der Welt.

---

[108] Vgl. Küng, Hans: Projekt Weltethos, München 1996

Im Judentum ist Satan hingegen keine von Gott abgetrennte Wesenheit mit einem eigenen, freien Willen. Im Judentum gibt es auch keine Höllenvorstellungen, wie wir sie aus dem Christentum und dem Islam kennen. Satan untersteht im Judentum vollständig Gottes Kontrolle und wird von Gott eingesetzt, um Gläubige durch Leid oder Verführung auf die Probe zu stellen. Satan ist im Judentum also eher mit einem Engel (also einem Gehilfen Gottes) vergleichbar.

Auch im Islam gibt es keinen Satan im Sinne eines mächtigen und offen rebellierenden Gegenspielers. Wohl aber gibt es mit dem Geistwesen „Iblis" eine zumindest in einem Einzelaspekt ungehorsame Gestalt: Iblis soll sich Gottes Aufforderung widersetzt haben, sich vor dessen Schöpfungswerk des Menschen in Person von Adam zu verneigen. Von Gott verstoßen, tritt er seither als Feind der Menschen auf und versucht sie zur Sünde zu verführen – so wie es auch der christliche Satan tut.

Grundsätzlich gibt es im muslimischen Glauben neben den Engeln noch eine zweite Kategorie von Geistwesen, die mitunter auch Böses im Schilde führen und uns Menschen negativ beeinflussen können. Diese Geistwesen werden im Islam „Dschinn" genannt. Dschinn sind aber keinesfalls allesamt bösartig oder ungehorsam. Deshalb sind sie nicht pauschal mit den christlichen Dämonen vergleichbar. Wie Menschen wurden sie von Allah geschaffen, um ihm zu dienen. Und wie bei den Menschen sind einige von ihnen folgsam und andere nicht. Die Menschen sind laut Islam höhergestellt als die Dschinn. Weil die Dschinn geistige Wesen sind, verfügen sie dennoch über Eigenschaften, die sie aus menschlicher Sicht überlegen machen: Sie können sich grenzenlos durch den Raum bewegen, die Zukunft voraussehen, ihre Form wandeln und die Menschen, vor allem dann, wenn sie geistig nicht gefestigt sind, mental manipulieren.[109]

Für aufgeklärte Ohren mag das alles nach märchenhaften Erzählungen klingen, die jeder wissenschaftlichen Grundlage entbehren. In

---

[109] Vgl. El-Zein, Amira: Geister namens Dschinn. Ein Gastbeitrag im Deutschlandfunk vom 15.06.2018, online abrufbar unter der URL: https://www.deutschlandfunk.de/sure-51-vers-56-geister-namens-dschinn-100.html [Stand: 2024]

Kapitel 3 des ersten Bandes (Ungewöhnliche Phänomene als Indizienbeweise für eine metaphysische Hintergrundrealität) sind wir jedoch auf glaubwürdige Erfahrungsberichte gestoßen, die eine alternative Interpretation solcher Geistererzählungen zulassen. Bei Nahtoderfahrungen nehmen manche Betroffene „Lichtwesen" wahr, die einen Vergleich mit Engeln nahelegen (siehe Kapitel 3.1.1: Nahtodforschung). Von „Astralreisenden" wissen wir, dass sie im Zuge ihrer außerkörperlichen Erfahrungen gelegentlich auf nichtphysische Wesenheiten treffen (siehe Kapitel 3.3.5: Überprüfung außerkörperlicher Erfahrungen). Und manche Ufologen wie zum Beispiel der Astrophysiker und Informatiker Dr. Jaques Vallée stufen Nahkontakte mit UFOs und Aliens als mögliche Begegnungen mit „formwandelnden" Geistern ein.[110] Vielleicht ist dasjenige, was in den Religionen berichtet wird, also gar nicht so weit hergeholt – natürlich nicht in allen Einzelheiten, aber zumindest im Grundsatz. Vielleicht sind die in den Religionen reichlich ausgeschmückten Erzählungen von Geistern nicht gänzlich frei erfunden, sondern teils von realen menschlichen Erfahrungen inspiriert.

Auch die fernöstlichen Religionen kennen Geister aller Art. Teuflische Wesenszüge schreiben etwa die Buddhisten dem Dämon „Māra" zu, der Menschen daran hindern möchte, Erleuchtung zu erlangen. Der Legende nach soll er sogar versucht haben, Buddha vom rechten Weg abzubringen – was ihm aber nicht gelang. Māra und seine Gefolgschaft bedienen sich nach dem Glauben der Buddhisten nicht nur der Verführung und anderer manipulativer Techniken. Sogar Naturgewalten soll Māra über die Menschen bringen können.[111] Im Hinduismus heißen Dämonen „Asuras". Ihnen gegenüber stehen die „Devas", denen verschiedene Aufgaben bei der Erhaltung der Schöpfung zukommen, indem sie zum Beispiel die Naturerscheinungen lenken. In dieser Hinsicht ähneln diese übernatürlichen Wesen

---

[110] Vgl. Vallée, Jacques: Dimensionen: Begegnungen mit Außerirdischen von unserem eigenen Planeten, Leipzig 1994

[111] Hutter, Manfred: Gute und böse Geister im Buddhismus. Hemmnis auf dem Streben nach Erleuchtung, in: Religionen unterwegs, 13. Jahrgang, Nr. 2, Mai 2007, S. 4

176

den Göttern, wie wir sie aus den vorchristlichen Kulturen Europas kennen. Auch im Taoismus existieren übernatürliche und götterähnliche Wesen. Und es existieren (mehrere) Himmel und die Unterwelt.

Buddha hatte sich, wie an anderer Stelle schon erwähnt, nicht mit metaphysischen und kosmologischen Fragen befassen wollen. Dennoch hat sich im Laufe der Zeit auch unter Buddhisten die Vorstellung von Himmel und Hölle durchgesetzt, die sich wiederum stark an hinduistischen Glaubenstraditionen orientiert. Dort wird die Hölle „Naraka" genannt. Weil die fernöstlichen Religionen von Reinkarnation ausgehen, meint „Naraka" allerdings keinen Ort ewiger Verdamnis, sondern nur einen vorübergehenden, läuternden Übergang, in dem Sünder auf ihre nächste Wiederverkörperung vorbereitet werden. Auch der Himmel ist im Hinduismus keine Endstation. Er besteht aus verschiedenen Sphären („Lokas"), in denen sich verschiedene Wesenheiten aufhalten. In einer erdnahen Ebene warten die Seelen gewöhnlicher Verstorbener auf ihre Wiedergeburt. In höheren Sphären sind die Götter beheimatet. Dort sind sie dem Prinzip des Karma und dem Kreislauf von Tod und Wiedergeburt („Samsara") ebenso unterworfen wie alle anderen Geschöpfe, die noch keinen Erlösungszustand („Moksha" beziehungsweise im Buddhismus „Nirwana") erreicht haben.[112]

Wenn man sich fragt, woher die Religionen die hier kolportierten Geschichten ursprünglich hernehmen, stößt man bei den Vertretern der jeweiligen Religionen auf die Behauptung, es handele sich um Offenbarungen: Gott beziehungsweise das Göttliche habe sich in irgendeiner Weise mitgeteilt. Entweder sei Gott in einen Menschen verkörpert auf die Erde gekommen (so wie Jesus im Christentum und nach dem traditionellen Glauben Chinas auch der Begründer des Taoismus, Laozi). Oder Gott habe Botschaften überbracht, die dann zu „heiligen Schriften" der jeweiligen Religionen wurden. Beispiele hier-

---

[112] Vgl. Hummel, Reinhard: Hinduismus und Buddhismus. Christen begegnen den Religionen Asiens, in: EZW-Information Nr. 115, EZW, Stuttgart 1991, S. 3, online abrufbar unter der URL: https://www.ezw-berlin.de/fileadmin/user_upload/ezw-berlin/publications/downloads/Information_115.pdf

für sind die Übergabe der zehn Gebote an Moses oder das mündliche Diktat sämtlicher Koranverse an Mohammed. In beiden Fällen sandte Gott einen Engel als Übermittler. Eine dritte Möglichkeit der Offenbarung besteht darin, dass Menschen einen unmittelbaren, intuitiven Empfang göttlichen Wissens erfahren. So begründen zum Beispiel zahlreiche Gelehrte des Buddhismus und des Hinduismus den vermeintlichen Wahrheitsgehalt ihrer jahrtausendealten Glaubensinhalte. Der bekannte Yoga-Meister Swami Sivananda schreibt hierzu in seiner Einführung in die hinduistische Philosophie des Vedanta:

„Die Seher und Heiligen von einst haben Nachforschungen über Meditation durchgeführt und ihre spirituellen Erfahrungen weitergegeben. Dieses Wissen ist Autorität. Wir dürfen keine Zeit damit verschwenden, ihre anfänglichen Experimente zu wiederholen.“[113]

Wie wir in Kapitel 3.2.6 (Channeling) gesehen haben, gibt es auch heute noch Menschen, die behaupten, Botschaften aus höheren Welten zu empfangen. Und bei Lichte betrachtet hat Thomas Campbell in Zusammenarbeit mit Robert Monroe und Dennis Mennerich doch nichts anderes getan als das, was Yoga-Meister Sivananda für Zeitverschwendung hält: Durch Meditation und Bewusstseinsexperimente versuchte er, einen außerkörperlichen Zustand zu erreichen, um an metaphysische Wahrheiten zu gelangen (siehe Kapitel 4.2.3). Interessanterweise ähneln die Erkenntnisse, die er dabei erlangte, den fernöstlichen Konzepten von Brahman (AUO), Atman (IUOC), Maja (PMR-Simulation) und der Befreiung von negativem Karma (Überwindung der Angst, Entwicklung zur Liebe).

Wenn Offenbarungen und der Zugang zu „höheren Welten" auch heutzutage noch Realität sein sollten, wirft das die berechtigte Frage auf, warum Religionen, die selbst auf Offenbarungswissen basieren, sich für zeitgenössisches Channeling und zeitgenössische „Astralreisen" nicht interessieren und sogar ausdrücklich davon abraten, sich darauf einzulassen. Aus meiner Sicht kann das nur mit Absolutheits- und Herrschaftsansprüchen begründet werden. Denn warum sonst

---

[113] Sivananda, Swami: Vedanta für Anfänger, Horn-Bad Meinberg 2023, S. 11

sollte immer nur diejenige Offenbarung richtig sein, die der *eigenen* Religion zugrunde liegt? Was gibt einem das Recht, zu behaupten, alle anderen und späteren Offenbarungen seien grundsätzlich und ausnahmslos falsch?

Um zu entscheiden, ob eine vermeintliche Offenbarung echt ist oder nicht, hilft Dogmatismus nicht weiter. Stattdessen helfen rationale Methoden, die wir in Kapitel 3.2.6 diskutiert hatten. Dazu gehört neben der Prüfung der transkribierten Texte anhand verschiedener qualitativer Kriterien eine kritische Einschätzung der Glaubwürdigkeit derjenigen Personen, die vorgeben, entsprechende Botschaften empfangen zu haben. Bei historischen Botschaften, die erst aufgeschrieben wurden, nachdem sie zuvor über Jahre hinweg nur mündlich weitergetragen wurden, bleibt in Punkto Entstehungskontext vieles im Dunkeln. Daraus folgt ein gravierendes Problem. Denn wie will man die Authentizität von einer Botschaft abschätzen, wenn man noch nicht einmal genau wissen kann, wer sie wann unter welchen Umständen aufgeschrieben hat und von wem sie ursprünglich tatsächlich formuliert wurde? Und wie will man rückwirkend die Glaubwürdigkeit von Propheten beurteilen, die seit Jahrhunderten oder Jahrtausenden tot sind? Es liegt auf der Hand, dass die Quellenlage bei den zeitgenössischen Channelings deutlich sicherer und transparenter ist – und genau deshalb werden wir zum Ende dieses vierten Kapitels nochmal auf sie zurückkommen (siehe Kapitel 4.3.3: Parallelen in zeitgenössischen Channelings).

Vorher werden wir unsere historische Spurensuche auf ein noch breiteres Fundament stellen, indem wir neben den großen Weltreligionen auch alte Mythologien aus verschiedensten Zeiten und Kulturkreisen berücksichtigen (siehe nachstehendes Kapitel 4.3.2: Parallelen in alten Mythologien). Außerdem können wir an dieser Stelle ein weiteres Zwischenfazit ziehen – diesmal in Hinblick auf „höhere" Welten und Wesen:

1. Alle Religionen gehen davon aus, dass neben unserer materiellen, physischen Lebensrealität eine metaphysische Lebensrealität mit geistigen Bewohnern existiert.

2. Alle Religionen unterscheiden innerhalb jener metaphysischen Lebensrealität verschiedene Sphären/Bereiche/Ebenen.

3. Alle Religionen sind sich einig, dass es unter den geistigen Wesen – wie auch unter uns Menschen auf der Erde – nicht nur liebevolle und wohlwollende, sondern auch gemeine und bösartige („dämonische") Wesen gibt.

4. Alle Religionen sind sich einig, dass zwischen geistigen Wesen und uns Menschen Kommunikation möglich ist. Die geistigen Wesen können demnach in unser Denken hineinwirken und uns auch Botschaften überbringen.

4.3.2 Parallelen in alten Mythologien

An geistige Welten und Wesen glaubten alle Menschen zu allen Zeiten. Davon zeugen die Mythologien historischer Völker. Sämtliche Mythologien im Rahmen dieses Kapitels zu vergleichen, wäre in Anbetracht ihrer großen Zahl und Vielfalt weder möglich noch zielführend. Die Beschäftigung mit religiösen und mythologischen Erzählungen dient in diesem Buch allein dem Zweck, tieferliegende Wahrheiten aufzuspüren, die sich mutmaßlich hinter solchen Glaubensinhalten verbergen. Hintergrund dieser Mutmaßung war die Feststellung aus Band 1, wonach es erstens eine geistige Wirklichkeit geben muss und zweitens Möglichkeiten einer Dimensionen-übergreifenden Kommunikation bestehen (Jenseitskontakte, Channeling). Demnach ist es plausibel anzunehmen, dass medial begabte Menschen (Visionäre, Propheten, Seher, Magier, Mystiker, Hexen, Schamanen usw.) schon immer in Kontakt mit „höheren" Dimensionen und Wesen gestanden haben und auf diese Weise „höheres" Wissen erlangt haben könnten. Wie vorhin begründet, muss die Authentizität solcher vermeintlichen Informationsübertragungen umso stärker in Zweifel gezogen werden, je weiter sie zurückliegen und je unbekannter ihr Entstehungskontext ist. In der Hoffnung, aus den mannigfaltigen und fantasiereich ausgeschmückten Mythologien der Vergangenheit dennoch einen gemeinsamen Nenner als möglicherweise wahren

Kern herausfiltern zu können, beschränke ich mich im Folgenden auf nur ganz wenige, grundlegende Muster, die sich unabhängig von Epoche und Kulturkreis in verschiedensten Mythologien wiederholen. Das tue ich im vollen Bewusstsein, keinerlei Gewissheit oder Beweisbarkeit bieten zu können. Um sich der metaphysischen Wirklichkeit aus einer möglichst breiten Perspektive anzunähern, möchte ich diesen Versuch trotzdem nicht ungenutzt lassen.

Vorab sei bemerkt, dass die mythologischen Welterklärungen vergangener Kulturen nicht so klar als Offenbarungen propagiert wurden wie die großen Weltreligionen. Eventuelle Propheten und Seher sind in den alten Mythologien selten namentlich überliefert. Wenn man sich die einschlägigen Heldensagen und die märchenhaften Geschichten von eifersüchtigen, Inzest treibenden und herrschsüchtigen Göttern durchliest, kann man sich außerdem nicht des Eindrucks erwehren, dass Mythologien zuvorderst großartige Werke menschlicher Dichtkunst darstellen, mit metaphysischer Wahrheit aber nur sehr wenig zu tun haben. In Anlehnung an den bekannten deutschen Religionskritiker Ludwig Feuerbach könnten wir fragen, ob sich die Menschen ihre Götter nicht einfach nach ihrem eigenen Bilde erschaffen haben, als dass umgekehrt ein Gott die Menschen nach seinem Bilde schuf.[114]

Wer jedoch zwischen den Zeilen liest und anstelle der märchenhaften Erzählungen die dahinterliegenden Grundannahmen studiert, wird in allen Mythologien starke Ähnlichkeiten finden. Möglicherweise sind es eben diese Ähnlichkeiten, die dann doch auf eine metaphysische Wahrheit hindeuten, auf die Menschen zu allen Zeiten einen medialen beziehungsweise intuitiven Zugriff hatten – es sei denn, man möchte unterstellen, dass die im Grundsatz erstaunlich gleichartigen Glaubensinhalte nur *zufällig* übereinstimmen oder aber dass sie einer gleichartigen Bauweise unserer materiellen *Gehirne* geschuldet sind, in denen durch gleichartige biochemische und bioelektrische Prozesse jeweils gleichlautende Fantasievorstellungen entstehen. Erwarten Sie im Folgenden keine Heldensagen und keine Familienkon-

---

[114] Vgl. Feuerbach, Ludwig: Das Wesen des Christentums, Stuttgart 1998

flikte zwischen Göttern. Stattdessen konzentrieren wir uns ausschließlich auf die impliziten Grundannahmen, die den jeweiligen Schöpfungsberichten zugrunde liegen.

Die Entstehung der Welt

Nahezu alle Mythologien der Menschheitsgeschichte verorten den Ursprung des Universums in einem einheitlichen Ganzen. Der japanische Schöpfungsmythos erzählt zum Beispiel von einem alles enthaltenden *Ei*.[115] Andere Kulturen stellten sich das ursprüngliche All-Eine wie einen *Ozean* vor. Bei den Sumerern in Mesopotamien, der ersten bekannten Hochkultur der Weltgeschichte, wird dieser Ur-Ozean durch die Göttin „Nammu" repräsentiert. Die alten Ägypter nannten den Ur-Ozean „Nun", ein „Nicht-Sein", das aber alle Möglichkeiten zur Schöpfung in sich birgt.[116] Aus diesem Ur-Ozean stieg der Legende nach der Gott „Atum" (später auch als „Re" oder „Ra" bezeichnet) als Ur-Schöpfer allen Seins hervor.[117] Das Konzept eines noch undifferenzierten Potentials, aus dem heraus die Welt erschaffen wurde, kannten auch die alten Griechen: Das *Chaos*.

Die Perser glaubten nach den Lehren des Propheten Zarathustra, dass am Anfang eine ursprüngliche *Leere* bestand, in der nichts als die geschlechtslose Gottheit „Zervan" existierte, welche die Fähigkeit zur Schöpfung besaß. Von einer ursprünglichen Leere gingen auch die germanischen Völker aus. Leer war dieses „Ginnungagap" aber allenfalls im materiellen Sinne, bedeutet es wörtlich doch so viel wie „Raum der magischen Kräfte".[118] Die Lakota-Indianer Nordamerikas

---

[115] Das Motiv des Eis findet sich im „Nihonshoki", einem der ältesten schriftlichen Werke Japans.

[116] Vgl. Carroll, Georgie et. al: Das Mythologie-Buch, München 2021, S. 268

[117] Die Gleichsetzung von „Atum" mit dem Sonnengott „Re" beziehungsweise „Ra" findet sich in den Pyramidentexten – einer Sammlung von religiösen Inschriften an den Innenwänden verschiedener Pyramiden. Die Zusammenstellung aller Inschriften ist im Internet frei abrufbar, zum Beispiel unter der URL: http://ancientworldonline.blogspot.com/2013/07/a-new-concordance-of-pyramid-texts.html

[118] Vgl. Derolez, R.: Götter und Mythen der Germanen, Wiesbaden 1974, S. 285

nahmen eine leere *Dunkelheit* namens „Han" an, in der „Wakan Tanka" mit seinem schöpferischen Potential schlummerte.[119] Mit „Wakan Tanka" assoziierten sie eine geheimnisvolle Schöpferkraft, aus der alles hervorgeht, was ist. Insofern ähnelt „Wakan Tanka" sehr dem chinesischen Tao beziehungsweise dem hinduistischen Brahman. Ein nahezu identisches Konzept vertraten die algonkinsprachigen Indianer, die vorwiegend auf dem Gebiet des heutigen Kanada und entlang der US-amerikanischen Ostküste lebten. Sie nannten den einheitlichen Schöpfergeist, der sich in allem Seienden manifestiert, „Manitu" („Allumfassendes Geheimnis"). Auch die Pueblo-Indianer im Südwesten Nordamerikas gingen von einem allumfassenden „Ur-Geist" aus. Sie nannten ihn „Awonawilona" („Der Eine, der alles enthält").[120]

Andere nordamerikanische Indianer hegten plastischere Vorstellungen von der Schöpfung. Eine häufige Erzählung handelt von der Erschaffung der Welt als Resultat des Hervorholens und Formens von Sand oder Schlamm aus dem Meeresboden durch eine „tauchende" Gottheit.[121] Symbolisch drückt diese Erzählung aber dasselbe Prinzip aus: Das undifferenzierte All-Eine (Ur-Meer) schließt das Potential zur Schöpfung ein (im Meeresboden), welches durch bewusste Absicht eines Schöpferwesens („Taucher") entfaltet werden kann.

Die Mythologien Mittel- und Südamerikas erzählen ähnliche Geschichten. Laut den Inka war die Welt am Anfang in eine Dunkelheit gehüllt, ehe das Wesen „Viracocha", die Personifizierung der Lebenskraft, das Universum schuf. Im Popol Vuh, dem heiligen Buch der Maya, begegnet uns wieder das Motiv eines stillen, leeren Ur-Meers, das am Anfang von nichts außer göttlichen Schöpfungskräften be-

---

[119] Vgl. Daniels, Mark: Mythologien der Welt. Alle großen Kulturen im Überblick, München 2023, S. 88

[120] Vgl. MDR-Wissen: Schöpfungsmythen der Menschheit. Online-Artikel vom 25.12.2022, siehe URL: https://www.mdr.de/wissen/antworten/schoepfungsmythen-weltweit-religion-schoepfung-mensch-100.html [Stand: 2024]

[121] Vgl. Bartl, Renate: Mythologie Nordamerikas, in: Jamme, Christoph; Matuschek, Stefan: Handbuch der Mythologie, Darmstadt 2014, S. 293

wohnt wurde. Die Azteken glaubten an den ursprünglichen Schöpfergott Ometeotl („Zweigott"), der die zunächst noch ungetrennte weibliche und männliche Schöpferkraft in sich vereinte.[122] Ein aus männlicher und weiblicher Kraft zusammengesetztes Götterpaar bildet auch den Ausgangspunkt der indigenen Mythologie Neuseelands: Vor der Entstehung der Welt lagen gemäß dem Glauben der Maori die beiden Götter Ranginui (Vater Himmel) und Papatuanuku (Mutter Erde) Millionen Jahre in tiefster Finsternis und inniger Umarmung als eine feste Einheit beieinander.[123]

Vergleichsweise abstrakt geht es bei den australischen Aborigines zu. Ihre Mythologie enthält keine personenhaften Götter, sondern sieht das Universum als immerwährenden Schöpfungsprozess aus der „Traumzeit". Der Begriff „Traumzeit" ist einer etwas irreführenden Übersetzung geschuldet, hat er doch gar nichts mit Schlafen und Träumen zu tun. Stattdessen bezeichnet er eine raum- und zeitlose Parallelwelt, aus der heraus unsere physische Realität laufend hervorgeht und mit der wir Menschen als Seelenwesen in unmittelbarer Verbindung stehen.[124] So erinnert dieses „Traumzeit"-Konzept ein wenig an Platons Ideenwelt, an Burkhard Heims Transdimensionen X5 und X6 oder an Campbells nichtphysische Realitäten (NPMR).

Zusammenfassend lässt sich feststellen, dass nahezu alle Mythologien der Menschheitsgeschichte den Anfang allen Seins in einem einheitlichen, noch undifferenziertem Potential verorten. Das deckt sich mit naturwissenschaftlichen Spekulationen, wonach dem Urknall eine sogenannte „Anfangssingularität" vorausgegangen sein könnte. Anfangssingularität meint vereinfacht gesagt, dass das gesamte, sich in Ausdehnung begriffene Universum ursprünglich in einem einzigen, undifferenzierten Punkt vereint gewesen sein muss, der dann im

---

[122] Vgl. Gareis, Iris: Mythologien Meso- und Südamerikas, in: Jamme, Christoph; Matuschek, Stefan: Handbuch der Mythologie, Darmstadt 2014, S. 309

[123] Vgl. Daniels, Mark: Mythologien der Welt. Alle großen Kulturen im Überblick, München 2023, S. 26

[124] Vgl. Voigt, Anna; Nevil, Drury: Das Vermächtnis der Traumzeit. Leben, Mythen und Traditionen der Aborigines, München 1998

Urknall sein gesamtes Potential ins All schleuderte. Der Unterschied zwischen dieser naturwissenschaftlichen Hypothese und den alten Mythologien liegt natürlich darin, dass die Naturwissenschaft keinen Geist kennt, der den Urknall aus einer eventuellen Singularität heraus verursacht haben könnte. In den Mythologien erfolgt Schöpfung hingegen – wie in den Religionen auch – durch *bewusste Absicht* eines geistigen Wesens. Weil naturwissenschaftlich unklar ist, wie aus einer völligen Einheit eine kosmische Expansion entstehen konnte, gilt das Konzept der Singularität unter Physikern als umstritten. Ein einheitlicher „Schöpfungspunkt", so der berühmte Astrophysiker Steven Hawking, *„wäre ein Ort, an dem die Wissenschaft kollabiert. Man müsste die Religion und die Hand Gottes zu Hilfe nehmen"*[125] – ein Albtraum für jeden Materialisten.

Aus Einheit werden Dualität und Vielheit

Der erste Akt bewusster Schöpfung handelt in fast allen Mythologien von einer Trennung, also von einer Ausdifferenzierung des zuvor Ungeteilten. Meistens entstehen auf diese Weise zunächst Himmel und Erde, wobei der Himmel übereinstimmend als männlich und die Erde als weiblich gedacht wird. Sofern man Himmel und Erde wörtlich versteht, bestünde die Männlichkeit des Himmels wohl am ehesten im Spenden von Licht und Regen. Die weibliche Erde, auf deren fruchtbaren Boden Licht und Regen fallen, gebiert ihrerseits das Leben. Im übertragenen Sinne könnte man den „Himmel" aber auch als die metaphysische, geistige Welt und die „Erde" als physische, materielle Welt deuten. Von der geistigen Welt geht das *Aktive*, Belebende, Kraftvolle aus (männliches Prinzip), während die ruhende Materie Vitalität *empfängt* (weibliches Prinzip).

In den meisten Mythologien wird die Ausdifferenzierung des All-Einen durch Zeugungsakte und Konflikte abgebildet: Götter setzen Geschwisterkinder in die Welt, die sich streiten und trennen. Die Nach-

---

[125] Zitiert nach: Frankfurter Rundschau: Der Urknall – Beginn der Welten. Artikel vom 20.01.2019, online abrufbar unter der URL: https://www.fr.de/wissen/urknall-beginn-welten-11343862.html [Stand: 2024]

kommen zeugen weitere Nachkommen und so weiter. So entsteht eine kaskadenartige Hierarchie verschiedener Wesen, die aber alle einer gemeinsamen Quelle entspringen. Schauen wir uns hierfür einige Beispiele an: Bei den Maori in Neuseeland wurden Ranginui (Vater Himmel) und Papatuanuku (Mutter Erde), das vereinheitlichte Götterpaar, durch den eigenen Nachwuchs auseinandergetrieben, weil es diesem zwischen seinen Eltern zu eng wurde. Nachdem seine Geschwister beim Versuch, Vater und Mutter voneinander zu trennen, scheiterten, stemmte Tanemahuta, der Gott des Waldes, die beiden mit seiner gewaltigen Kraft erfolgreich auseinander.[126] In der aztekischen Mythologie war es der androgyne Gott „Ometeotl", der aus sich selbst heraus vier Götter als Nachkommen gebar, welche wiederum weitere Götter hervorbrachten, die durch ihre Verschiedenheit in einem dynamischen Zusammenspiel die Schöpfung vorantrieben.[127] Im Popol Vuh der Maya vollzieht sich die Schöpfung infolge eines Dialogs zwischen den Göttern „Gucumaz" (Herz der Erde) und „Huracen" (Herz des Himmels).[128] Zahlreiche nordamerikanische Mythologien erzählen, wie bei der Erschaffung der Welt durch einen Ursprungsgott weitere Götter oder Wesen entstanden, die jeweils positive oder negative Eigenschaften besaßen.[129] Die Idee unterschiedlich gepolter Götter finden wir auch bei den Zoroastriern: Der persische Schöpfergott „Zervan" gebar die Zwillinge „Ahura Masda" und „Ahriman", wobei ersterer die Weisheit, das Licht und die Schöpferkraft verkörpert, der zweitgenannte hingegen das Böse und das Leid.[130] Nicht zwei, sondern gleich fünf Gottheiten gingen aus dem anfänglichen Chaos der griechischen Mythologie hervor. Von diesen fünf Gottheiten gebar aber nur die Erdgöttin „Gaia" Nachkommen,

---

[126] Vgl. Daniels, Mark: Mythologien der Welt. Alle großen Kulturen im Überblick, München 2023, S. 27

[127] Vgl. Carroll, Georgie et. al: Das Mythologie-Buch, München 2021, S. 250

[128] Vgl. Gareis, Iris: Mythologien Meso- und Südamerikas, in: Jamme, Christoph; Matuschek, Stefan: Handbuch der Mythologie, Darmstadt 2014, S. 312

[129] Vgl. Bartl, Renate: Mythologie Nordamerikas, in: Jamme, Christoph; Matuschek, Stefan: Handbuch der Mythologie, Darmstadt 2014, S. 293

[130] Vgl. Philip, Neil; Wilkinson, Philip: Mythologie, München 2008, S. 154

die wiederum weitere Nachkommen zeugten, bis hin zu den olympischen Göttern unter der Führung von Zeus. Bei den Ägyptern zeugte der Schöpfergott „Atum" (später auch als „Re" oder „Ra" bezeichnet) eine breite Nachkommenschaft, indem er seinen Samen über die Leere verteilte.[131] Die Nachkommen lieferten sich ähnlich wie die griechischen Götter Eifersuchtsdramen und Machtkämpfe, die schlimmstenfalls sogar in heimtückischen Morden endeten. Ungesittet ging es manchmal auch bei den sumerischen Göttern zu. Und auch bei den Sumerern entstand die Welt infolge einer Spaltung durch Zeugung: Die Urgöttin „Nammu" gebar den männlichen Himmelsgott „An" und die weibliche Erdgöttin „Ki", die zusammen weitere Götter als Nachkommen zeugten.

Deutet man die Vielfalt und die unterschiedlichen Hierarchieniveaus der personenhaften Götter als symbolische Repräsentationen der Vielgestaltigkeit und unterschiedlichen Größenordnungen innerhalb des Universums, verdeutlicht dies zugleich den fraktalen Charakter der Schöpfung: So wie die Nachkommen das Erbgut ihrer Erzeuger in sich tragen, tragen sämtliche Erscheinungen des Universums zugleich auch das Wesen ihrer Ursprungsquelle in sich. Jeder noch so kleine Bestandteil der Schöpfung beinhaltet insofern einen Teil des Ganzen. Das Konzept vom fraktalen Aufbau des Universums trifft auch auf solche Mythologien zu, die wie diejenigen der Aborigines oder vieler nordamerikanischen Indianer anstelle Inzest treibender und streitender Götter eine allumfassende, abstrakte Schöpferkraft unterstellen. Hier zeigt sich das Ursprüngliche sogar ganz unmittelbar in jeder Einzelerscheinung, wohnt ein unterstellter Ur-Geist im Glauben dieser indigenen Völker doch gleichsam „pantheistisch" der gesamten Natur inne. Jedes Geschöpf repräsentiert dann einen Ausschnitt des Ganzen.

Die Weltentstehung als Weg von der Einheit zur Vielfalt geht in nahezu allen Mythologien mit Konflikt einher: Die Schöpfergötter bringen Nachkommen mit unterschiedlichen Gesinnungen und Zustän-

---

[131] Vgl. Daniels, Mark: Mythologien der Welt. Alle großen Kulturen im Überblick, München 2023, S. 57

digkeiten hervor, aus denen Spannung und Dynamik resultieren. Im übertragenen Sinne mag sich diese Spannung sowohl in der Natur abbilden (Wärme – Kälte, Sonne – Regen, Licht – Schatten, Tag – Nacht, Ebbe – Flut, Nordpol – Südpol, Proton – Elektron, Schwerkraft – Fliehkraft) als auch in den emotionalen Zuständen und Beziehungen zwischen uns Menschen (Freude – Trauer, Zuneigung – Hass, Vertrauen – Angst, Hoffnung – Verzweiflung).

Die Erschaffung des Menschen und die große Flutkatastrophe

Im Zuge der Ausdifferenzierung des All-Einen wurde zu einem gegebenen Zeitpunkt auch der Mensch erschaffen. Sämtliche Mythologien fassen den Menschen als eine Kreatur höherer, geistiger Mächte auf. Manchmal wurde dazu bereits zuvor erschaffene Materie verwendet (Erde, Lehm, Holz), manchmal genügte es, wenn die Götter ihre Absicht, einen Menschen zu erschaffen, bloß aussprachen. Stets wurde der Mensch mit einem Geist beziehungsweise einer Seele ausgestattet, die nicht nur einen freien Willen, sondern auch eine Anbindung an das Metaphysische mit sich bringt. In keiner einzigen Mythologie wird der Mensch als rein materielles Zufallsprodukt betrachtet, dessen Gehirn die Vorstellung einer Seele samt freiem Willen bloß als Illusion erzeugt.

Interessanterweise tritt der Mensch in fast allen Schöpfungsgeschichten erst mit Verspätung auf den Plan und nicht gleich von Anfang an. Oft braucht es sogar mehrere Versuche, bis den Göttern die Erschaffung des Menschen zu ihrer Zufriedenheit gelingt. Manchmal schicken die Götter eine große Flut, um die ursprüngliche, sündige Menschheit wieder auszulöschen und einen Neuanfang zu ermöglichen, so zum Beispiel bei den Sumerern, bei den Ägyptern, bei den Griechen, bei den Inka, bei den Maya, in der indischen Mythologie, bei den alten Chinesen und bei einigen Indianerstämmen Nordamerikas. Bekanntlich berichten auch das Alte Testament und der Koran von einer „reinigenden" Sintflut. Auch bei den Zoroastriern und verschiedenen anderen Indianerstämmen Nord- und Lateinamerikas begegnen wir Erzählungen von einer großen Flut, wobei diese nicht immer in Verbindung mit einer (Neu-)Erschaffung der gesamten Menschheit stehen, sondern aus vielfältigen anderen Motiven hergeleitet werden – etwa der Reduzierung von Überbevölkerung oder der Vernichtung bösartiger Kreaturen.[132]

Während man im eurasischen Raum eine Vermischung und Weitergabe von Flut-Legenden über die Grenzen verschiedener Kulturkreise hinweg noch für wahrscheinlich halten könnte, scheint die Verbreitung des Sintflutmythos ins präkolumbianische Amerika kaum nachvollziehbar. Denn die eurasischen und amerikanischen Kulturen standen bis vor wenigen Jahrhunderten gar nicht zueinander in Kontakt. Trotzdem erzählen sie die gleiche Geschichte. Das wirft die Frage auf, wie man das deuten soll. Ist die Sache mit der Sintflut vielleicht nur symbolisch gemeint? Ist sie nur eine Metapher dafür, dass die Schöpfung in mehreren Anläufen erfolgte? Doch warum wählten dann so viele Mythologien ausgerechnet eine große Flut als Symbol? Warum nicht ein verheerendes Feuer, vernichtende Stürme oder ein zerstörerisches Erdbeben?

Vielleicht gibt es ja einen handfesten historischen Hintergrund. Die einfachste Erklärung würde lauten, dass all diese Völker im Laufe ihrer langen Geschichte irgendwann einmal *unabhängig voneinander* von verschiedenen Überschwemmungen und Hochwasserereignissen heimgesucht wurden und sie ihre traumatisierenden Erfahrungen in ihren jeweiligen Mythologien verarbeiteten. Auch hier stellt sich dann aber die Frage, warum so viele Kulturen ausgerechnet ein *Flutereignis* verarbeiteten, wohingegen Stürme, Feuer, Erdbeben oder andere Naturkatstrophen keinen derart verbreiteten Eingang in die Schöpfungsgeschichten fanden. Das nährt Spekulationen, wonach es vor vielen Jahrtausenden vielleicht eine *globale* Flutkatastrophe gegeben haben könnte, der beinahe die gesamte Menschheit zum Opfer fiel und die sich darum in den Mythologien sämtlicher überlebender

---

[132] Eine vollständige Auflistung historischer Sintfluterzählungen samt Quellen finden Sie unter der URL: http://www.talkorigins.org/faqs/flood-myths.html [Stand: 2024]. Manche dieser Erzählungen wurden allerdings erst infolge der Eroberung und Missionierung durch die europäischen Kolonialmächte verbreitet.

Völker niederschlug, die ansonsten keine historischen Berührungspunkte hatten. Daran schließen sich weitere Spekulationen an, wonach bereits *vor* dieser Apokalypse historische Zivilisationen existiert haben könnten, die dann aber durch die große Flut vernichtet wurden – die Atlantis-Sage lässt grüßen.

Der angeblich versunkene Kontinent Atlantis wurde zuerst vom griechischen Philosophen Platon erwähnt. In seinen Werken Timaios[133] und Kritias[134] beschrieb er Atlantis als hoch entwickelte Zivilisation auf einer großen Insel im Atlantik. Später wurde die Theorie, dass dieses Atlantis tatsächlich existierte und ein Meteoriteneinschlag berghohe Flutwellen auslöste, die dann Atlantis vernichteten, am prominentesten vom österreichischen Geologen-Paar Alexander und Edith Tollmann vertreten.[135]

Was ist dran an diesen Spekulationen? Fakt ist, dass es rund um den Erdball archäologische Funde gibt, die Rätsel aufgeben. Manche davon befinden sich unter dem Meer, wie zum Beispiel das „Yonaguni-Monument" vor der Küste Japans oder die Ostseeanomalie zwischen Finnland und Schweden. Beide Strukturen wirken wegen ihrer präzisen Formen, glatten Flächen und geraden Kanten künstlich angelegt. Während die „klassische" Archäologie sie dennoch als natürliche Gebilde betrachtet, deuten abseitige Forscher Funde wie diese als Zeugnisse einer versunkenen Hochkultur.[136] Das Gleiche behaupten diese Forscher auch von gewissen Bauwerken an Land, allen voran von der Cheops-Pyramide, von der bis heute niemand weiß, wie genau sie errichtet wurde. Nach gängiger Schulbuchmeinung sollen Heerscharen ägyptischer Arbeiter um das Jahr 2600 v.Chr. die weit über 2 Millionen Steinblöcke mit einem jeweiligen Durchschnittsgewicht von etwa 2,5 Tonnen in nur 20 Jahren Bauzeit mithilfe einfa-

---

[133] Vgl. Platon (Autor): Timaios. Griechisch/Deutsch, Stuttgart 2003

[134] Vgl. Platon (Autor): Kritias. Deutsche Übersetzung, Göttingen 2014

[135] Vgl. Tollmann, Alexander; Tollmann, Edith: Und die Sintflut gab es doch. Vom Mythos zur historischen Wahrheit, München 1993

[136] Vgl. Hancock, Graham: Antike Metropolen auf dem Meeresgrund. Die geheimnisvollen Ursprünge der Zivilisation, Rottenburg am Neckar 2019

cher Werkzeuge in nahezu perfekter Symmetrie aufeinandergetürmt haben. Zudem sollen sie im Inneren der Pyramide mehrere schnurgerade Schächte und unterschiedlich große Kammern eingearbeitet haben. Viele namhafte Experten, darunter Architekten, Ingenieure, Steinmetze, Geologen und Baustatiker, halten diese Leistung allerdings für ein Ding der Unmöglichkeit – so zum Beispiel Pier Luigi Copat, Architekt des Potsdamer Platzes in Berlin, Chris Wise, Bauingenieur der Millennium Bridge in London, Éric Gonthier, Geologe und Mineraloge am Musée de l'Homme in Paris, Prof. Joseph Davidovids, Chemiker mit Schwerpunk Geopolymere, sowie Jean-Pierre Martin, Projektleiter des Millau-Viadukts, der höchsten Brücke Frankreichs und der längsten Schrägseilbrücke der Welt.[137] Letzterer äußerte sich in einem Interview zum Bau der großen Pyramide wie folgt:

„Entweder man glaubt an Gott oder Aliens, dann kann man sich alles vorstellen. Oder man hält sich an die irdische Vorstellung, dass hier Menschen gebaut haben. Wie sie das geschafft haben? Keine Ahnung. Ich könnte es jedenfalls nicht bauen.“[138]

Was die Zweifel technisch versierter Experten untermauert, sind abgesehen von der kurzen Bauzeit sowie der Menge beziehungsweise dem Gewicht der zu verarbeitenden Steinblöcke einige erstaunliche Konstruktionseigenschaften der Cheops-Pyramide, die ohne die Anwendung moderner Technologie kaum zu realisieren sind:[139]

---

[137] Entsprechende Statements dieser Experten finden Sie im Dokumentarfilm „Das Geheimnis der Pyramiden“ des Regisseurs Patrice Pooyard aus dem Jahr 2010. Leider beschränkt sich der Film nicht nur auf Fakten, sondern verbreitet gegen Ende spekulative Thesen, für die es keinerlei Beweise gibt. Zurecht wird der Film darum als pseudowissenschaftlich kritisiert. Das ändert aber nichts am Gewicht der obigen Expertenmeinungen, die von jeglichen Spekulationen unabhängig erfolgen.

[138] Diese Äußerung tätigte Jean-Pierre Martin in dem in der vorigen Fußnote näher beschriebenen Dokumentarfilm ab Minute 12:00.

[139] Diese Fakten werden im oben beschrieben Dokumentarfilm „Das Geheimnis der Pyramiden“ gleich in den ersten Minuten präsentiert.

- Die Pyramide ist nahezu perfekt in Nord-Süd-Richtung ausgerichtet.

- Die Königskammer im Inneren der Pyramide ist perfekt ausgelotet und weist maximale Abweichungen nur im Zehntelmillimeter-Bereich auf.

- Die vier Außenflächen der Pyramide sind in der Mitte symmetrisch leicht abgewinkelt, sodass sich insgesamt 8 gleichmäßige Flächen ergeben. Genau zweimal im Jahr, nämlich zur Tag-und-Nacht-Gleiche (Äquinoktium) im Frühjahr und Herbst, ergibt sich hierdurch für einige Sekunden ein charakteristisches Schattenspiel, das erst durch Luftaufnahmen sichtbar gemacht werden konnte.

Demnach hätten die alten Ägypter präziser bauen müssen, als sie mit damaligen Mitteln überhaupt messen konnten. – Aber was hat das alles mit der Sintflut zu tun? Nun, sollte der Bau der großen Pyramide tatsächlich nur mithilfe fortschrittlicher Technologie möglich gewesen sein, dann hätte es hierfür Baumeister bedurft, die deutlich weiter entwickelt waren als die alten Ägypter. Entweder müssen außerirdische Besucher Unterstützung geleistet haben, wie es die Vertreter der „Prä-Astronautik" behaupten,[140] ohne das aber beweisen zu können. Oder die Pyramiden waren schon lange vor den Ägyptern errichtet worden, nämlich von einer unbekannten, technologisch hochpotenten Zivilisation, die dann aber durch eine globale Flutkatastrophe vernichtet wurde und außer den Pyramiden sowie einigen anderen mysteriösen Bauwerken keine Spuren hinterließ. So lautet jedenfalls die „Lost Civilization"-Hypothese,[141] für die es aber ebenfalls keinerlei Beweise gibt. Die Frage, was es mit der Sintflut auf sich hat, muss darum ebenso offenbleiben wie die Frage, wie die Pyramiden errichtet wurden.

---

[140] Vgl. von Däniken, Erich: Der Mittelmeerraum und seine mysteriöse Vorzeit. Rätselhafte Bauten, unglaubliche Fakten und als falsch entlarvte Lehrmeinungen, Rottenburg am Neckar 2012

[141] Vgl. Hancock, Graham: America Before. The Key to Earth's Lost Civilization, New York 2023

Das Leben nach dem Tod und jenseitige Welten

Alle Mythologien der Menschheitsgeschichte gehen von einem Leben nach dem Tod aus. Das jenseitige Weiterleben kann allerdings je nach Erzählung ganz unterschiedlich aussehen. Manche Kulturen (wie zum Beispiel die alten Ägypter) glaubten an himmelsähnliche oder höllenähnliche Aufenthalte – verbunden mit der Annahme, dass unser diesseitiges Leben auf der Erde einen entscheidenden Einfluss darauf hat, welche dieser beiden Möglichkeiten eintritt. In anderen Kulturen (zum Beispiel bei den Griechen oder den Sumerern) gibt es keine Option zwischen zwei Pfaden, sondern nur den gemeinsamen Gang aller Verstorbenen in ein und dieselbe, zwar nicht höllenartige, aber doch düstere Unterwelt – egal, wie man sich im Erdenleben verhalten hat. Nur ganz selten finden wir in den Mythologien das Motiv der Reinkarnation.

Die Überzeugung, dass das Leben nach unserem physischen Tod weitergeht, scheint sogar noch älter zu sein als die ältesten überlieferten Mythologien: Steinzeitmenschen, deren Skelette Archäologen nach zehntausenden von Jahren freilegen, verraten durch ihre wertvollen Grabbeigaben, dass wohl auch unsere prähistorischen Vorfahren an ein Leben nach dem Tod glaubten.

Das Überleben des Todes setzt nicht nur eine Seele beziehungsweise einen Geist voraus, der das Absterben des physischen Körpers unbeschadet übersteht. Es bedarf auch eines geistigen „Aufenthaltsbereichs", in dem sich die Seele beziehungsweise der Geist eines Verstorbenen nach dem Tod aufhalten kann. Neben den üblichen Motiven eines freudvollen „Himmels" oder einer dunklen Unterwelt hegten manche Kulturen die Vorstellung eines vielgestaltigen „Weltenbaums" als Symbol für verschiedene Daseinsbereiche. Der Weltenbaum „Yggdrasil" der Germanen besteht zum Beispiel aus drei Ebenen: Oberwelt, Mittelwelt und Unterwelt. Diese sind wiederum in verschiedene Teilwelten gegliedert, die je unterschiedliche Wesen beherbergen, seien es Gottheiten und Elfen in der dreigliedrigen Oberwelt, Menschen und Riesen in der viergliedrigen Mittelwelt oder

Zwerge und Verstorbene in der dreigliedrigen Unterwelt.[142] Einen Weltenbaum mit drei Ebenen nahmen auch die Maya an: „Wacah Chan" wurzelt in einer neunschichtigen Unterwelt, beherbergt in der Mitte den Lebensraum der Menschen und in der Baumkrone einen vielschichtigen Himmel. Auch die Inka unterschieden zwischen einer Unterwelt (Ukhu Pacha), einer irdischen Welt (Kay Pacha) und einer Oberwelt (Hanaq Pacha). Ebenso taten es die Azteken, die wie die Maya eine neunschichtige Unterwelt und eine vielschichtige Oberwelt annahmen, in der verschiedene übernatürliche Wesen lebten.[143]

Fazit

Mythologische Erzählungen aus der Vergangenheit mögen in derart fantasiereicher Weise ausgemalt worden sein, dass sie mehr menschliche Dichtung als metaphysische Wahrheit transportieren. Dennoch stoßen wir im Kern der unterschiedlichsten Schöpfungsberichte immer wieder auf gleichartige Erklärungsmuster und philosophische Grundüberzeugungen:

1. Keine einzige Kultur in der Menschheitsgeschichte ging von einer *zufälligen* Schöpfung aus. Alle Mythologien unterstellen einen *bewussten* Schöpfungsakt. In den meisten Mythologien entsteht die Welt durch Differenzierung aus einem ungeteilten Ur-Potential.

2. Keine einzige Kultur in der Menschheitsgeschichte begriff den Menschen als evolutionäres Zufallsprodukt. Alle Mythologien unterstellen eine planvolle Erschaffung des Menschen.

3. Keine einzige Kultur in der Menschheitsgeschichte betrachtete Materie als alleinige Basis allen Daseins. Alle Mythologien unterstellen die Existenz von Geist, von übernatürlichen Wesen und von einer oder mehreren nichtphysischen Welten.

---

[142] Vgl. Daniels, Mark: Mythologien der Welt. Alle großen Kulturen im Überblick, München 2023, S. 201f.

[143] Vgl. Gareis, Iris: Mythologien Meso- und Südamerikas, in: Jamme, Christoph; Matuschek, Stefan: Handbuch der Mythologie, Darmstadt 2014, S. 314

4. Keine einzige Kultur in der Menschheitsgeschichte hielt den physischen Tod für das Ende unserer bewussten Existenz. Alle Mythologien unterstellen ein wie auch immer geartetes Weiterleben nach dem Tod.

In diesen Kernüberzeugungen gleichen die alten Mythologien sämtlichen großen Weltreligionen und unterstreichen die menschheitshistorische Sonderstellung unserer westlichen, aufgeklärten, materialistisch-naturwissenschaftlichen Denkweise. Wir sind historisch und weltweit die einzige Gesellschaft, die das Konzept eines von Materie unabhängigen und unsterblichen Geistes als ein irreales Fantasieprodukt des physischen Gehirns abtut und das Universum als einen bloß zufällig entstandenen, kalten, seelenlosen und sinnlosen Ort betrachtet. Dadurch haben wir unsere Welt im wahrsten Sinne des Wortes „entzaubert".[144]

Das wäre ja nicht weiter schlimm, wenn diese Sichtweise zumindest stimmen würde – auch wenn es psychologisch schmerzvoll sein mag, sich selbst als sinnloses und nur zufällig entstandenes, sterbliches Materiekonglomerat zu begreifen. Offensichtlich ist die materialistische Sicht auf die Welt und den Menschen aber reduktionistisch und dadurch gleichermaßen falsch wie ignorant: Wer behauptet, es existiere nur das, was wissenschaftlich bewiesen werden kann, wohingegen alles, was sich wissenschaftlich nicht beweisen lässt, bloße Illusion sei, der schneidet sich selbst von tieferer Erkenntnis ab. Wissenschaftliche Erkenntnis spielt sich halt nur auf der Ebene des *Physischen*, also der „Schattenwelt" (Platon), der Welt als „Vorstellung" (Schopenhauer), der Raumzeit-Dimensionen „X1 bis X4" (Heim) oder der „PMR-Simulation" (Campbell) ab. *Metaphysische* Wahrheit vermag die Wissenschaft nicht zu ermitteln (siehe Kapitel 1.1: Grenzen der Wissenschaft).

Dass sich metaphysische Wahrheit stattdessen in den impliziten Grundüberzeugungen der großen Weltreligionen und alten Mythologien widerspiegeln könnte, war eine legitime Ausgangsvermutung,

---

[144] Vgl. Weber, Max: Wissenschaft als Beruf. In: Weber, Max (Autor); Kaesler Dirk (Hrsg.): Schriften 1894–1922, Stuttgart 2002 (1919), S. 488

die als Motivation für den bis hierhin angestellten Vergleich diente. Das Problem ist nur: Weil der Ursprung der religiösen und erst recht der mythologischen Erzählungen so weit zurückliegt und der Entstehungskontext folglich nicht transparent nachvollziehbar ist, bleiben Restzweifel, in welchem Maße die vermeintlichen Seher, Schamanen, Priester und Propheten hier wahres Wissen intuitiv abgegriffen oder per Channeling empfangen haben. Außerdem lässt sich mangels zuverlässiger Quellen unmöglich rekonstruieren, inwieweit ursprüngliche Versionen im Laufe der Zeit entstellt und verfälscht wurden.

Zum Ende unserer mythologischen Annäherung an die Wirklichkeit des Seins wenden wir uns deshalb *zeitgenössischen* Channelings zu. Bei ihnen ist der Entstehungskontext klar, transparent und überprüfbar. Wir können stets sicher sein, welche Autoren die möglicherweise metaphysisch übermittelten Botschaften in Buchform verbreitet haben. Alle Texte liegen im unveränderten Original vor. Manche Autoren leben sogar noch, sodass man sich ein aussagekräftiges Bild ihrer Integrität machen kann. Wer keine Gelegenheit findet, die Autoren persönlich kennenzulernen, kann alternativ Interviews und – sofern vorhanden – Film- oder Tonaufnahmen studieren, die den mutmaßlichen Channelingvorgang dokumentieren. Selbst zu denjenigen Autoren, die in den letzten Jahrzehnten bereits verstorben sind, gibt es biografisches Material in Hülle und Fülle, was eine Einschätzung darüber erlaubt, ob es sich bei ihnen um glaubwürdige „Medien" (früher hätte man sie „Seher" oder „Propheten" genannt) oder doch nur um Scharlatane handelt. Als weitere Überprüfungsmöglichkeit bietet sich die kritische Textanalyse an. Die Kriterien, die es dabei zu beachten gilt, hatte ich ausführlich in Kapitel 3.2.6 (Channeling) vorgestellt und anhand verschiedener Textauszüge auch schon beispielhaft angewandt.

Anzunehmen, dass zeitgenössische Channelings einen uneingeschränkten Zugang zu metaphysischer Wahrheit erlauben, wäre dennoch ein Irrglaube. Denn selbst dann, wenn die betreffenden Medien integer und die telepathischen Informationsflüsse echt sein sollten, könnten wir doch niemals sicher sein, ob der empfangene Inhalt auch der Wahrheit entspricht. Für diese Unsicherheit gibt es mehrere Gründe (siehe ausführlich in Kapitel 3.2.6): Eine erste potenzielle Fehlerquelle liegt aufseiten des metaphysischen Absenders. Selbst ein Geistwesen weiß vielleicht nicht alles und könnte schlimmstenfalls sogar absichtlich täuschen (dann wäre es ein „dämonisches" Wesen). Eine zweite Fehlerquelle liegt beim Medium, sofern es die Botschaften bewusst oder unbewusst filtert und entsprechend verzerrt wiedergibt. Als dritte mögliche Fehlerquelle kommt die „Verbindung" zwischen Sender und Empfänger infrage. Sollte sie instabil sein, so wie das im Physischen beispielsweise bei gestörten Funkübertragungen vorkommt, dann werden Botschaften nicht verständlich empfangen und das Medium muss die Lücken durch eigene Interpretation auffüllen. Auch die zeitgenössischen Channelings ermöglichen insofern nicht mehr als eine weitere Annäherung.

4.3.3 Parallelen in zeitgenössischen Channelings

Die Liste angeblich gechannelter Literatur ist lang. Allein im 20. Jahrhundert haben dutzende Autoren mit vermeintlichen Botschaften aus anderen Welten die Aufmerksamkeit eines spirituell interessierten Publikums auf sich zogen, zum Beispiel Edgar Cayce[145], Sarah Chambers[146], Jane Roberts[147], Helen Schucman[148], Carla L. Rueckert[149], Neil

---

[145] Vgl. Cayce Edgar, Piel Stephanie (Übersetzerin): Suche nach Gott, Synergia Verlag, Roßdorf 2013

[146] Vgl. Quinn Yarbro, Chelsea: Messages from Michael, New York 1980

[147] Vgl. Roberts, Jane: Gespräche mit Seth. Von der ewigen Gültigkeit der Seele, München 2001

[148] Schucman, Helen; Thetford, William: Ein Kurs in Wundern, Freiburg im Breisgau 1994

[149] Elkins, Don; Rueckert, Carla; McCarty Jim; Blumenthal, Jochen (Hrsg.): Der Ra-Kontakt: Das Gesetz des Einen lehren, Berlin 2018

[150] Vgl. Walsch, Neil D.: Gespräche mit Gott. Drei Bände, München 1997-1999

[151] Vgl. Payne, John: Die vier Prinzipien der Schöpfung. Material gechannelt von OMNI, Roßdorf 2007

D. Walsch[150], John Payne[151], Darryl Anka[152] oder Varda Hasselmann[153] – um nur einige der Bekanntesten zu nennen. Vieles von dem, was im Buchhandel und im Internet als gechannelte Botschaft präsentiert wird, halte ich für unglaubwürdig. Gerade unter den oben genannten Autorinnen und Autoren gibt es aber gleich mehrere, die aufgrund ihres biografischen Hintergrundes, ihrer persönlichen Integrität und der ungewöhnlichen Qualität der von ihnen publizierten Texte eine wahrhaftige Anbindung an metaphysische Informationsquellen vermuten lassen. Wie ich zu dieser Einschätzung gelangt bin, können Sie ausführlich in Kapitel 3.2.6 in Band 1 nachlesen, auf das ich an dieser Stelle nochmals verweisen möchte.

Von den eher glaubwürdigen Channelings stechen zwei ganz besonders hervor: die „Michael-Teachings", die in den 1970er Jahren erstmals von Sarah Chambers und Leslie Briggs empfangen und später durch weitere Medien übermittelt wurden, sowie das „Ra-Material", das die Studiengruppe „L/L Research" um den Ingenieur Don Elkins, Jim McCarty und das Medium Carla L. Rueckert in den 1980er Jahren veröffentlichte. Die „Michael-Teachings" kann jeder, der möchte, in Teilaspekten selbst überprüfen (siehe Kapitel 3.3.6: Überprüfung von Channeling anhand der „Michael-Teachings"). Und beim „Ra-Kontakt" sprechen einfach sämtliche Begleitumstände für dessen Authentizität (siehe Kapitel 3.2.6). Um nur ein Beispiel zu nennen: Alle 106 Sitzungen, die Don Elkins als Fragesteller, Carla L. Rueckert als Medium und Jim McCarty als Protokollführer zwischen 1981 und 1984 durchführten, wurden auf Tonband aufgenommen. Weil die von den dreien zwecks Erforschung und Verbreitung spiritueller Botschaften gegründete Organisation „L/L Research" keinerlei Profitinteressen verfolgt, stehen die Aufnahmen gratis zur Verfügung (siehe Videoquelle 4.3.3a). Sollten Sie in diese Audio-Mitschnitte reinhören, wird Ihnen sofort auffallen, wie unnatürlich langsam und leise das Medi-

---

[152] Vgl. Anka, Darryl: Bashar Blueprint for Change A Message from Our Future, Seattle 1990

[153] Vgl. Hasselmann, Varda; Schmolke, Frank: Archetypen der Seele. Die seelischen Grundmuster Eine Anleitung zur Erkundung der Matrix, München 2010

um Carla L. Rueckert die mutmaßlich medial empfangenen Worte *einzeln* ausspricht. Eine Sitzung dauert im Schnitt über eine Stunde, sodass insgesamt mehr als 100 Stunden Arbeit allein in der Aufnahme dieses Audio-Materials stecken. Wäre dessen Inhalt nicht gechannelt, sondern von „L/L Research" selbst erfunden, hätte die Gruppe ein noch viel erheblicheres Ausmaß an Arbeitszeit für den Entwurf des Manuskripts investieren müssen. Ich mag mir gar nicht ausmalen, wie viele Wochen es gebraucht hätte, sich die knapp 700 Textseiten des „Ra-Kontakts" selbst auszudenken und niederzuschreiben. Aus meiner Sicht ist es völlig absurd, der Gruppe unterstellen zu wollen, sie habe solche wahnsinnigen Mühen in betrügerischer Absicht auf sich genommen – zumal sie ja keinerlei finanzielle Absichten verfolgte und es auch nicht auf Ruhm abgesehen hatte (der aufgrund der weitgehenden gesellschaftlichen Tabuisierung des Paranormalen ohnehin eher dürftig ausgefallen wäre). Im Übrigen gibt es auch 40 Jahre nach den Aktivitäten der Gruppe keinen einzigen Verdachtsmoment, der Betrugsvorwürfe rechtfertigen würde.

Videoquelle 4.3.3a: Audio-Mitschnitt des Ra-Kontakts

frank-niessen.com/sinnsuche/Ra.html

Dass ich den „Ra-Kontakt" und die „Michael-Teachings" besonders hervorhebe, bedeutet nicht, dass es außer diesen beiden keine weiteren authentischen Channelings geben würde. Um den Rahmen dieses Unterkapitels nicht zu sprengen, stütze ich mich hier trotzdem nur auf diese beiden Quellen. Sollten Sie später aus eigenem Interesse andere seriöse Channelings konsultieren, werden Sie feststellen, dass sich die grundlegenden kosmologischen Konzepte ohnehin in fast allen zeitgenössischen Botschaften wiederholen. Sie alle berichten von der Schöpfung des Universums aus dem All-Einen, von der Vielfalt geistiger Welten und Wesen, vom Überleben des physischen Todes und – im Gegensatz zu den meisten Mythologien und den abrahamitischen Religionen – von einer seelischen Weiterentwicklung im Rahmen unzähliger Reinkarnationen. Abweichungen zwischen glaubwürdigen Channelings der Gegenwart gibt es meist nur auf der Detailebene – so auch zwischen „Michael" und „Ra".

Wer sind „Michael" und „Ra"? Über geistige Welten und Wesen

„Michael" bezeichnet sich als ein „Kollektivwesen" aus der „Kausalwelt". „Ra" präsentiert sich als „sozialer Erinnerungskomplex" aus der „sechsten Dichte". Um zu verstehen, was die beiden damit meinen, müssen wir uns mit ihren Ausführungen zur Struktur des Universums befassen. Ähnlich wie es die meisten Religionen und Mythologien behaupten, gliedert sich das Dasein laut „Michael" und „Ra" in vielfältige Realitätsebenen. Neben unserer physischen Daseinsform existieren gleich mehrere metaphysische Daseinsbereiche, in denen sich jeweils verschiedene Wesen aufhalten – zum Beispiel „Michael" und „Ra".

Die „Michael-Teachings" unterscheiden jenseits der physischen Welt eine „astrale", eine „kausale", eine „akashische", eine „mentale", eine „messianische" und eine „buddhaische" Ebene (siehe Abbildung 4.3.3a). Die astrale Ebene ist der physischen Ebene am nächsten. Hier halten sich laut „Michael" Verstorbene zwischen ihren Reinkarnationen auf. Menschen, die eine Nahtoderfahrung erleben, betreten ebenfalls zeitweilig diese Ebene. Außerdem beherbergt die Astralebene verschiedene Geistwesen, die in Religionen und Mythologien als Engel, Dämonen oder Dschinn bezeichnet wurden. Im Zuge von außerkörperlichen Erfahrungen (siehe Kapitel 3.3.5) können wir diese Ebene selbst bereisen. Auch beim Träumen berühren wir laut „Michael" die Astralebene.[154]

Das Besondere an der Astralebene ist, dass sie der physischen Erde in Teilen ähnlich sieht, zugleich aber Raum, Zeit und Kausalität völlig anders funktionieren. Wer will, kann dort durch Wände gehen, denn niemand ist mehr an die Gesetze der Physik gebunden. Stattdessen bestimmen unsere Gedanken und Vorstellungen dasjenige, was wir

---

[154] Hoodwin, Shepherd: The Michael Teachings – The planes of existence; siehe unter der URL: https://www.michaelteachings.com//planes.html [Stand: 2024]

äußerlich sehen und wahrnehmen. „Michael" beschreibt dies so:

„Ein bemerkenswerter Unterschied besteht darin, dass die Flächen des terrestrischen Raums in dieser Dimension unbegrenzt sind und das geografische Gelände sich stark ausdehnen kann. Während bekannte Orientierungspunkte und charakteristische Erscheinungen der Erde immer noch vorhanden sind (die Ozeane, die Berge und so weiter), ermöglicht die formbare Natur der Ebene unbegrenzte Abweichungen von der Geographie, die alle von den fantasievollen und kreativen Wünschen derjenigen abhängen, die eine bestimmte Region bewohnen. Auf der Astralebene steht Strandgrundstück allen zur Verfügung, die es sich vorstellen können. Einschränkungen des Raums, die auf der Erde viel zu häufig vorkommen, gibt es im Astralraum nicht. Stellen Sie sich den Astralraum wie einen riesigen Baukasten vor, dessen einzigen Grenzen die der Vorstellungskraft sind. [...] Beim Astralen geht es mehr um die inneren Manifestationen seiner Bewohner, während es beim Physischen eher um die äußeren geht."[155]

Daseinsformen	laut den „Michael-Teachings"
Physisch *(Materie)*	(1) Physische Ebene
Metaphysisch *(„erdnah")*	(2) Astralebene
Metaphysisch	(3) Kausalebene
Metaphysisch	(4) Akashische Ebene
Metaphysisch	(5) Mentalebene
Metaphysisch	(6) Messianische Ebene
Metaphysisch *(„gottnah")*	(7) Buddhaische Ebene
Alles, was ist	Tao

Abbildung 4.3.3a: Daseinsformen nach „Michael". Es werden 7 Wirklichkeitsbereiche unterschieden, die von den Fragmenten des All-Einen durchschritten werden, um sich wieder zu einem Ganzen zu vereinen. Quelle: Eigene Grafik

Wenn sich auf der Astralebene das äußerlich Wahrnehmbare nach den inneren Vorstellungen richtet, dann wird sich unser jenseitiges Erleben zwischen unseren Reinkarnationen maßgeblich nach unse-

---

[155] Gregg, David: The afterlive: A definitive guide. 26 questions and answers about life after death on the astral plane, online abrufbar unter der URL: https://www.michaelteachings.com/afterlife.html [Stand: 2024]

rem Bewusstseinszustand richten. Daraus lässt sich eine Teilerklärung für dasjenige Erleben ableiten, was in manchen Religionen als „Höllenerfahrung" interpretiert wird:

„Die Hölle ist nicht real in einem physischen oder astralen Sinne. In manchen Fällen kann die Hölle das innere Leiden einer gequälten Seele sein, das durch den formbaren Ton astraler Energie manifestiert wird, aber diese höllischen Konstrukte sind flüchtig und illusorisch. Im eigentlicheren Sinne ist die Hölle der Zustand eines Geistes, der von der Essenz (oder dem wahren Selbst) getrennt ist."[156]

Wer im Laufe seiner Reinkarnationen bereits ein gewisses Maß an Positivität und Verbundenheitsgefühl erlangt hat, dürfte insofern von „Höllenerfahrungen" verschont bleiben. Auch für „Michael" selbst sind „Höllenerfahrungen" unmöglich. Nach eigenen Angaben hat er die astrale Ebene schon vor Jahrhunderten in Richtung *Kausalebene* verlassen. Damit steht er außerhalb des irdischen Reinkarnationskreislaufs. Er wird weder als Mensch auf die physische Erde zurückkehren noch auf der Astralebene seine Zwischenleben verbringen. Vor allem aber ist „Michael" auf der Kausalebene gar keine Einzelseele mehr. Er ist nun „mehrere" – er wurde zu einer *Kollektivwesenheit*. Denn beim Übergang in die *Kausalebene* schließen sich Einzelseelen zu „Seelenfamilien" zusammen.

Eine Seelenfamilie besteht laut den „Michael-Teachings" aus etwa 1000 Einzelseelen (Fragmenten). Sich selbst beschreibt „Michael" als aus 1050 Fragmenten bestehend. Folglich muss „Michael" über ein unvorstellbar weites Bewusstsein mitsamt einem immensen Erfahrungswissen verfügen. Schließlich kann er nun auf die gesammelte Lebenserfahrung von über 1000 Seelen zurückgreifen, von denen seinen Angaben zufolge jede einzelne im Schnitt über 100 Inkarnationen (und Zwischenleben in der Astralwelt) hinter sich hat.

Seelen und Seelenfamilien haben und brauchen im Metaphysischen eigentlich keine Namen. Weil wir Menschen es aber gewohnt sind,

---

[156] Gregg, David: The afterlive: A definitive guide. , online abrufbar unter der URL: https://www.michaelteachings.com/afterlife.html [Stand: 2024]

uns mit Namen anzusprechen, hat das Kollektivwesen „Michael" seinen menschlichen Empfängern vorgeschlagen, sie mögen ihn einfach mit demjenigen Namen ansprechen, den die letzte zur Seelenfamilie hinzugestoßene Einzelseele in ihrer letzten Inkarnation als menschliche Persönlichkeit getragen habe: „Michael".

Neben „Michael" gibt es übrigens noch eine weitere Seelenfamilie, die sich mit einer identischen Lehre an ein menschliches Medium gewandt hat. Weil auch diese Seelenfamilie keinen Namen trägt, wird sie von ihrer menschlichen Empfängerin, Varda Hasselmann aus Deutschland, einfach nur die „Quelle" genannt. Skeptiker mögen Varda Hasselmann vorwerfen, die von selbsternannten Medien in den USA erfundenen „Michael-Teachings" bloß ins Deutsche übersetzt zu haben, um sie dann in ebenso betrügerischer Absicht an ein deutschsprachiges Publikum zu verkaufen. Wer der Sache offener gegenübersteht, könnte hingegen die Tatsache, dass hier mehrere Medien von verschiedenen Entitäten eine inhaltlich weitgehend gleichlautende Botschaft erhalten haben wollen, als einen Hinweis darauf deuten, dass an der Lehre umso eher etwas Wahres dran sein könnte. Wie ich bereits in Kapitel 3.2.6 (Channeling) begründet hatte, halte ich diese zweite Interpretation für plausibler. Schauen wir uns darum an, wie Varda Hasselmanns „Quelle" die Kausalebene, den „Wohnort" der Seelenfamilien, näher beschreibt:

„In der kausalen Welt gibt es das, was ihr als Angst kennt, nicht mehr. Und weil es keine Angst gibt, gibt es auch kein Leiden, keine Dualität und keinen Schmerz, der bei euch, wie ihr wisst, meistens aus dem Getrenntsein oder Getrenntwerden entsteht. Es gibt kein Leben und Sterben, kein Kranksein und Gesundsein. Es gibt nur Existenz in Liebe und aus dieser Liebe heraus eine Anteilnahme an den Konflikten und den Wachstumsschmerzen all jener, die noch in der Dualität gefangen sind."[157]

Ein Leben in liebevoller Verbundenheit, ganz ohne Angst und Leid, weckt Assoziationen mit einem himmlischen Erlösungszustand. Ihre Verbindung zur physischen und astralen Welt scheinen die Seelenfa-

---

[157] Hasselmann, Varda; Schmolke, Frank: Welten der Seele. Trancebotschaften eines Mediums, München 1993, S. 202

milien in diesem Erlösungszustand aber keineswegs gekappt zu haben. Wie die „Quelle" im obigen Zitat berichtet, nehmen Seelenfamilien auf der Kausalebene Anteil an unseren menschlichen Problemen. Sie verweilen also nicht passiv „im Himmel", sondern bemühen sich aktiv, unser seelisches Wachstum zu unterstützen – zum Beispiel, indem sie uns per Channeling ihre spirituellen Weisheiten anbieten. Mit ihrer Lehr- und Unterstützungstätigkeit vollziehen die Seelenfamilien zugleich einen eigenen Lernprozess. Insofern bedeutet das Erreichen der Kausalebene noch keinen Abschluss von Entwicklung:

„Wachstum durch Lernen und Wachstum durch Erfüllen von Aufgaben ist auf der kausalen Ebene ebenso nötig und wichtig wie auf der physischen. [...] Die kollektiven Wesen der kausalen Welt entwickeln sich im Unterschied zu den Wesen der astralen Welt dadurch weiter, dass sie denen, die im physischen Körper leben, helfen, es sich mit den ohnehin schwierigen Inkarnationszyklen nicht allzu schwerzumachen."[158]

Im Übrigen ist auch die kausale Ebene nur eine weitere Durchgangsstation. Weitere „Himmelssphären", wie zum Beispiel die „mentale" oder die „messianische" Ebene, warten als zukünftige „Aufenthaltsbereiche" (siehe Abbildung 4.3.3a auf Seite 201). Dabei werden die Seelenfamilien ihren ohnehin schon riesigen Erfahrungsschatz ein weiteres Mal ausdehnen, indem sie mit anderen Seelenfamilien zu noch größeren Entitäten fusionieren – bis sie schließlich in einem allerletzten Entwicklungsschritt die (Wieder-)Verschmelzung mit dem „göttlichen" Ur-Geist (Tao) vollziehen:

„Um auf jeder Stufe unserer Weiterentwicklung mit anderen Einheiten der kosmischen Ordnung besser kommunizieren zu können, löst sich die Membran zwischen uns mit zunehmender Erkenntnis auf. [...] Wir sind zusammengeschmolzen, haben aber die Erinnerung an unser Getrenntsein in der Physis nicht verloren. Unser Zustand ist ein Zustand des Vereintseins, der wiederum der Vereinigung des Tao noch nicht gleichkommt. In dem, was wir mit dem Begriff Tao beschreiben wollten, wenn wir es wirklich könnten, sind die grenzenlos vielen Entitäten oder Gruppen, wie wir es sind, wieder-

---

[158] Hasselmann, Varda; Schmolke, Frank: Welten der Seele. Trancebotschaften eines Mediums, München 1993, S. 201f.

um zu einer Einheit verbunden, die uns unermesslich vorkommt. Um so mehr muss es für euch schwierig sein, eine solche Einheit ins Auge zu fassen. "[159]

Selbst aus der Warte solch hoch entwickelter Wesen wie „Michael" und der „Quelle" stellt also das All-Eine ein unbegreifliches Mysterium dar. Fest steht für die beiden nur, dass wir alle aus dem All-Einen stammen und auch dorthin zurückkehren werden.

Wenden wir uns nun der Wesenheit „Ra" zu und schauen uns an, was diese über das Wesen der Wirklichkeit zu sagen hat. Ähnlichkeiten zu den „Michael-Teachings" bestehen insofern, als auch „Ra" von sieben Stufen ausgeht. Diese Stufen bezeichnet „Ra" als „Dichten". Sie bedeuten allerdings etwas anders als die Ebenen von „Michael" (siehe Abbildung 4.3.3a auf Seite 201). Während die Ebenen der „Michael-Teachings" *Daseins-* beziehungsweise *Wahrnehmungsbereiche* beschreiben, sind mit den „Dichten" im „Ra-Kontakt" eher *Bewusstseinszustände* gemeint. Beispielsweise existieren wir Menschen, die Tiere, die Pflanzen und die uns umgebende Materie allesamt auf derselben, als physisch wahrgenommen *Ebene,* zeichnen uns innerhalb dieser Ebene jedoch durch unterschiedliche *„Dichten",* also *Bewusstseinszustände* aus (siehe Abbildung 4.3.3b).

Bewusstseinszustände	laut dem „Ra-Kontakt"
von Materie	1. Dichte: Gewahrsein
von Pflanzen und Tieren	2. Dichte: Wachstum
von Menschen	3. Dichte: Selbst-Bewusstsein, Entscheidungsfreiheit
von höher entwickelten (Kollektiv-)Wesenheiten	4. Dichte: Kollektiv-Bewusstsein, Liebe
	5. Dichte: Weisheit
	6. Dichte: Einheit von Liebe und Weisheit
	7. Dichte: Vollkommenheit und Ewigkeit

Abbildung 4.3.3b: Bewusstseinszustände nach „Ra". „Ra" nennt 7 Bewusstseinszustände, die von den Fragmenten des All-Einen durchlebt werden, bis sie ein Einheitsbewusstsein erlangen. Das Bewusstsein erweitert sich dabei jeweils: Die höheren Dichten bauen auf die unteren Dichten auf. Quelle: Eigene Grafik

---

[159] Hasselmann, Varda; Schmolke, Frank: Welten der Seele. Trancebotschaften eines Mediums, München 1993, S. 201f.

Je höher die „Dichte", desto mehr Bewusstheit und Freiheit hat das Wesen, desto mehr weiß es also über die Schöpfung und desto vielseitigere Handlungen kann es ausführen. Die erste Dichte beschreibt den Bewusstseinszustand der unbelebten Materie, bei der allenfalls ein dumpfes Gewahrsein sowie die Anforderung einer stabilen Existenz im Raum vorherrschen. Die zweite Dichte ist diejenige der Pflanzen und Tiere. Sie erweitert den Bewusstseinsraum der ersten Dichte um ein Streben nach Wachstum, was sich unter anderem in der Fortpflanzung zeigt. Wir Menschen befinden uns in der dritten Dichte, dem Zustand des Selbst-Bewusstseins und der damit einhergehenden Entscheidungsfreiheit: Als Individuen, die sich ihrer selbst und ihrer Handlungen bewusst sind, können und müssen wir unser Tun bewusst lenken und reflektieren. Der nächste Evolutionsschritt führt uns laut „Ra" in die vierte Dichte, in der wir Liebe und Zusammenhalt lernen werden. Die vierte Dichte beschreibt einen Bewusstseinszustand, in dem man sich *„der Gedanken Anderer-Selbste bewusst ist"* und bei dem *„individuelle Differenzen ausgesprochen, aber dafür automatisch durch Gruppenkonsens harmonisiert werden."*[160] In der vierten Dichte vernetzen sich Einzelseelen zu einem immer dichteren Kollektivbewusstsein. „Ra" nennt diese Kollektivwesenheiten „soziale Erinnerungskomplexe". Die Individualität der Einzelseelen geht dabei nicht verloren. In Übereinstimmung zu den „Michael-Teachings" verschmelzen Seelen nicht durch Aufhebung, sondern durch Integration. Auf diese Weise erweitern sie ihre Identität. Des Weiteren werden Seelen beim Übergang in die vierte Dichte laut „Ra" dazu in der Lage sein, nichtphysische Realitäten wahrzunehmen und mit ihnen zu interagieren. In der fünften Dichte geht es dann um Weisheit, in der sechsten Dichte um Einheit von Liebe und Weisheit und in der siebten Dichte schließlich um den Übergang zur Einheitserfahrung.

Die Kollektivwesenheit „Ra" befindet sich nach eigenen Angaben in der sechsten Dichte. Die nachfolgende siebte Dichte umschreibt „Ra" als eine Dichte der *„Vervollkommnung und eine Wendung zu Zeitlosig-*

---

[160] Elkins, Don; McCarty, Jim; Rückert, Carla L.: Der Ra-Kontakt: Das Gesetz des Einen lehren – Gesamtausgabe, Oberkrämer 2021, S. 118

*keit oder Ewigkeit."[161] Sie ebnet den Weg ins Einheitsbewusstsein, das keine Differenz mehr kennt:

„Auf der siebten Stufe [...] werden wir, falls unsere demütigen Anstrengungen ausreichend sind, eins mit allem werden und so keine Erinnerung mehr haben, keine Identität, keine Vergangenheit oder Zukunft, sondern im All existieren."[162]

Die Entwicklung allen Seins vollzieht sich insofern ähnlich wie bei den „Michael-Teachings" als ein Lernprozess. Auf jeder Stufe der Entwicklung gibt es für die Fragmente des All-Einen verschiedene Dinge zu erkennen und zu tun – bis sie sich schließlich in völliger Einheit erfahren.

„Ra" über sein angebliches Wirken in Ägypten

Laut „Ra" sind „soziale Erinnerungskomplexe", also Kollektivwesen wie er, daran interessiert, uns in unserer Entwicklung zu unterstützen. Dazu nutzen sie subtile Kanäle und bedienen sich unsichtbarer Mittel wie der Inspiration: *„Der Gedanke ist das, was geschickt wird."[163]* Hierin zeigt sich eine weitere Parallele zu den „Michael-Teachings", denen zufolge „Seelenfamilien" auf dieselbe Weise auf uns einzuwirken versuchen. In einem entscheidenden Aspekt geht das „Ra-Material" jedoch weit über die „Michael-Teachings" hinaus – behauptet „Ra" doch nicht weniger, als dass Kollektivwesen der höheren Dichten durch interdimensionales Reisen in die physische Welt eintreten und die Entwicklung von Wesen dritter Dichte ganz konkret mitgestalten können. „Ra" gibt vor, in der Vergangenheit von dieser Möglichkeit Gebrauch gemacht zu haben, und zwar im alten Ägypten, wo er angeblich zu Zwecken der energetischen Heilung die große Pyramide erschuf. Weitere „soziale Erinnerungskomplexe" hätten derweil Beziehungen zu den Völkern Südamerikas und zu einer weiteren Zi-

---

[161] Elkins, Don; McCarty, Jim; Rückert, Carla L.: Der Ra-Kontakt: Das Gesetz des Einen lehren – Gesamtausgabe, Oberkrämer 2021, S. 266
[162] Ebenda, S. 114
[163] Ebenda, S. 307

vilisation gepflegt, die es nach heutigem Stand der Forschung eigentlich niemals gegeben hat – Atlantis:

„Diejenigen, die in Kontakt mit dieser geographischen Entität waren, die ihr als Atlantis kennt, hatten das Potenzial für Heilung durch die Verwendung der pyramidenförmigen Körper erfasst. Dies beachtend, und indem wir Anpassungen wegen der Unterschiede in den Verzerrungskomplexen dieser zwei geographischen Kulturen, wie ihr sie nennen würdet, vorgenommen hatten [...], boten [wir] diesen Plan [...] als eine Unterstützung für die Heilung und Langlebigkeit jener in dem Raum, den ihr als Ägypten kennt, an. [...] Die erste, die Große Pyramide, wurde vor ungefähr sechs Tausend [6.000] eurer Jahre geformt. Nach dem Vollbringen des Baus oder der Architektur der Großen Pyramide durch Gedankenkraft [sic!], wurde dann, der Reihe nach, für andere pyramidale Strukturen, sagen wir, mehr lokales oder irdisches Material statt Gedankenform-Material verwendet. Dies hielt ungefähr fünfzehn Hundert [1.500] eurer Jahre weiter an."[164]

Zum besseren Verständnis dessen, was der Bau beziehungsweise die gedankliche Erschaffung einer Pyramide in Bezug auf energetische Heilung bewirken soll, ergänzt „Ra":

„Die Pyramidenform ist ein Kollektor, der die einströmende Energie aus dem, was ihr den Boden oder die Basis nennen würdet, zieht. [...] Die Energie ist keine Erd-Energie [...], sondern Lichtenergie, die omnipräsent ist.[165]

Und weiter:

„Wenn du dir Licht im metaphysischen Sinn als Wasser und die Pyramide als einen Trichter vorstellen würdest, könnte dieses Konzept offensichtlich werden."[166]

Mit Lichtenergie ist hier natürlich keine naturwissenschaftlich messbare Strahlung gemeint. Vielmehr unterstellt „Ra" in diesem Kontext eine alles durchströmende (*„omnipräsente"*) Vitalkraft, die stark an das chinesische „Qi" oder das hinduistische „Prana" erinnert. Die Py-

---

[164] Elkins, Don; McCarty, Jim; Rückert, Carla L.: Der Ra-Kontakt: Das Gesetz des Einen lehren – Gesamtausgabe, Oberkrämer 2021, S. 266
[165] Ebenda S. 352
[166] Ebenda, S. 352

ramidenform scheint geeignet, die lebensspendende Energie, die das
All-Eine beständig ausströmt, auf eine Weise zu bündeln, die Menschen unter bestimmten Umständen zum Vorteil gereicht – allerdings
nur unter fachkundiger Anleitung:

*„Die Funktion des Heilers [...] kann nicht überbetont werden, denn diese
Kraft [...] muss unbedingt mit inkarnierter Intelligenz, sagen wir, kontrolliert werden; wobei die Intelligenz die von jemandem ist, der Energiemuster
erkennt [...]."*[167]

Als sie den Ägyptern, Atlantern und den Völkern Südamerikas angeblich Hilfestellung leisteten, erschienen „Ra" und die anderen Kollektivwesen der sechsten Dichte den damaligen Menschen in physischer Gestalt, obgleich sie selbst doch als geistige Wesen schon lange
keine physischen Körper mehr bewohnten. Wie sie diese Verwandlung bewerkstelligten, erklärt „Ra" wie folgt:

*„Von der sechsten Dimension aus sind wir in der Lage, die intelligente Unendlichkeit, die in jedem Partikel des Lichts oder verzerrten Lichts anwesend
ist, durch Denken [sic!] zu manipulieren, sodass wir uns in eine Kopie unserer Geist-/Körper-/Seele-Komplexe in der sechsten Dimension kleiden konnten, die in der dritten Dichte sichtbar war."*[168]

Der Ausdruck *„Intelligente Unendlichkeit"* steht für das schöpferische
Potenzial des All-Einen. Mit *„Licht"* meint „Ra" an dieser Stelle die
formbare Substanz, die aus dem Schöpfungsprozess resultiert und
die sich in wahrnehmbare Formen und Objekte (Materie) manifestieren kann. Wie „Ra" erklärt, ist er dazu fähig, durch bewusste Absicht
(*„durch Denken"*) das energetische Potential des All-Einen gezielt zu
beeinflussen. Mit einem Wort: Er kann als „Schöpfer" auftreten. So
konnte er sich den Ägyptern gegenüber in der Gestalt eines physischen Wesens zeigen und überdies eine materielle Pyramide „erdenken", die bis heute Bestand hat – falls „Ra" hier denn die Wahrheit
sagt beziehungsweise seine Botschaft korrekt übermittelt wurde.

---

[167] Elkins, Don; McCarty, Jim; Rückert, Carla L.: Der Ra-Kontakt: Das Gesetz des
Einen lehren – Gesamtausgabe, Oberkrämer 2021, S. 340
[168] Ebenda, S. 48

Für aufgeklärte Ohren klingt das freilich ziemlich unglaubwürdig. Nimmt man das „Ra-Material" ernst, müsste die Geschichte der Menschheit neu geschrieben werden. Die Kernbehauptung der als pseudowissenschaftlich verrufenen „Prä-Astronautik", wonach frühe Hochkulturen einen Zivilisationsschub durch Außerirdische erhielten,[169] wird durch den „Ra-Kontakt" bekräftigt. Die Außerirdischen wären demnach allerdings keine *physischen* Raumfahrer von erdähnlichen Planeten gewesen („Dritte-Dichte-Wesen"), sondern *geistige Wesen* aus höheren Dimensionen („soziale Erinnerungskomplexe" der „sechsten Dichte"). Das wiederum passt zur interdimensionalen Hypothese des bekannten Ufologen Dr. Jacques Vallée, der UFO-Sichtungen und Nahbegegnungen als metaphysische Ereignisse deutet, bei denen sich Geistwesen vorübergehend physisch manifestieren (siehe Kapitel 3.2.4: Das UFO-Phänomen).

Auch das sagenumwobene Atlantis müsste gemäß den Aussagen von „Ra" tatsächlich existiert haben. Laut „Ra" ist die atlantische Zivilisation vor etwa 30.000 Jahren entstanden und erreichte vor etwa 15.000 Jahren ein hohes technisches Verständnis – insbesondere in Bezug auf die Nutzung von spiritueller Energie. Innere Konflikte hätten dann aber zu zwei großen Kriegen geführt, von denen der letzte durch die Anwendung nuklearer beziehungsweise energetischer Waffen eine komplette Selbstzerstörung samt verheerender Flutkatastrophe bewirkte – womit „Ra" eine alternative Deutung für die mythologische Sintflut anbietet:

Vor ungefähr elf Tausend [11.000] eurer Jahre verursachte der erste von dem, was ihr Kriege nennt, dass ungefähr vierzig Prozent von dieser Bevölkerung die Dichte durch Auflösung des Körpers verließen. Der Zweite und höchst zerstörerische der Konflikte geschah ungefähr eins null acht zwei eins, zehn Tausend acht Hundert einundzwanzig [10.821], Jahre in der Vergangenheit eurer Illusion. Dies verursachte eine erd-verändernde Konfiguration, und der große Teil von Atlantis war nicht mehr, da es überschwemmt wurde. [...] Erdveränderungen setzten sich aufgrund dieser, was ihr nuklea-

---

[169] Vgl. Charroux, Robert: Histoire inconnue des hommes depuis cent mille ans. France Loisirs, Paris 1995

re Bomben nennen würdet, und anderer Kristall-Waffen weiter fort und brachten die letzten großen Landmassen vor ungefähr neun sechs null null [9.600] eurer Jahre zum Sinken.[170]

Bislang konnten Historiker und Archäologen für diese weitreichenden Behauptungen keine Beweise finden. Für die Aktivitäten technisch hoch entwickelter Kulturen, die außerdem unter „außerirdischem" Einfluss standen, lassen sich nur einige Vermutungen anführen, die sich in erster Linie auf die Unerklärlichkeit von Bauleistungen wie der großen Pyramide von Gizeh, den Nazca-Linien in Peru oder den Tiwanaku-Ruinen wie Pumapunku in Bolivien stützen. Das „Ra-Material" kann aus Sicht der Geschichtsforschung nicht als belastbare Quelle gewertet werden. Aufgrund der mutmaßlichen Authentizität seiner Übermittlung bietet es nach meinem persönlichen Dafürhalten aber dennoch ausreichend Anlass, die Idee, wonach frühe Hochkulturen „Entwicklungshilfe" von Geistwesen erhielten, zumindest als eine spekulative *Möglichkeit* in Betracht zu ziehen. Zugleich gebietet der kritische Verstand natürlich eine gewisse Skepsis. Wie ich zum Ende von Kapitel 4.3.2 angemerkt hatte, könnte es selbst dann, wenn der Channeling-Vorgang im Rahmen des „Ra-Kontaktes" authentisch sein sollte, zu Übertragungsfehlern und/oder Fehlinterpretationen beziehungsweise Verzerrungen seitens der Empfänger (Carla L. Rückert, Don Elkins, Jim McCarty) gekommen sein. Auch Irrtümer aufseiten des metaphysischen Senders („Ra") sind prinzipiell nicht auszuschließen.[171] Tatsächlich korrigiert sich „Ra" in einigen Situationen selbst, insbesondere dann, wenn es um Zahlen und Daten geht. Deren korrekte Übermittlung scheint ihm, wie er Don Elkins gegenüber zugibt, grundsätzlich Schwierigkeiten zu bereiten:

„Bitte suche weiter nach Fehlern, die mit Zahlen zu tun haben, wie ihr es nennt, da uns dieses Konzept fremd ist und wir übersetzen müssen, wenn

---

[170] Elkins, Don; McCarty, Jim; Rückert, Carla L.: Der Ra-Kontakt: Das Gesetz des Einen lehren – Gesamtausgabe, Oberkrämer 2021, S. 76 und S. 171

[171] Schlimmstenfalls könnte ein Sender auch dämonischer Natur sein und absichtlich manipulieren. Bei „Ra" scheint mir das aufgrund seiner zugewandten Botschaften aber eher unplausibel.

*du so magst, wenn wir Zahlen verwenden. Dies ist eine fortlaufende Schwä-
che dieses Kontakts aufgrund des Unterschiedes zwischen unseren und euren Wegen. Deine Hilfe wird geschätzt."*[172]

Vergleicht man die historischen Darstellungen des „Ra-Materials"
mit „Remote Viewing"-Projekten, die zur Aufklärung rätselhafter ar-
chäologischer Funde beitragen wollen, wird man zum Teil erhebliche
Abweichungen feststellen.[173] Da auch „Remote Viewing" als bewusstseinsbasierte Methode zur metaphysischen Informationsbe-
schaffung nicht frei von Verzerrungen und Fehlinterpretationen ist,
können diese aber leider auch nicht als zuverlässige Referenz herhalten (siehe Kapitel 3.3.4: Überprüfung von Remote Viewing). Bemerkenswert finde ich immerhin, dass kein einziges „Remote
Viewing"-Projekt die *offizielle* Geschichtsschreibung stützt.[174] Im Kern
(nicht in den Details) werden die fragwürdigen Behauptungen aus

---

[172] Elkins, Don; McCarty, Jim; Rückert, Carla L.: Der Ra-Kontakt: Das Gesetz des
Einen lehren – Gesamtausgabe, Oberkrämer 2021, S. 219

[173] Das gilt zum Beispiel für den Zeitpunkt, zu dem die große Pyramide entstanden sein soll. „Ra" behauptet, er habe sie vor 6.000 Jahren geformt, wohingegen
Remote Viewer den Entstehungszeitraum auf etwa 10.000 bis 12.000 Jahre zu-
rückdatieren. Ob „Ra" an dieser Stelle wieder ein Problem mit Zahlen hatte oder
aber die Remote Viewer danebenliegen (oder beide), muss offenbleiben.

[174] Laut „Ra" bestand der Hauptzweck der Pyramide in der (spirituellen/energe-
tischen) Heilung. Remote Viewer stellen Aspekte wie die Datensammlung in Er-
wartung oder als Rückblick auf eine apokalyptische Naturkatastrophe, Energie-
erzeugung oder -übertragung sowie eine Art Gateway für den Übergang in andere Dimensionen zur Diskussion. Der Bauvorgang wird von „Ra" und den Remote Viewern insofern ähnlich beschrieben, als energetische Effekte unterstellt
werden. Manche Viewer berichten im Gegensatz zu „Ra" jedoch von der Mit-
wirkung menschlicher oder weiterer nichtmenschlicher Wesen vor Ort und wollen zum Teil sogar Herrschaftsinteressen und böse Absichten aufseiten derjenigen wahrgenommen haben, die die Pyramide planten. Das steht in deutlichem
Widerspruch zu den Aussagen von „Ra". Die Zusammenfassung der „Remote
Viewing"-Sessions, auf die ich mich hier beziehe, stammen von besonders bekannten „Remote Viewing"-Gruppen und sind unter folgenden Online-Quellen
einsehbar [jeweiliger Stand: 2024]: http://farsightpresentations.com/RV_Pro-
jects/Giza_Pyramid.html („Farsight Institute"); https://signallinie.info/eine-neue-
vergangenheit-sehen/#aegypten_pyramide_fazit („Signallinie"); https://into-the-
matrix.de/2023/08/01/der-bau-der-pyramiden-von-gizeh/ („Into the Matrix").

dem „Ra-Kontakt", wonach es erstens alte Hochkulturen gegeben haben muss, die der Geschichtswissenschaft heute nicht bekannt sind, und wonach zweitens die große Pyramide unter Beteiligung nichtmenschlicher Wesen durch futuristisch anmutende Baumethoden errichtet wurde, durchaus bestätigt.[175]

---

[175] Diejenigen Sessions, die sich mit Bezug auf den Bau der großen Pyramide am ehesten mit der Schilderung des „Ra-Materials" überschneiden, stammen von der „Remote Viewing"-Gruppe „Into-the-Matrix": Sie beschreiben ein in der Luft schwebendes Wesen, das Energie aufbringt, die spiralförmig nach oben strömt und dabei recht schnell die Pyramide entstehen lässt (auch „Ra" erwähnt an mehreren Stellen eine spiralförmig aufstrebende Energie zum Zweck des Bauens). Die dabei verwendeten Steine seien nicht *abgebaut* worden, sondern durch Energie/Druck erst *produziert* worden. In weiterführenden Details weichen die Sessions aber wieder von „Ras" Schilderungen ab (siehe das Interview mit „Into-the-Matrix" vom 03.11.2023 ab Minute 35:40, URL: https://www.youtube.com/watch?v=64JehMIgbYY [Stand: 2024]). Die Viewer des „Farsight Institute" erhalten bezüglich des Baus etwas andere Wahrnehmungen, obschon auch sie futuristisch anmutende, energetische Effekte beschreiben. Möglicherweise hat der Tasker des „Farsight Institute" mit seiner eingrenzenden Formulierung des Targets aber dasselbe „kontaminiert", weil seine eigenen Vorstellungen und Vorannahmen einen sauberen Abgriff der „Rohdaten" verzerrten. Seine Fragestellung an die Viewer lautete nämlich: Wie wurden die größten Steinblöcke *abgebaut* („mining")? Die Möglichkeit einer „Erschaffung" der Steinblöcke aus nichtphysischer Energie lässt diese Fragestellung gar nicht zu (siehe die Konzeption der Session unter der URL: https://farsight.org/demo/Mysteries/Mysteries_7/Mysteries_Project_7_ryuseg.html [Stand: 2024]. Achten Sie auf das Target #7a.). Eine weitere Session hat derselbe Tasker, Courtney Brown, zu einem späteren Zeitpunkt auf den Sonnengott „Ra" des alten Ägyptens abhalten lassen. Brown hält diese Wesenheit für dieselbe Wesenheit wie diejenige, die Carla L. Rückert im „Ra-Kontakt" channelt. „Ra" bestätigt diese Identität auch im „Ra-Kontakt". Jedoch bezichtigt Courtney Brown „Ra" auf Basis seiner „Remote Viewing"-Daten, die Menschen unterdrücken und in Angst halten zu wollen, was den von „Ra" selbst im „Ra-Kontakt" geäußerten Botschaften eindeutig widerspricht. Das wirft die Frage auf, ob die Remote Viewer des „Farsight Institute" wirklich den „Ra" vom „Ra-Kontakt" geviewt haben oder vielleicht nur die imaginäre, *mythologische Figur* mit den ihr zugesprochenen Eigenschaften und Handlungen. Vielleicht hat Courtney Brown aber auch hier mit seinen einschlägigen Vorannahmen das Target kontaminiert. Sollte „Ra" als Übermittler des „Gesetz des Einen" wirklich bösartig sein, würde sich mir die Motivation seines äußerst zugewandten Kontaktes nicht erschließen. Die besagte „Remote Viewing"-Session bleibt darum aus meiner Sicht sehr zweifelhaft.

Sollte sich die Menschheitsgeschichte wahrhaftig so zugetragen haben, wie es „Ra" behauptet, dann müssen die außerirdischen „Entwicklungshelfer" aufgrund ihrer übernatürlichen Fähigkeiten wie Götter verehrt worden sein. Das müsste sich dann auch in den Mythologien der betreffenden Völker abbilden. Im „Ra-Material" finden wir hierauf einen klaren Hinweis. Als Don Elkins gleich in der ersten Kontaktsitzung mit „Ra" nachfragte, ob dessen Selbstbezeichnung als „Ra" in irgendeiner Weise mit demjenigen „Ra" zu tun hat, den die alten Ägypter als Schöpfer- und Sonnengott verehrten (siehe Kapitel 4.3.2: Parallelen in alten Mythologien), antwortet „Ra" durch Carla L. Rückert:

„Ja, die Verbindung ist Kongruenz. [...] Die Identität der Schwingung Ra ist unsere Identität. Wir [...] haben mit einer Gattung eurer planetaren Art, die ihr Ägypter nennt, Kontakt hergestellt. Andere aus unserer Dichte haben zur selben Zeit Kontakt in Südamerika hergestellt, und die sogenannten ‚Verlorenen Städte' waren ihre Versuche, zum Gesetz des Einen beizutragen."[176]

Mit „*Gesetz des Einen*" meint „Ra" die Einsicht, wonach alles, was ist, als einheitliches Ganzes verstanden werden muss. Wir Menschen brauchen uns demnach nicht als isolierte und verletzliche Individuen vor dem Leben und dem Tod zu fürchten. Stattdessen dürfen wir uns in Verbundenheit und Geborgenheit mit dem All-Einen fühlen. Die Versuche von „Ra" und den weiteren Kollektivwesen der sechsten Dichte, uns Menschen in dieser Einsicht zu bestärken, schlugen dann aber offenbar fehl:

„Es war unser naiver Glaube, dass wir durch direkten Kontakt lehren/lernen könnten, [...] da diese Kulturen bereits stark auf den allumfassenden Glauben in die Lebendigkeit oder Bewusstheit von Allem ausgerichtet waren. Wir kamen und wurden von den Menschen willkommen geheißen, denen wir zu dienen wünschten. Wir versuchten ihnen auf eine technische Art zu helfen, die mit der Heilung von Verzerrungen des Geist/Körper/Seele-Komplexes [...] in Verbindung stand. So wurden die Pyramiden erschaffen.

---

[176] Elkins, Don; McCarty, Jim; Rückert, Carla L.: Der Ra-Kontakt: Das Gesetz des Einen lehren – Gesamtausgabe, Oberkrämer 2021, S. 23f.

Wir stellten fest, dass die Technologie weitgehend für diejenigen mit der wirksamen Geist/Körper-Verzerrung der Macht reserviert wurde. Dies war nicht die Absicht des Gesetzes des Einen. Wir haben eure Völker verlassen."[177]

Dass „Ra" seinen Kontaktversuch im Rückblick als „naiv" bezeichnet, zeigt sehr schön, dass auch auf den höheren Dichtestufen das Lernen noch nicht abgeschlossen ist und die Lehrtätigkeit gegenüber den lernenden Menschen zugleich einen Lernprozess für die lehrenden Geistwesen darstellt. Das deckt sich mit den diesbezüglichen Aussagen aus den „Michael-Teachings" (siehe weiter oben). Die Tatsache, dass „Ra" die Pervertierung und Zweckentfremdung seines Unterstützungsangebots durch eine machthungrige Elite nicht unterband, zeigt weiterhin, dass die Kollektivwesen der höheren Dichten den freien Willen der Menschen stets respektieren, und zwar selbst dann, wenn einige Menschen selbstsüchtige Absichten verfolgen. „Ra" kam offenbar nur, um zu dienen, nicht aber, um etwas aufzuzwingen. Als er bemerkte, dass sein Angebot nicht in der erhofften Weise genutzt wurde, zog er sich wieder zurück – zumindest im Sinne einer offenen, physischen Präsenz. Trotzdem sind uns „Ra" und die anderen Kollektivwesen der sechsten Dichte nach eigenen Angaben verbunden geblieben und umsorgen uns bis heute hin. Dabei beschränken sie sich auf subtilere Mittel wie zum Beispiel die Inspiration oder die telepathische Informationsübermittlung im Rahmen des Channelings. Außerdem nutzen einzelne Seelen ihrer Gruppen die freiwillige Inkarnation als alternative Möglichkeit, konkrete Unterstützung im physischen Dasein zu leisten. Solche Seelen, die aus höheren Dichtestufen in unsere dritte Dichte auf der Erde inkarnieren und zu diesem Zweck bereit sind, die Erinnerung an ihre eigentliche Herkunft zeitweilig aufzugeben, bezeichnet „Ra" als „Wanderer":

„Ein signifikanter Teil der Wanderer der sechsten Dichte sind jene unseres sozialen Erinnerungskomplexes. Ein weiterer großer Teil besteht aus jenen, die jenen in Südamerika geholfen haben; ein anderer Teil, jene, die Atlantis

---

[177] Elkins, Don; McCarty, Jim; Rückert, Carla L.: Der Ra-Kontakt: Das Gesetz des Einen lehren – Gesamtausgabe, Oberkrämer 2021, S. 28

geholfen haben – alle Gruppen der sechsten Dichte und alle Bruder- und Schwester-Gruppen aufgrund des vereinten Gefühls, dass so, wie uns durch Formen wie der Pyramide geholfen wurde, wir euren Völkern helfen konnten."[178]

Die Möglichkeit von Kollektivwesen, einzelne Seelenfragmente zeitweilig in einen menschlichen Körper zu schicken, erwähnt übrigens auch „Michael". Genau wie bei „Ra" liegt das Ziel solcher Inkarnationen darin, die spirituelle Entwicklung menschlicher Gesellschaften voranzutreiben.[179]

„Ra" deutet in seinem obigen Zitat an, dass den Seelen aus seinem „sozialen Erinnerungskomplex" sowie denjenigen aus seinen Bruder- und Schwester-Gruppen der sechsten Dichte ebenfalls geholfen wurde, als sie vor langer Zeit selbst in der dritten Dichte waren. „Ras" eigene Entwicklungsgeschichte in dritter Dichte, die sich vor über zwei Milliarden Jahren auf unserem Nachbarplaneten Venus abgespielt haben soll, wollen wir an dieser Stelle aber nicht weiter vertiefen. Für unsere Suche nach dem Sinn des Lebens sollten wir stattdessen die Frage nach dem *Warum* des Ganzen stellen: Wie kam es überhaupt zu der Erschaffung eines mehrstufigen Universums mit verschiedenen Ebenen und Dichtegraden? Warum organisieren sich Einzelseelen zu Kollektivwesen? Warum wollen uns die Kollektivwesen der höheren Dichten in unserer seelischen Weiterentwicklung unterstützen, so wie auch ihnen geholfen wurde, als sie noch vereinzelte Seelen in dritter Dichte waren? Und worin liegt eigentlich das letztendliche Ziel dieser stetigen Weiterentwicklung?

Schöpfung, Menschenbild und der Sinn des Daseins

Laut „Ra" liegt der Ursprung von allem, was ist, in *„Intelligenter Unendlichkeit"* – einem zunächst noch ungeteilten Ur-Potenzial, das sich seiner selbst bewusst wird. „Michael" beschreibt einen identischen

---

[178] Elkins, Don; McCarty, Jim; Rückert, Carla L.: Der Ra-Kontakt: Das Gesetz des Einen lehren – Gesamtausgabe, Oberkrämer 2021, S. 28

[179] Vgl. Hoodwin, Shepherd: Journey of Your Soul, Berkeley 2013. A Channel Explores the Michael Teachings, S. 377ff.

Ausgangspunkt, bezeichnet das einheitliche Ur-Bewusstsein aber gemäß der chinesischen Tradition als *„Tao"*. Hinduisten würden es *„Brahman"* nennen. Bei Thomas Campbell und seiner Simulationstheorie heißt es *„Absolute Unbounded Oneness"* (AUO). Für Platon ist es *„das Gute"*. Und manch einer würde es vielleicht einfach nur als *„Gott"* umschreiben.

Den Zweck der Schöpfung und damit den Sinn allen Dasein verorten sowohl „Ra" als auch „Michael" in der Selbsterkenntnis jenes Ur-Bewusstseins. Solange „Intelligente Unendlichkeit" beziehungsweise das „Tao" als ungeteilte Einheit existiert, gibt es keine Differenz und folglich nichts außerhalb dieser Einheit, was erkannt werden kann. Um sich selbst zu erfahren, muss sich das All-Eine ausdifferenzieren, indem es sich unterteilt. Durch Unterteilung bildet das All-Eine fraktale Untereinheiten seiner selbst. Diese können sich dann gegenseitig als unterscheidbare Entitäten erfahren. Daraus folgt, dass „Intelligente Unendlichkeit" beziehungsweise das „Tao" in jedem noch so kleinsten Ding der Schöpfung enthalten sein muss. Oder anders formuliert: Alles, was existiert, ist ein Ausdruck des „Göttlichen". Im „Ra-Kontakt" heißt es entsprechend:

„Wie Es entscheidet, Sich selbst zu erkennen, erschafft Es Sich selbst in dieses Plenum hinein, voll der Pracht und der Kraft des Einen Unendlichen Schöpfers, der für eure Wahrnehmung als Raum oder Weltraum manifestiert ist."[180]

Wenn es außerhalb des „göttlichen" All-Einen nichts gibt, unterliegt das All-Eine keiner äußeren Begrenzung. Es ist also frei zu tun und zu lassen, was es will. Folglich müssen auch alle Untereinheiten, die das „All-Eine" durch seine innere Differenzierung erzeugt und die ihm als Fraktale entsprechen, mit einem freien Willen ausgestattet sein. Das müsste logischerweise auch für Materie gelten, denn auch Materie ist als Bestandteil von allem, was ist, ein Ausdruck des „Göttlichen". Diese Logik wirkt auf den ersten Blick seltsam: Wie kann man ernsthaft behaupten, ein Stein sei frei? Selbst bei uns Menschen

---

[180] Elkins, Don; McCarty, Jim; Rückert, Carla L.: Der Ra-Kontakt: Das Gesetz des Einen lehren – Gesamtausgabe, Oberkrämer 2021, S. 511

könnte man sich berechtigterweise fragen, wie es um unsere Freiheit eigentlich bestellt ist, wo wir doch offensichtlich verschiedensten körperlichen, sozialen und kulturellen Zwängen unterliegen. Wie passt das alles zusammen?

Im „Ra-Material" heißen die fraktalen Untereinheiten des All-Einen „Logoi" beziehungsweise „Sub-Logoi", „Sub-Sub-Logoi" und so weiter. Im Zuge der Ausdifferenzierung des All-Einen entstehen also verschachtelte *Hierarchien* von individuierten Entitäten, wobei die übergeordneten „Sub-Logoi" die untergeordneten „Sub-Sub-Logoi" in sich enthalten. Auf der untersten Stufe dieser hierarchischen Strukturierung stehen die Elementarteilchen, gefolgt von komplexeren und größeren Formen unbelebter Materie, die sich aus diesen Elementarteilchen zusammensetzen. Bakterien, Pflanzen und tierische Organismen sind weiter oben angesiedelt, weil sie die unbelebte Materie in sich enthalten. Die Menschen bewegen sich auf einer höheren Hierarchiestufe als Pflanzen und Tiere, sind in ihrem seelischen Aspekt aber nur eine Untermenge höherer Entitäten („Seelenfamilien" beziehungsweise „soziale Erinnerungskomplexe"). Das Ausmaß, in dem sich der freie Wille entfalten kann, hängt nun offensichtlich mit dem Hierarchieniveau der jeweiligen Entität zusammen. Das hatte auch schon Burkhard Heim erkannt, als er sämtliche Erscheinungen des Universums entlang einer gedachten Strukturachse X5 anordnete (siehe Kapitel 4.2.2: Burkhard Heims sechsdimensionales Weltmodell): Je komplexer die Struktur, desto höher der Freiheitsgrad. Oder mit „Ra" gesprochen: Je umfassender ein „Sub-Sub-Logos", desto höher seine „Dichtestufe" und damit sein Bewusstheits- und Freiheitsgrad. Wir Menschen in der „dritten Dichte" verfügen über deutlich mehr Entscheidungsspielraum als ein Stein in der „ersten Dichte", dessen Freiheit augenscheinlich gegen Null tendiert. Im Vergleich zu einem Kollektivwesen wie „Ra" oder „Michael" wirkt unser Aktionsraum hingegen ziemlich bescheiden. Höher entwickelte Entitäten in den höheren „Dichten" können mit bewusster Absicht Dinge tun, die wir als paranormal empfinden. Derweil können wir Menschen Dinge tun, die für Tiere in der „zweiten Dichte" nicht nachvollziehbar sind.

Freiheit impliziert stets die Möglichkeit zur Gestaltung. Deshalb sind wir im Rahmen unserer Limitierungen aktive Mitschöpfer des Universums und nicht bloß dessen Resultat. Warum diese Einsicht für Ihr Alltagsleben von herausragender Bedeutung ist, ergründen wir im nachfolgenden Kapitel 5 (Praktische Konsequenzen: Sinnfindung, Bewusstseinsentwicklung und positive Lebensgestaltung). Zuvor wollen wir den Schöpfungsprozess nach „Ra" und „Michael" aber noch etwas gründlicher beleuchten, um ein vollständigeres Bild zu erhalten.

Ziel aller Schöpfung ist wie gesagt die Selbsterfahrung: Das „Göttliche" will sich selbst erkennen. Weil Erkenntnis ein erkennendes Subjekt und ein zu erkennendes Objekt voraussetzt, muss sich das „Göttliche" teilen. So erleben wir uns als „göttliche Fraktale" auf verschiedenen Bewusstseinsstufen („Dichten") und in unterschiedlichen Wirklichkeitsebenen in gegenseitiger Interaktion. Die *objektiven Manifestationen*, die wir in unserer „dritten Dichte" in Raum und Zeit wahrnehmen (Materie), basieren laut „Ra" auf „Licht". Licht ist für „Ra" also die primäre Substanz, die aus der Schöpferkraft der „Intelligenten Unendlichkeit" hervorgeht und mit der diese das materielle Universum formt: *„Das einfachste manifestierte Wesen ist Licht oder was ihr das Photon nennt."*[181] Auf Don Elkins Nachfrage, ob Licht sich tatsächlich gleichsam in *„Material, in all unsere chemischen Elemente, so wie wir sie in unserer Dichte kennen, verdichten [kann]"*, antwortet „Ra": *„Dies ist völlig korrekt."*[182]

Wenn nun das „Göttliche" („Intelligente Unendlichkeit") beziehungsweise dessen Fragmente („Sub-Logoi") schöpferisch tätig werden, agieren sie laut „Ra" aus einer Kraft der „Liebe" – verstanden im Sinne eines aufbauenden, ordnenden, integrierenden Prinzips:

---

[181] Elkins, Don; McCarty, Jim; Rückert, Carla L.: Der Ra-Kontakt: Das Gesetz des Einen lehren – Gesamtausgabe, Oberkrämer 2021, S. 264
[182] Ebenda, S. 195

„Es ist notwendig, die ermöglichende Funktion des Fokus zu betrachten, der als Liebe bekannt ist. Diese Energie ist von einer ordnenden Natur. Sie ordnet auf eine aufaddierende Weise von größer zu kleiner [...].“[183]

Der Akt der Schöpfung mittels „Liebe" sowie deren äußerlich wahrnehmbare Manifestationen in Form von „Licht" (beziehungsweise der daraus resultierenden Materie) sind laut „Ra" zwei Seiten der derselben Medaille, weshalb er „Liebe" und „Licht" meist als Doppelbegriff verwendet. Denjenigen Aspekt, der je nach Kontext schwerpunktmäßig gemeint ist, stellt „Ra" voran:

„Liebe/Licht ist der Ermöglicher, die Kraft, der Energiegeber. Licht/Liebe ist die Manifestation, die geschieht, wenn Licht mit Liebe beeindruckt worden ist.“[184]

Liebe (als Schöpferkraft) und Licht (als wahrnehmbare Substanz) sind also die beiden Prinzipien, durch deren Zusammenspiel sich das Universum in unserer Wahrnehmung darstellt. Folglich existiert Materie in der Kosmologie des „Ra-Kontakts" *nicht* als unabhängige Substanz aus sich selbst heraus. Stattdessen geht sie aus der liebevollen (ordnenden) Schöpfung eines bewussten *Geistes* („Intelligente Unendlichkeit") hervor. Als Menschen mit biologischem Körper sind wir deshalb alles andere als nur ein Produkt von Materie. Wir sind fraktale Elemente eines allumfassenden Bewusstseins:

„Ihr seid nicht Teil eines materiellen Universums. Ihr seid Teil eines Gedankens. [...] Alle Dinge, alles Leben, die ganze Schöpfung ist Teil eines ursprünglichen Gedankens.“[185]

Die „Michael-Teachings" kommen zu ähnlichen Schlüssen. Laut „Michael" entstammen wir Menschen einem *Spark*, also einem „Funken" des göttlichen „Tao". Dessen Schöpferkraft setzt er wie „Ra" mit Liebe gleich:

---

[183] Elkins, Don; McCarty, Jim; Rückert, Carla L.: Der Ra-Kontakt: Das Gesetz des Einen lehren – Gesamtausgabe, Oberkrämer 2021, S. 195

[184] Ebenda, S. 108

[185] Ebenda, S. 22

„Das Tao ist der grundlegende Schöpfer und es hat das Universum als seine ‚Werkstätte' geschaffen, in der es sich manifestieren und sich selbst besser kennenlernen kann. Das Tao durchdringt das Universum mit Liebe, die die belebende Kraft, der Grundimpuls in der gesamten Schöpfung ist. [...] Als Teil des Tao hat unser Funke Anteil an der Kreativität des Tao. [...] Wir erforschen, erleben und erschaffen, um das Potenzial des Tao besser zu verwirklichen und ihm eine Fülle neuen Wissens über sich selbst zurückzugeben. Da die Natur des Tao Liebe ist, geht es uns letztlich darum, die Liebe zu erweitern.“[186]

Was „Michael" hier als „Funken" bezeichnet, ähnelt dem spirituellen Konzept des „höheren Selbst" beziehungsweise der „Individuated Unit of Consciousness" (IUOC) aus Thomas Campbells Simulationstheorie. Die einzelne Seele ist in dieser Betrachtungsweise eine Ausstülpung oder Untereinheit dieses „höheren Selbst". Thomas Campell nutzt für diese Untereinheit die Bezeichnung „Free Will Awareness Unit" (FWAU). „Michael" nennt sie einfach „Seele", „Fragment" oder „Essenz":

„Unser Funke belebt unsere Essenz. Der Funke ist unser Kern, der Teil von uns, der eine Bewusstseinseinheit des Tao ist, der auch als ‚Alles was ist' oder ‚Grund allen Seins' bezeichnet wird. [...] Wenn unsere Essenz die Erfahrungen unserer Reihe von Erdenleben sowie unsere Erfahrungen auf höheren Ebenen integriert, werden sie Teil des Wissens unseres Funkens.“[187]

Wie wir weiter oben gesehen haben, gruppieren sich Seelen beziehungsweise „Essenzen" im Laufe ihres Erfahrungsprozesses zu Kollektiven. „Michael" spricht von „Seelenfamilien", „Ra" spricht in einem etwas anderen Zusammenhang von „sozialen Erinnerungskomplexen". Wenn Selbsterkenntnis das Ziel aller Schöpfung ist, wird klar, welcher Zweck solchen Zusammenschlüssen zugrunde liegt. Hierzu nochmal „Ra":

---

[186] Hoodwin, Shepherd: Journey of Your Soul. A Channel Explores the Michael Teachings, Berkeley 2013, S. 109, eigene Übersetzung
[187] Ebenda, S. 108, eigene Übersetzung

„Der Zweck oder die Betrachtung, die Wesen dazu veranlasst, solche Komplexe, diese sozialen Erinnerungskomplexe, zu bilden, ist eine sehr einfache Erweiterung der grundlegenden Verzerrungen zur Erkenntnis des Schöpfers seines Selbst, denn wenn eine Gruppe von Geist/Körper/Seelen einen sozialen Erinnerungskomplex bilden kann, steht alle Erfahrung jedes Wesens dem Ganzen des Komplexes zur Verfügung. So erkennt der Schöpfer mehr seiner Schöpfung in jedem Wesen, das an dieser Gemeinschaft von Wesen teilnimmt."[188]

In ähnlicher Weise skizzieren die „Michael-Teachings" unseren Entwicklungsprozess:

„Wenn wir vom Tao abgesondert werden, werden wir zu einem ‚Fragment'. […] Danach beginnt unsere Reise zurück zur völligen Fokussierung auf das Tao, der Erfahrung der absoluten Einheit. […] Diese Reise beinhaltet aufeinanderfolgende Schritte der Wiedervereinigung."[189]

Das letztendliche Entwicklungsziel besteht demnach in der Erfahrung als Einheit durch die Überwindung von Vielheit. Letztere war notwendig, um überhaupt Selbsterkenntnis erlangen zu können. Die Entwicklung von der Einheit zur Vielheit und wieder zurück zur Einheit gleicht einer pulsierenden Bewegung: Zunächst teilt sich das „Göttliche" durch die Erschaffung des Universums in Einzelfragmente, um im Laufe eines schrittweisen Evolutionsprozesses zur Einheit zurückzufinden.

Unser Menschsein kann insofern als eine Zwischenstation einer langen Reise verstanden werden. In der physischen Realitätsebene beziehungsweise in der „dritten Dichte" sind wir noch sehr weit von der angestrebten Einheitserfahrung entfernt. Wir sind jedoch nicht auf uns allein gestellt. Wir erhalten Unterstützung von höheren Wesen, die ihre physische Existenzform schon lange hinter sich gelassen haben. Die Motivation dieser Kollektivwesen beruht auf liebevoller

---

[188] Elkins, Don; McCarty, Jim; Rückert, Carla L.: Der Ra-Kontakt: Das Gesetz des Einen lehren – Gesamtausgabe, Oberkrämer 2021, S. 291

[189] Hoodwin, Shepherd: Journey of Your Soul. A Channel Explores the Michael Teachings, Berkeley 2013, S. 109, eigene Übersetzung

Verbundenheit, gespeist durch die Sehnsucht nach Vereinigung mit dem Schöpfer, aus dessen Einheit wir alle als „Funke" beziehungsweise als „Sub-Logos" herausfragmentiert wurden.

Die Vollendung der pulsierenden Bewegung von der Einheit zur Fragmentierung und wieder zurück bezeichnet Shepherd Hoodwin, eines der bekanntesten „Michael"-Medien, als „grand cycle", also als „großen Zyklus". „Ra" umschreibt den Weg eines sich entwickelnden Wesens in ähnlicher Weise als „Oktave". Die Begriffe „Zyklus" und „Oktave" deuten schon darauf hin, dass die pulsierende Bewegung des „All-Einen" keine einmalige Episode ist. „Ra" bemerkt hierzu:

„Wir können zu euch von unseren Erfahrungen und unseren Erkenntnissen sprechen und auf begrenzte Weise lehr/lernen. Wir können jedoch nicht in festem Wissen über alle Schöpfungen sprechen. Wir wissen nur, dass sie unendlich sind. Wir nehmen eine unendliche Zahl von Oktaven an."[190]

Etwas anderes scheint auch schwer vorstellbar, denn ein Ende würde Stillstand bedeuten, was die immanente Schöpferkraft des „Göttlichen" ersticken würde. Kreisläufe zeigen sich im ganzen Universum. Sie reichen vom Entstehen, Erlöschen und Wiederentstehen der Sterne (Supernovae) über den Wechsel der Jahreszeiten, die Tag-Nacht-Zyklen, die ökologischen Kreisläufe mitsamt allen biologischen Kreisläufen wie etwa dem Fruchtbarkeitszyklus oder dem Blutkreislauf bis hin zur wiederholten Inkarnation des Menschen. So scheint das ständige Werden und Vergehen ein fundamentales Prinzip der Wirklichkeit zu sein, das am Ende vielleicht sogar das Universum als Ganzes betrifft.

Der menschliche Reinkarnationskreislauf und das Karma

Dem menschlichen Inkarnationszyklus schenken die „Michael-Teachings" besondere Aufmerksamkeit. Ihr Hauptaugenmerk liegt auf der Entschlüsselung derjenigen Muster, nach denen unsere vielfälti-

---

[190] Elkins, Don; McCarty, Jim; Rückert, Carla L.: Der Ra-Kontakt: Das Gesetz des Einen lehren – Gesamtausgabe, Oberkrämer 2021, S. 197

gen Erdenleben „organisiert" werden. Hierbei spielt die Zahl 7 erneut eine Schlüsselrolle.

Laut „Michael" können Seelen im Rahmen ihrer ursprünglichen Ausdifferenzierung aus dem „Tao" sieben verschiedene Wesensausprägungen, sogenannte „Seelen*rollen*" annehmen. Eine einmal angenommene „Seelenrolle" bleibt über sämtliche Inkarnationen hinweg bestehen und bildet insofern den Hauptbestandteil unseres gleichbleibenden Persönlichkeitskerns oder unserer „Essenz". Sie beeinflusst in entscheidender Weise, wie wir fühlen, denken und handeln. „Michael" benennt die sieben Seelenrollen als Diener (Server), Priester (Priest), Künstler (Artisan), Weiser (Sage), Krieger (Warrior), König (King) und Gelehrter (Scholar). Bitte assoziieren Sie mit diesen Begriffen keinesfalls konkrete Berufe oder Tätigkeiten! „Michael" will mit diesen eher metaphorischen Rollenbezeichnungen bloß diejenigen „archetypischen" Grundeigenschaften ausdrücken, die den Wesenskern der jeweiligen Seelen ausmachen. Diener empfinden demnach Erfüllung, wenn sie unterstützen, Priester, wenn sie trösten/verkünden, Künstler, wenn sie gestalten, Weise, wenn sie kommunizieren, Krieger, wenn sie konkret/aktiv handeln, Könige, wenn sie anleiten und Gelehrte, wenn sie Wissen erlangen und weitergeben. Wie und auf welche Weise die jeweiligen Seelen das in die Tat umsetzen, ist nicht festgelegt. Wer die Seelenrolle des Königs hat, muss kein Staatschef sein. Er kann seinen inneren Drang, anleiten zu wollen, auch in anderen Situationen ausleben. Und ein Gelehrter muss kein Lehrer oder Wissenschaftler sein. Seine Wissbegierde kann sich theoretisch auch auf profane Alltagsdinge beziehen. Vielleicht studiert diese Person in ihrer Freizeit Kochrezepte oder fuchst sich in Fußballstatistiken hinein.

Neben der fixen Seelenrolle bestimmen laut „Michael" verschiedene *variable* Seelenmerkmale unsere Persönlichkeitsstruktur. Mit „variabel" ist gemeint, dass diese Merkmale von Inkarnation zu Inkarnation ändern. „Michael" nennt diese Merkmale „Overleaves". Hierzu zählen zum Beispiel unser Entwicklungsziel (Goal), unsere Mentalität (Attitude), unser Modus der Zielverfolgung (Mode), eine bestimmte Art von Zentrierung (Center), bestimmte Hindernisse (Obstacles) sowie unser Körpertyp (Body Type). Jedem dieser Merkmale sind jeweils sieben Ausprägungen zugeordnet, aus denen die Seele vor ihrer Inkarnation jeweils eine (bei den Hindernissen zwei) aussucht. Um nur ein Beispiel zu nennen: Das Merkmal „Modus" erlaubt eine Auswahl aus den sieben Möglichkeiten „Zurückhaltung" (Reserve), „Leidenschaft" (Passion), „Vorsicht" (Caution), „Macht" (Power), „Ausdauer" (Perseverance), „Aggressivität" (Aggression) und „Beobachtung" (Observation). Pro Erdenleben wird sich eine Seele jeweils eines dieser sieben Merkmale aussuchen, was sich entsprechend auf die Charakterzüge dieses Menschen auswirken wird. Dasselbe gilt für alle anderen „Overleaves", sodass für jede Inkarnation eine neuartige Kombination von Eigenschaften entsteht. So erfahren wir die physische Wirklichkeit aus der Wahrnehmung wechselnder Persönlichkeiten, wenngleich wir im Kern (in unserer „Seelen*rolle*") und erst recht als „Funke" des „Tao" (in unserem „höheren Selbst") stets dieselbe Wesenheit bleiben.

Inhaltlich hatte ich verschiedene Seelenrollen und Overleaves in Kapitel 3.3.6 (Überprüfung von Channeling anhand der „Michael-Teachings") bereits näher erläutert, weshalb wir an dieser Stelle auf eine weitere Vertiefung verzichten können. Richten wir unsere Aufmerksamkeit stattdessen auf ein anderes bedeutsames Seelenmerkmal: das Seelen*alter*. Während die Seelen*rolle* über alle Inkarnationen hinweg gleichbleibt und die Overleaves von Inkarnation zu Inkarnation neu zusammengestellt werden, steigt das Seelenalter automatisch mit der Zahl der Inkarnationen an. Auch hier unterscheidet „Michael" genau sieben Altersstufen: Säugling-Seele, Kind-Seele, junge Seele, reife Seele, alte Seele, transzendente Seele und infinite Seele. Nur die fünf ersten Seelenalter (bis zur alten Seele) werden in unserer physischen Daseinsform durchlaufen. Die letzten beiden Altersstufen sind den höheren, nichtphysischen Ebenen vorbehalten. Die Charakteristika der verschiedenen Seelenalter wurden ebenfalls in Kapitel 3.3.6 vorgestellt. Ergänzend sei hier nur angemerkt, dass jedes der sieben Seelenalter gemäß den „Michael-Teachings" wiederum sieben Entfaltungsstufen umfasst, die der Reihe nach „absolviert" werden müssen, ehe das nächste Seelenalter erreicht wird. Für das Abschließen unserer gesamten physischen Lernerfahrung von der ersten Entfaltungsstufe der Säuglingsseele bis zur letzten Entfaltungsstufe der alten Seele benötigen wir laut „Michael" um die 100 Inkarnationen, die sich auf eine Zeitspanne von etwa 8.000 Jahren verteilen – wobei das nur eine grobe Orientierung darstellt und die tatsächliche Anzahl der Inkarnationen in Abhängigkeit der Bedürfnisse und des Willens einer Seele stark abweichen kann.[191]

Sowohl die „Michael-Teachings" als auch das „Ra-Material" bestätigen die Vermutung von Reinkarnationsforschern, wonach sich Kinder ihre Eltern vor ihrer Inkarnation gezielt aussuchen. In Kapitel 3.1.5 hatten wir das Fallbeispiel des kleinen James Leininger kennengelernt, der nach eigenen Angaben aus dem „Himmel" heraus seine künftigen Eltern in einem rosafarbenen Hotel beobachtete und sie als geeignet beurteilte. „Ra" schränkt allerdings ein, dass die freie Wahl der Eltern erst ab einem gewissen Reflexionsvermögen möglich sei, das sich im Laufe der Evolution in der „dritten Dichte" erst noch entwickeln müsse. Bis dahin verlaufe Reinkarnation „automatisch", wobei „Ra" nicht weiter darauf eingeht, wie genau dieser „Automatismus" funktioniert und welche Seele wann und warum in welchen Embryo inkarniert.[192]

Vielleicht könnte bei der Steuerung von Reinkarnationsprozessen dasjenige eine Rolle spielen, was Rupert Sheldrake im Kontext seiner morphischen Felder als „Resonanz" umschrieb. Das Grundprinzip der Resonanz kennt jeder aus der Musik: Wenn ein Gitarrist die Saiten seines Instruments in Schwingung versetzt, schwingt der Holzkorpus der Gitarre mit, wodurch der Klang lauter wird. Dieses Mitschwingen nennt man „Resonieren", der Korpus fungiert also als „Resonanzkörper". Sheldrake nutzt das Konzept der Resonanz metaphorisch, um nichtmaterielle Informationsübertragung zu erklären

---

[191] Vgl. Hintermann, André: Zur Essenz Deines Lebens. Einführung in die Seelenlehre von Michael nach Shepherd Hoodwin, Obfelden/Zürich 2020, S. 21
[192] Vgl. Elkins, Don; McCarty, Jim; Rückert, Carla L.: Der Ra-Kontakt: Das Gesetz des Einen lehren – Gesamtausgabe, Oberkrämer 2021, S. 155f.

(siehe Kapitel 4.2.1). Um ohne physischen Träger miteinander kommunizieren zu können, müssen die betreffenden Akteure „resonieren", das heißt es muss eine Art Verbindung und Gemeinsamkeit zwischen ihnen vorliegen. Deshalb funktioniert Telepathie laut Sheldrake vor allem dann gut, wenn sich die betroffenen Personen nahestehen, wenn sie sozusagen ähnlich „schwingen". Verschiedene psychologische Experimente zur Telepathie, unter anderem mit Zwillingen, erhärten diesen Verdacht (siehe Kapitel 3.1.4).[193] Womöglich passiert bei der Reinkarnation etwas Ähnliches: Kinder inkarnieren vorzugsweise bei solchen Eltern und in solchen sozialen und kulturellen Milieus, die ähnlich „schwingen", wo also ähnliche seelische Eigenschaften dominieren.

Im Kapitel zu Burkhard Heims sechsdimensionalem Weltbild sind wir mit dem Begriff der „Strukturähnlichkeit" auf einen vergleichbaren Ansatz gestoßen (siehe Kapitel 4.2.2). In Bezug auf den Reinkarnationskreislauf darf man sich „Strukturähnlichkeit" freilich nicht als eine Ähnlichkeit von *Formen* vorstellen, wie wir das bei *materiellen* Strukturen tun würden. Gemeint ist eine Strukturähnlichkeit von *seelischen Eigenschafen* beziehungsweise von „psychisch-mentalen" Komplexen, wie es in Heims eigentümlicher Terminologie heißt. Die „Michael-Teachings" liefern mögliche Beispiele dafür, wie man sich diese Strukturähnlichkeit konkret vorstellen könnte: Säuglings-Seelen etwa unternehmen erste „Gehversuche" als Menschen und müssen in ihren ersten Inkarnationen zunächst lernen, mit einem physischen Körper und einer physischen Umwelt zurechtzukommen. Ihr primäres Ziel ist das Überleben. Sie resonieren darum mit einem Umfeld, dessen zentrale Herausforderung in der alltäglichen Sicherung der physischen Existenz besteht. Folglich inkarnieren sie vorwiegend in ärmeren Familien und Regionen, wo das Ziel der Menschen dasselbe

---

[193] Das erste bekannte Experiment dieser Art fand bereits 1965 statt (Vgl. Duane, T. D.; Behrendt, T: Extrasensory electroencephalographic induction between identical twins. In: Science, Band 150, 1965). Jüngere Studien bestätigen im Kern deren Ergebnisse (Vgl. Parker, Adrian; Jensen, Christian: Further Possible Physiological Connectedness Between Identical Twins: The London Study, in: Explore, Volume 9, Issue 1, January–February 2013, S. 26-31).

ist, das auch sie verfolgen. Kind-Seelen, die Orientierung und Anleitung von Autoritäten suchen, benötigen ein Umfeld, in dem klare Regeln herrschen, die ihnen sagen, was richtig und was falsch ist. Sie resonieren mit Familien und Regionen, in denen strenge religiöse oder politische Vorschriften herrschen. Alte Seelen bevorzugen hingegen ein Umfeld, das viele Freiheiten mit sich bringt und ihnen ein recht müheloses Überleben gewährleistet. Zum Ende ihres Inkarnationszyklus wollen sie sich nicht mehr behaupten müssen. Vielmehr resonieren sie mit Lebensbedingungen, die ihnen Zeit für Inspiration und Introspektion eröffnen. In all diesen Fällen, so könnten wir mit Heim sagen, liegt eine „Strukturähnlichkeit" vor.

„Strukturähnlichkeit" oder „Resonanz" könnte außerdem durch Sympathie und Vertrautheit zwischen Seelen entstehen. Seelen, die sich über viele Erdenleben und astrale Zwischenleben hinweg kennen und schätzen gelernt haben, harmonieren gut miteinander, was laut „Michael" die Wahrscheinlichkeit erhöht, dass sie sich stets aufs Neue begegnen.[194]

Doch nicht nur die Zuordnung des sozialen Umfelds wird im Vorfeld einer Inkarnation festgelegt. Sogar einzelne Lebensereignisse können nach den „Michael-Teachings" in absichtsvoller Planung ins Auge gefasst werden.[195] Der Zweck solcher Bestrebungen liegt darin, Erfahrungen zu generieren, die zu unseren Entwicklungserfordernissen passen. Davon berichtet auch „Ra":

„Das inkarnierende Wesen, das sich des inkarnativen Prozesses bewusst ist, und deshalb seine eigene Erfahrung programmiert, kann die Menge an Katalyst oder, um es anders auszudrücken, die Zahl der Lektionen wählen, die es unterlaufen wird, um [sie] in einer Inkarnation zu erleben und daraus zu lernen. Dies bedeutet nicht, dass alles vorher-

---

[194] Vgl. Van Hulle, J.P.: The Origins of the Michael Teachings, gechannelt am 13. Juni 1987, online verfügbar bei der „Michael Education Foundation" unter der URL: http://www.mef.to/html/l_origins.html [Stand: 2024]

[195] Vgl. Hoodwin, Shepherd: Journey of Your Soul. A Channel Explores the Michael Teachings, Berkeley 2013, S. 231ff., eigene Übersetzung

bestimmt ist, sondern eher, dass es unsichtbare Leitlinien gibt, die Ereignisse formen, die entsprechend dieser Programmierung funktionieren. Wenn eine Gelegenheit verpasst wurde, wird eine andere erscheinen, bis der, sagen wir, Student der Lebenserfahrung versteht, dass eine Lektion angeboten wird und er sie durchläuft, um sie zu lernen."[196]

Ein Faktor, der zur Planung solcher Leitlinien beitragen könnte, ist das Karma. Ähnlich wie im Buddhismus oder in Thomas Campbells Simulationstheorie wird Karma von „Michael" und „Ra" nicht als Bestrafung aufgefasst, sondern als eine Art seelischer Ursache-Wirkungs-Zusammenhang, der sich wie ein unsichtbares Band über mehrere Leben hinweg erstrecken kann. In der Seelenlehre der „Quelle", dem deutschsprachigen Pendant zu den „Michael-Teachings", heißt es entsprechend:

„Karma ist kein Gesetz, erlassen von einer strengen Instanz, die unerbittlich darüber wacht, dass dieses Gesetz eingehalten wird. Karma ist vielmehr eine Gesetzmäßigkeit der physischen Welt und ihrer Erfahrungen. So wie Physis nicht denkbar ist ohne Schwerkraft und ohne Sauerstoff – zumindest nicht auf eurem Planeten –, so ist die Existenz in einem physischen Körper nicht möglich, ohne den Gesetzmäßigkeiten von Karma unterworfen zu sein. [...] Karma beschreibt die Gesetzmäßigkeit von Verantwortung. Und nur über Karma könnt ihr lernen, was Verantwortung und verantwortliche Liebe ist."[197]

Karma entsteht, wenn man andere in bewusster Absicht lieblos behandelt:

„Ein Wesen, das auf eine bewusst lieblose Art in Handlungen mit anderen Wesen handelt, kann karmisch involviert werden."[198]

---

[196] Elkins, Don; McCarty, Jim; Rückert, Carla L.: Der Ra-Kontakt: Das Gesetz des Einen lehren – Gesamtausgabe, Oberkrämer 2021, S. 224

[197] Hasselmann, Varda; Schmolke, Frank: Welten der Seele. Trancebotschaften eines Mediums, München 1993, S. 151

[198] Elkins, Don; McCarty, Jim; Rückert, Carla L.: Der Ra-Kontakt: Das Gesetz des Einen lehren – Gesamtausgabe, Oberkrämer 2021, S. 88

Die so entstandene Spannung zwischen Täter und Opfer wird sich gemäß dem Gesetz des Karma automatisch ausgleichen, ähnlich wie auch in der physischen Natur ein Aufbau von Spannung (zum Beispiel zwischen unterschiedlichen Ladungen oder Luftmassen) nach einem Ausgleich drängt. Und so wie in der Natur kleine und große Spannungen auftreten, kommen auch beim Karma kleine und große Verstrickungen zustande. Ein Mörder baut zum Beispiel eine größere karmische Spannung auf als ein Firmenchef, der einen Mitarbeiter auf unfaire Weise entlässt.[199]

Um karmische Spannungen zu entladen, müssen die Ereignisse umgekehrt werden. Dann kann der Täter seine lieblosen Handlungen in vergleichbarer Weise an sich selbst erfahren und somit die Auswirkung seiner Taten besser verstehen lernen. Sofern eine „karmische Verstrickung" nicht im aktuellen Leben gelöst werden kann, wird sie ins nächste Leben mitgenommen. Die involvierten Seelen planen ihre Inkarnationen dann so, dass Gelegenheiten zum Ausgleichen des Karmas entstehen werden. Das ständige Aufbauen und Entladen karmischer Spannungen über mehrere Leben hinweg beschreibt „Ra" als Trägheit einer fortgesetzten Bewegung, die nur dann gebremst oder gestoppt werden kann, wenn Menschen einander vergeben:

„Unser Verständnis von Karma ist das, was Trägheit genannt werden kann. Jene Handlungen, die in Bewegung gesetzt sind, werden sich fortsetzen, indem sie die Wege des Ausgleichens [sic!] verwenden, bis zu der Zeit, wenn das kontrollierende oder höhere Prinzip, das du mit eurem Bremsen oder Anhalten vergleichen kannst, angerufen wird. Dieses Stoppen der Trägheit von Handlung kann Vergeben genannt werden."[200]

Auch „Michael" betont die Möglichkeit der Reduktion karmischer Aufladung durch Vergebung. Dies setze aber voraus, dass nicht nur das Opfer zu vergeben bereit ist, sondern auch der Täter eine ausreichende seelische Reife besitzt, die es ihm erlaubt, eine tiefgreifende

---

[199] Vgl. Hoodwin, Shepherd: Journey of Your Soul. A Channel Explores the Michael Teachings, Berkeley 2013, S. 241f., eigene Übersetzung

[200] Elkins, Don; McCarty, Jim; Rückert, Carla L.: Der Ra-Kontakt: Das Gesetz des Einen lehren – Gesamtausgabe, Oberkrämer 2021, S. 229f.

Einsicht in seine Verfehlung zu erlangen. Gerade bei Menschen, die besonders skrupellose Taten begehen, sei das nicht unbedingt zu erwarten, weshalb es wahrscheinlicher sei, dass ihr Karma nicht durch das Ersuchen von Gnade, sondern durch physische Handlungen ausgeglichen werde:

„Gnade ist die Neutralisierung von Karma ausschließlich im Bewusstsein, das Lernen seiner Lektionen, ohne es körperlich auszuleben. Gnade ist immer möglich, aber die meisten entscheiden sich dafür, ihr Karma physisch zurückzuzahlen, weil sie nicht in der Lage sind, Karma rein im Bewusstsein auszugleichen. [...] Es könnte für [sie] einfach zu schwierig sein, es ohne konkrete Erfahrung zu begreifen. [...] Gnade ist eher möglich, wenn das Karma weniger extrem ist und seine Lehren leichter zu erreichen sind. Gnade wird nicht einseitig gewährt. Das Wesen des Opfers muss damit einverstanden sein.“[201]

Das Gesetz des Karma lässt sich empirisch weder bestätigen noch widerlegen, weil wir beim Eintritt in einen Menschenkörper von den Erinnerungen an unsere Vorleben abgeschnitten werden. Unter diesem Schleier des Vergessens können wir nicht wissen, ob unsere Handlungen und Leiden etwas mit karmischen Verstrickungen zu tun haben oder nicht. Für mich als beweishungrigen Kopfmenschen bleibt Karma darum ein Konzept, das man plausibel und glaubhaft finden kann oder auch nicht. Unzweifelhaft erscheint mir indes die Tatsache der Reinkarnation selbst, denn hierfür gibt es vonseiten der Reinkarnationsforschung überzeugende Indizienbeweise, die jeder Überprüfung standhalten (siehe Kapitel 3.1.5: Reinkarnationsforschung). Abgesehen von der empirischen Indizienlage sprechen auch logische Erwägungen für die Reinkarnation. Wenn jeder Mensch nur *einmal* geboren würde, wobei der eine sein Glück in einer wohlhabenden und friedvollen Umgebung findet, während ein anderer im Elend aufwächst oder zu Tode gefoltert wird, dann gliche das Leben einer zynischen Lotterie. Ebenso absurd wirkt die Vorstellung man-

---

[201] Hoodwin Shepherd: Being in the World, Independently published 2020, online unter der URL: https://www.michaelteachings.com/karma.html [Stand: 2024]

cher Religionen, wonach am Ende unserer einmaligen Leben – so unterschiedlich ihre Bedingungen gewesen sein mögen – eine Art Gerichtsurteil gefällt wird, das nur zwei Extreme kennt: Freispruch samt Belohnung (Erlösung/Himmel) oder Höchststrafe ohne jegliche Chance auf Haftentlassung (*ewige* Höllenqualen). Wo bleibt da die Differenzierung? Wo bleibt die Berücksichtigung der verschiedenen Lebensumstände? Und wo bleibt die Chance auf Wiedergutmachung? Jedes demokratische, von Menschen gemachte Rechtswesen ist gerechter als dieses vermeintlich göttliche Strafgericht. Es kann darum aus meiner Sicht nicht göttlich sein. Legt man stattdessen die Konzepte von Reinkarnation und Karma zugrunde, wirkt die Unterschiedlichkeit von Lebensbedingungen weder willkürlich noch ungerecht. Jeder könnte irgendwann vergleichbare Situationen erleben und jedes neue Leben birgt die Chance auf Wiedergutmachung und weiteren Lernzuwachs. Das macht die Unermesslichkeit menschlichen Leidens aus meiner Sicht zwar nicht erträglicher. Tief in mir drin rebelliert etwas gegen die Vorstellung, Kriege und Folter als wichtige Lernerfahrungen oder als notwendiges Ausgleichen von Karma anzuerkennen. Die innere Logik des Konzeptes kommt trotzdem um einiges schlüssiger daher als die völlig aberwitzige Vorstellung eines nur einmaligen Lebens unter dem Damoklesschwert der ewigen Verdammnis. Auch wenn das Konzept der Wiedergeburt in den alten Mythologien und großen Religionen der Menschheitsgeschichte mit Ausnahme des fernöstlichen Kulturkreises keinen Niederschlag findet, würde ich es deshalb für zutreffender halten als die Idee eines nur einmaligen Lebens.

Besteht die Welt aus Schwingungen?

Oben haben wir gesehen, wie unsere zyklische Reise durch das kosmische Dasein in entscheidender Weise durch die Zahl 7 strukturiert wird. Gemäß den „Michael-Teachings" durchlaufen wir sieben Wirklichkeitsebenen und sieben Seelenalter, nehmen eine von sieben Seelenrollen an und wählen bei den variablen Seelenmerkmalen („Overleaves") stets aus sieben verschiedenen Möglichkeiten. Doch warum ausgerechnet sieben? „Michael"-Medium Shepherd Hoodwin bemerkt hierzu Folgendes:

„In diesem Universum zerfällt das Tao in die sieben Rollen, wie weißes Licht, das durch das Prisma, das dieses Universum bietet, in die sieben Regenbogenfarben gebogen wird. Ein anderes Universum könnte ein anderes Prisma haben, das zu etwas führt, das in diesem Universum nicht verstanden werden kann. Unser Siebenersystem ist nur eine Möglichkeit, ein vollkommenes Ganzes zu differenzieren."[202]

Die Analogie zum Prisma taucht auch bei „Ra" auf, der genau sieben Entwicklungsstadien („Dichten") innerhalb der Selbsterkundung des All-Einen unterscheidet:

„Ihr habt das Prisma gesehen, das alle Farben zeigt, die vom Sonnenlicht stammen. Dies ist ein vereinfachtes Beispiel der Einheit."[203]

Dasjenige, was die Unterschiedlichkeit der durch das Prisma aufgetrennten Farben ausmacht, ist bekanntlich die Art und Weise, in der das Licht *schwingt* (Wellenlänge/Frequenz). Wenn aber das Licht, so wie es „Ra" behauptet, als Baustein des gesamten physischen Universums fungiert (siehe weiter oben), würde das bedeuteten, dass das gesamte Universum in einer ständigen *Schwingung* begriffen ist.

Seit Einstein und seiner berühmten Formel $E=mc^2$ wissen wir, dass Materie als eine „kondensierte" Form von Energie betrachtet werden kann. Eine solche „Verdichtung" von Energie zu Materie lässt sich im Alltag zwar nicht beobachten. In den Teilchenbeschleunigern des CERN wird sie aber seit Jahrzehnten erfolgreich praktiziert: Wenn kleinsten Teilchen durch Beschleunigung auf nahezu Lichtgeschwindigkeit eine extrem hohe Bewegungsenergie zugeführt wird und die hochbeschleunigten Teilchen dann aufeinanderprallen, entlädt sich

---

[202] Hoodwin, Shepherd: Journey of Your Soul. A Channel Explores the Michael Teachings, Berkeley 2013, S. 363, eigene Übersetzung

[203] Elkins, Don; McCarty, Jim; Rückert, Carla L.: Der Ra-Kontakt: Das Gesetz des Einen lehren – Gesamtausgabe, Oberkrämer 2021, S. 24

die zugeführte Energie in neu entstehende Materie.[204] Im Jahr 2021 ist es einem Forscherteam sogar gelungen, Materie allein durch die Kollision von Photonen (also aus Licht) zu erzeugen.[205]

Die Äquivalenz von Energie und Materie eröffnet Raum für theoretische Spekulationen. Die Stringtheorie vermutet, dass sämtliche Elementarteilchen an ihrer Basis aus kleinsten, *schwingenden* „Energiefäden" (Strings) hervorgehen. Auch im „Ra-Kontakt" wird Materie als Folgeresultat energetischer *Schwingungen* abgeleitet, wobei die zugrunde gelegte Energie laut „Ra" dem All-Einen („intelligente Unendlichkeit") entspringt und im Sinne einer ordnenden, erschaffenden Kraft als „Liebe" bezeichnet wird. Diese Energie sei ursprünglich weder sicht- noch messbar, könne sich aber durch *Schwingung* in physischer Form manifestieren. So bringe „Liebe" zunächst das Licht und später die weiteren Elementarteilchen hervor:

Don Elkins: „Diese Schwingung, die wir aus Mangel an besserem Verständnis reine Bewegung nennen würden; sie ist reine Liebe; [...] sie ist nichts, das schon verdichtet ist, sagen wir, um irgendeine Art oder Dichte der Illusion zu bilden. Diese Liebe erschafft dann durch diesen Schwingungsprozess ein Photon, wie wir es nennen, welches das grundsätzliche Partikel des Lichts ist. Dieses Photon verdichtet sich dann durch hinzugefügte Schwingungen und Rotationen weiter zu Partikeln der [...] verschiedenen Dichtegrade, die wir erfahren. Ist dies richtig?" – Ra: „Dies ist richtig."[206]

„Ra" und Don Elkins beziehen sich in diesem Dialog allerdings nicht auf die Stringtheorie, die je nach Ausprägung zehn Dimensionen oder mehr voraussetzt. Vielmehr nimmt Don Elkins Anleihen beim

---

[204] Vgl. Carreras, Rafel; Hentsch, Guy: Energie wird zu Materie. Ein Blick in die Welt der Elementarteilchen, CERN/Genf 1986, siehe URL: http://cds.cern.ch/record/2255178/files/energie_wird_zu_materie.pdf [Stand: 2024]

[205] Adam J. et al (STAR Collaboration): Measurement of e+e− Momentum and Angular Distributions from Linearly Polarized Photon Collisions, in: Physical Review Letters, Lett. 127, 052302 – Published 27 July 2021, online abrufbar unter der URL: https://journals.aps.org/prl/abstract/10.1103/PhysRevLett.127.052302 [Stand: 2024]

[206] Elkins, Don; McCarty, Jim; Rückert, Carla L.: Der Ra-Kontakt: Das Gesetz des Einen lehren – Gesamtausgabe, Oberkramer 2021, S. 192

Modell der „reziproken Systeme" des theoretischen Physikers Dewey Larson (1898-1990), der ähnlich wie Burkhard Heim von 6 Dimensionen ausgeht, diese aber etwas anders ausdeutet und zueinander in Beziehung setzt.[207] Larson hält das gesamte Universum letztlich für ein Resultat von *Schwingungen*:

Don Elkins: „Ich werde eine Aussage machen, die ich der Physik von Dewey Larson entnommen habe, die dem nahe liegen kann, oder auch nicht, was du versuchst zu erklären. Larson sagt, dass alles Bewegung sei, was wir als Schwingung auffassen können, [...] die reine Schwingung ist und in keiner Weise oder Form oder Dichte physikalisch ist [...] – [das] erste Produkt dieser Schwingung ist das, was wir das Photon nennen, Lichtpartikel. Ich habe versucht, eine Analogie herzustellen zwischen dieser physikalischen Lösung und dem Konzept von Liebe und Licht. Kommt dies dem Konzept der Liebe, die Licht erschafft, nahe oder nicht?" – Ra: „Du liegst richtig."[208]

Auch in den „Michael Teachings" bilden *Schwingungen* die Basis des Universums: *„Alles im Universum ist Energie mit einer bestimmten Frequenz."*[209] Folglich muss die Unterschiedlichkeit zwischen verschiedenen Materieteilchen auf unterschiedliche Muster von Schwingungen zurückzuführen sein, so wie verschiedene Farben auf unterschiedlichen Frequenzen von Lichtwellen beruhen und verschiedene Töne durch unterschiedlich schwingende Schallwellen entstehen. Was für die äußere Manifestation des Schöpfers gilt, das heißt für das äußerlich wahrnehmbare Universum als *Objekt* des Erkennens, gilt zwangsläufig auch für den Schöpfer als erkennendes *Subjekt*, das heißt für das innerlich wahrnehmbare Bewusstsein auf all seinen Stufen des Daseins und in all seinen fraktalen Unterteilungen: *„Sowohl Musik als auch Farbe sind äußere physikalische Phänomene, aber die gleichen Muster existieren für jede Ebene des Seins."*[210]

---

[207] Vgl. Larson, Dewey B.: The Structure of the Physical Universe, Portland 1960

[208] Elkins, Don; McCarty, Jim; Rückert, Carla L.: Der Ra-Kontakt: Das Gesetz des Einen lehren – Gesamtausgabe, Oberkrämer 2021, S. 192

[209] Hoodwin, Shepherd: Journey of Your Soul. A Channel Explores the Michael Teachings, Berkeley 2013, S. 116, eigene Übersetzung

[210] Ebenda, S. 116, eigene Übersetzung

Gleichlautend formuliert „Ra":

„Das Universum, in dem ihr lebt, ist Wiederholung der intelligenten Unendlichkeit in jedem Teil. Deshalb wirst du die gleichen Muster in physischen und metaphysischen Bereichen wiederholt sehen."[211]

Die von „Michael" beschriebenen Seelenmerkmale und die damit verbundenen Persönlichkeitszüge könnten demnach ebenso wie die von „Ra" postulierten Dichtestufen mit verschiedenartigen *seelischen* Schwingungsmustern korrelieren. Das macht vielleicht auch den Oktav-Begriff aus dem „Ra-Kontakt" etwas verständlicher: Beim Spielen einer Tonleiter nimmt die Schwingungsfrequenz jeden Tones zu, je näher man der Oktave kommt. Analog dazu könnte man annehmen, dass wir *seelisch* um so höher „schwingen", je näher wir beim Durchlaufen der Dichtestufen zur Erfahrung von Einheit vorstoßen. Sobald wir das Einheitsbewusstsein erreichen und damit unseren Entwicklungszyklus (die Oktave) abschließen, stehen wir wieder dort, wo wir ursprünglich herkamen, sind in der Zwischenzeit allerdings um die Erfahrung eines ganzen Universums reicher geworden. Analog dazu klingt die Oktave bei einer Tonleiter genau gleich wie der Ausgangston, nur dass sich die Frequenz verdoppelt hat und der Ton deshalb höher schwingt und klingt.

Zugleich hält das Konzept der „seelischen Schwingung" eine mögliche Erklärung dafür bereit, warum nichtphysische Kontakte zwischen uns Menschen und höherdimensionalen Wesen so ungewöhnlich sind: Weil „Geistwesen" ganz anders „schwingen" als wir, können wir kaum mit ihnen in Resonanz treten. Damit ein stabiler Kontakt zustande kommen kann, bedarf es deshalb erheblicher Anstrengungen von beiden Seiten: Während wir Menschen unsere „Schwingung" erhöhen müssen (zum Beispiel durch Meditation), müssen die Geistwesen ihre Schwingung heruntertransformieren.

In esoterischen und spirituellen Kreisen ist die Rede von der „Erhöhung der eigenen Schwingung" derart geläufig, dass sich niemand

---

[211] Elkins, Don; McCarty, Jim; Rückert, Carla L.: Der Ra-Kontakt: Das Gesetz des Einen lehren – Gesamtausgabe, Oberkrämer 2021, S. 192

die Frage zu stellen scheint, *was* denn da eigentlich schwingt. Wahrscheinlich wäre es auch müßig, das modellieren zu wollen. Seelische Schwingungsmuster sind halt nicht greifbar. Unsere Seele ist kein materielles Objekt, das sich hin- und herbewegt wie eine Gitarrensaite. Wie nichtphysische Schwingungen verstanden werden können, bleibt darum notwendigerweise abstrakt, sodass wir nicht mehr tun können, als auf Metaphern und Analogien zurückzugreifen.

Das bereits mehrfach bemühte Bild der Resonanz eröffnet in dieser Hinsicht einige weitere Deutungsmöglichkeiten. Umgangssprachlich sprechen wir zum Beispiel von guten „Vibrations", wenn gute Stimmung herrscht. Oder man sagt, dass gewisse Menschen auf „der gleichen Wellenlänge" liegen. Menschen, die sich sympathisch sind, *schwingen* offensichtlich ähnlich, sodass sie, weil sie miteinander resonieren, eine starke Verbindung zueinander spüren. Vielleicht wohnt auch unserer emotionalen Empfänglichkeit für Musik eine Art von seelischem Resonanzphänomen inne: Wenn die Musik uns „packt", *schwingt* unsere Seele mit.

Polarität, freier Wille und der Grund für das Leid in der Welt

Warum verspüren Menschen den Impuls, Böses zu tun? „Michael" und „Ra" vertreten diesbezüglich ähnliche Auffassungen wie Platon und viele Religionen. Platon verortete den Ursprung allen Seins im „Guten" (siehe Kapitel 4.1.2: Platon und das Reich der Ideen). Er hielt Seelen prinzipiell für fähig, das „Gute" zu erkennen. Voraussetzung dafür sei allerdings eine entsprechende Persönlichkeitsentwicklung. Wer diese Entwicklung nicht vollziehen möchte, werde mangels Einsicht in die wahre Natur des Seins auch nicht im Sinne des „Guten" handeln können.

Das Motiv des Verkennens oder Ablehnens unseres göttlichen Ursprungs finden wir auch in vielen Religionen wieder (siehe Kapitel 4.3.1: Parallelen in den großen Religionen). Besonders drastisch äußert es sich in der Erzählung vom gefallenen Engel, der gegen Gott rebellierte und sich infolgedessen zu dessen teuflischen Gegenspieler aufschwang. Bemerkenswert an dieser Geschichte ist, dass die Bösartigkeit – wie bei Platon – keine *eigenen* Wurzeln hat, sondern aus der Negation und Trennung von der eigentlichen Essenz allen Seins entsteht, also aus der Lossagung von Gott beziehungsweise der Unkenntnis des „Guten".

„Ra" bestätigt diese Sichtweise. Wer sich zum Bösen hingezogen fühlt, beschreitet in seiner Terminologie den Weg dessen, was *nicht* ist.[212] Ebenso sieht es die „Quelle" als deutschsprachiges Äquivalent zu den „Michael-Teachings": *„Das Böse ist ein Zustand der Abwesenheit. Böses ist nur dann vorhanden, wenn etwas anderes fehlt. Das Böse ist Abwesenheit von Liebe".*[213]

Zugleich misst die „Quelle" dem Bösen aber auch seine Berechtigung bei:

„Das Böse als Erfahrung der Abwesenheit von Liebe gehört unverzichtbar zur Entwicklung des Menschen. Denn der Mensch kann Liebe in sich selbst nur erfahren, wenn er das Böse in sich und anderen zulässt. Erst dann hat er die Freiheit, zu wählen. Und wie ihr wisst, ist die Freiheit zu wählen die Essenz von Menschsein und Entwicklung."[214]

Wo es nur Liebe gibt, kann Liebe mangels Referenzpunkt nicht als solche erkannt werden. Es braucht die Abwesenheit von Liebe, um zu wissen, was sie in ihrem Wesen ausmacht. Erst dann wird es möglich, Liebe bewusst wahrzunehmen und anzustreben. Erinnern wir uns: Der Sinn des Lebens besteht laut „Michael" und „Ra" in der Selbsterfahrung des All-Einen, was dessen Differenzierung voraussetzt. Wir als Fragmente des All-Einen stehen vor der Aufgabe, uns im Liebesbewusstsein zu vereinen. Als Menschen auf der physischen Ebene beziehungsweise in der dritten Dichte sind wir von dieser Einheit noch weit entfernt, da wir uns in unserer irdischen Lebensrealität als voneinander getrennte Individuen wahrnehmen. Und genau

---

[212] Vgl. Elkins, Don; McCarty, Jim; Rückert, Carla L.: Der Ra-Kontakt: Das Gesetz des Einen lehren – Gesamtausgabe, Oberkrämer 2021, S. 534ff.

[213] Hasselmann, Varda; Schmolke, Frank: Welten der Seele. Trancebotschaften eines Mediums, München 1993, S. 61

[214] Hasselmann, Varda; Schmolke, Frank: Welten der Seele. Trancebotschaften eines Mediums, München 1993, S. 62

diese Trennung ist notwendig: Nur die Trennung erlaubt es uns, das Wesen von Einheit nachzuvollziehen. Und so bildet das Böse als Abwesenheit der Liebe zugleich die Voraussetzung dafür, Liebe überhaupt erst begreifen und vollständig erfahren zu können. Die Herausforderung unserer irdischen Inkarnationen besteht gerade darin, Trennung zu überwinden, indem wir uns bewusst dafür entscheiden, mit anderen Wesen mitzufühlen und zum Wohle aller zu handeln. Dies ist die „Lektion" der Liebe, die es zu lernen gilt, der wir uns aufgrund unseres freien Willens aber auch verweigern können. Dann verharren wir in unserem Gefühl der Trennung und sorgen uns hauptsächlich um uns selbst. Wir handeln egoistisch und schlimmstenfalls sogar zum Schaden anderer.

Es liegt auf der Hand, dass den älteren Seelen die Überwindung von Trennung um einiges leichter fallen dürfte als den jüngeren Seelen. Ältere Seelen haben aufgrund der Vielzahl ihrer Inkarnationen schon etliche Male erfahren, in welche Sackgassen egoistisches Verhalten führen kann und wie wertvoll demgegenüber die Verbindung durch Liebe ist. Das ist vergleichbar mit Schülern der Oberstufe, die mehr Wissen angesammelt haben als Schüler der Unterstufe. Die jüngeren Seelen müssen ihre Lektionen erst noch lernen. Eine Gesellschaft, die sich vorwiegend aus jüngeren Seelen zusammensetzt, wird darum stärker von Egoismus, Gier und Konkurrenz geprägt sein als eine Gesellschaft, die von älteren Seelen dominiert wird. Natürlich wäre es völlig verfehlt, die jüngeren Seelen dafür zu verurteilen. Man kann ja auch einem Unterstufenschüler nicht zum Vorwurf machen, dass er den Unterrichtsstoff des Abiturjahres noch nicht beherrscht. Sinnvoller ist es, die jüngeren Seelen in ihrem Lernprozess zu unterstützen.

Das Spannungsfeld zwischen Trennung (Egoismus/Selbstsucht/Angst) und ihrer Überwindung (Liebe/Mitgefühl/Verbindung) berührt laut „Michael" nahezu jedes unserer Seelenmerkmale, sodass diese entweder zum negativen oder zum positiven Referenzpunkt tendieren können. Die Seelenrolle des Königs kann man zum Beispiel wie ein selbstherrlicher Tyrann oder wie ein weiser Meister ausfüllen. Und das Entwicklungsziel der Akzeptanz lässt sich entweder durch Anbiederung oder durch Gutmütigkeit verfolgen. Bei den meisten Menschen erfolgt die Entscheidung für die eine oder die andere Verhaltensweise völlig unbewusst und unreflektiert. Sie ist einfach das Resultat ihres inneren Bewusstseinszustands beziehungsweise ihres seelischen „Schwingungszustands". Dabei ist es weder möglich noch sinnvoll, den negativen Pol gänzlich vermeiden zu wollen:

„Die Spannung, die entsteht, bleibt notwendig. Wer [...] den Minuspol nachhaltig zu vermeiden versucht, reduziert die Spannung, die ihm ermöglicht, den Pluspol zu erreichen. Nur solange Energie zwischen diesen beiden Polen hin- und her fließt, ist Lernen möglich, kann sich das Schwingungsfeld eines Individuums erhöhen und bleibt Lebendigkeit erhalten. [...] Solange ihr lebt, werdet ihr immer und immer wieder mit dem Minuspol in Berührung kommen – und daraus erst kann die Pendelbewegung zum Pluspol hin entstehen."[215]

Eine Unterscheidung zwischen negativer und positiver Polarisierung finden wir auch im „Ra-Material". Dort erfüllt sie den gleichen Zweck wie bei „Michael": Sie baut eine Spannung auf, die uns ermöglicht, durch „Bewusstseinsarbeit" die Lektion der Liebe zu lernen:

Don Elkins: „Dann scheint es ein extremes Potenzial in dieser Polarisierung zu geben, so wie es sie in – um eine Analogie zu verwenden – in Elektrizität gibt: Wir haben einen positiven und [einen] negativen Pol. Je mehr man die Ladung an einem der beiden aufbaut, desto größer ist die Potenzial-Differenz und desto größer die Fähigkeit, Arbeit, wie wir es nennen, im physikalischen Sinn zu leisten. Dies scheint mir der exakte Vergleich zu dem zu sein, was wir hier im Bewusstsein [vorliegen] haben. Ist dies korrekt?" – Ra: „Dies ist präzise korrekt."[216]

---

[215] Hasselmann, Varda; Schmolke, Frank: Archetypen der Seele. Eine Anleitung zur Erkundung der Seelenmatrix, München 2010, S. 485f.
[216] Elkins, Don; McCarty, Jim; Rückert, Carla L.: Der Ra-Kontakt: Das Gesetz des Einen lehren – Gesamtausgabe, Oberkramer 2021, S. 144

Den positiven, liebevollen Pol charakterisiert „Ra" als „Dienst an Anderen":

„Der beste Weg des Dienstes an Anderen liegt in dem konstanten Versuch, danach zu suchen, die Liebe des Schöpfers zu teilen, wie sie vom inneren Selbst erkannt wird. Dies involviert Selbstkenntnis und die Fähigkeit, das Selbst gegenüber dem anderen Selbst ohne Zögern zu öffnen. Dies beinhaltet, sagen wir, die Ausstrahlung dessen, was die Essenz oder das Herz des Geist-/Körper-/Seele-Komplexes ist."[217]

Den negativen Pol bezeichnet „Ra" als „Dienst am Selbst". Er wird dann eingeschlagen, *„wenn das Wesen [...] bewusst beschließt, Andere-Selbste für den Nutzen des Selbst zu manipulieren."*[218]

Im Unterschied zu „Michael" betont „Ra" die Notwendigkeit, sich im Laufe seiner menschlichen Inkarnationen für einen der beiden Pole entscheiden zu müssen, um seinen Weg in die nächsthöheren Dichten fortsetzen zu können. Nur wer sich im Laufe seiner vielen Inkarnationen eindeutig in Richtung „Dienst an Anderen" (Liebe) oder „Dienst am Selbst" (Egoismus) polarisiert hat, wird den menschlichen Reinkarnationskreislauf der dritten Dichte verlassen. Das klingt zunächst einmal seltsam, denn war es nicht das Ziel der Menschheitserfahrung im Übergang von der dritten zur vierten Dichte, die Lektion der Liebe zu lernen? Wieso qualifiziert das genaue Gegenteil dann trotzdem für die nächsthöhere Erfahrungsebene? Offenbar scheint die Spannung zwischen Egoismus und Liebe auch in den höheren Dichten erforderlich zu sein, um Arbeit im Bewusstsein zu ermöglichen. Dann aber sind „höhere" Wesen nicht ausnahmslos gut und liebevoll. Tatsächlich gibt es laut „Ra" auch nichtphysische Wesen, die wegen ihrer negativen Polarisierung nach Macht durch Unterdrückung streben. Und genauso wie uns die positiv polarisierten Kollektivwesen helfen, ein liebevolles Einheitsbewusstsein zu erlangen, versuchen die negativ orientierten Wesen, uns vom Einheitsge-

---

[217] Ebenda, S. 128
[218] Ebenda, S. 143

danken abzubringen.[219] Zu diesem Zweck unterstützen sie irdische Institutionen, die Trennung, Unterwerfung und Manipulation bewirken. Als ein historisches Beispiel dafür nennt „Ra" die Übermittlung der 10 Gebote an Moses:

„Der Ursprung dieser Gebote folgt dem Gesetz negativer Wesen, die Informationen auf positiv orientierte Geist-/Körper-/Seele-Komplexe eindrücken. Die Information versuchte, Positivität zu kopieren oder nachzuahmen, während sie ihre negativen Eigenschaften behielt. [...] Der Zweck der [negativen Wesen] ist, wie zuvor erwähnt, zu erobern und zu versklaven. Dies wird durch Finden und Etablieren einer Elite erreicht und indem andere dazu gebracht werden, der Elite durch verschiedene Mittel zu dienen, wie die Gesetze, die du erwähnst [...]." – Don Elkins: „Es wäre untypisch für ein Wesen, das sich des Wissens des Gesetzes des Einen vollständig bewusst ist, zu sagen ‚Du sollst nicht.' Ist das korrekt?" – Ra: „Dies ist korrekt."[220]

Was „Ra" als negativ polarisierte Wesen beschreibt, firmiert in diversen Religionen und Mythologien unter dem Etikett „Dämonen". Sollte es diese bösartigen Geistwesen tatsächlich geben, dann dürfte so manche Offenbarung der Religionsgeschichte ein Manipulationsversuch gewesen sein. Das beste Kriterium, um die wahrhaftigen von den manipulativen Botschaften zu unterscheiden, läge dann im Grad des darin enthaltenen Liebesbewusstseins. Bei denjenigen religiösen Konzepten, die Trennung, Angst und Unterwerfung fordern, kann es – sofern man das „Ra-Material" beziehungsweise die „Michael-Teachings" als validen Beurteilungsmaßstab anerkennen möchte – mit der Wahrhaftigkeit nicht so weit her sein.

Schwer vorstellbar ist indessen, wie Wesen, die zum „Dienst am Selbst" polarisiert sind, in höheren Dichtestufen als *Kollektiv*wesen funktionieren können. Wenn jedes dieser Wesen nur seinen eigenen Erfolg im Sinn hat, wie können diese Wesen dann einen „sozialen Erinnerungskomplex" bilden, also eine gemeinsame Verbindung einge-

---

[219] Vgl. Elkins, Don; McCarty, Jim; Rückert, Carla L.: Der Ra-Kontakt: Das Gesetz des Einen lehren – Gesamtausgabe, Oberkrämer 2021, S. 297f.

[220] Elkins, Don; McCarty, Jim; Rückert, Carla L.: Der Ra-Kontakt: Das Gesetz des Einen lehren – Gesamtausgabe, Oberkrämer 2021, S. 112f.

hen, wie sie für Seelen auf ihrem Weg zur Einheitserfahrung typisch ist? „Ra" erklärt dies mit einer Analogie:

„In euren bewaffneten Banden marodiert und plündert eine große Gruppe erfolgreich. Der Erfolg der Gefreiten wird von den Unteroffizieren beansprucht, der Erfolg der Unteroffiziere von den Feldwebeln, dann die Leutnante, Hauptmänner, Majore und schließlich der kommandierende General."[221]

Der Zusammenhalt negativ orientierter Wesen beruht demnach auf einer hierarchischen Struktur, die nicht durch liebevollen Konsens, sondern durch Autorität und Gehorsam hergestellt wird. Wenn einzelne oder neu hinzustoßende Mitglieder das bestehende Machtgefüge infrage stellen und es zu ihren Gunsten verändern wollen, wird der Zusammenhalt auf die Probe gestellt:

„Die sogenannte Hackordnung wird sofort herausgefordert und das Wesen mit gesteigerter Kraft übt diese Kraft aus, um mehr Andere-Selbste zu kontrollieren und innerhalb der Struktur des sozialen Erinnerungskomplex voranzukommen."[222]

Erreichen negative Kollektivwesen schließlich die fünfte Dichte, intensiviert sich die Beschäftigung mit dem eigenen Selbst. Zugleich steigert sich der Grad der Getrenntheit:

„Das sogenannte negative Dienst-am-Selbst-Wesen ist in dieser Dichte auf einem hohen Niveau an Bewusstheit und Weisheit und hat Aktivität außer durch Denken eingestellt. Das fünfte Dichte-Negative ist außerordentlich zusammengepresst und von allem anderen getrennt. [...] In der negativen fünften Dichte ist der Dienst am Selbst extrem intensiv geworden, und das Selbst ist geschrumpft oder hat sich verdichtet."[223]

Weil Trennung letztlich immer nur Illusion bleibt und im Rahmen einer „Oktave" alles auf die Integration ins All-Eine hinausläuft, muss

---

[221] Elkins, Don; McCarty, Jim; Rückert, Carla L.: Der Ra-Kontakt: Das Gesetz des Einen lehren – Gesamtausgabe, Oberkrämer 2021, S. 548
[222] Ebenda, S. 549
[223] Ebenda, S. 179 und S. 298

die Polarisierung zum „Dienst am Selbst" irgendwann aufgegeben werden. Laut „Ra" geschieht das zu Beginn der sechsten Dichte:

„Diese negativ orientierten Geist/Körper/Seele-Komplexe haben ein Problem, das unseres Wissens nach nie überwunden wurde [...]. Liebe/Licht ist sehr, sehr schwierig zu erreichen, wenn man den negativen Pfad geht, und während des frühen Teils der sechsten Dichte entscheiden sich Gesellschaftskomplexe einer negativen Orientierung dazu, das Potenzial loszulassen und in die positive sechste Dichte zu springen."[224]

Und so schließt sich am Ende der Kreis: Die Abzweigung, die Wesen mit Orientierung zum „Dienst am Selbst" in der dritten Dichte genommen hatten (Weg dessen, was *nicht* ist), führt kurz vor dem Ziel wieder auf die Hauptstraße zurück (Weg dessen, was ist). Unklar bleibt aus meiner Sicht nur, wie das Bild der Abzweigung (Polarisierung) zum Gesetz des Karma (Ausgleich) passt. Wer andere lieblos behandelt, wird laut „Ra" karmisch involviert. Wer das aufgrund seiner negativen Polarisierung permanent tut, verstrickt sich logischerweise in immer größere karmische Bande. Wie kann aber jemand, der konsequent die „Täterrolle" spielt, die Folgen seines Handelns im Sinne eines Ausgleichs am eigenen Leib erfahren, um daraus zu lernen? Greift das Prinzip des Karma etwa nicht mehr, sobald man sich eindeutig polarisiert hat? Oder nimmt man die anwachsende karmische Aufladung einfach nur in die höheren Dichtestufen mit, bis schließlich ein Weisheitsniveau erreicht wird, das es erlaubt, die Folgen des eigenen Handelns auch auf einer reinen Bewusstseinsebene ausreichend intensiv nachvollziehen zu können? Würde somit ein Ausgleichen des Karma im Geiste möglich, das sich vielleicht im Moment des Umschwungs zum „Dienst an Anderen" in der sechsten Dichte vollzieht? Leider konnte ich auf diese Fragen in der knapp 700 Seiten umfassenden Gesamtausgabe des „Ra-Kontakts" keine Antworten finden.

Abgesehen von Detailfragen wie diesen sind die Überschneidungen zwischen dem „Ra-Material" und den „Michael-Teachings" insge-

---

[224] Elkins, Don; McCarty, Jim; Rückert, Carla L.: Der Ra-Kontakt: Das Gesetz des Einen lehren – Gesamtausgabe, Oberkrämer 2021, S. 241

samt sehr groß. Beide decken sich zudem mit der kosmologischen Kernbehauptung, die wir in vielen Religionen und Mythologien, beim Philosophen Platon und zum Teil auch beim Physiker Thomas Campbell vorfinden: Das materielle Universum ist kein sinnloses Zufallsprodukt aus dem Nichts, sondern die zweckvolle Schöpfung eines einheitlichen, allumfassenden Geistes, der den Ausgangspunkt und den Zielpunkt allen Daseins bildet. Oder um es mit den Abschlussworten von „Ra" auszudrücken:

„Wir schlagen vor, dass die Natur aller Manifestationen illusorisch und nur insofern funktional ist, wie sich das Wesen von Form und Schatten dem Einen zuwendet."[225]

---

[225] Elkins, Don; McCarty, Jim; Rückert, Carla L.: Der Ra-Kontakt: Das Gesetz des Einen lehren – Gesamtausgabe, Oberkrämer 2021, S. 672

Kapitel 5

Praktische Konsequenzen: Sinnfindung, Bewusstseinsentwicklung und positive Lebensgestaltung

In diesem letzten Kapitel wird es konkret. Alles, was wir bis hierhin über das Wesen der Wirklichkeit herausgefunden haben, wollen wir nun praktisch nutzbar machen, sodass Sie daraus hilfreiche Anregungen für Ihren weiteren Lebensweg mitnehmen können. Als Ausgangspunkt für dieses Vorhaben möchte ich ein Modell der Wirklichkeit vorschlagen, das als Quintessenz aus unseren Überlegungen des vierten Kapitels betrachtet werden kann. Ich behaupte nicht, dass dieses Modell die absolute Wahrheit repräsentiert, wohl aber, dass es die *logisch schlüssigste* und *allgemeinste* Annäherung an die Wirklichkeit darstellt, die sich nach Abwägung aller philosophischen, wissenschaftlichen und mythologischen Erklärungsversuche aus diesem Buch formulieren lässt:

1. Alles, was existiert, inklusive des physischen Universums, entspringt einer einzigen, ewigen und *geistigen* Quelle (das All-Eine, das „Göttliche").

2. Der Zweck allen Daseins besteht in der Entfaltung und Selbsterfahrung des All-Einen – was Differenz/Trennung/Dualität/Polarität voraussetzt.

3. Als bewusste Wesen sind wir Menschen wie alle anderen Geschöpfe auch Resultat jener Ausdifferenzierung und insofern unsterbliche Fragmente („Seelen") des All-Einen.

4. Die Ausdifferenzierung des All-Einen hat neben unserem *physisch* wahrnehmbaren Daseinsbereich mit all seinen Objekten und Geschöpfen auch einen in mehrere Ebenen unterteilten *nichtphysischen* Daseinsbereich mit *nichtphysischen* Wesen hervorgebracht, der „Wohnsitz" unserer „Seele" und zugleich die Wurzel dessen ist, was wir als paranormale Erfahrungen erleben.

5. Mit zunehmendem Bewusstheitsgrad eines Wesens steigt sein Entscheidungs- und Handlungsspielraum, was ihm unter anderem die Wahl ermöglicht, sich in seinen Gedanken und Taten von seiner ursprünglichen Quelle abzuwenden (Trennung, Egoismus, Selbstsucht) oder aber die (Wieder-)Verbindung mit derselben einzugehen (Liebe, Mitgefühl, Vereinigung).

6. Das Dasein entwickelt sich *zyklisch*: durch Werden und Vergehen, durch Leben und Wiedergeburt.

7. Alles steht durch Ursache-Wirkungs-Beziehungen miteinander in Verbindung – das gilt auch für den Einfluss unserer Gedanken und Taten, sei es in Bezug auf unser aktuelles Leben oder in Bezug auf unser Weiterleben nach dem physischen Tod.

Warum das All-Eine da ist und ob es vielleicht noch etwas anderes geben könnte, was dahintersteckt, lässt sich mit menschlichen Mitteln unmöglich ermessen. Es lässt sich noch nicht mal mehr erahnen. Aber das ist auch nicht erforderlich. Das hier vorgeschlagene Weltbild ist reichhaltig und tiefgründig genug, um dem quälenden Sinnvakuum der aufgeklärten Moderne zu entkommen und die Bedeutsamkeit der eigenen Existenz zurückzugewinnen.

5.1 Sinnstiftung: Weltbildwandel und der Sinn des eigenen Daseins

Sollten Sie die Lektüre dieser Buchreihe als Materialist begonnen und bis hierhin durchgehalten haben, werden Sie Ihr Weltbild inzwischen schon längst erweitert haben. Das Wichtigste, was Sie daraus für sich mitnehmen können, ist die Erkenntnis, dass Ihr Leben nicht sinnlos ist.

5.1.1 Erlösung vom Materialismus: Das Leben ist nicht sinnlos!

Am 3. Dezember 2023 war mit Sabine Hossenfelder eine der populärsten Physikerinnen der Gegenwart zu Gast in der Sendung „Sternstunde Philosophie" des Schweizer Radio und Fernsehen (SRF). Sabine Hossenfelder betreibt einen YouTube-Kanal mit über einer Million Abonnenten und ist Autorin mehrerer Bestseller.[226] Sie ist bekannt für ihr dezidiert naturwissenschaftlich-materialistisches Weltbild, wonach kein von Materie unabhängiges Bewusstsein existieren kann und folglich auch niemand über einen freien Willen verfügt:

„Es gibt die Naturgesetze. Und die Naturgesetze sind teilweise deterministisch. Sie sagen: Die Zukunft folgt aus der Vergangenheit, Ihre heutigen Handlungen ergeben sich aus dem Universum von gestern, das sich wiederum aus dem Zustand des Universums von vorvorgestern ergibt, und so weiter, bis zurück zum Beginn des Universums. Dann gibt es noch die Quantenmechanik, die noch ein Zufallselement mit hineinbringt. Der freie Wille – ich wüsste nicht, was das sein soll und wo der da noch hineinpassen könnte."[227]

Im Klartext bedeutet dies, dass bereits im Urknall festgelegt war, dass Sie in diesem Augenblick diese Zeilen lesen. Sofern Quantenprozesse im Gehirn eine Rolle spielen, könnte Sie auch der Zufall dazu bewogen haben, dieses Buch aufzuschlagen. Eine bewusste und freie Entscheidung Ihrerseits kann es jedenfalls nicht gewesen sein. Denn alles, was Sie denken, fühlen und tun, resultiert laut materialistischer Naturwissenschaft aus biochemischen und bioelektrischen Prozessen in Ihrem Gehirn. Weil diese aber festen Naturgesetzen unterliegen, sind Ihre aktuellen Gedanken und Absichten die Wirkungen von materiellen Ursachen, die wiederum Wirkungen aus vorherigen Ursachen waren, die ebenfalls Wirkungen früherer Ursachen waren – und so weiter und so fort. Der Quantenzufall mag hin und wieder für Abweichungen und Varianz sorgen, *steuern* können Sie diesen Zufall laut Hossenfelder aber nicht. Daraus folgt, dass Sie rein gar nichts,

---

[226] Zum Beispiel: Hossenfelder, Sabine: Mehr als nur Atome: Was die Physik über die Welt und das Leben verrät, München 2023

[227] Hossenfelder, Sabine, zitiert nach: Blage, Judith: Die Physikerin Sabine Hossenfelder über die großen Lebensfragen: «Der freie Wille – ich wüsste nicht, was das sein soll», Interview in der Neuen Züricher Zeitung (NZZ) vom 3. März 2024, online abrufbar unter der URL: https://www.nzz.ch/wissenschaft/sabine-hossenfelder-ueber-die-teilchenphysik-als-geldverschwendung-ld.1814811

was Sie in Ihrem Leben denken und tun, in irgendeiner Weise bewusst beeinflussen können. Ihr Bewusstsein ist nach diesem naturwissenschaftlichen Weltbild bloß eine Illusion des Gehirns.

Diese Sicht auf uns Menschen suggeriert eine kaum zu überbietende Sinnlosigkeit! Sie erniedrigt jeden von uns zu einem unbedeutenden und noch dazu völlig ohnmächtigen Beobachter eines Weltgeschehens, das seit dem Urknall vorgezeichnet ist und durch Quantenprozesse *zufällige* Verläufe annimmt. Das betrifft auch unsere Gedanken und Gefühle. Laut materialistischer Naturwissenschaft *erscheint* es uns nur so, als würden wir aus freier und eigener Initiative etwas denken, fühlen oder entscheiden. In Wirklichkeit erlebten wir aber nur die Wirkungen von materiellen Prozessen, die wir nicht im Geringsten kontrollieren können.

Weil dieses Weltbild so trostlos ist, stürzt Sabine Hossenfelder ihre Leser und Follower regelmäßig in Sinnkrisen.[228] Sie selbst sagt dazu:

„Ich habe ab und zu als Reaktion auf meine Bücher oder Videos sehr traurige Leserbriefe bekommen. Gerade wenn es in meinen Büchern oder Videos um Fragen geht, wie das Universum begann oder ob wir einen freien Willen haben. Ich beschränke mich dann auf die Sachen, die wir wirklich wissen. Das ist für manche Menschen ernüchternd, deshalb gebe ich inzwischen eine Vorwarnung: Bei mir wird nicht herumgeschwafelt."[229]

Verhängnisvoll finde ich die Behauptung Hossenfelders, wonach sie sich nur darauf beschränkt, was wir angeblich *„wirklich* wissen". Mit *wirklichem* Wissen meint sie dasjenige Wissen, das den strengen Kriterien der naturwissenschaftlichen Beweisführung standhält. Gerade darin liegt aber der Hund begraben. Wie wir in Kapitel 1.1.1 (Wann gilt etwas als „wissenschaftlich bewiesen"?) gesehen haben, beraubt sich die Naturwissenschaft durch ihre einengende Methodik der Er-

---

[228] Vgl. Blage, Judith: Die Physikerin Sabine Hossenfelder über die großen Lebensfragen: «Der freie Wille – ich wüsste nicht, was das sein soll», Interview in der Neuen Züricher Zeitung (NZZ) vom 3. März 2024, online abrufbar unter der URL: https://www.nzz.ch/wissenschaft/sabine-hossenfelder-ueber-die-teilchen-physik-als-geldverschwendung-ld.1814811

[229] Ebenda

kenntnis einer größeren Realität. Wer immer nur mit Netzen fischt, deren Maschenweite einen Meter beträgt, wird irgendwann zu dem Schluss kommen, dass es auf der Welt keine Fische gibt, die kleiner als einen Meter sind. Naturwissenschaftler fischen bildlich gesprochen mit solchen Netzen. Sie erkennen nur das als wahr an, was sich damit einfangen lässt.[230] Weil sie aufgrund starrer Paradigmen und kognitiver Dissonanz (siehe Kapitel 1.1.3) die Verwendung anderer Netze (anderer Erkenntnismethoden) verweigern, ist das, was sie *„wirklich* wissen", am Ende grob unvollständig – mit fatalen Konsequenzen für unser aller Selbstbild.

Nicht nur die Leser und Follower von Sabine Hossenfelder sowie die vielen Menschen, die im Laufe ihrer Sozialisation mit einem materialistischen Weltbild aufgewachsen sind, leiden darunter. Wie Sabine Hossenfelder im besagten Interview in der „Sternstunde Philosophie" preisgab, hat sie selbst jahrelang unter ihrer eigenen Weltsicht gelitten, und zwar so sehr, dass sie eine Psychologin aufsuchte (siehe Videoquelle 5.1.1a ab Minute 23:00). Welch traurige Ironie!

Videoquelle 5.1.1a: Sabine Hossenfelder im SRF (Sternstunde Philosophie)

frank-niessen.com/sinnsuche/Hossenfelder.html

In dem hier verlinkten Interview deutet Sabine Hossenfelder an, dass ihr die Psychologin nicht wirklich weiterhelfen konnte. Stattdessen löste sie ihr Problem irgendwann selbst, indem sie beschloss, das Thema „Willensfreiheit" einfach als irrelevant für ihr eigenes Leben einzustufen. Auf Basis ihres eigenen Weltbildes stellt sich dann eigentlich nur noch die Frage, ob dieser Beschluss bereits im Urknall

---

[230] Das Gleichnis vom Fischernetz stammt vom Quantenphysiker, alternativen Nobelpreisträger und ehemaligen Direktor des Max-Planck-Institutes, Hans-Peter Dürr (1929-2014) aus dem Jahr 1997. Dürr war bekannt für seinen philosophischen Tiefgang. Sein Gleichnis vom Fischernetz finden Sie online unter der URL: https://www.youtube.com/watch?v=JHfX-_uwaGw [Stand: 2024]

angelegt war oder doch eher durch den Quantenzufall zustande kam…

Die Geschichte von Sabine Hossenfelder demonstriert sehr anschaulich, in welch absurde Sackgasse uns die materialistische Naturwissenschaft hineinführt. Ich wünsche Frau Hossenfelder von Herzen, dass sie alsbald auf meine Bücher stoßen wird, damit sie sich aus ihrem materialistischen Tunnelblick befreien kann. Dann könnte sie erfahren, dass es sehr wohl überprüfbare Indizienbeweise für eine nichtphysische Wirklichkeit gibt und dass Bewusstsein unabhängig vom Gehirn existieren und sogar kommunizieren kann (siehe Band 1: Wie man die Realität einer „geistigen Welt" beweisen kann). Weiterhin würde sie nachvollziehen können, warum wir eben doch über einen freien Willen verfügen und wie wir als aktive Mitschöpfer unser Dasein aktiv beeinflussen können (siehe die folgenden Kapitel). Würde sie das alles erkannt und verstanden haben, könnte sie den fatalen, weil deprimierenden Irrglauben der materialistischen Naturwissenschaft hinter sich lassen.

Unser Leben ist *nicht* sinnlos! Aus der bewussten, absichtsvollen Erschaffung unseres Universums ergibt sich ganz klar, dass wir nicht zufällig ins Leben hineingeworfen wurden. Vielmehr sind wir Fragmente einer liebenden, alles verbindenden Quelle. Um Liebe geht es darum auch im Leben. Wir alle haben die Wahl, was wir mit unserem Leben anfangen wollen – so unterschiedlich unsere Lebensbedingungen und Handlungsspielräume im Einzelnen auch sein mögen. Wollen wir die „göttlichen Anlagen" in uns kultivieren? Wollen wir *bewusst* leben und die Schöpfung bewusst mitgestalten? Möchten wir uns mit der „göttlichen" Quelle allen Seins verbinden? Optieren wir für Mitmenschlichkeit und das Mitgefühl? Oder möchten wir lieber in der Idee verharren, dass jeder von uns ein von allen anderen Menschen und Geschöpfen abgetrenntes Individuum ist, das sein Leben am besten damit zubringen sollte, möglichst viel Macht und Reichtum für sich selbst herauszuschlagen?

Was wir tun, entscheiden wir selbst. Und es hat einen Einfluss: auf uns selbst, auf andere und auf unser Leben nach dem Tod. Als Bewusstsein nehmen wir die gesammelten Erfahrungen unseres Erdenlebens mit auf die „andere Seite". Der Tod bedeutet darum nicht das Ende unserer Existenz. Er beendet nur eine von unzähligen Episoden unseres physischen Daseins.

5.1.2 Ein neues Leben beginnt

Die Tatsache, dass wir nicht sterben können, bedeutet zugleich, dass wir unser diesseitiges Leben viel gelassener und entspannter angehen dürfen. Laut materialistischer Naturwissenschaft lebt jeder Mensch nur zufällig und nur ein einziges Mal. Wer seine Existenz in dieser Weise begreift, könnte schnell zu dem Schluss kommen, dass er dieses einzigartige Leben maximal auskosten sollte. Das individuelle Streben nach privatem Glück ist ein typisches Symptom dieser Sichtweise. Befeuert durch die ständigen Manipulationen der Werbewirtschaft wird es zuvorderst in Äußerlichkeiten gesucht, sei es in der Steigerung des materiellen Wohlstands, im beruflichen Erfolg oder im Anhäufen spaßiger Erlebnisse. Die Angst, nicht gut genug zu sein oder Dinge zu verpassen, folgt jenem Streben auf dem Fuße. Im Zweifel muss das „perfekte" Leben halt in den sozialen Medien inszeniert werden, weshalb stets nur die besten und aufregendsten Lebenssituationen zur Schau gestellt werden.

Vor dem Hintergrund eines spirituellen Weltbildes ist das alles nicht mehr nötig. Machen Sie sich keinen Druck! Ihr Leben ist zweifellos unglaublich wertvoll und Sie sind es auch. Aber Ihr Leben ist nicht einzigartig. Sie hatten schon viele Leben zuvor und werden in Zukunft viele weitere Inkarnationen erleben. Insofern gibt es nichts zu verpassen. Bleiben Sie ganz entspannt. Sie haben alle Zeit der Welt. Sie müssen sich auch nicht vergleichen. Und es ist auch nicht schlimm, wenn Sie keinen hohen Wohlstand anhäufen oder kein aufregendes Leben führen. Reichtum mag viele Vorteile mit sich bringen und es ist nichts Verwerfliches daran, Freude an materiellen Dingen zu haben. Dennoch rücken materielle Werte in den Hintergrund, sobald man erkannt hat, dass das eigentliche Ziel des Daseins im Erkennen und Wiederverschmelzen mit unserer liebenden, „göttlichen"

Quelle liegt – oder, um es etwas weniger pathetisch auszudrücken, in der Erforschung und Entfaltung unseres Bewusstseins.

Die Erkenntnis um das eigentliche Ziel unseres Daseins wird irgendwann jeden ereilen. Insofern besteht auch hier kein Druck. Es wäre töricht, das zwanghafte Streben nach Reichtum und Erfolg durch ein gehetztes Streben nach Erleuchtung zu ersetzen. Vielleicht haben Sie aber inzwischen trotzdem Lust bekommen, Ihre Bemühungen um eine bewusstere Lebensführung ganz ohne Hektik zu intensivieren. Dann stellt sich die Frage, wie Sie dieses Vorhaben am besten umsetzen können: Was tut jemand, der sich als Fragment des „All-Einen" erkennen will beziehungsweise die Erforschung und Entfaltung seines Bewusstseins betreibt?

Der spirituelle Pfad

Menschen, die sich auf den Weg machen, das „Göttliche" zu erfahren, sind *spirituelle* Menschen. Sie haben begriffen, dass unser materielles Universum als Schöpfung eines Geistes nur Maya (hinduistische Philosophie), nur Schatten (Platon), nur Simulation (Campbell), nur Vorstellung (Schopenhauer) beziehungsweise nur „Ding für uns" (Kant) ist. Um die geistige Quelle hinter diesem materiellen Schleier zu ergründen, fangen sie dort an zu suchen, wo sich dieser Geist für sie selbst am unmittelbarsten manifestiert: im eigenen Ich. Spirituelle Menschen verbringen viel Zeit damit, in sich selbst zu versinken. So können sie auf konstruktive Weise über ihre Gedanken, ihre Motivationen und ihre Gefühle reflektieren und versuchen, Bewusstseinszustände zu erreichen, die ihnen eine erweiterte Wahrnehmung und vielleicht sogar ein Erleben geistiger Welten und Wesen erlaubt. Diese Art der Selbsterkundung ist von einer derart herausragenden Bedeutung, dass ihr im Anschluss ein eigenes Kapitel gewidmet ist (Kapitel 5.2: Bewusstseinsentwicklung: „Subjektive Wissenschaft" und Meditation).

Zum anderen bedeutet „Entfaltung des Bewusstseins", das Innere nach außen zu kehren. Wer sein Inneres gründlicher in den Blick nimmt, wird seine Lebensentscheidungen zwangsläufig bewusster treffen. Die Einsichten, die man im Inneren erlangt, werden aktiv nach außen drängen. Unserer „Göttlichkeit" wohnt per Definition Schaffenskraft inne. Menschen, die einen spirituellen Weg einschlagen, wollen diese unerschöpfliche Kraftquelle bewusst für sich nutzen – ob in der Kunst, in der Musik, in der Schauspielerei, im Handwerk, in der Mediengestaltung, in Wissenschaft und Technik, in der Schriftstellerei, in der Produktentwicklung, in der Heilung oder auf welche Weise auch immer. Dabei spielt es keine Rolle, ob die jeweiligen Aktivitäten einen großen Publikumserfolg nach sich ziehen oder nicht. Bei der Entfaltung der eigenen Anlagen geht es nicht um Ruhm, sondern um die innere Freude am schöpferischen Wirken.

Entscheidend ist stets die Absicht, die hinter unseren Tätigkeiten steckt. Spirituelle Menschen streben die Verbindung an. Sie wollen andere Menschen mit ihrer Aktivität inspirieren, ihnen etwas geben, ihnen weiterhelfen. Wenn sie das erwerbsmäßig tun und dadurch Geld verdienen, ist das nichts Verwerfliches. Problematisch wird es im Sinne der spirituellen Weiterentwicklung nur dann, wenn Geldgier den Hauptantrieb für das eigene Schaffen darstellt. Wer tatkräftig nach Gewinnmaximierung strebt und das schlimmstenfalls auf Kosten anderer tut, der mag zwar durchaus sein schöpferisches Potential nutzen, kanalisiert es aber nicht in die Richtung, die ihn näher an die Quelle allen Seins bringt. Das Streben nach Ruhm und Reichtum stärkt eher das Ego als die Verbindung zu anderen. Die Frage, was wir tagtäglich tun beziehungsweise warum wir es tun, ist insofern eine ganz wesentliche. Auch ihr ist darum später ein eigenes Kapitel gewidmet (Kapitel 5.3: Positive Lebensgestaltung).

Um unsere Schaffenskraft nicht für selbstsüchtige oder gar zerstörerische Zwecke zu missbrauchen, bedarf es der Empathie. Als tätige Mitschöpfer tragen wir eine Mitverantwortung für das, was auf diesem Planeten geschieht. Wer sich wahrhaftig auf den spirituellen Pfad begibt, wird feinfühliger und bemüht sich, die Auswirkungen seiner Gedanken und Taten auf andere zu reflektieren.

Empathie hilft nicht nur bei der Kanalisierung der eigenen Schaffenskraft. Sie drückt sich in ganz unterschiedlichen Formen auch im alltäglichen Verhalten aus. Wer mit anderen Menschen mitfühlen kann, zeigt sich sanfter und freundlicher im Umgang mit ihnen. Er reagiert fürsorglicher, wenn jemand Hilfe braucht. Manchmal schlägt sich Empathie sogar im Konsumverhalten nieder. Produkte zu kaufen, von denen sie wissen, dass sie unter unfairen Arbeitsbedingungen hergestellt wurden, dürfte sensiblen Menschen schwerfallen. Fleisch zu essen, für dessen Herstellung ein fühlendes Wesen qualvoll in einen Schlachthof transportiert und getötet wurde, kommt womöglich nicht in Frage. Und zahlreiche Flugreisen zu unternehmen, die nach Meinung der großen Mehrheit aller Klimaforscher zur Beschleunigung des Klimawandels beitragen, könnte Menschen, die sich der Auswirkungen ihres eigenen Handelns auf andere Menschen bewusst sind, Bauchschmerzen bereiten.

Während im materialistischen Weltbild unsere alltäglichen Handlungen ohne Konsequenzen für das bleiben, was nach dem eigenen Tod geschieht, sehen spirituelle Menschen unsere Handlungen in einem größeren Zusammenhang. Sie wissen, dass unser Bewusstsein den Tod überdauert und unsere Gedanken und Taten in künftige Leben hineinwirken. Wie wir in Kapitel 4 gesehen haben, nimmt unser Bewusstseinszustand vermutlich einen entscheidenden Einfluss darauf, was uns nach unserem Tod erwartet und unter welchen Lebensbedingungen wir später wiedergeboren werden (Stichwort: Strukturähnlichkeit/Resonanz). Eventuell spielt hier auch das Gesetz des Karma eine Rolle – sollte dieses Gesetz denn wirklich Bestand haben.[231] Das Motto „nach mir die Sintflut" wäre in diesem Fall erst recht verfehlt. Denn dann wäre es eben nicht so, dass wir hier auf der Erde tun und lassen könnten, was wir wollten, ohne dass wir dafür irgendwelche Konsequenzen tragen müssten. Wir könnten uns eben nicht damit herausreden, dass ja ohnehin alles egal sei, weil wir ja sowieso alle sterben. Im Gegenteil: Da wir etliche Male wiederkehren,

---

[231] Das Gesetz des Karma wurde zwar in verschiedenen mutmaßlich authentischen Channelings übermittelt (siehe Kapitel 4.3.3), lässt sich empirisch aber nicht überprüfen, weil wir ja beim Eintritt in den Körper unsere Vor- und Zwischenleben vergessen und deshalb nicht wissen können, welche unsichtbaren Bande zwischen unserem aktuellen Leben und unseren Vorleben bestehen.

könnte es durchaus sein, dass die Art und Weise, wie wir unser aktuelles Leben bestreiten, in einem späteren Leben auf uns zurückfällt. Das soll nicht nach einer Drohung klingen, sondern nur deutlich machen, dass die Entwicklung des Bewusstseins mit dem physischen Tod keinen Abschluss findet und dass in nichtphysischen Daseinsbereichen womöglich Ursache-Wirkungsbeziehungen existieren, die über den physischen Tod hinausreichen.

Spiritualität ist keine Selbstdisziplinierung

Besonders wichtig scheint mir an dieser Stelle der Hinweis, dass die bis hierhin angesprochenen Wege der Bewusstseinsentfaltung, nämlich die innere Selbsterkundung, das schöpferische Tätigsein und die Entwicklung von Empathie, keinesfalls als mühsame Akte eines selbst auferlegten Zwangs verstanden werden dürfen. Spirituelles Wachstum geschieht ohnehin von ganz alleine, so wie auch körperliches Wachstum von ganz alleine kommt. Und so wie man seine Körperkraft bis zu einem gewissen Grad trainieren kann, so kann man auch seine spirituelle Entwicklung durch Meditation vorantreiben (dazu gleich mehr). Das geht allerdings nicht mit Ehrgeiz und Verbissenheit, sondern nur mit Muße und Gelassenheit.

Eine neues Leben zu beginnen, ist nichts, was im Intellekt beschlossen und sodann in Form strenger Vorsätze aufoktroyiert werden kann. Spirituelle Entwicklung ist ein emotionaler beziehungsweise ein ganzheitlicher Prozess. Das Bedürfnis hierfür kann nur von innen kommen. Wer den Herzenswunsch verspürt, der Quelle allen Daseins auf den Grund zu gehen, der wird Selbsterkundung, schöpferisches Tätigsein und empathisches Handeln nicht als moralische Imperative auffassen. Er wird es im Gegenteil als sehr erfüllend empfinden, auf Ruhm und Reichtum verzichten zu können, sein Leben als bewusster Mitschöpfer aktiv in die Hand zu nehmen und dem Wohle der Allgemeinheit zu dienen.

Es ist ja davon abgesehen auch nicht so, dass rücksichtsloser Konsum und Egoismus stets den Weg in ein Leben voller Glück gewiesen hätten und dieses Glück nun durch die Rückbesinnung auf die Spiritualität jäh beendet würde. Im Gegenteil hat sich der egoistische Weg für die meisten Menschen als eine Sackgasse erwiesen. Das haben nicht nur die großen Religionen und Philosophen schon immer gewusst. In den letzten Jahrzehnten wurde das auch mehrfach durch die empirische Glücksforschung belegt.[232] Demnach beziehen Menschen ihr Glück in erster Linie daraus, sich in wertschätzender Verbindung mit anderen zu fühlen. Materieller Wohlstand ist nur in dem Sinne zuträglich, wie er ein sorgenfreies Leben garantiert. Wenn man es schafft, den omnipräsenten Manipulationsversuchen der Werbeindustrie sowie dem andauernden Vergleich mit anderen zu widerstehen, dann kann die daraus resultierende Konsumzurückhaltung wie eine Befreiung wirken. Sich von Äußerlichkeiten wie Geld und Erfolg abzuwenden, bedeutet insofern keine schmerzliche Ein-

---

[232] Die meisten Studien zur Glücksforschung gehen davon aus, dass egoistisches Konkurrenzdenken und das ständige Streben nach Reichtum Stress erzeugen. Sie gestehen zwar zu, dass mehr Wohlstand glücklicher macht, jedoch mit abnehmender Rate, sodass faktisch irgendwann eine Sättigung eintritt. Wo dieser Punkt liegt, ist umstritten. Die Nobelpreisträger Daniel Kahnemann und Angus Deaton gingen 2010 in ihrer Studie „High income improves evaluation of life but not emotional well-being" von 75.000 Dollar Jahreseinkommen als durchschnittlichen Sättigungspunkt aus (URL: https://www. princeton.edu/~deaton/downloads/deaton_kahneman_high_income_improves_ evaluation_August2010.pdf - Stand: 2024). Spätere Studien mit einer etwas anderen Methodik lassen vermuten, dass dieser Punkt viel höher liegen könnte (Killingsworth, Matthew: Experienced well-being rises with income, even above $75,000 per year, siehe URL: https://www.pnas.org/doi/10.1073/pnas.2016976118 - Stand: 2024). Eine Studie der University of Arizona an jungen Erwachsenen in den USA kam indessen zu dem Schluss, dass unter Umständen sogar gezielter Konsumverzicht glücklicher machen kann (Helm, Sabrina et al.: Materialist values, financial and pro-environmental behaviors, and well-being, online abrufbar unter der URL: https://www.emerald.com/insight/content/doi/10.1108/YC-10-2018-0867/full/html - Stand 2024). Eine kürzlich veröffentlichte Langzeitstudie der Harvard-University, die das Glücksempfinden von Menschen über 80 Jahre hinweg untersucht hat, kommt ebenfalls zu dem Schluss, dass Konsum kein so entscheidender Faktor ist. Am wichtigsten stuft sie – so wie die meisten anderen Studien auch – die Qualität der zwischenmenschlichen Beziehungen ein (Waldinger, Robert; Schulz, Marc: The Good Life The Good Life ... und wie es gelingen kann: Erkenntnisse aus der weltweit längsten Studie über ein erfülltes Leben, München 2023).

schränkung. Auch die meditative Erkundung des eigenen Selbst stellt keine mühevolle Qual dar, ebenso wenig wie die empathische Hinwendung zur Schöpfung. All das wirkt im Gegenteil erfüllend und beglückend, sofern es aus einem inneren Antrieb erfolgt.

Gleichwohl müssen es spirituelle Menschen in unserer materialistischen Gesellschaft aushalten können, anders zu ticken als die meisten anderen. Besonders schwer dürfte es fallen, dabei zusehen zu müssen, wie besonders skrupellose Menschen bewusst bösartig handeln, indem sie Kriege anzetteln, foltern, die Umwelt zerstören oder andere Menschen ausbeuten. Obschon diese Taten aus spiritueller Sicht nicht gutgeheißen werden können und müssen, gebietet die Einsicht in die Natur der Schöpfung, mit den Übeltätern dieser Welt Nachsicht walten zu lassen. Spirituelle Lehrer aus Vergangenheit und Gegenwart ermahnen uns, Bösartigkeit, die ja mutmaßlich, wie wir in Kapitel 4.3 gesehen haben, aus Unkenntnis beziehungsweise Trennung resultiert, anders zu bewerten. Sie werben für Verständnis und Vergebung statt für Bestrafung und Wut. Und statt andere Menschen zu bevormunden, die in ihrer spirituellen Entwicklung noch nicht so weit sind, halten sie es für besser, Hilfe anzubieten und durch das eigene Vorbild zu wirken.

Zugegebenermaßen hört sich das nach einer recht anspruchsvollen Haltung an, der ich persönlich nach meinen ersten bescheidenen Jahren, die ich nun schon auf dem spirituellen Pfad unterwegs bin, nicht annähernd gerecht werde. Zu groß ist mein innerliches Unbehagen gegen die Ungerechtigkeiten und das Leid in der Welt, als dass ich mit völliger Sanftmut auf deren Urheber sowie die vielen ignoranten Menschen blicken könnte, denen das Leid anderer Menschen (und der Tiere) völlig egal zu sein scheint. Nichtsdestotrotz hat mir der hier aufgezeigte Weg geholfen, nicht mehr ganz so sehr an der misslichen Lage des Planeten zu verzweifeln. Die Erde als einen riesigen Lernort zu betrachten, an dem Seelen reifen wollen und manche halt noch nicht so weit sind, entspannt die Sicht auf das Weltgeschehen doch erheblich. Mit Wut und Aggression gegen das Böse zu rebellieren, würde es sicherlich nicht besser machen.

5.2 Bewusstseinsentwicklung: „Subjektive Wissenschaft" und Meditation

Im vorigen Kapitel haben wir drei Aspekte kennengelernt, die den spirituellen Pfad zur Quelle allen Seins ebnen: die innere Selbsterkundung, die Nutzung der uns innewohnenden Schaffenskraft und die empathische Verbindung mit der Schöpfung. Die letzten beiden Aspekte sind durch äußere Handlungen sichtbar. Sie sind sozusagen die Manifestationen des inneren Bewusstseinszustandes. Das wiederum bedeutet: Nur wenn sich unser Bewusstseinszustand verändert, können wir unser Handeln und Verhalten ändern. Der Ausgangspunkt spiritueller Entwicklung liegt insofern immer im Bewusstsein. Die konstruktive Auseinandersetzung mit Ihrem Bewusstsein ist deshalb das erste und grundlegendste, was Sie für Ihre spirituelle Entwicklung tun können.

5.2.1 Selbsterforschung als „subjektive Wissenschaft"

Als Fraktale des „All-Einen" sind wir in unserem Inneren mit unserer göttlichen Quelle verbunden. Diese Verbindung ist intellektuell nicht erfahrbar und physikalisch weder sicht- noch messbar. Sie kann nur emotional und intuitiv wahrgenommen werden. Gerade das fällt Kopfmenschen aber äußerst schwer. Zudem sind die meisten Menschen in ihrem gewöhnlichen Wachbewusstsein mit allerlei anderen Dingen beschäftigt, sodass sie die tieferen Schichten und Wurzeln ihrer Existenz nicht wahrnehmen (siehe Abbildung 5.2.1a).

Um mit den tieferen Aspekten des eigenen Seins in Kontakt zu kommen, ist es darum unerlässlich, hin und wieder innezuhalten und aufmerksam in sich hineinzuspüren. In einem ersten Schritt hilft es bereits, über sein eigenes Denken, Handeln und emotionales Empfinden regelmäßig zu *reflektieren*, sodass man sich selbst und seine gewohnten Reaktionsmuster besser kennen und verstehen lernt. Darauf aufbauend kann man in weiteren Schritten versuchen, bestimmte Aspekte des eigenen Seins zu *verändern*. Das ist der Beginn von Bewusstseinsarbeit.

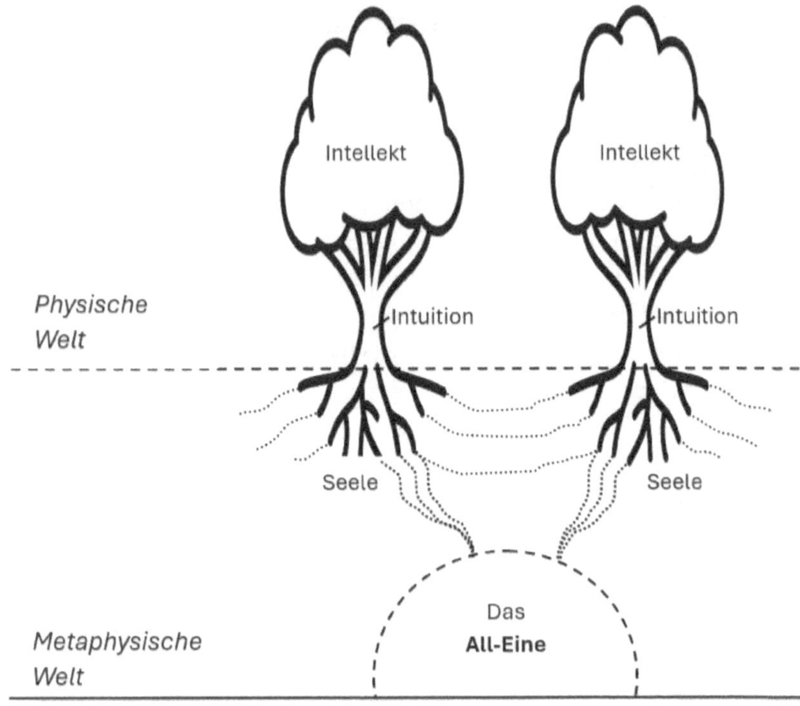

Abbildung 5.2.1a: Im alltäglichen Wachbewusstsein erleben wir die Welt der physischen Erscheinungen und nutzen unseren Intellekt, um diese zu analysieren. Solange der Intellekt dominant ist, wird die Wahrnehmung der tieferen Ebenen unseres Daseins überdeckt. Bildlich gesprochen erfahren wir uns dann nur als einzelne Bäume und konkurrieren schlimmstenfalls darum, wer von uns am höchsten wächst. Dabei spüren wir nicht, dass wir alle gemeinsam im Erdreich (im Metaphysischen) verwurzelt sind und einer gemeinsamen Quelle entspringen. Bildquelle: Eigene Grafik, inspiriert von Galke, Matthias: Chaos, Logos, Kosmos. Das Gesetz des Einen und die Evolution von Bewusstsein, Band 2, Oberkrämer 2022, S. 71.

Das Ziel aller Bewusstseinsentwicklung ist klar: Es geht um die Überwindung von Trennung und Egoismus. Es geht um bedingungslose Liebe. Mit Liebe ist im spirituellen Sinne keine romantische Liebe gemeint. Auch Selbstaufgabe hat mit bedingungsloser Liebe nichts gemein. Es ist *nicht* das Ziel von Bewusstseinsentwicklung, sich permanent aufzuopfern, um anderen Menschen Gefälligkeiten zu erweisen. Bedingungslose Liebe bedeutet einfach nur, andere Menschen und Wesen so anzunehmen, wie sie sind, mit ihnen mitzufühlen, ihnen Gutes zu wünschen und ihnen, indem man sein Herz öffnet, etwas zu *geben*, seien es freundliche Gesten, herzliche Emotionen, hilfreiche Gedanken oder förderliche Taten. So kann Verbundenheit entstehen, ohne dass man sich selbst verleugnen muss.

Liebe schließt die Selbstliebe ausdrücklich mit ein – nicht in Form von Selbstsucht oder gar Selbstvergötterung, sondern im Sinne einer bedingungslosen Selbst*akzeptanz*. Selbstliebe heißt, sich vollständig zu bejahen, mit all seinen vermeintlichen Schwächen und Verfehlungen. Für spirituelles Wachstum ist das eine elementare Voraussetzung. Es wäre kontraproduktiv und irrsinnig, sich selbst zu verurteilen, weil man sich zu egoistisch findet oder weil man der Meinung ist, dass man nicht genug liebt. Man kann ja mit seiner Entwicklung nur dort anfangen, wo man aktuell steht. Die Devise darf nicht lauten: *Ich bin noch nicht gut genug und ich muss mich verbessern!* – Stattdessen könnte sie lauten: *So wie ich bin, bin ich gut. Ich würde mich sehr freuen, noch mehr in die Liebe zu kommen, aber es ist überhaupt nicht schlimm, wenn das nicht sofort und nicht immer gelingt. Ich tue, was ich kann und bin nachsichtig mit mir selbst.* Vergeben Sie sich also immer dann, wenn Sie etwas getan haben, worüber Sie sich im Nachhinein ärgern oder wofür sie sich schämen. Niemand ist perfekt. Was zählt, ist Ihr guter Wille.

Wie entwickelt man Liebesbewusstsein?

Bewusstseinsarbeit ist ein Lebensziel. Sie ist sogar ein mehrere Leben übergreifendes Ziel, das uns ständig, ob bewusst oder unbewusst, begleitet und antreibt. Doch wie kommt man diesem Ziel näher? Was kann man tun, um sich in einen Zustand zu bringen, der eine Überwindung von Trennung und Egoismus erlaubt?

Wie wir bereits wissen, ist die Trennung zwischen uns Menschen nur oberflächlich. Auf einer tieferen Ebene sind wir mit allen anderen Wesen und Erscheinungen dieser Welt verbunden (siehe vorige Abbildung 5.2.1a). Wenn wir uns den tieferen Ebenen unseres Daseins gewahr werden, dann werden wir diese Verbundenheit spüren können. Alles Weitere wird dann von allein kommen. Denn sobald wir unsere innere Wahrnehmung in Richtung Verbundenheit ausdehnen, folgen entsprechende Verhaltensänderungen auf dem Fuße. Das Innen kehrt sich zwangsläufig nach außen. Anders geht es auch nicht. Liebevolles Verhalten kann man nicht schauspielern. Und wenn doch, dann wirkt es nur aufgesetzt und bleibt nicht von Dauer. Letztlich führt also kein Weg daran vorbei, an der *Wahrnehmung* unseres eigenen Selbst und damit zugleich an der *Wahrnehmung* der Welt um uns herum zu arbeiten.

Eine tiefere Wahrnehmung wird ferner dabei helfen, Bedürfnisse und kreative Potentiale aufzuspüren, die nach Entfaltung drängen. Diese Potentiale auszuleben, verleiht unserem Leben mehr Authentizität und Freude. Das wiederum setzt Energien frei, die es uns ermöglichen, anderen Menschen mehr zu *geben*: Wer mit sich selbst im Einklang ist, der kann auch herzlich zu anderen sein. Wer hingegen unzufrieden ist, der neigt eher dazu, Konflikte zu produzieren. Für diese Einsicht braucht man kein spiritueller Mensch zu sein. Beispiele hierfür kennt wohl jeder aus seinem persönlichen Umfeld.

Um festzustellen, wie man auf seinem Weg ins Liebesbewusstsein vorankommt, empfiehlt es sich, sein Alltagsleben über einen längeren Zeitraum immer mal wieder zu beobachten: Ist mehr Selbstzufriedenheit eingekehrt? Wie hat sich die Beziehung zu anderen Menschen entwickelt? Gibt es mehr oder weniger Konflikte? Und wie steht es um die Verbundenheit zur Natur?

Sofern Sie Selbstbeobachtungen wie diese regelmäßig und systematisch anstellen, können Sie „subjektive Wissenschaft" betreiben. Ihr eigenes Empfinden und die Reaktionen Ihrer Mitmenschen sind dann sozusagen die empirischen Daten, auf deren Basis Sie Ihre persönliche Entwicklung einschätzen können. Achten Sie darauf, dass Sie Ihre Selbstüberprüfung ohne Verbissenheit vollziehen. Keinesfalls sollten Sie sich im Falle von Misserfolgen verurteilen. Versuchen Sie einfach nur herauszufinden, ob und welche Ihrer Bemühungen

Früchte tragen und welche nicht. Wenn Sie zum Beispiel nach einem halben Jahr intensiver Bewusstseinsarbeit bemerken sollten, dass Sie achtsamer mit Ihrer Umwelt geworden sind, weniger Streitigkeiten in der Familie oder am Arbeitsplatz ausfechten und noch dazu weniger Ängste leiden, dann wären das belastbare Indikatoren dafür, dass Sie auf einem guten Weg sind.

Das Einzige, was Sie nun noch brauchen, um mit Ihrer Selbsterforschung beginnen zu können, sind praktische Hinweise darauf, wie Sie Bewusstseinsarbeit beziehungsweise die Ausdehnung Ihrer inneren Wahrnehmung konkret vorantreiben können. Spirituelle Menschen nutzen hierfür seit Jahrtausenden ein sehr einfaches und effektives Werkzeug: die Meditation.

5.2.2 Meditieren für Kopfmenschen

Der Markt ist überschwemmt mit Ratgebern zur Meditation. Auch zu den wissenschaftlich nachweisbaren Effekten bestimmter Meditationstechniken auf unser Wohlbefinden gibt es inzwischen haufenweise Literatur.[233] Insofern will ich hier nicht unnötig wiederholen, was schon dutzende Male zuvor geschrieben und veröffentlicht wurde. Was ich beisteuern kann, sind kleine Tipps aus meiner ganz persönlichen Erfahrung, die Ihnen zeigen, wie Sie auch dann meditieren können, wenn Sie so wie ich ein ungeduldiger Kopfmensch sind, der sein Denken nur schwer abstellen kann und noch dazu vollkommen ungelenkig ist und sich deshalb nicht in den Schneidersitz, geschweige denn in den Lotussitz setzen kann, ohne dabei umzufallen oder sich alle Bänder zu reißen. Glücklicherweise gibt es Herangehensweisen, die zugänglicher sind und womöglich in einem klassischen Meditations-Ratgeber, der sich an standardisierte Techniken oder historisch überlieferte Traditionen hält, nicht zu finden sind.

---

[233] Um nur einige Beispiele zu nennen: Hölzel, Britta; Brähler, Christine: Achtsamkeit mitten im Leben: Anwendungsgebiete und wissenschaftliche Perspektiven, München 2015; Ott, Ulrich: Spiritualität für Skeptiker. Meditationen für mehr Bewusstheit im Alltag, München 2021; Sedlmeier, Peter: Die Kraft der Meditation: Was die Wissenschaft darüber weiß, Hamburg 2016

Meditation hat viele Facetten. Im weitesten Sinne bedeutet Meditation die Hinwendung zum inneren Sein: durch Selbsterkundung, durch Reflexion und durch verschiedene praktische Übungsformen. Im besten Fall stößt man dabei so weit in die Tiefe vor, dass man in Kontakt mit Bewusstseinsebenen gerät, die in unserem Alltag zugeschüttet beziehungsweise durch äußere Reize, hektische Geschäftigkeit und analytische Gedankenströme überlagert sind. Damit der Weg ins Innere gelingen kann, ist es zwingend erforderlich, sich von jeglichen Ablenkungen loszueisen. Bestenfalls sollten Sie vollkommen eintauchen können in eine andere Welt – in eine *innere* Welt.

Wichtig ist, dass Sie sich beim Meditieren keinen Druck machen. Setzen Sie keine Erwartungen in Ihre ersten Versuche. Lassen Sie einfach alles so kommen, wie es kommt. Mit Verbissenheit und Erfolgsorientierung erzeugen Sie bereits geistige Verkrampfungen, die der Öffnung Ihrer Wahrnehmung und Ihres Herzens im Wege stehen. Ärgern Sie sich nicht, wenn eine Meditationsübung in die Hose gegangen ist. Es ist nicht schlimm, wenn Sie über weite Strecken abgelenkt waren oder sich einfach nicht auf die Meditation einlassen konnten. Feiern Sie sich stattdessen für jede noch so kleine Sekunde, in der Sie den Fokus trotz aller Widrigkeiten halten konnten.

In gewisser Hinsicht gleicht das Erlernen von Meditation dem Aufbau von Muskeln: Für einen unsportlichen Anfänger mag bei fünf Liegestützen das Ende der Fahnenstange bereits erreicht sein. Wer hingegen regelmäßig trainiert, der schafft bald 20 oder 30 Liegestütze am Stück. Mit der Meditation ist das ähnlich: Dank wiederholter Anwendung wird es Ihnen irgendwann leichter fallen, Ihren Intellekt für einige Sekunden oder gar Minuten auf „Standby" zu stellen, um einen intuitiven Zugang in Ihr Inneres zu ermöglichen. Anders als beim Bodybuilding sollten Sie jedoch beim „Mindbuilding" jeglichen Ehrgeiz beiseitelassen. Meditieren kann nur aus einer Haltung der Gelassenheit und Freude gelingen. Erzwingen Sie also nichts und setzen Sie sich keine Benchmark. Wählen Sie aus den nachstehend vorgestellten Meditationsangeboten nur diejenigen aus, die Ihnen zusagen.

Autosuggestion und das Formulieren von Absichten

Die erste Methode, die ich Ihnen ans Herz legen möchte, kann jeder anwenden. Sie erfordert keine Zeit und keine körperlichen Verrenkungen. Sie besteht einfach darin, sich selbst etwas zu sagen, was man gerne in genau dieser Weise wahrnehmen können möchte. Zum Beispiel: *So wie ich bin, bin ich in gut!* Oder: *Ich bin dankbar für diesen Moment.* Oder: *Die Menschen um mich herum sind liebenswert.* In all diesen Beispielen geht es darum, sich durch gutes Zureden Überzeugungen anzueignen, die sich positiv auf einen selbst und auf andere auswirken. Die Inhalte solcher positiven Autosuggestionen können Sie sich nach Belieben selbst ausdenken. Je häufiger Sie in Ihrem Inneren liebevolle Dinge aussprechen, desto einfacher wird es Ihnen fallen, die entsprechende Haltung auch tatsächlich anzunehmen. Das ist wieder vergleichbar mit dem Bodybuilding: Wenn Sie den gleichen Muskel ständig trainieren, wird dieser allmählich größer werden. Übertragen auf die Autosuggestion bedeutet das: Je häufiger Sie positive Gedanken kultivieren, desto mehr Raum werden sie automatisch in Ihrem Bewusstsein einnehmen.

Eine ähnliche und vielleicht sogar noch folgenreichere Übung besteht im Formulieren klarer *Absichten*. Das grundsätzliche Prinzip dahinter kennt jeder vom Neujahrsvorsatz: Wer ein klares Ziel definiert, schafft aus sich selbst heraus einen Anreiz, dieses auch erreichen zu wollen. Das Dumme bei den Neujahrsvorsätzen ist nur, dass sie sich allzu oft nach nur wenigen Wochen wieder zerstreuen. Manchmal liegt das daran, dass sie nur halbherzig motiviert sind. Oft liegt es aber auch daran, dass die einmal gesetzten Absichten nicht regelmäßig und mit Nachdruck im Bewusstsein erneuert werden. Sie würden wahrscheinlich um einiges wirksamer sein, wenn sie als tägliches Ritual erinnert würden.

Inhaltlich weichen die Ziele von Bewusstseinsarbeit freilich stark von typischen Neujahrsvorsätzen ab. Die täglichen Absichten, auf die ich hier anspiele, sind nicht darauf gemünzt, mehr Sport zu treiben oder mit dem Rauchen aufzuhören (ein gesunder Lebensstil ergibt sich häufig ohnehin als automatischer Nebeneffekt einer bewussten Lebensführung). Absichten, die den Zweck verfolgen, Ihre Selbstwahrnehmung zu verändern, zielen auf Ihr inneres Sein. Zum Beispiel: *Ich nehme mir vor, Kritik nicht persönlich zu nehmen.* Oder: *Wenn jemand anders einen Fehler macht, will ich mich nicht darüber aufregen.* Alternativ könnten Sie sich vornehmen, Ihr Herz für andere zu öffnen. Zum Beispiel: *Heute möchte ich mich bemühen, meinen Kollegen freundlich zu begegnen.* Oder: *Ich möchte meinem Partner beziehungsweise meiner Partnerin gegenüber aufmerksamer sein.*

Die Absichten können von Tag zu Tag variieren oder über Wochen hinweg dieselben sein. Sie können natürlich auch *mehrere* Absichten pro Tag formulieren. Inhaltlich wählen Sie am besten solche Themen aus, die für Sie besonders bedeutsam sind. Vielleicht gibt es in Ihrem Leben besondere Baustellen, besondere Konflikte oder unausgesprochene Probleme, die nach einer Lösung drängen. Formulieren Sie diesbezüglich Absichten, die Sie der Lösung näherbringen. Die Lösung liegt immer in der Erhöhung des Liebesbewusstseins.

Die Absichten in Ihren Gedanken haben reale Konsequenzen, weil sie Einfluss auf Ihr Verhalten nehmen können. So können Sie gezielt auf Ihre gewohnten Handlungsmuster einwirken und diese im Sinne der (Selbst-)Liebe neu auszurichten versuchen (dazu später nochmal mehr in Kapitel 5.3.1: Die Macht der Gedanken). Wenn Sie mögen, halten Sie gelegentlich einen Rückblick. Tun Sie das wie immer ohne Ehrgeiz und ohne Selbstverurteilung. Es ist nicht schlimm, wenn Ihnen die Umsetzung Ihrer Absichten nicht an jedem Tag gelingt. Seien Sie nachsichtig mit sich selbst. Absichten zu setzen, darf keinen Druck oder Zwang erzeugen. Es soll Sie lediglich darin bestärken, weitere Schritte in Richtung Liebe zu wagen. Ein Tages- oder Wochenrückblick dient also nicht der Bewertung. Er dient in erster Linie dem Zweck, Ihre liebevollen Absichten ein weiteres Mal in Erinnerung zu rufen und sich mit deren potentiellen Auswirkungen zu beschäftigen. Denken Sie an die Parallele zum Muskelaufbau: Je häufiger ein Gedanke kultiviert wird, desto mehr Raum nimmt er im Bewusstsein ein.

Meditieren in Bewegung

Vielen Anfängern der Meditation fällt es schwer, stillzusitzen und nichts zu tun. Für solche Menschen eignen sich Praktiken, die gewisse Bewegungsabläufe zulassen und zugleich dennoch in eine meditative Stimmung führen können. Der „Trick" hierbei besteht in der Gleichförmigkeit der Körperbewegung. Die ständige Wiederholung gleicher Abläufe kann dabei helfen, sich in einen gewissen Flow oder mentalen Tunnel zu begeben, den man nutzen kann, um über sich selbst und sein Leben nachzudenken. Dazu bedarf es allerdings einer reizarmen Umgebung. Ansonsten droht man, den Fokus wieder zu verlieren. Ein belebtes Fitnessstudio wäre also kein geeigneter Ort. Besser wäre eine Wanderung oder ein Spaziergang in freier Natur, am besten dort, wo Sie möglichst wenig Menschen antreffen. So können Sie den Alltag besser hinter sich lassen. Unter diesen Umständen käme sogar eine Radtour in Frage. Oder Sie joggen ein paar Kilometer. Das sollte dann aber ohne sportliche Ambitionen geschehen. Wenn man sich zu sehr anstrengen muss, bleibt keine Energie für die Bewusstseinsarbeit übrig.

Sobald Sie einmal in den „Bewegungs-Flow" gekommen sind und Ihr Körper einem Uhrwerk gleich seine Gliedmaßen bewegt, könnten Sie zwei Dinge ausprobieren. Suchen Sie sich ein Thema aus, dem Sie Ihre Aufmerksamkeit schenken wollen, und denken Sie in einer ersten Variante konstruktiv darüber nach. Zum Beispiel: *Was könnte ich tun, um Streitigkeiten mit meinem Chef, meinem Partner oder meinen Kindern liebevoll beizulegen?* Oder: *Welche Talente, Potentiale und Bedürfnisse möchte ich zur Entfaltung bringen? Welche kreativen Projekte könnte ich mir in Zukunft vornehmen?* Lassen Sie Ihrer Fantasie freien Lauf und schmieden Sie imaginäre Pläne. Der Sinn dieses konstruktiven Sinnierens besteht darin, Ihre Gedanken in Richtung Empathie oder schöpferisches Tätigsein auszurichten und sich diesbezüglich positive Handlungsmöglichkeiten aufzuzeigen. In einer zweiten Variante könnten Sie, statt aktiv eine Lösung zu *konstruieren,* in eine Haltung des passiven *Empfangens* gehen. Suchen Sie die Antworten auf Ihre Fragen also nicht durch versunkenes Nachdenken, sondern stellen

Sie die oben formulierten Fragen einfach wiederholt in den Raum und warten Sie, ob von alleine eine intuitive Antwort kommt.

Falls Sie nur wenig oder keine Meditationserfahrung haben, wird Ihnen diese zweite Variante etwas nebulös erscheinen. Lassen Sie mich darum zwei konkrete Beispiele schildern, die verständlicher machen, was mit dem Empfangen einer intuitiven Antwort eigentlich gemeint ist. Als ich gegen Ende meines geistes- und sozialwissenschaftlichen Studiums entscheiden musste, welchen beruflichen Weg ich einschlagen würde, lag ich schlaflos im Bett und stellte die Frage nach meiner beruflichen Zukunft *ohne weiterführende Überlegungen* einfach so vor mich hin. Mit einem Mal schoss mir der Gedanke in den Sinn, Lehrer zu werden. Das überraschte mich ein wenig, denn zuvor hatte ich die Option, Lehrer zu werden, nie in Betracht gezogen. Ich hatte ja auch gar nicht auf Lehramt studiert. Trotzdem überzeugte mich der plötzliche Gedankenblitz nachhaltig. Zum Ende meines Studiums stieg ich als Quereinsteiger in den Lehrerberuf ein und holte die fehlenden Diplome berufsbegleitend nach.

Ein vergleichbares Erlebnis widerfuhr mir in den Sommerferien 2023, als mich die Frage beschäftigte, womit ich die nächsten Monate meiner Lebenszeit sinnvoll zubringen wollte. Diese Frage stellt sich mir mit schöner Regelmäßigkeit immer mal wieder, weil ich beruflich und familiär zwar rundum glücklich, aber offensichtlich nicht ausgelastet bin. Mein Gefühl sagt mir, dass es neben Familie und Arbeit noch mehr zu tun und zu entdecken gibt. Und so fuhr ich an besagtem Sommertag mit dem Fahrrad in den Wald, um herauszufinden, was das in meiner aktuellen Lebenssituation sein könnte. Nach nur wenigen Kilometern des wiederholten Fragens kam mir eine plötzliche und unerwartete Idee – nämlich diejenige, diese Buchreihe zu schreiben. Noch während der Fahrt entwarf ich gedanklich eine grobe Kapitelstruktur, ohne dass ich diese mühselig hätte ergrübeln müssen. Als ich zu Hause ankam, schrieb ich mir diese Struktur sofort auf. Und nur wenige Tage später begann ich mit der Schreibarbeit.

Vorgänge wie diese sind wahrscheinlich gar nicht so selten. Vielleicht hatten auch Sie schon folgenreiche Eingebungen, ohne dass Ihnen bewusst gewesen wäre, woher die so urplötzlich kamen. Wo genau die Quelle dieser Eingebungen sitzt, lässt sich wahrscheinlich auch gar nicht identifizieren. Ob ein Gedankenblitz im jeweiligen Einzelfall aus den tieferen Schichten der Seele, aus dem Unbewussten, vom höheren Selbst oder vielleicht sogar als Bestärkung von einem unterstützenden Geistwesen stammt, ist ohnehin unerheblich, solange er sich stimmig anfühlt und einem weiterhilft. Ausgeschlossen erscheint mir auf Basis der in dieser Buchreihe zusammengetragenen Argumente und Indizien, dass intuitive Eingebungen zufällig als Resultat materieller Prozesse im Gehirn entstehen.

Wie Ihnen sicher nicht entgangen ist, befand ich mich nur beim zweiten der beiden obigen Fallbeispiele in Bewegung. Bewegung ist also keinesfalls eine Voraussetzung dafür, seine intuitiven Kanäle zu öffnen. Die meisten spirituellen Menschen bevorzugen im Gegenteil die Ruhe. Trancetänze und ähnliche Rituale zeigen aber auch, dass das spirituelle Potential rhythmischer Bewegung von verschiedensten Völkern und Kulturen seit Jahrhunderten genutzt wird. Meditative Spaziergänge und Fahrradtouren könnten im Vergleich dazu vielleicht als niederschwellige „Soft"-Versionen für skeptische Anfänger herhalten. Sie erleichtern ein Eintauchen in konstruktive Selbstreflexionen und bewirken bestenfalls sogar eine leichte Öffnung für einen intuitiven Informationsfluss.

Meditieren durch Naturbetrachtung

Spaziergänge oder Fahrradtouren ermöglichen noch eine weitere Möglichkeit, zu meditieren. Begeben Sie sich dazu in eine idyllische Wald- und Wiesenlandschaft und machen Sie Halt an einem Bach oder an einem Fluss. Vermeiden Sie es, den Lauf des Wassers als Strom von H_2O-Molekülen zu begreifen und sich zu fragen, welchen pH-Wert das Gewässer wohl haben mag. Zerlegen Sie das Gesamtszenario, das sich Ihnen darbietet, keinesfalls durch Analysen, Benennungen oder Unterscheidungen in seine Einzelteile. Staunen Sie stattdessen über das Wunder, das Sie vor sich sehen. Versuchen Sie, die Schönheit der Natur, die sich in allem zeigt, was Sie in diesem Moment wahrnehmen können, als Schöpfung einer belebenden Quelle anzuerkennen. Es spielt keine Rolle, ob Sie diese Quelle als Gott (abrahamitische Religionen), Brahma (Hinduismus), Tao (Taoismus), AUO (Campbell) das Gute (Platon) oder einfach nur als mystisches Etwas identifizieren. Entscheidend ist, ihre Gegenwart zu spüren. Und das geht eigentlich ganz einfach: Verlieren Sie sich im Plätschern des Baches oder im Rauschen des Flusses, im Zwitschern der Vögel und im Hauch des Windes. Beobachten Sie, wie sich im Wasserlauf kleine Wirbel und Schaumkronen bilden, wie die Wolken am Himmel entlangziehen und wie die Baumzweige im Wind hin- und her schaukeln. Sie werden sehen, dass sich die Szenerie dann ganz anders *anfühlt*.

Das Ziel der ganzen Übung lautet *Verbundenheit*. Wenn Sie sich in der Betrachtung der Schönheit der Natur verlieren und dabei nicht nur Ihren Alltag, sondern sogar sich selbst vergessen, sind Sie für einen kurzen Moment lang „Eins" mit allem, ohne es zu merken. Der Philosoph Arthur Schopenhauer bezeichnete diese Form der Kontemplation als ästhetischen Ausweg aus unserem alltäglichen, rastlosen Streben (siehe Kapitel 4.1.3). Notwendigerweise kann es sich dabei immer nur um einen vorübergehenden Moment handeln. Trotzdem werden wiederkehrende Erfahrungen dieser Art dazu beitragen, Ihre Sensibilität für die Schöpfung zu schärfen. Für den Intellekt mag die Erkenntnis, dass der Mensch nur dank der Natur und nur in ihr eingebettet leben kann, trivial sein. Es ist aber nochmal etwas ganz anderes, die Verbundenheit mit der Natur auch wirklich intensiv zu *spüren* und *emotional zu integrieren*.

Meditieren mittels Imagination

Falls Sie in einem Ballungsgebiet fernab schöner Naturlandschaften wohnen und Ihnen die kontemplative Naturbetrachtung nur in Ausnahmefällen möglich ist, müssen Sie mit Meditationsformen vorliebnehmen, die Sie zu Hause durchführen können. Eine davon setzt bei

Ihrer Vorstellungskraft an: Machen Sie es sich auf Ihrem Sofa bequem, schließen Sie die Augen und versuchen Sie, sich gedanklich eine wundervolle Naturlandschaft vorzustellen. Diese Landschaft kann eine Fantasielandschaft sein oder ein realer Ort, an dem Sie schon gewesen sind. Alternativ können Sie vor Ihrem inneren Auge auch andere Szenarien bebildern: eine traumhafte Terrasse, einen schönen Garten oder einen imaginären Flug auf einer Wolke. Sie könnten sich auch vorstellen, von einer wunderschönen Lichtkugel umhüllt und geschützt zu sein. Oder Sie stellen sich vor, dass Lichtstrahlen in Farben Ihrer Wahl Sie von innen erwärmen und mit Lebensenergie aufladen. Erschaffen Sie sich Fantasiebilder, die Ihnen Ruhe, Kraft und inneren Frieden ermöglichen. Schwelgen Sie eine Zeit lang in diesen Vorstellungen. Variieren Sie das Szenario, falls Sie mögen. Vielleicht wollen Sie sich auch vorstellen, dass Sie dort, wo Sie sich gerade gedanklich befinden, liebevolle Begleitung erfahren: von Freunden, von Familienangehörigen, von einem verstorbenen Angehörigen oder von einem unterstützenden Geistwesen. Träumen Sie einfach vor sich hin, solange Sie sich dabei wohl fühlen.

Fantasiereisen wie die hier vorgeschlagenen wirken auf mehreren Ebenen gleichzeitig. Oberflächlich betrachtet bieten sie kurzfristige Erholung und Selbstvergessenheit. Das gilt auch dann, wenn Sie Ihre inneren Vorstellungen nur für wenige Sekunden oder Minuten aufrechterhalten können oder wenn Sie, wie das bei meinen ersten Versuchen häufig der Fall war, dabei einschlafen. Sofern Sie wie empfohlen ausschließlich wohltuende Szenarien bebildern, geht von Fantasiereisen außerdem ein heilsamer und erbaulicher Effekt aus. Auf einer subtileren Ebene gilt ferner wieder das Prinzip des „Mindbuilding": So wie *Gedanken* Ihre Geisteshaltung in eine bestimmte Richtung ausrichten können, tun das auch innere *Bilder*. Wer sich in seinen bewussten Tagträumen vorstellen kann, sich mit spiritueller Energie aufzuladen oder sich mit Verstorbenen beziehungsweise wohlwollenden Geistwesen zu verbinden, der erhöht genau dadurch, dass er diese Handlungen vor seinem geistigen Auge ausführt, seine tatsächliche Empfänglichkeit dafür. Auf die Gefahr hin, die Analogie überzustrapazieren: Muskeln können nicht wachsen, wenn man sie nicht trainiert. Nicht anders ist es mit unseren Fähigkeiten, uns für geistige Informations- und Energieströme zu öffnen. Betrachten Sie Fantasiereisen als Trainingseinheiten, in denen die Verbindung mit der geistigen Welt geübt werden kann. Irgendwann verschwimmen die Grenzen zwischen Vorstellung und Realität.

Fantasiereisen lassen sich übrigens leicht mit Autosuggestionen und dem Setzen von Absichten kombinieren. Sprechen Sie zu diesem Zweck vor dem Beginn einer Fantasiereise Ihre Suggestionen oder Absichten klar aus. Manche spirituelle Menschen glauben, dass die jeweiligen Vorsätze durch die anschließende Phase der inneren Einkehr eine noch tiefere Wirkung entfalten können. Ob das stimmt, lässt sich intellektuell nicht nachprüfen. Sie verlieren aber nichts, wenn Sie es einfach ausprobieren und nach einem angemessenen Zeitraum im Sinne der oben beschriebenen „subjektiven Wissenschaft" Bilanz ziehen.

Meditieren mit Kopfhörern

Innere Bilder und Fantasiereisen aus sich selbst heraus zu erzeugen, mag für Anfänger herausfordernd sein. Alternativ könnten Sie bei Bedarf *geführten* Fantasiereisen folgen, bei denen die Anweisungen eines Sprechers oder einer Sprecherin Ihre Vorstellungen und Gedanken lenken. Das Internet und die Esoterik-Abteilungen im Buch- und Musikhandel sind voll mit entsprechenden Angeboten. Nehmen Sie sich gerne die Zeit, sich dort einmal umzuschauen, um herauszufinden, was Ihnen zusagt. Nutzen Sie beim Abspielen der geführten Meditationen am besten bequeme und ohrumschließende Kopfhörer, sodass Sie sich in einen „akustischen Kokon" zurückziehen können. Sollten Sie bislang keine Erfahrungen mit geführten Mediationen haben, dürfte es Ihnen zu Beginn etwas albern vorkommen, einer betörenden Stimme zu folgen, die einen auffordert, „gaaaaanz laaangsam" ein- und auszuatmen. Lassen Sie sich einfach darauf ein. Nach einiger Zeit gewöhnt man sich daran. Und falls nicht, könnten Sie einen Zwischenweg einschlagen, indem Sie auf sprachlich geführte Meditationen verzichten, die Unterstützung durch Geräusche und

Musik aber beibehalten. Wo Vogelgezwitscher, Regentropfen, Meeresrauschen und sphärische Klänge einen akustischen Teppich ausbreiten, können sich innere Bilder womöglich leichter entfalten, als wenn Sie diese in völliger Stille selbst erzeugen müssten. Auch hierzu finden Sie im Internet und in den einschlägigen Läden ein riesiges Angebot.

Manche musik- und geräuschbasierten Meditationen arbeiten mit einem zusätzlichen Trick, den man „Binaurale Beats" nennt (siehe Kapitel 3.3.5: Überprüfung außerkörperlicher Erfahrungen). „Binaurale Beats" basieren auf der Einspeisung verschieden schnell schwingender Audiosignale in das linke beziehungsweise rechte Ohr. Damit soll die Gehirnwellenfrequenz künstlich in einen Bereich abgesenkt werden, der für meditative Zustände typisch ist. Das Prinzip funktioniert sehr einfach: Wenn Sie in Ihrem linken Ohr einen Ton hören, der mit einer Frequenz von 400 Hertz schwingt, wohingegen in Ihrem rechten Ohr ein Ton mit einer Frequenz von 412 Hertz erklingt, beträgt die Differenz 12 Hertz. Im Gehirn entsteht aus dieser Differenz der Eindruck einer eigenen Schwingung. Sie vernehmen also eine rhythmische Schwingung von 12 Hertz, obschon gar kein Audiosignal mit dieser Schwingungsfrequenz in Ihre Ohren eingespeist wurde. Es liegt sozusagen eine „akustische Täuschung" vor. Wenn das Gehirn lange genug diese akustische „Phantom-Schwingung" wahrnimmt, passt es sich idealerweise in seiner Gehirnwellenfrequenz dieser Schwingung an. So will es zumindest die Theorie.

Im Internet finden Sie auch hierzu eine Fülle an Informationen und das nötige Audiomaterial. Es gibt sogar kostenlose Apps, mit denen Sie die gewünschten Frequenzen selbst auswählen und einstellen können. Testen Sie einfach aus, was Ihnen zusagt und bei welchen Frequenzen Sie sich wohl fühlen (für meditative Zustände sind Gehirnwellenfrequenzen zwischen 4 und 10 Hertz üblich). Manche Meditierende sollen mithilfe dieser Technik tiefgreifende spirituelle Erfahrungen gemacht haben (siehe Kapitel 3.3.5). Andere erreichen immerhin einen Entspannungszustand.

Meditieren im Alltag und das Ausprobieren weiterer Techniken

Oft ergeben sich im Alltag Situationen, in denen wir zum Warten gezwungen sind: in der U-Bahn-Station, an der Bushaltestelle, im Wartezimmer oder an der Kasse. Diese Zeit lässt sich nutzen, um Bewusstseinsarbeit zu leisten. Versuchen Sie, in diesen Momenten entspannt zu bleiben und innezuhalten. Beobachten Sie die anderen Menschen um sich herum. Versuchen Sie, sich in diese Menschen hineinzuversetzen und anzuerkennen, dass in diesen Menschen dieselbe geistige Quelle wirkt, die auch in Ihnen wirkt. Stellen Sie sich vor, dass diese Menschen ähnliche Ängste, Sorgen und Gedanken plagen, die auch Ihnen begegnen. Seien Sie nachsichtig, wenn sich unter diesen Menschen auch solche befinden, die Ihnen unsympathisch oder gar respektlos erscheinen. Rufen Sie sich in Erinnerung, dass wir alle inkarnieren, um zu lernen, die Trennung zu überwinden. Viele Menschen sind halt noch nicht so weit, Verbundenheit wahrzunehmen und entsprechend zu handeln.

Mit dieser einfachen Übung können Sie Empathie trainieren. Zusätzlich oder alternativ dazu könnten Sie in solchen Wartesituationen auch einige der Techniken anwenden, die weiter oben beschrieben wurden: Betreiben Sie innere Selbstbeobachtung und erinnern Sie Ihre Absichten und Suggestionen.

Ansonsten bleibt mir nur, Ihnen zu empfehlen, nach Belieben weitere Meditationstechniken auszutesten, die im Internet oder der einschlägigen Ratgeberliteratur präsentiert werden. Gleich ob ruhige Techniken wie Achtsamkeitsmeditation, Body-Scan, Atem-Meditation, Mantra-Meditation, Metta-Meditation und Zazen oder bewegungsbasierte Meditationsformen wie die Kundalini-Meditation und Trancetänze – eigentlich können Sie nichts falsch machen, solange Sie keinen Leistungssport daraus machen und Ihnen das Meditieren Freude bereitet. Zwingen Sie nichts. Probieren Sie einfach aus, was am besten zu Ihnen passt. Auf Meditationsformen, die Ihnen nicht zusagen, können Sie getrost verzichten. Bewusstseinsarbeit ist eine subjektive Arbeit. Alles hängt von Ihren Neigungen und Absichten ab. Deshalb gibt es keine objektiv wirksamste Meditationstechnik.[234] Letztlich muss jeder seinen eigenen Weg finden.

5.3 Positive Lebensgestaltung

In Kapitel 5.2.1 (Ein neues Leben beginnt) hatten wir die Freude an der eigenen Schaffenskraft als wesentlichen Pfeiler einer bewussten Lebensführung ausgemacht. Mit Schaffenskraft können wir unser Inneres nach außen kehren, sodass sich die Seele durch Taten in der physischen Welt manifestieren kann. Wo das *Innere* nach außen gekehrt wird, hängt die Art und Weise unserer äußeren Handlungen stets von unserem *Bewusstseinszustand* ab. Ändert sich unser Bewusstseinszustand im Zuge spiritueller Entwicklung, wird sich das automatisch in unserem Tun niederschlagen. Wie die Verbindung von inneren Gefühlen und Gedanken mit dem äußeren Handeln funktioniert und wie Sie dieses Wissen für sich nutzen können, um Ihr Leben in eine positive Richtung zu lenken, ist Gegenstand dieses letzten Kapitels unserer Sinnsuche.

5.3.1 Die Macht der Gedanken

In spirituellen Kreisen liest und hört man häufig, dass wir Menschen uns unsere Realität angeblich selbst erschaffen. Manchmal wird das mit Verweis auf das Doppelspaltexperiment (siehe Kapitel 2.1.2) so (miss-)verstanden, als würden wir Menschen die uns umgebende physische Welt durch unser Bewusstsein erst erzeugen. Das ist insofern nicht ganz falsch, als wir ja auf seelischer Ebene an das All-Eine und damit an den Schöpfer des Universums angebunden sind. Die Schöpfung unserer physischen Lebensumwelt leisten wir aber nicht individuell als *einzelnes Fragment* des All-Einen. Als individuelle

---

[234] Kurz, aber herrlich vielsagend heißt es hierzu im Ra-Kontakt: *Don Elkins: „Gibt es eine beste Art, zu meditieren? – Ra: „Ich bin Ra. Nein."* Elkins, Don; McCarty, Jim; Rückert, Carla L.: Der Ra-Kontakt: Das Gesetz des Einen lehren – Gesamtausgabe, Oberkrämer 2021, S. 130

Menschen können wir unsere physische Umgebung allenfalls mit Bewusstsein *beeinflussen*. Wie das geht, erfahren Sie weiter unten. Den Schwerpunkt dieses Unterkapitels möchte ich zunächst auf einen anderen Aspekt legen: Viel wichtiger und einfacher als die bewusste Manipulation der *physischen* Realität scheint mir in Hinblick auf eine positive Lebensführung die Veränderung der eigenen *Wahrnehmung* derselben. In diesem Sinne erschaffen wir unsere Realität tatsächlich vollständig selbst – nämlich als deren Beurteilung in unserem Geiste: Die Welt ist für uns stets das, was wir von ihr denken. Und genau das zeigt sich dann auch entsprechend in unseren Taten.

Wie Gedanken unsere Haltung bestimmen

Wer die Welt für einen schlechten Ort und sich selbst für ein Opfer widriger Umstände hält, dem wird es schwerfallen, positive Lebensenergie zu schöpfen. Entweder findet er gar keinen Antrieb oder er schöpft seine Kraft aus Wut, Aggression und Verzweiflung. Daraus erwachsen dann aber keine liebevollen Handlungen.

Gewiss gibt es Lebensumstände, die objektiv schrecklich sind. Von hungernden Menschen in einem unhygienischen und überbelegten Flüchtlingslager kann man kaum verlangen, sie mögen doch bitte nicht so negativ dreinblicken. Erst recht wäre es zynisch, dem Opfer in einem Foltergefängnis vorzuschlagen, er solle doch an einer positiveren Wahrnehmung seiner Situation arbeiten. Glücklicherweise sind wir in unserer westlichen Welt von diesen dramatischen Ausnahmesituationen weit entfernt. Die meisten von uns haben durchaus die freie Wahl, mit welcher Perspektive sie durchs Leben gehen wollen, wenngleich die einen aufgrund ihres sozialen Umfelds, ihrer Kindheitserfahrungen und ihrer körperlichen Verfassung von mehr oder weniger schwierigen Voraussetzungen ausgehen als die anderen.

Jeder von uns hat einen anderen Ausgangspunkt. Von dort aus kann aber jeder selbst entscheiden, um welche Weltsicht er sich bemühen möchte: Verzweifelt man am Leid oder fokussiert man sich auf Wege der Besserung? Ist das Glas halbleer oder ist das Glas halbvoll? Suhlt man sich in Problemen oder sucht man nach Lösungen? Sieht man in seinen Mitmenschen vor allem das Schlechte oder auch das Gute? Betrachtet man sich als unwichtigen Niemand oder begreift man sich als aktiven Mitschöpfer?

In der Regel bilden sich unsere Einstellungen zur Welt, zu unseren Mitmenschen und zu uns selbst infolge unbewusster Denk- und Reaktionsmuster heraus, die wir uns im Laufe unserer Sozialisation angeeignet haben. Bewusstseinsarbeit bedeutet, sich dieser unbewussten Muster und Überzeugungen bewusst zu werden und aktiv daran zu arbeiten, sie in eine positive Richtung zu verändern. Bewährte Techniken, die das möglich machen können, kennen Sie bereits: Selbstreflexion, Autosuggestion und das Setzen von Absichten. Vergessen Sie nicht, dabei nachsichtig mit sich selbst zu sein. Es ist nicht zielführend, sich selbst dafür anzuklagen, wie man ist und wie man denkt. Akzeptieren Sie sich selbst und versuchen Sie, sich in einem Tempo und in einem Ausmaß von negativen Gedanken und Urteilen zu befreien, das Ihnen realistisch scheint. Je positiver Sie die Welt und Ihre aktive Rolle darin sehen, desto mehr Kraft werden Sie schöpfen können. Je weniger misstrauisch und verachtend Sie anderen Menschen gegenüberstehen, desto freundlicher und liebevoller können Sie mit ihrer Umwelt interagieren. Und je mehr Vertrauen Sie ins Dasein entwickeln, desto gelassener können Sie durchs Leben gehen.

Ein weiterer wichtiger Faktor beim Erlernen positiven Denkens ist unser Medienkonsum. In Filmen und Videospielen begegnen wir manchmal verstörender Gewalt. In sozialen Netzwerken lauern Hate Speech und Fake News, die zu Wut und Empörung aufwiegeln. Nachrichtensendungen präsentieren uns tagtäglich Negativereignisse wie Kriege, Katastrophen und Attentate. Die vielen positiven Dinge, die jeden Tag auf der Welt geschehen, sind im Vergleich dazu medial völlig unterrepräsentiert. Insofern könnte es sehr hilfreich sein, nicht alles an sich heranzulassen und seinen Medienkonsum entsprechend einzuschränken oder zumindest bewusster zu selektieren, womit man sich beschäftigen möchte.

Positives Denken bedeutet nicht, dass man negative Ereignisse und Entwicklungen ignoriert oder gar verdrängt. Es bedeutet nur, dass man der Negativität nicht unverhältnismäßig viel Raum gibt und sich durch sie nicht herunterziehen lässt. Positivität bedeutet, das Gute überall dort zu erkennen, wo es vorhanden ist, und mit Optimismus an der Überwindung der noch bestehenden Missstände mitzuwirken – sei das nun im privaten, im beruflichen oder im gesellschaftlichen Umfeld.

Eine optimistische Haltung ist schon allein deshalb angebracht, weil sie eine ganz reale Grundlage hat. Da wir alle auf der Erde inkarnieren, um zu lernen, werden wir mit jeder „Spielrunde" an Erfahrung dazugewinnen und unsere Bewusstseinsqualität bestenfalls ein wenig in Richtung Liebe anheben können. Sofern äußere Taten stets Manifestationen des inneren Bewusstseinszustandes sind, wird sich also Vieles von ganz allein verbessern – individuell wie gesellschaftlich. Ein flüchtiger Blick in die Menschheitsgeschichte bestätigt das. Trotz gelegentlicher Rückfälle kann man doch feststellen, dass es auf der Erde insgesamt zivilisierter zugeht als noch vor wenigen Jahrhunderten oder Jahrtausenden (man denke an Sklaverei, öffentliche Folter und Hinrichtungen und dergleichen mehr).[235] Behalten Sie also das große Bild im Auge. So lebt es sich entspannter.

Wie Gedanken physische Ereignisse beeinflussen können

Parapsychologische Experimente wie jene von Prof. Jahn oder Dr. Dean Radin konnten beweisen, dass wir allein mit Willenskraft auf physikalische Vorgänge einwirken können (siehe Kapitel 3.1.2: Studien zur Beeinflussung von Zufallsgeneratoren). Die nachstehend verlinkte Dokumentation (Videoquelle 5.3.1a: Die Mechanik des Zufalls) zeigt, wie solche Experimente funktionieren. Sie zeigt allerdings auch, dass das Ausmaß, in dem die innere Absicht äußerliche Vorgänge lenken kann, nur sehr geringfügig ist.

---

[235] Vgl. Pinker, Steven: Gewalt. Eine neue Geschichte der Menschheit, Frankfurt a.M. 2011

Insofern finde ich doch sehr zweifelhaft, was in spirituellen Kreisen unter dem Schlagwort „Manifestieren" kolportiert wird. Esoterische Influencer und Ratgeber behaupten immer wieder, dass man allein Kraft seiner Gedanken Geld, Erfolg und den perfekten Partner in sein Leben „ziehen" kann. Als Mechanismus dahinter wird ein vermeintliches „Gesetz der Anziehung" postuliert: Wer durch entsprechende Affirmationen positive Energie und positive Haltungen ins Universum hineinsende, dem liefere das Universum entsprechende physische Manifestationen zurück. Leider kenne ich keine einzige empirische Bestätigung für die Zuverlässigkeit dieses Mechanismus. Und so fragen sich vermutlich Millionen leichtgläubiger Follower und Leser, was sie nur falsch gemacht haben, wenn das große Glück, das die Influencer und Autoren mit Verweis auf ihren eigenen Erfolg in Aussicht stellen, ausbleibt. Zweifelhaft finde ich überdies, in erster Linie das Manifestieren von Geld und Erfolg zu empfehlen. Es widerspricht dem spirituellen Wachstum, das eigene Ego zu nähren. Gier und Ruhmsucht helfen uns nicht dabei, Empathie zu entwickeln. In meinen Augen sind entsprechende Ratgeber darum Ausdruck einer pervertierten Pseudo-Spiritualität in einer individualistischen Konsumgesellschaft.

Manifestieren, also das gedankliche Beeinflussen *äußerer* Umstände, ist kein Wunschkonzert. Das „Gesetz der Anziehung" funktioniert allenfalls als subtile Tendenz. So wie sich Zufallsgeneratoren durch fokussierte Aufmerksamkeit nur sehr leicht beeinflussen lassen, können wir das Weltgeschehen und die Herausbildung bestimmter Lebenssituationen nur in einem geringen Umfang gedanklich steuern.

Theoretische Erklärungen dafür, wie das funktioniert, finden wir unter anderem bei den Physikern Burkhard Heim (siehe Kapitel 4.2.2) und Thomas Campbell (siehe Kapitel 4.2.3). Burkhard Heim beschreibt uns Menschen als sechsdimensionale Wesen: Mit unseren dreidimensionalen Körpern agieren wir im dreidimensionalen Raum (Raumdimensionen X1-X3). Sobald sich etwas verändert, vergeht Zeit (Zeitdimension X4). Des Weiteren weisen die Erscheinungen des Universums unterschiedlich komplexe Organisationsmuster auf (Strukturdimension X5). Und schließlich waltet hinter alledem eine Zieldynamik, die darüber entscheidet, in welche Richtung welche Muster (X5) vermittels der Zeit (X4) im Raum (X1-X3) aktualisiert werden.

Die jeweilige Zielsetzung wirkt aus der sechsten Dimension. Als sechsdimensionale Wesen können wir Menschen darin ebenso selbstverständlich agieren, wie wir unseren Körper durch den Raum bewegen. Das bedeutet im Klartext, dass wir an der Aktualisierung von Mustern mitwirken können, und zwar immer dann, wenn wir in der Zieldimension X6 eine entsprechende Absicht setzen. Wenn wir zum Beispiel beschließen, den Arm zu heben, sorgen sogenannte Aktivitätenströme zwischen unserem Geist und unserem Körper dafür, dass sich ein entsprechend verändertes Muster in der Raumzeit aktualisiert: War der Arm zunächst noch am Körper angelehnt, hat er sich im nächsten Moment nach oben bewegt.

Erhalten besonders willensstarke Menschen nun in X6 über einen langen Zeitraum die viel größere Absicht aufrecht, ein erfolgreiches Unternehmen zu führen oder ein erfolgreicher Spitzensportler zu werden, dann werden sie dank entsprechender Aktivitätenströme ihre Körper beständig die dazu passenden Handlungen ausführen lassen (früh aufstehen und in die Firma gehen, hart trainieren und so weiter). Sie erschaffen Produkte, um den Markt zu erobern oder bringen ihren Körper in Höchstform, um Wettbewerbe zu gewinnen. Das bringt sie zwar nicht ins Liebesbewusstsein, demonstriert aber sehr anschaulich die mächtigen Auswirkungen von Gedanken und inneren Haltungen auf äußerliche Vorgänge – zumindest, solange sie das *eigene Wirken* betreffen und nicht auf die Manipulation von *äußeren Umständen* zielen. In der gleichen Weise könnten innere Haltungen, die von einem Liebesbewusstsein getragen sind, zu Taten führen, die dem Wohl *anderer* dienen.

Ungewöhnlich – und insofern paranormal – wäre es nun, wenn sich solche Aktivitätenströme auch auf Ereignisse und Objekte *außerhalb* unseres Körpers richten. In Heims Theorie ist das unter der Voraussetzung, dass wir eine entsprechend fokussierte Absicht in X6 setzen, durchaus möglich. Die Intensität der Aktivitätenströme ist in diesem Fall aber deutlich geringer als im Falle eines Befehls an den eigenen Körper, weil die Kanäle, die unseren Geist mir unserem Körper verbinden, deutlich ausgeprägter sind als diejenigen Kanäle, die unser Geist auf *andere* Körper und Wesen richten kann (siehe ausführlich in Kapitel 4.2.2). So erklärt sich Heim, dass manche Menschen zwar mit purer Absicht einen Löffel verbiegen können, nicht jedoch einen ganzen Berg. Und damit ließe sich auch erklären, warum wir zwar tatsächlich mit unseren Affirmationen und Manifestationsabsichten (X6) Wahrscheinlichkeiten beeinflussen können, mit denen die Aktualisierung verschiedener Muster (X5) in der Raumzeit (X1-X4) erfolgt, sodass wir die Chancen steigern, dass sich Lebensereignisse, die von äußeren Faktoren abhängen, unseren Wünschen entsprechend fügen. Wir können aber nicht ernsthaft erwarten, ein perfektes Leben „manifestieren" zu können und sollten darum auch nicht enttäuscht sein, wenn uns das nicht in dem Maße gelingt, wie gewisse Influencer und Autoren das suggerieren.

Thomas Campbell hält die rein willentliche Beeinflussung *äußerer* Objekte und Vorgänge ebenso für möglich wie Burkhard Heim. Sein Erklärungsansatz ist jedoch ein etwas anderer, weil er den Weltraum nicht für physisch, sondern für virtuell hält. Alle Objekte und Erscheinungen basieren demnach auf Daten, die unserem Bewusstsein von einer Art metaphysischem Server (dem „Larger Consciousness System", LCS) zugespielt werden (siehe ausführlich und differenziert in Kapitel 4.2.3). Da wir Menschen als einzelne Bewusstseinseinheiten („Individuated Units Of Consciousness", IUOC) untereinander und mit dem „Larger Consciousness System" über eine Art metaphysische Internetverbindung („Reality Wide Web", RWW) in Verbindung stehen, können wir laut Campbell auf die Inhalte der Simulation Einfluss nehmen, indem wir versuchen, die entsprechenden Daten zu manipulieren. Der Schlüssel dafür ist unsere fokussierte Absicht.

Im Rahmen unserer Möglichkeiten könnten wir dann versuchen, Telekinese und Geistheilung zu betreiben – oder eben auch Dinge oder Ereignisse zu „manifestieren", die unserem Willen entsprechen.

Daneben gibt es noch weitere interessante Wirkungen vom inneren Denken und Fühlen auf die äußere Erfahrungsrealität. Wir alle kennen zum Beispiel das Prinzip der sich selbsterfüllenden Prophezeiung, das bereits in Kapitel 1.1 (Die Grenzen der Wissenschaft) angeschnitten wurde: Wer mit schlechter Laune zu einem Date geht, weil er davon ausgeht, dass ohnehin nichts daraus wird, der erhöht die Chancen, es aufgrund seiner schlechten Laune tatsächlich zu vermasseln. Wer hingegen mit einer positiven Ausstrahlung in ein Date geht, der wird deutlich attraktiver auf die Person wirken, die ihn erwartet. Er erhöht darum die Chancen, dass aus dem Date tatsächlich etwas erwachsen kann. Das Beispiel ist beliebig übertragbar: Wenn Sie Menschen und Situationen mit Positivität begegnen, steigern Sie grundsätzlich die Wahrscheinlichkeit, im Gegenzug auch Positivität zu erfahren.

Eine besonders mysteriöse Verquickung von Bewusstsein und physischen Ereignissen behauptet das Konzept der „Synchronizität", das auf den Psychiater Carl Gustav Jung (1875-1961) und den Quantenphysiker Wolfgang Pauli (1900-1958) zurückgeht. Ein Beispiel für Synchronizität wäre, wenn Sie während einer langen Autofahrt über ein bestimmtes Thema nachgrübeln und plötzlich im Autoradio ein aufschlussreicher Beitrag zu genau diesem Thema läuft. Oder Sie haben eine Kerze für einen im Sterben liegenden Verwandten angezündet und just in dem Moment, in dem die Kerze erlischt, erhalten Sie den Anruf, dass die betreffende Person verstorben ist. Ein weiteres Beispiel für Synchronizität stammt von Carl Gustav Jung selbst:

„Eine junge Patientin hatte in einem entscheidenden Moment ihrer Behandlung einen Traum, in welchem sie einen goldenen Skarabäus [Anm. d. Verf.: ein Glücksbringer in Gestalt eines mythologischen Käfers] zum Geschenk erhielt. Ich saß, während sie mir den Traum erzählte, mit dem Rücken gegen das geschlossene Fenster. Plötzlich hörte ich hinter mir ein Geräusch, wie wenn etwas leise an das Fenster klopfte. Ich drehte mich um und sah, dass

ein fliegendes Insekt von außen gegen das Fenster stieß. Ich öffnete das Fenster und fing das Tier im Fluge. Es war die nächste Analogie zu einem goldenen Skarabäus, welche unsere Breiten aufzubringen vermochten, nämlich ein Scarabaeide (Blatthornkäfer), Cetonia aurata, der gemeine Rosenkäfer, der sich offenbar veranlasst gefühlt hatte, entgegen seinen sonstigen Gewohnheiten in ein dunkles Zimmer gerade in diesem Moment einzudringen."[236]

Sowohl Jung als auch seine Patientin waren von dieser Begebenheit zutiefst ergriffen. Durch den Vorfall konnte sich die Patientin erstmals der Behandlung öffnen. Sie war überzeugt, ein bestätigendes Zeichen erhalten zu haben.

Synchronizitäten beschreiben also einen bedeutungsvollen und oftmals emotional berührenden Zusammenhang zwischen Gedankenwelt und physischer Außenwelt, dem keine naturwissenschaftliche Kausalität zugrundliegt. Skeptiker interpretieren solche Ereignisse als puren Zufall. Jung und Pauli sowie viele derjenigen Menschen, die solche Ereignisse erlebt haben, meinen hingegen, dass die Häufigkeit solcher Vorkommnisse sowie die emotionale Ergriffenheit, die mit ihnen einhergeht, zu unwahrscheinlich sind, um sie in jedem Einzelfall als bloßen Zufall abzutun (siehe hierzu auch die auf Seite 279 verlinkte Videoquelle 5.3.1a ab Minute 33:36).

Unabhängig davon, ob es sich bei den Synchronizitäten um ein reales Phänomen oder doch nur um subjektiv konstruierte Interpretationen rein zufälliger Ereignisse handelt, lässt sich eine Wechselwirkung zwischen unserem Denken und unserem äußeren Erleben aufgrund der übrigen in diesem Unterkapitel genannten Beispiele (Parapsychologische Experimente zur mentalen Beeinflussung physischer Vorgänge, äußere Umsetzung innerer Zielsetzungen, sich selbst erfüllende Prophezeiungen) mit zweifelsfreier Gewissheit feststellen. Es spricht insofern alles dafür, dass wir durch eine absichtsvolle Änderung unserer inneren Haltung gezielt auf den Verlauf unseres Lebens und auf die Geschehnisse in der Welt einwirken können. Wer be-

---

[236] Jung, Carl Gustav: Gesammelte Werke. Band 8, Ostfildern 1993, S. 497

wusste Absichten setzt und an seiner inneren Haltung arbeitet, wird die Welt mit einer höheren Wahrscheinlichkeit zu seinen Gunsten beeinflussen können als jemand, der sich nichts „wünscht" oder alles nur negativ sieht. Wenngleich wir nicht allmächtig sind, sind wir in diesem Sinne alle (Mit-)Schöpfer unserer Realität. Die entscheidende Frage lautet natürlich, wie wir unsere gedankliche Schöpferkraft inhaltlich ausrichten: Wollen wir auf Kosten anderer Macht, Ruhm und Reichtum anstreben (Ego/Trennung)? Oder entscheiden wir uns für die Liebe (Verbindung)?

5.3.2 Alles wird gut

Wenn Kinder zu Bett gehen, werden sie häufig mit Ängsten konfrontiert. Manchmal beunruhigen sie Geräusche oder Schatten, die sie nicht zuordnen können. Oder sie fantasieren, was alles Schlimmes passieren könnte. Manchmal können sie gar nicht sagen, wovor sie eigentlich Angst haben. Sie fürchten sich einfach davor, allein in ihrem Schlafzimmer zu sein. Nichts beruhigt solche Kinder mehr als die fürsorgliche Anwesenheit ihrer Eltern. Sobald ihre Eltern sie liebevoll in den Arm nehmen, weicht die Angst der Geborgenheit.

Wenn wir als Erwachsene in einem Moment der Abgeschiedenheit in den Nachthimmel schauen, mag sich das mitunter ganz ähnlich anfühlen wie das kindliche Unbehagen im Bett: Da ist dieses riesige, dunkle Universum und wir verstehen nicht, wie das alles entstanden ist. Unser Menschenleben erscheint demgegenüber als unbedeutende Episode, als nichtiger Wimpernschlag des Kosmos, beendet durch den unausweichlichen Tod. Betrachten wir unser Dasein durch diese naturwissenschaftlich-atheistische Brille, muss es uns wie ein sinnloser Zufall erscheinen. Für ein Gefühl von Geborgenheit besteht dann kein Anlass. Doch wer nimmt uns dann eigentlich in den Arm, um uns zu trösten?

Wer die Existenz eines liebenden Schöpfers verkennt, wird sich in den Grundfesten seines Menschseins genauso verloren fühlen, wie ein Kleinkind in der Abwesenheit seiner Eltern. Erwachsene gehen mit diesem latenten Gefühl der Bodenlosigkeit aber ganz anders um als die Kinder. Sie suchen Ablenkung in Arbeit, in Konsum, in Unterhaltung oder schlimmstenfalls in Drogen. Manche streben nach Erfolg, weil sie hoffen, auf diese Weise die Anerkennung zu erfahren, die sie ansonsten nicht finden können. Sie wollen von anderen bewundert werden, weil sie die Liebe der Schöpfung in sich selbst nicht spüren können. Das ist alles verständlich und zutiefst menschlich, wäre aber eigentlich nicht nötig. Denn genau wie Mama und Papa ja auch dann noch im Haus sind, nachdem sie ihr Kind zu Bett gebracht und die Schlafzimmertüre geschlossen haben, verlässt unsere „göttliche Quelle" uns auch dann nicht, wenn wir unter dem Schleier des Vergessens auf der Erde inkarnieren und uns in unseren separaten Körpern wiederfinden. Tief in unserem Inneren bleiben wir alle miteinander und mit unserer „göttlichen" Quelle verbunden. Sobald wir das im Rahmen von Bewusstseinsarbeit erkennen, wird die Angst in der gleichen Weise der Geborgenheit weichen, wie sie das bei den Kindern tut, deren Eltern sie liebevoll in den Arm nehmen. Wer die Allgegenwart einer „göttlichen" Quelle oder zumindest helfender Geistwesen wahrnehmen kann, der steht auf sicherem Boden, weil er sich verwurzelt und getragen fühlt, ohne sich seinen Mitmenschen gegenüber beweisen zu müssen.

Vom Denken ins Fühlen

Kopfmenschen tun sich besonders schwer damit, Gefühle zuzulassen. Noch schwerer fällt es ihnen, über das zwischenmenschliche Einfühlungsvermögen hinaus die Anwesenheit eines liebenden Schöpfers beziehungsweise helfender Geistwesen wahrzunehmen. Schließlich kann man geistige Wesen weder sehen noch messen. Für den *Intellekt* sind nichtphysische Welten und Wesen bloß abstrakte Konzepte. *Denken* hilft nicht, diese Welten und Wesen auch zu *erfahren*. Zur Vergewisserung der Allgegenwart des „Göttlichen" und der Unterstützung durch geistige Wesen führt darum an der *intuitiven und emotionalen Wahrnehmung* kein Weg vorbei. Kommen Sie also vom Denken ins Fühlen! Das wiederum funktioniert nur auf der Ebene von persönlichen, spirituellen Erfahrungen, denen Sie sich durch verschiedene Meditationstechniken annähern und deren Wirksamkeit Sie mithilfe subjektiver Wissenschaft im oben beschriebenen Sinne beurteilen können (siehe Kapitel 5.2: Bewusstseinsentwicklung: „Subjektive Wissenschaft" und Meditation). Das Erleben paranormaler Erfahrungen in Selbstexperimenten wie Rückführungen oder Jenseitskontakten kann ebenfalls dazu beitragen, mit nichtphysischen Welten und Wesen in Berührung zu kommen und die eigenen, inneren Wahrnehmungskanäle zu weiten. Das gelingt allerdings nur, wenn Sie an kompetente Therapeuten beziehungsweise Medien geraten und der Sache offen gegenüberstehen (Tipps hierzu fanden Sie in Kapitel 3.3: Wie Sie selbst die Echtheit paranormaler Phänomene verifizieren können).

Bestimmt erinnern Sie sich noch an den französischen Philosophen René Descartes, der uns in Kapitel 1.1.3 (Was keine Wissenschaft sicher wissen kann) begegnet war. Descartes argumentierte, dass wir nichts Wahres über die Welt herausfinden können, wenn wir uns auf unsere sinnliche Wahrnehmung verlassen. Denn unsere Sinne könnten uns täuschen. Theoretisch könnte die gesamte physische Welt um uns herum eine manipulative Simulation sein, die von einer höheren Macht in unser Bewusstsein gespeist wird. Folglich könnten wir nicht sicher wissen, ob eine physische Welt überhaupt existiert. Nur eine einzige Sache sei bei allem Zweifel gewiss: die Tatsache, dass wir denken: „Ich denke, also bin ich", schlussfolgerte Descartes.

Descartes Argumentation besticht durch Logik. Trotzdem ist sie in verhängnisvoller Weise unvollständig. Denn sie unterstellt, dass *Denken* das Einzige ist, was uns Menschen ausmacht. Dem würde ich widersprechen wollen. Denken ist *nicht* das Einzige, was übrigbleibt, wenn wir der Außenwelt ihre objektive Existenz absprechen. Neben unseren Gedanken machen auch Wahrnehmungen und Gefühle unser subjektives Erleben aus. Eigentlich hätte Descartes sagen müssen: „Ich nehme wahr, ich fühle und ich denke, also bin ich".

Verhängnisvoll ist die einseitige Reduktion auf das Denken deshalb, weil sie zur Trennung von der Schöpfung führt. Schlimmstenfalls führt sie sogar zu einer solipsistischen Weltsicht. So bezeichnen Philosophen die irrwitzige, aber rein *denk*logisch nur schwer zu widerlegende Vorstellung, dass das eigene, individuelle Ich das einzige reale Phänomen der Welt sei und sich alle weiteren Wahrnehmungen wie eine Art Theaterstück im eigenen Bewusstsein abspielen. Andere Menschen wären demnach nur imaginäre Figuren, aber keine wahrhaftigen Wesen. Mehr Einsamkeit geht nicht. Und mit reinem *Denken* kommt man da auch nicht wieder raus. Versuchen sie doch mal *denklogisch* zu beweisen, dass die Menschen um Sie herum wirklich existieren. Auf einer rein *argumentativen* Ebene wird Ihnen das nicht gelingen.

Das Einzige, was aus dem Solipsismus heraushilft, sind *Gefühle*. Die Wahrhaftigkeit anderer Menschen kann man nur *spüren*. Wer besonders sensible „Antennen" hat, wird darüber hinaus sogar eine emotionale Beziehung zu Tieren, Pflanzen und *geistigen* Wesen aufbauen können. Es ist nicht der Intellekt, der die Fragmente der Schöpfung eint. Die Überwindung von Trennung entsteht allein durch Gefühle wie Vertrauen und Liebe. Um unsere Ängste zu überwinden, müssen wir also unser Herz öffnen. In den Ohren eines Kopfmenschen mag das kitschig klingen, ist aber alles andere als banal.

Sie sind ein „Funke Gottes"!

Die vielleicht wichtigste Botschaft dieser Sinnsuche lautet, dass Sie ein unsterblicher „Funke Gottes" sind! Alle anderen Menschen sind das natürlich auch. Viele sind sich dessen nur nicht bewusst. Jetzt, da Sie es herausgefunden haben, können Sie diese Erkenntnis für eine positive Lebensgestaltung nutzen. Schöpfen Sie aus der „göttlichen" Lebensenergie und setzen Sie Ihren freien Willen ein, um Ihr Leben bewusst in die Hand zu nehmen. Lernen Sie und unterstützen Sie andere Lernende, in die Liebe zu kommen. Das ist letztlich das Wesentlichste und Erfüllendste, was es auf der Erde zu tun gibt.

Falls gesellschaftliche oder körperliche Zwänge Ihnen dabei im Weg stehen, stellen Sie sich die Frage, was Sie *innerhalb* dieses einschränkenden Rahmens tun können. Jeder kann nur dort und unter den Umständen wirken, in die ihn seine Biografie hineingebracht hat. In meinem Fall habe ich als Lehrer die Möglichkeit, jungen Menschen empathisch gegenüberzutreten, ihnen soziale Werte zu vermitteln und ihren Geist anzuregen. In meiner Freizeit gebe ich mein Wissen in Form von Internetartikeln oder Büchern weiter. Meine Kreativität lebe ich gerne in der Musik aus. Und zu Hause versuche ich einfach, ein liebevoller Vater und Ehemann zu sein. Das alles gelingt mir nicht immer und nicht immer gleich gut. Das muss es aber auch nicht. Wir sind ja hier, um zu lernen.

Das Beispiel meiner eigenen Lebenssituation habe ich nicht angeführt, um mich hervorzutun. Ich möchte Ihnen nur eine Idee davon geben, auf welch vielfältige Weise wir unsere „göttlichen Anlagen" zur Entfaltung bringen können. Vielleicht ist das ein oder andere auf Ihre Lebenssituation übertragbar. Falls nicht, überlegen Sie sich, welche Möglichkeiten Ihre Lebenssituation bereithält. Als Arzt, als Psychologe, als Coach, als Pfleger, als Kindergärtner, als Künstler und in vielen weiteren Berufen dürfte es recht einfach sein, aus einer Haltung der Liebe zu agieren. Doch selbst in Berufen, die scheinbar keine soziale oder kreative Komponente haben, könnten Sie Liebe lernen und Liebe geben. Wenn Sie zum Beispiel in der Finanzbranche arbeiten und ihr Job darin besteht, Spekulationsgewinne anzuhäufen, könnten Sie versuchen, sich für ethische Investments einzusetzen. Sollten Sie in einer Fabrik arbeiten oder gar ihr (Mit-)Eigentümer sein, könnten Sie sich für sozialere Arbeitsbedingungen und bessere Umweltstandards stark machen. Versuchen Sie, dort wo sie sind, eine Verbesserung von innen heraus anzustoßen, sodass weniger Egoismus und mehr Mitgefühl entstehen. Sollten eventuelle Widerstände unüberwindbar sein und auch ein Jobwechsel für Sie nicht in Frage kommen, könnten Sie immerhin die sozialen Kontakte mit Ihren Kollegen, Kunden und Geschäftspartnern auszubessern versuchen. Damit ist nicht gemeint, dass Sie mit all diesen Menschen mehr Zeit verbringen oder sich gar anfreunden müssten. Bedingungslose Liebe heißt einfach nur, jeden so zu akzeptieren, wie er ist, jedem Gutes zu wünschen und jedem mit einem offenen Herzen zu begegnen. Dazu braucht es oft nicht viel mehr als ein anerkennendes Lächeln, einen empathischen Umgang und ein verantwortungsbewusstes Handeln.

Falls der Spielraum, den Ihr aktueller Job Ihnen für die Entfaltung Ihrer „göttlichen" Anlagen bietet, Sie nicht zufriedenstellt, finden Sie vielleicht neben Ihrer beruflichen Tätigkeit weitere Handlungsfelder, die Ihnen mehr Erfüllung bieten. Vielleicht tun sich auch irgendwann neue berufliche Türen auf. Natürlich hat nicht jeder die gleichen Möglichkeiten und Voraussetzungen. Und nicht jeder ist gleich erfolgreich. Darum geht es aber auch nicht. Was zählt, ist Ihre wohlwollende Absicht und Ihre Freude am positiven Wirken.

Seien Sie also nachsichtig mit sich selbst. Seien Sie außerdem nachsichtig mit Ihren Mitmenschen, besonders dann, wenn sich diese egoistisch verhalten. Vergessen Sie nicht: Die Überwindung von Trennung braucht Zeit. Die meisten Menschen sind halt noch nicht so weit. Das spiegelt sich auch auf gesamtgesellschaftlicher Ebene wider. Gesellschaftliche Strukturen und Gepflogenheiten ergeben sich notwendigerweise aus dem Bewusstseinszustand derjenigen Menschen, die diese Gesellschaft bilden. Solange die Zahl derer, die zu bedingungsloser Liebe bereit sind, im einstelligen Prozentbereich oder sogar noch darunter liegt, dürfen wir auf der Erde keine paradiesischen Zustände erwarten. Von einem Erstklässler in der Schule verlangt ja auch niemand Fähigkeiten in höherer Mathematik.

Die Erde ist ein Lernort. So wie der Erstklässler im Laufe seiner Schullaufbahn an seinen mathematischen Fähigkeiten arbeitet, lernen Menschen im Laufe vieler Inkarnationen die Lektionen der Liebe. Anstatt den Egoismus Ihrer Mitmenschen in einer fatalistischen Resignation hinzunehmen, könnten Sie also versuchen, den Lernprozess Ihrer Mitmenschen zu unterstützen. Das gelingt am besten, wenn Sie mit gutem Beispiel vorangehen. Nutzen Sie Ihre Rolle an der Arbeit und in Ihrer Familie, um Positivität zu verbreiten und Konflikte friedlich zu lösen. Tun Sie das Gleiche in Alltagssituationen außerhalb Ihres Jobs und Ihres Zuhauses. Bringen Sie Licht in die Welt. Im besten Fall erkennen die anderen Menschen die Vorzüge Ihres liebevollen Wirkens und wollen Ihrem Beispiel irgendwann folgen. Und falls nicht: Machen Sie sich keinen Kopf! Es liegt nicht in Ihrer Verantwortung, andere Menschen zu verändern. Sie können andere

Menschen gar nicht verändern. Das müssen diese Meschen schon selbst tun, sowie auch ein Matheschüler seine Übungen selbst erledigen muss. Ein Lehrer kann nicht mehr tun, als den Weg zu weisen und zu versuchen, die Begeisterung seiner Schüler zu entfachen oder zumindest eine gewisse Neugier zu wecken. Das wiederum setzt voraus, dass der Lehrer den Weg auch kennt und ihn selbst leidenschaftlich vorlebt.

Insofern hilft es der Menschheit am meisten, wenn Sie sich selbst verändern und in die Liebe kommen. Dann können alle Menschen um Sie herum erfahren, wie Liebe wirkt. Moralpredigten, anklagende Vorwürfe und wütende Proteste werden nur wenig Aussicht auf Erfolg haben. Es hilft einem Matheschüler ja auch nicht weiter, wenn er wegen seiner Fehler beschimpft wird.

Wenn Sie möchten, erbitten Sie bei all Ihren Bemühungen Hilfe und wohlwollende Führung aus höheren Dimensionen. Das gibt Ihnen Halt und Kraft. Und lassen Sie sich nicht beirren, wenn Sie der entmutigende Eindruck beschleicht, nicht viel bewirken zu können, weil Ihr Licht nicht hell genug strahlt und nur wenige Menschen erreicht. Es geht nicht um Reichweite. Jeder Beitrag ist wertvoll, egal wie groß oder klein er sein mag. Bleiben Sie optimistisch und vertrauen Sie darauf, dass am Ende alles gut wird. Schließlich ist noch kein Abiturient dümmer aus der Schule herausgekommen, als er es bei seiner Einschulung gewesen ist. Mit unserer seelischen Entwicklung ist das nicht anders. Mit jeder Inkarnation lernen wir dazu. Und am Ende werden wir im Liebesbewusstsein zueinander finden. Das ist nach allem, was wir auf Basis der in dieser Buchreihe zusammengetragenen Indizien und Plausibilitätsüberlegungen vermuten dürfen, der Sinn unseres Lebens.

Literatur- und Quellenverzeichnis

Monographien und Sammelwerke

Anka, Darryl: Bashar Blueprint for Change: A Message from Our Future, Seattle 1990

Bartl, Renate: Mythologie Nordamerikas, in: Jamme, Christoph; Matuschek, Stefan: Handbuch der Mythologie, Darmstadt 2014

Bechmann, Arnim: Zugänge zu Burkhard Heims einheitlicher Beschreibung der Welt: Annäherungen und Mutmaßungen, Barsinghausen 2014

Beisel, Marie-Christine: Schopenhauer und die Spiegelneurone. Eine Untersuchung der Schopenhauer'schen Mitleidsethik im Lichte der neurowissenschaftlichen Spiegelneuronentheorie (Beiträge zur Philosophie Schopenhauers), Würzburg 2012

Bohm, David: Die implizite Ordnung. Grundlagen eines dynamischen Holismus, Dianus-Trikont, München 1985

Brennon, James H.: Astral-Projektion – Anleitung zu außerkörperlichen Erfahrungen, Darmstadt 2007

Buhlman, William: Out of Body. Astralreisen – Das letzte Abenteuer der Menschheit, München 2010

Büx, Bettina: Die Regulus-Botschaften: Band 1: Des Menschen Wunsch und Gottes Wille, Ramerberg 2017

Campbell, Thomas: My Big TOE – Meine große Theorie von Allem, Buch 1: Erwachen, independently published 2018

Campbell, Thomas: My Big TOE – Meine große Theorie von Allem, Buch 2: Entdeckung, independently published 2021

Campbell, Thomas: My Big TOE – Meine große Theorie von Allem, Buch 3: Innere Prozesse, independently published 2020

Carroll, Georgie et. al: Das Mythologie-Buch, München 2021

Cayce Edgar, Piel Stephanie (Übersetzerin): Suche nach Gott, Synergia Verlag, Roßdorf 2013

Celler, Michael: Der Koran für Nicht-Muslime: Neu formuliert und kommentiert, Frankfurt 2014

Chalmers, David: The Charakter of Consciousness, Oxford 2010

Charroux, Robert: Histoire inconnue des hommes depuis cent mille ans. France Loisirs, Paris 1995

Daniels, Mark: Mythologien der Welt. Alle großen Kulturen im Überblick, München 2023

Däniken, Erich: Der Mittelmeerraum und seine mysteriöse Vorzeit. Rätselhafte Bauten, unglaubliche Fakten und als falsch entlarvte Lehrmeinungen, Rottenburg am Neckar 2012

Dennet, Daniel: Von den Bakterien zu Bach und zurück. Die Evolution des Geistes, Berlin 2018

Derolez, René L. M.: Götter und Mythen der Germanen, Wiesbaden 1974

Elkins, Don; Rueckert, Carla; McCarty Jim; Blumenthal, Jochen (Hrsg.): Der Ra-Kontakt: Das Gesetz des Einen lehren, Berlin 2018

Feuerbach, Ludwig: Das Wesen des Christentums, Stuttgart 1998

Fröhlich, Bettina: Platon zur Einführung, Ditzingen 2023

Galke, Matthias: Chaos, Logos, Kosmos. Das Gesetz des Einen und die Evolution von Bewusstsein, Band 2, Oberkrämer 2022

Hancock, Graham: America Before. The Key to Earth's Lost Civilization, New York 2023

Hintermann, André: Zur Essenz Deines Lebens. Einführung in die Seelenlehre von Michael nach Shepherd Hoodwin, Obfelden/Zürich 2020

Hoodwin, Shepherd: Journey of Your Soul. A Channel Explores the Michael Teachings, Berkeley 2013

Hasselmann, Varda; Schmolke, Frank: Archetypen der Seele. Die seelischen Grundmuster – Eine Anleitung zur Erkundung der Matrix, München 2010

Hasselmann, Varda; Schmolke, Frank: Welten der Seele. Trancebotschaften eines Mediums, München 1993

Hancock, Graham: Antike Metropolen auf dem Meeresgrund. Die geheimnisvollen Ursprünge der Zivilisation, Rottenburg am Neckar 2019

Hassler, Dieter: Früher, da war ich mal groß. Indizienbeweise für ein Leben nach dem Tod und die Wiedergeburt. Band 1: Spontanerinnerungen kleiner Kinder an ihr „früheres Leben", Düren 2011

Hattstein, Markus: Weltreligionen, Köln 1997

Heim, Burkhard: Elementarstrukturen der Materie. Einheitliche strukturelle Quantenfeldtheorie der Materie und Gravitation, Band 2, Innsbruck 1984

Heim, Burkhard: Postmortale Zustände? Die televariante Area integraler Weltstrukturen, Innsbruck 2000

Hölzel, Britta; Brähler, Christine: Achtsamkeit mitten im Leben: Anwendungsgebiete und wissenschaftliche Perspektiven, München 2015

Hummel, Reinhard: Hinduismus und Buddhismus. Christen begegnen den Religionen Asiens, in: EZW-Information Nr. 115, EZW, Stuttgart 1991

Jamme, Christoph; Matuschek, Stefan: Handbuch der Mythologie, Darmstadt 2014

Jung, Carl Gustav: Gesammelte Werke. Band 8, Ostfildern 1993

Kant, Immanuel (Autor), Weischedel, Wilhelm (Hrsg.): Werkausgabe in 12 Bänden, Kritik der reinen Vernunft, Frankfurt 1977

Küng, Hans: Projekt Weltethos, München 1996

Lanza, Robert: Biocentrism. How Life and Consciousness are the Keys to Understandin the True Nature of the Universe, Dallas 2009

Larson, Dewey B.: The Structure of the Physical Universe, Portland 1960

Leininger, Bruce and Andrea with Ken Gross: Soul Survivor. The Reincarnation of a World War II Fighter Pilot, New York/Boston 2009

Ludwig, Wolfgang: Die erweiterte einheitliche Quantenfeldtheorie von Burkhard Heim, Innsbruck 1998

Marx, Karl: Zur Kritik der Hegelschen Rechtsphilosophie, Einleitung; in: Deutsch-Französische Jahrbücher 1844

Monroe, Robert: Der Mann mit den zwei Leben. Reisen außerhalb des Körpers, München 1986

Nahm, Michael: Terminale Geistesklarheit. Wenn die Dunkelheit ein Ende findet, Amerang 2012

Newton, Michael: Journey of Souls: Case Studies of Life Between Lives, Woodbury 1994

Niessen, Frank: Wegweiser Philosophie. Eine Orientierung für Einsteiger, Stuttgart 2011

Ott, Ulrich: Spiritualität für Skeptiker. Meditationen für mehr Bewusstheit im Alltag, München 2021

Payne, John: Die vier Prinzipien der Schöpfung. Material gechannelt von OMNI, Roßdorf 2007

Philip, Neil; Wilkinson, Philip: Mythologie, München 2008

Platon (Autor); Eigler, Gunter (Hrsg.), Schleiermacher, Friedrich (Übersetzer): Werke in acht Bänden, Griechisch-Deutsch, Darmstadt 2001

Platon (Autor): Kritias. Deutsche Übersetzung aus der von Ernst Heitsch, Carl Werner Müller und Kurt Sier herausgegebenen Werkausgabe, Göttingen 2014

Platon (Autor); Rehn, Rudolf (Übersetzer); Paulsen, Thomas (Übersetzer): Timaios. Griechisch/Deutsch, Stuttgart 2003

Pinker, Steven: Gewalt. Eine neue Geschichte der Menschheit, Frankfurt a.M. 2011

Pribram, Karl: Worum geht es beim holographischen Paradigma?, in: Wilber, Ken (Hrsg.): Das holographische Weltbild, München 1988

Quinn Yarbro, Chelsea: Messages from Michael, New York 1980

Roberts, Jane: Gespräche mit Seth. Von der ewigen Gültigkeit der Seele, München 2001

Schopenhauer, Arthur: Die Welt als Wille und Vorstellung. Gesamtausgabe im dtv, München 2008

Schopenhauer, Arthur: Aphorismen zur Lebensweisheit, vollständige Ausgabe, Köln 2013

Schucman, Helen; Thetford, William: Ein Kurs in Wundern, Freiburg im Breisgau 1994

Sedlmeier, Peter: Die Kraft der Meditation: Was die Wissenschaft darüber weiß, Hamburg 2016

Senkowski, Ernst: Die Beschreibung der Paraphänomene im Rahmen der Heim'schen allgemeinen Feldtheorie, Innsbruck 1984

Sivananda, Swami: Vedanta für Anfänger: Horn-Bad Meinberg 2023

Sheldrake, Rupert: Das Gedächtnis der Natur. Das Geheimnis der Entstehung von Formen, Frankfurt 2011

Sheldrake, Rupert: Das schöpferische Universum. Die Theorie des Morphogenetischen Feldes. Eine revolutionäre Theorie über das Universum, Berlin 2009

Sheldrake, Rupert: Der siebte Sinn der Tiere: Warum Ihre Katze weiß, wann Sie nach Hause kommen und andere bisher unerklärte Fähigkeiten der Tiere, Frankfurt 2007

Sheldrake, Rupert: Sieben Experimente, die die Welt verändern könnten: Anstiftung zur Revolutionierung des wissenschaftlichen Denkens, Frankfurt 2005

Talbot, Michael: The Holographic Universe, New York 1996

Tollmann, Alexander; Tollmann, Edith: Und die Sintflut gab es doch. Vom Mythos zur historischen Wahrheit, München 1993

Vallée, Jacques: Dimensionen: Begegnungen mit Außerirdischen von unserem eigenen Planeten, Leipzig 1994

Voigt, Anna; Nevil, Drury: Das Vermächtnis der Traumzeit. Leben, Mythen und Traditionen der Aborigines, München 1998

von Ludwiger, Illobrand: Burkhard Heim. Vom Leben eines vergessenen Genies, München 2010

von Ludwiger, Illobrand: Das neue Weltbild des Physikers Burkhard Heim. Unsterblich in der 6-dimensionalen Welt, München 2013

von Ludwiger, Illobrand: Unsere sechsdimensionale Welt. Wissenschaftsverständnis von Magie, Mystik und Alchemie, München 2020

Walsch, Neil D.: Gespräche mit Gott. Drei Bände, München 1997-99

Weber, Max: Wissenschaft als Beruf. In: Weber, Max (Autor); Kaesler Dirk (Hrsg.): Schriften 1894–1922, Stuttgart 2002 (1919)

Weiss, Brian: Die zahlreichen Leben der Seele. Die Chronik einer Reinkarnationstherapie, München 2005

Willigmann, Horst: Grundriss der Heimschen Theorie, Innsbruck 2002

Wolz-Gottwald, Eckard: Die Mystik in den Weltreligionen. Spirituelle Wege und Übungsformen, Petersburg 2011

Wright, Robert: Three Scientists and Their Gods. Looking for Meaning in an Age of Information, New York 1988

Waldinger, Robert; Schulz, Marc: The Good Life ... und wie es gelingen kann: Erkenntnisse aus der weltweit längsten Studie über ein erfülltes Leben, München 2023

Artikel aus Fachzeitschriften und Online-Artikel

Arndt, Markus; Nairz, Olaf; Zeilinger, Anton: Interferometry with Macromolecules: Quantum Paradigms Tested in the Mesoscopic World, in: Bertlmann; Zeilinger (Hrsg.): Quantum [Un]Speakables, From Bell Quantum Information, Berlin 2002

Bildstein, Tom; Gebrecht Raphael: „Das Problem des Dings an sich", online abrufbar unter der URL: https://www.schopenhauer.de/gespraech-bildstein-gebrecht [Stand 2024]

Blume, Michael: Formuliert auch die Wissenschaft Dogmen? Rupert Sheldrakes zensierter TED-Talk, in Spektrum.de Scilogs (Spektrum der Wissenschaft) vom 4. Januar 2014, online abrufbar unter der URL: https://scilogs.spektrum.de/natur-des-glaubens/formuliert-wissenschaft-dogmen-rupert-sheldrakes/ [Stand 2024]

Carreras, Rafel; Hentsch, Guy: Energie wird zu Materie. Ein Blick in die Welt der Elementarteilchen, CERN/Genf 1986, online unter der URL: http://cds.cern.ch/record/2255178/files/energie_wird_zu_materie.pdf [Stand 2024]

Der Spiegel, Ausgabe 26, 1976, Artikel über Claus Rahn: „Dreh dich, dreh dich", online abrufbar unter der URL: https://www.spiegel.de/politik/dreh-dich-dreh-dich-a-efb4ec35-0002-0001-0000-000041 170645 [Stand: 2024]

Drew, George C: McDougall's Experiments on the Inheritance of Acquired Habits, in: Nature Nr. 143, 1939

Duane, T. D.; Behrendt, T: Extrasensory electroencephalographic induction between identical twins. In: Science, Band 150, 1965

Dufresne, François et al.: Feasibility of Energy Medicine in a Community Teaching Hospital: An Exploratory Case Series. Journal of alternative and complementary medicine, 21(6), 2015, S. 339-349

El-Zein, Amira: Geister namens Dschinn. Ein Gastbeitrag im Deutschlandfunk vom 15.06.2018, URL: https://www.deutschlandfunk.de/sure-51-vers-56-geister-namens-dschinn-100.html [Stand 2024]

Feulliet, Lionel; Dufour, Henry; Pelletier, Jean: Brain of a white-collar worker, in: The Lancet 2007

Fuß, Holger: Biophotonen. Das rätselhafte Leuchten allen Lebens, in: Spiegel Wissenschaft, 23. Mai 2005, online abrufbar unter der URL: https://www.spiegel.de/wissenschaft/mensch/biophotonen-das-raetselhafte-leuchten-allen-lebens-a-370918.html [Stand: 2024]

Forschungskreis Heimsche Theorie (nach einem unveröffentlichten Manuskript von Burkhard Heim): Die erweiterte Massenformel nach Burkhard Heim (1989), Innsbruck 2002, online abrufbar unter der URL: http://heim-theory.com/wp-content/uploads/2016/02/Erweiterte_Massenformel_Nach_Heim_1989.pdf [Stand: 2024]

Frankfurter Rundschau: Der Urknall – Beginn der Welten. Artikel vom 20.01.2019, online abrufbar unter der folgenden URL: https://www.fr.de/wissen/urknall-beginn-welten-11343862.html [Stand 2024]

Gregg, David: The afterlive: A definitive guide. 26 questions and answers about life after death on the astral plane, online abrufbar unter der URL: https://www.michaelteachings.com/afterlife.html [Stand: 2024]

Hoodwin, Shepherd: The Michael Teachings – The planes of existence, online abrufbar unter der URL: https://www.michaelteachings.com/7planes.html [Stand: 2024]

Hutter, Manfred: Gute und böse Geister im Buddhismus. Hemmnis auf dem Streben nach Erleuchtung, in: Religionen unterwegs, 13. Jahrgang, Nr. 2, Mai 2007

Hejl, Ewald: Was ist Leben und wie ist es entstanden? Molekularbiologische, kosmochemische und geologische Aspekte der Abiogenese, in: Jahrbuch der Geologie, Band 160, April 2021

Helm, Sabrina et al.: Materialist values, financial and pro-environmental behaviors, and well-being, online abrufbar unter der URL: https://www.emerald.com/insight/content/doi/10.1108/YC-10-2018-0867/full/html [Stand 2024]

Kahnemann, Daniel; Deaton, Angus: High income improves evaluation of life but not emotional well-being, Princeton 2010, online abrufbar unter der URL: https://www.princeton.edu/~deaton/downloads/deaton_kahneman_high_income_improves_evaluation_August2010.pdf [Stand 2024].

Killingsworth, Matthew: Experienced well-being rises with income, even above $75,000 per year, online abrufbar unter der URL: https://www.pnas.org/doi/10.1073/pnas.2016976118 [Stand: 2024]

Maddox, John: A book for burning?, in: Nature, 293, 24. September 1981

Max-Planck-Gesellschaft: Pionierin der Genforschung. Christiane Nüsslein-Volhart erhielt vor 25 Jahren den Medizin-Nobelpreis, online abrufbar unter der URL: https://www.mpg.de/15479017/25-jahre-nobelpreis-christiane-nuesslein-volhard [Stand: 2024]

MDR-Wissen: Schöpfungsmythen der Menschheit. Online-Artikel vom 25.12.2022, abrufbar unter der URL: https://www.mdr.de/wissen/antworten/schoepfungsmythen-weltweit-religion-schoepfung-mensch-100.html [Stand: 2024]

Nahm, Michael; Greyson, Bruce; Kelly, Emily; Haraldsson, Erlendur: Terminal Lucidity. A Review and a case collection, in: Archives of Gerontology and Geriatrics, Volume 55, 2012

Parker, Adrian; Jensen, Christian: Further Possible Physiological Connectedness Between Identical Twins: The London Study, in: Explore, Volume 9, Issue 1, January–February 2013

Payutto, P.A.: Bedingte Entstehung. Das Buddhistische Gesetz der Bedingtheit, 2015, online abrufbar unter der URL: https://dhamma-dana.de/files/Dhamma%20Dana/Buecher/dhammapitaka/Bedingte_Entstehung.pdf [Stand: 2024]

Radin, Dean; Delorme Arnaud et. al: Consciousness and the double-slit interference pattern: Six experiments, in: physics essays, Volume 25, 2012, S. 157-171

Rauner, Max: Rupert: Rupert Sheldrake. Der mit dem siebten Sinn, in: Die Zeit Wissen Nr. 3, 2012, online abrufbar unter der URL: https://www.zeit.de/zeit-wissen/2012/03/Rupert-Sheldrake [Stand 2024]

Röllin, Olivia: Ich war bei einem Medium und fand es ziemlich jenseits, Beitrag auf der Website des SRF vom 1. März 2021, URL: https://www.srf.ch/kultur/gesellschaft-religion/jenseitskontakte-ich-war-bei-einem-medium-und-fand-es-ziemlich-jenseits [Stand: 2024]

Rose, Steven: So-called "formative causation". A hypothesis disconfirmed. Response to Rupert Sheldrake, in: Rivista di Biologia - Biology Forum, Nr. 85, 1992, S .445-453

Schlitz, Marylin; Wiseman, Richard: Experimenter effects and the remote detection of staring, in Journal of Parapsychology, Band 61(1), September 1997

Sheldrake, Rupert: An Experimental Test of the Hypothesis of Formative Causation, in: Rivista di Biologia - Biology Forum, Nr. 85, 1992, S. 431-444

Sheldrake, Rupert; Smart, Pamela: Experimental Tests for Telephone Telepathy, in: Journal of the Society for Psychical Research 67, S. 184-199, Juli 2003

Sonderausgabe des Journal of Consciousness Studies, Volume 12, Nr. 6, 2005

Van Hulle, J.P.: The Origins of the Michael Teachings, gechannelt am 13. Juni 1987, online verfügbar bei der „Michael Education Foundation" unter der URL: http://www.mef.to/html/l_origins.html [Stand 2024]

von Ludwiger, Illobrand: Zum Tode des Physikers Burkhard Heims. Nachruf von Illobrand von Ludwiger, Feldkirchen-Westerham, 28. Januar 2001, online abrufbar unter der URL: http://archiv.mufon-ces.org/docs/heim.pdf